L'Homme. Zeitschrift für Feministische Geschichtswissenschaft

14. Jahrgang 2003
Heft 1

Herausgegeben von
Gunda Barth-Scalmani,
Brigitte Mazohl-Wallnig und
Edith Saurer

Böhlau Verlag Wien · Köln · Weimar

L'Homme. Zeitschrift für Feministische Geschichtswissenschaft

14. Jg. Heft 1 Ehe-Geschichten
2003

Inhalt

Editorial

Gerade in einer Zeit, in der das Single-Dasein und die Kohabitation anerkannte Lebensformen sind und die Ehe ihre vielhundertjährige Dominanz als ideale Form der Geschlechterbeziehung und legitimer Ort der Reproduktion nicht mehr halten kann, übt sie in zunehmendem Maße ein Faszinosum auf die Forschung aus. Die Debatten um Individualisierung räumen dem Lebenskomplex Ehe und Partnerschaft breiten Raum ein. Ausgangspunkt sind Befunde in zahlreichen Ländern Europas, die hohe Scheidungsraten, eine Zunahme der „Ehen ohne Trauschein" und den Anstieg der Einpersonenhaushalte festhalten. Individuelle Bedürfnisse, Entscheidungen und vor allem neue ökonomische Möglichkeiten für Männer *und* Frauen scheinen traditionsreiche Bindungen, wie es die Ehe unter religiösen und zivilrechtlichen Gesichtspunkten ist, entbehrlich zu machen. Dennoch ist dieser Befund keineswegs eindeutig. Die unterschiedlichen Signale, die diese Entwicklung kennzeichnen, lassen beide Sichtweisen zu: „Zerfall und Vergötzung von Ehe, Familie und Liebespartnerschaft wurde dies genannt."[1] Der Scheidung folgt die Wiederverheiratung, und Ehe ist in wachsendem Maße nicht mehr ausschließlich ein Ort heterosexueller Beziehungen. Single-Haushalte nehmen zu, aber sind sie eine eigenständige Lebensform, oder nur ein Übergang, neuerlich zur Ehe?

Die Ehe steht im Interesse zahlreicher Wissenschaften, nicht zuletzt der Ethnologie, die insbesonders in den letzten Jahrzehnten die Geschichtswissenschaft stark beeinflusst hat. Die historische Analyse der Ehe als Teil der Struktur der Verwandtschaft und der Systeme der Allianz geht auf diese interdisziplinäre Beziehung zurück. Familiengeschichte, Rechtsgeschichte, Historische Demographie und zuletzt vor allem die Frauen- und Geschlechtergeschichte haben den Forschungsrahmen erweitert und die Fragestellungen differenziert. Welche Strukturierungskraft dem Heiratsverhalten beigemessen wird, zeigt der 1965 von Hajnal konzipierte „European Marriage Pattern". Ein Heiratsmuster zweiteilt Europa, in einen westlichen Teil mit hohem Heiratsalter und hoher Ledigenrate und einen östlichen mit der gegenteiligen Charakteristik. Die lebhaften und kontroversiellen Diskussionen, die durch diese gedachte Linie zwischen Triest und St. Petersburg entstanden sind, die Modifikationen, die vorgeschlagen wurden, verweisen auf die Bedeutung, die der Ehe sozialhistorisch zugemessen wurde. Die Frauen- und Geschlechtergeschichte hatte sehr schnell in der historischen Analyse der Ehe einen Knotenpunkt für die Asymmetrie der Geschlechterbeziehungen gefunden. Insbesonders mit der Eheschließung verloren Frauen zu bestimmten Zeiten in mehreren europäischen Ländern und über Europas Grenzen hinaus bürgerliche Rechte, wie das Recht der Verfügung über Eigentum. Nancy F. Cott hat in ihrem Band über die Geschichte der Ehe in den USA auf die Strukturierung von *Gender* durch die Institution Ehe verwiesen. „Turning men and women into husbands and wives, marriage has designated the ways both sexes act in the world and the reciprocal relation between them. It has done so probably more emphati-

1 Ulrich Beck u. Elisabeth Beck-Gernsheim, Das ganz normale Chaos der Liebe, Frankfurt a. M. 1990, 225.

cally than any other single institution or social force."[2] Über diesen Aspekt des Paradigmatischen hinaus, gibt die Geschichte der Ehe einen Einblick in die politischen Interessen an dieser Institution, über deren Gestaltung gesellschaftliche Steuerungen vorgenommen werden sollten.

Das Rechtsinstitut der Ehe verweist im jeweils unterschiedlichen historisch-politischen Kontext auf den engen Zusammenhang zwischen Geschlechterdiskurs, Legitimation von Herrschaft und Institutionalisierung von Macht: Die politische Dimension der Kategorie *Gender*, ihr heuristischer Wert als „moderne Strukturkategorie" (Erna Appelt) ist am Beispiel der Ehe als konstitutives Element des Rechts- und Herrschaftsdiskurses unmittelbar zu fassen.

Herrschaft und Autorität definieren und konstituieren sich über religiöse, ethische und in der Folge rechtliche und politische Muster, zu deren Verfestigung sie ihrerseits auf dem Wege der Konsensstiftung beitragen: Die Entwürfe von Männlichkeit, Weiblichkeit, des „rechtmäßigen" Verhältnisses zwischen den Geschlechtern (und Generationen) bilden auf diese Weise kommunikative Grundbausteine des Diskurses vom Recht und dessen Umsetzung in „legitimierter" Herrschaftspraxis.

Der Kampf um die Ehe (als Sakrament beziehungsweise bürgerlicher Vertrag, als gesellschaftsstrukturierende Matrix) setzte über Jahrhunderte deren kirchliche beziehungsweise staatliche Institutionalisierung zur jeweiligen Herrschaftslegitimierung in Gang, die Definitionsmacht über die Ehe und deren rechtlich legitimierte Exekution bildeten in der säkularen europäischen Auseinandersetzung zwischen Kirche und Staat *das* entscheidende Herrschaftsinstrument, um welches erbittert gerungen wurde: Die Ehe geriet gewissermaßen zum Bodensatz, auf dem sich die modernen Prozesse von Staatsbildung und Säkularisierung vollziehen konnten.

Zugleich war mit diesen Prozessen die „Entfamilialisierung der Politik" verbunden. Die Transferierung der Macht von traditionalen feudalen Herrschaftsträgern auf die männlichen Familienoberhäupter des modernen Nationalstaats brachte mit dem entfamilialisierten Staat auch die „entpolitisierte", das heißt aufs „Private" reduzierte Ehe und Familie hervor, die nun ihrerseits genderspezifisch differenzierte Handlungsräume von Öffentlichkeit und Privatheit schuf, rechtlich legitimierte und die moderne „Ordnung der Geschlechter" (Claudia Honegger) konstituierte.[3]

Diesen engen Zusammenhang von moderner Staatsbildung und Geschlechterdiskurs in der Entwicklung und Ausdifferenzierung von privatem (bürgerlichen) und öffentlichem (staatsbürgerlichen) Recht hat die feministische rechtshistorische Forschung – gerade über die Analyse des Rechtsinstituts Ehe – in den letzten Jahren deutlich herausgearbeitet, wenngleich die „allgemeine" rechtshistorische Wissenschaft von einer Rezeption dieses Ansatzes noch weit entfernt ist.

Die Frauen- und Geschlechtergeschichte hingegen hat ihren Fragenraster an die Institution Ehe stark erweitert, wie Ellinor Forster und Margareth Lanzinger in einem Forschungsüberblick darstellen.

2 Nancy F. Cott, Public Vows. A History of Marriage and the Nation, Cambridge Mass. 2000, 3.

3 Vgl. Erna Appelt, Geschlecht, Staatsbürgerschaft, Nation. Politische Konstruktionen des Geschlechterverhältnisses in Europa, Frankfurt a. M./New York 1999, 48f. Vgl. zur Problematik auch Ursula Vogel, Gleichheit und Herrschaft in der ehelichen Vertragsgesellschaft, in: Ute Gerhard Hg., Frauen in der Geschichte des Rechts, München 1997, 265–292.

Benedetta Borello und Vilana Pilinkaite-Sotirovic behandeln in ihren Beiträgen Strategien des Aushandelns der Position von Ehefrauen im Rahmen des rechtlich Möglichen. Anhand von Trennungsprozessen des 17. Jahrhunderts vor der „Sacra Rota Romana" zeigt Borello, wie dabei neben den Vorstellungen der Frauen von ihrer Ehre und dem legitimen Unterhalt immer auch der familiale, politische und soziale Kontext hereinspielte, dass etwa Prozesse oft erst aufgenommen wurden, wenn die Zusammensetzung der „Rota" mit der politischen Position der Familie zusammenpasste. Die katholischen Bäuerinnen Litauens akzeptierten in der zweiten Hälfte des 19. Jahrhunderts zwar prinzipiell die nominelle Oberhoheit der Ehemänner, doch wird bei der Analyse der bei den Konsistorialgerichten mehrheitlich von Frauen eingereichten Klagen klar, so Pilinkaite-Sotirovic, dass sie Maßnahmen ergreifen konnten, wenn Männer ihrem Beitrag im landwirtschaftlichen Produktionsprozess nicht nachkamen. Heinrich R. Schmidt setzt sich mit dem Zusammenhang von Männer- und Staatsgewalt in der Geschichte der Ehe und der Geschlechterbeziehungen in der Frühen Neuzeit auseinander. Die Ehekonflikte zeigen, wie markant der Staat ins Haus eingriff, wie kaum Immunität und staatsfreier Raum blieb und dieser Vorgang umgekehrt die Verfestigung von Staatsmacht vorantrieb. Die Monopolisierung der legitimen Gewalt beim Staat drängte die hausherrliche Gewalt nach und nach zurück.

Elisabeth Frysak zeigt, wie die bürgerlichen Frauenvereine Österreichs im ersten Jahrzehnt nach 1900 versuchten, einige damals knapp 100 Jahre alten Bestimmungen des Ehe- und Familienrechtes anlässlich einer „Reform des Allgemeinen Bürgerlichen Gesetzbuches" zu ändern. Die Einführung der Zivilehe und damit das Recht der Scheidung für Katholiken, die Zulassung von Ehefrauen zur Vormundschaft, die Anerkennung der Ansprüche der Ehefrau auf die Verlassenschaft ihres Mannes und auf das während der Ehe gemeinsam erworbene Vermögen, die Vaterschaftsfeststellung und Alimentationszahlungen bei ledigen Kindern wurden mittels Petitionen gefordert – Instrumente, die für den damaligen Parlamentarismus zu stumpf waren. So sollte es noch bis in die 1970er Jahre dauern, bis tatsächlich große Änderungen des Familienrechtes erfolgten.

Im „Forum" finden sich diesmal Beiträge, die die rechtliche Situation von Ehefrauen in verschiedenen Ländern (Frankreich, Italien, Österreich, Deutschland, England, Bulgarien) beziehungsweise Rechtskulturen kurz analysieren. Das Ehegüterrecht selbst ist ein großes Thema der Frauen- und Geschlechtergeschichte. Eigentum und das Verfügen über Eigentum und Besitz, auch im Sinne des Weitervererbens gibt Möglichkeiten des Handelns und der Gestaltung von Beziehungen, inner- und außerhalb der Ehe. Gütergemeinschaft oder Gütertrennung führten hierbei für Frauen zu unterschiedlichen Folgen in Hinblick auf die Verfügung über Eigentum. Die Mitgift, eine klassische Form der Gütertrennung, nimmt in der Geschichte des Ehegüterrechts insoferne einen besonderen Platz ein, als sie nicht nur die ehelichen Beziehungen regelt, sondern auch jene der Tochter zu ihrer – die Mitgift beisteuernden – Herkunftsfamilie; über ökonomische Bedeutung verfügte sie nicht nur für das Ehepaar, sondern auch für jene Gesellschaft, in der sie Geltung hatte. Die Forschung hat sich zunächst insbesonders für die räumliche und zeitliche Verbreitung der Mitgift und ihres Gegenkonzeptes, des Brautpreises, der von den Eltern des Mannes entrichtet wird, interessiert. Das Dotalsystem gilt als frauenfreundlich, weil die Mitgift nie in das Eigentum des Ehemannes übergeht, sondern ihm nur die Nutzung zusteht. Im Falle von Trennung oder Witwenschaft fällt sie an Frauen zurück. Inwiefern der Gegensatz von Brautpreis und Mitgift auch in der praktischen Anwendung bestätigt wird, müssten Detailforschungen analysieren.[4] Die Geschichte der Mitgift selbst, die im 20. Jahrhundert in Europa ihre Bedeutung verloren hat, ist vor allem für Italien, Frankreich und Griechenland umfänglich und innovativ untersucht worden.[5] Hingegen gibt es zahlreiche Lücken für andere Teile Europas, wo die Mitgift auch eine geringere Bedeutung gehabt haben mag. Um das abzuklären, sind vergleichende Analysen nötig. Meist wird ja bei kursorischen rechtshistorischen Rückblicken bei den ersten Rechtsvereinheitlichungen eingesetzt, wie etwa dem „Preußischen Allgemeinen Landrecht" von 1794, dem „Code Civil" von 1804, dem „Österreichischen Allgemeinen Bürgerlichen Gesetzbuch" von 1811, dem italienischen „Codice Civile" von 1865, dem „Deutschen Bürgerlichen Gesetzbuch" von 1900, die nicht zufälligerweise mit der Durchsetzung des Territorialstaates in Zusammenhang stehen.

Die Beiträge von Manuela Martini, Anna Bellavitis, Margret Friedrich und Susanne Lepsius setzen bei der Situation der Ehefrauen *vor* diesen Kodifizierungen ein und zeigen die Unterschiedlichkeiten der älteren Rechtstraditionen. Diese Kodifizierungen bedeuteten zugleich immer auch eine Vereinheitlichung der Rechte oder Pflichten von Ehefrauen, weshalb es meist zu Widersprüchen zu den sozial noch heterogen geprägten Lebensrealitäten kam. Das Ausmaß des Widerstandes dagegen, das offensichtlich jahrzehntelange bloße Nicht-zur-Kenntnis-Nehmen dieser Kodifizierungen, ist in den wenigsten Ländern erforscht. In der Darstellung Strettons wird die englische Rechtstradition fassbar. Verheiratete Frauen hatten im „Common Law" nur wenige Rechte, doch dies kam bei der Vielzahl von zuständigen Rechtssprechungen gar nicht immer zur Anwendung. Ob durch die durch das Parlament im Laufe des 19. Jahrhunderts hinzugefügten Änderungen insgesamt eine Verbesserung eintrat, wie man lange glauben wollte, wird neuerdings nicht mehr so eindimensional gesehen. Tzetvana Bonceva und Anelia Kasabova-Dintcheva arbeiten in ihrem Beitrag über Bulgarien heraus, wie bereits bei der Sammlung bulgarischer Rechtsaltertümer im ausgehenden 19. Jahrhundert national passende Vorstellungen der „Zadruga"-Familie in die Quellenaufbereitung einflossen. Daher wurde bis in die semantische Ebene hinein oft von einem Brautpreis gesprochen, weil die Mitgift nicht zum Nationalisierungskonzept passte, die Kodifizierung eines Zivilrechtes unter dem Einfluss des „Codice Civile" dann als „Zerrüttung der Familie" interpretiert. Ein Beispiel dafür, wie die Aspekte der Rechtsmodernisierung, des Nationalismus und des Ehegüterrechtes miteinander verknüpft sind.

Die Geschichte der Ehe, ein großes Thema nicht nur der Frauen- und Geschlechtergeschichte, beschäftigt in den letzten Jahren verstärkt die Forschung. Auf die Vielfalt der sozialgeschichtlichen, anthropologischen, rechts- und diskursgeschichtlichen Erörterungen hinzuweisen, ist das Ziel dieses Heftes.

Gunda Barth-Scalmani, Brigitte Mazohl-Wallnig, Edith Saurer

4 Zur sozialanthropologischen Diskussion vgl. Jack Goody u. S. J. Tambiah, Bridewealth and Dowry, Cambridge 1973; Marion A. Kaplan Hg., The Marriage Bargain: Women and Dowries in Eropean History, New York 1985.

5 Vgl. das Themenheft „Femmes, Dots et Patrimoines", hg. von Angela Groppi, in: Clio Histoire, Femmes et Société, 7 (1997).

Ehe neu verhandeln

Trennungen von Tisch und Bett im Rom des 17. Jahrhunderts

Benedetta Borello

Als Valeria Gandina in flagranti beim Ehebruch ertappt wurde, glaubte sie legitime Gründe zu haben, um eine „separatio quoad thorum et mensam" erreichen zu können und rief am 6. Oktober 1624 das Gericht des Kardinal-Vikars an, das zu ihren Gunsten entschied.[1] Sie und ihr Gatte, Antonio Maccatello, sollten von nun an getrennt leben, doch bestand die „separatio" nicht in einer „divortium quoad fedus seu vinculum matrimoniale", wie die Kanoniker eindeutig festgehalten hatten.[2] Die Unauflöslichkeit des ehelichen Bundes war – wenigstens formal – davon nicht berührt: Die Eheleute waren berechtigt, getrennte Wohnsitze zu wählen, und sie waren nicht verpflichtet, die „matrimonialia obsequia" einzuhalten. Ehebruch war einer der ganz wenigen Gründe, aus denen die Kirchengerichte von alters her eine Trennung gewährten.[3] Darüber hinaus musste der Gatte für den Unterhalt der Frau sorgen und natürlich auch die Prozesskosten tragen.

Antonio Maccatello hatte jedoch 1624 die Entscheidung des Vikarsgerichts, das ihm alle diese Bürden auferlegte, nicht stillschweigend akzeptiert, vielmehr wandte er sich an die „Sacra Rota" und konnte, in einem zweiten Verfahren, der Ehefrau einen Streitverzicht abringen. Die Akten dieses langen und komplexen Gerichtsverfahrens, auf das ich in weiterer Folge noch zurück kommen werde, zeigen eindrucksvoll, wie im 17. Jahrhundert eine Ehe, die häufig ohne Zustimmung der Brautleute geschlossen oder andererseits den wirtschaftlichen oder politischen Erwartungen einer der beiden Familien nicht gerecht

1 Vgl. Archivio Segreto Vaticano, Sacra Romana Rota, Positiones, b. 121, f. 570.

2 Gigliola di Renzo Villalta, Separazione personale dei coniugi. Storia, in: Enciclopedia del diritto, vol. XLI, Milano 1989, 1356. Zu den triftigen und den in der Praxis am häufigsten anerkannten Gründen einer Trennung vgl. Giovanni Battista de Luca, Il dottor volgare. Ovvero il compendio di tutta la legge civile, canonica, feudale e municipale, nelle cose più ricevute in pratica, Roma, Druckanstalt des Giuseppe Corvo, MDCLXXIII, Buch XIV, Kap. VIII, 84–85.

3 Im 12. Jahrhundert nannte Gratian den Ehebruch „der gültigen Gründe ersten und vornehmsten, der [im Hinblick auf eine Trennung] in Betracht genommen wird". Später dann sahen die Protestanten im Ehebruch den einzig möglichen Scheidungsgrund, vgl. de Luca, dottor, wie Anm. 2, 1357, 1361.

wurde, entweder von beiden Partnern oder – besonders wenn es sich um adelige Familien handelte – von ihren jeweiligen Häusern neu verhandelt werden konnte.

So geschehen im Fall der Petronilla Paolini, die am 21. September 1673 mit Francesco Massimi, dem Kommandanten der Truppen der Engelsburg, der aus einer der bekanntesten Familien Roms stammte, den Bund der Ehe schloss. Die Braut war kaum zehn, ihr Bräutigam schon über vierzig. Es ist fast sicher, dass Francesco nicht so sehr von der kindlichen Anmut Petronillas als vielmehr von dem enormen, mit über 157.000 Scudi bewerteten Grundbesitz, den das Mädchen aus dem Hause Massimi in die Ehe einbrachte, angezogen wurde.

Das Zusammenleben verlief harmonisch wie bei anderen adeligen Eheleuten auch,[4] bis nach siebzehnjähriger Ehe, in der drei Kinder geboren worden waren, Petronilla im Jahr 1690 von ihrem Gatten die Erlaubnis erhielt, ihre Mutter im Kloster zu betreuen und sich dort ständig niederzulassen. Erst da, fern von zu Hause, wurde der jungen Frau bewusst, dass sie schreckliche Misshandlungen von Seiten ihres Gemahls hatte erdulden müssen, so dass eine Trennung gerechtfertigt erschien. Ein Jahr nach der Anrufung des Vikarsgerichts und kaum einen Monat nach dem negativen Spruch dieses Forums strengte Petronilla vor dem Gericht des „Auditor Camerae" wegen der Gebarung ihrer Mitgift eine Klage gegen ihren Mann an. Gleichzeitig legte sie bei der „Rota" Berufung gegen das Urteil des Kardinal-Vikars ein. Die ergangenen Bescheide aus den Jahren 1697 beziehungsweise 1698 waren sowohl zufriedenstellend als auch enttäuschend. Petronilla konnte die erhoffte „separatio quoad thorum" nicht durchsetzen, sie wurde aber auch nicht verpflichtet, zu ihrem Mann zurück zu kehren und somit ihre ehelichen Pflichten ihm gegenüber zu erfüllen; wenigstens so lange nicht, als die Entscheidung über die Frage der Mitgift noch ausständig war.[5]

Die Aussagen der Zeugen und die Plädoyers der Rechtsvertreter dieser beiden Ehepartner, die ich auf den folgenden Seiten darstellen möchte, sollen Ablauf und Dynamik des Konflikts erhellen. Auch eine sehr summarische Darstellung wie die hier praktizierte ermöglicht die Herausarbeitung einiger Schlüsselelemente und gewisser Konstanten in den jeweiligen Trennungsverfahren von Valeria und Petronilla. Ein auf eine mögliche Trennung gerichteter Konflikt zwischen Eheleuten wurde – und dies ging normalerweise von der Frau aus[6] – nicht etwa ausgelöst, wenn ein weiteres Zusammenleben unzumutbar geworden war, sondern in dem Moment, in dem die Frauen, im vollen Wissen um ihre

4 Zu Liebe und intimen Beziehungen zwischen adeligen Eheleuten im *Ancien Régime* vgl. Lawrence Stone, The Family, Sex and Marriage in England 1500–1800, London 1977, bes. Kap. 7 „Mating Arrangements", 281–287, 298–324. Zur Intimität in italienischen Ehen vgl. auch Roberto Bizzocchi, Cicisbei. La morale italiana, in: Storica, 9 (1997), 63–90.

5 Vgl. Archivio Segreto Vaticano, Sacra Romana Rota, Positiones, b. 817 sowie Giovanni Battista de Luca, Sacrae Rotae Romanae decisiones et summarum pontificum constitutiones recentissimae, Venetiis MDCCVII, apud Paulum Balleonium, vol. secundum, decisio XII u. XIII, 358–361.

6 Beginnend im *Ancien Régime* übernahmen Frauen bis heute häufiger als Männer die Rolle der Klägerin in Trennungsverfahren; vgl.Silvana Seidel Menchi, I processi matrimoniali come fonte storica, in: dies. u. Diego Quaglioni Hg., Coniugi nemici. La separazione in Italia dal XII al XVIII secolo, Bologna, 2000, 15–94, 91; Daniela Lombardi, L'odio capitale, ovvero l'incompatibilità di carattere. Maria Falcini e Andrea Lotti (Firenze 1773–1777), in: ebd., 335–370, 338–339; Marzio Barbagli u. Chiara Saraceno, Separarsi in Italia, Bologna 1998, 63–68.

Rechte, über so viel Unterstützung und Hilfe von ihrer Familie oder von Außenstehenden verfügten, dass Grund zur Hoffnung bestand, der Prozess oder das Vermittlungsverfahren würde zu ihren Gunsten ausgehen.[7] Die Trennungen und auch die Drohungen, dem ehelichen Dach zu entfliehen, zeigen deutlich die von einem oder von beiden Eheleuten empfundene Notwendigkeit, die Ehe neu zu verhandeln.

Die meisten Trennungen wurden wegen Ehebruch oder Gewalttätigkeit[8] beantragt, auf die die kirchlichen Gerichte bei entsprechendem Nachweis am häufigsten eingingen. Dahinter verbargen sich freilich sehr oft wirtschaftliche Überlegungen. Hatten die Frauen berechtigte Hoffnung auf ein positives Urteil, so strengten sie ein Verfahren an, um ihre gegenwärtige oder zukünftige Lage, oder die ihrer Kinder, zu verbessern. Mögliche Argumente der adeligen Frauen waren die nicht mehr angemessene „Apanage"[9], die Menge der vom Ehemann zur Verfügung gestellten Sachgüter oder eine ernsthafte Gefährdung des Vermögens ihrer Ursprungsfamilie, das in Form der Mitgift eingebracht worden war. Anderen Frauen wiederum gelang es mit Geschick, einen Ehebruch aufdecken zu lassen oder genügend Zeugenaussagen für die Grausamkeit vonseiten ihrer Ehemänner zu sammeln so dass diese für ihren Unterhalt sorgen mussten und darüber hinaus zur Zahlung von Alimenten für die Kinder verurteilt wurden.[10] Nicht selten übernahm die Kirche – sowohl einfache Pfarrer wie auch höchste Vertreter der Amtskirche – angesichts dieser von den Frauen oder deren Familien eingeleiteten Rechtsbegehren eine „Neugestaltung der Ehe", indem sie zwischen den Ansprüchen der Eheleute vermittelte. So verfasste Papst Alexander VII. im Jahr 1655 eine Urkunde, „auf dass die Liebe zwischen [Olimpia Aldobrandini und Camillo Pamphilj] ewig [währe] und sich in der Verbindung erhalten und mehren möge", mit der er Camillo eine Erhöhung des „Nadelgelds" auferlegte, also jenes Betrages, den die Gattin monatlich für ihren persönlichen Bedarf erhielt.[11]

---

7 Zu diesem Schluss kam ich durch die Untersuchung einer Reihe von Trennungen im Umfeld des römischen Adels. Konflikte zwischen Eheleuten bieten wertvolle Hinweise zum Verständnis der Vermittlungsdynamik einerseits und jener Strategien andererseits, die Unterstützung durch Dritte sichern sollen. Vgl. Benedetta Borello, Annodare e sciogliere. Reti di relazioni femminili e separazioni a Roma (XVII–XVIII secolo), in: Quaderni storici, 111 (2002), 617–648.

8 Eine „separatio quoad thorum" konnte nur aus ganz wenigen Gründen verlangt werden, von denen die häufigsten Misshandlung, unüberwindbare Abneigung und Ehebruch waren. Vgl. di Renzo Villalta, Separazione, wie Anm. 2, 1350–1376 und Diego Quaglioni, „Divortium a diversitate mentium." La separazione personale dei coniugi nelle dottrine di diritto comune: appunti per una discussione, in: Seidel Menchi/ders., nemici, wie Anm. 6, 95–120.

9 Der Terminus „Apanage" bezeichnet hier das breite Spektrum von Gegenleistungen zur Mitgift; dazu gehörte die monatliche Zuwendung (des Ehemannes) an die Ehefrau für persönliche Ausgaben, für Kleidung, Schmuck und sonstiges „Zubehör", wie Wagen und Livrees für die Dienerschaft. Vgl. Christiane Klapisch-Zuber, La famiglia e le donne nel Rinascimento a Firenze, Roma-Bari 1988; Manuela Martini, Crediti e relazioni coniugali nelle famiglie della nobiltà bolognese del XIX secolo, in: Giulia Calvi u. Isabelle Chabot Hg., Le ricchezze delle donne. Diritti patrimoniali e poteri familiari in Italia (XIII–XIX secc.), Torino 1998, 209–229.

10 In einigen von Domenico Rizzo studierten Fällen im Rom des 19. Jahrhundert dient der Ehebruch als Anlass zur Neudefinition der Rollen und Funktionen der Eheleute in Ehe und Familie. Vgl. Domenico Rizzo, I luoghi della morale: lecito e illecito nella costruzione liberale della sfera privata e della sfera pubblica (Roma 1870–1905), Napoli 2002, Doktorarbeit, XII. Zyklus, Kap. IV „Coppia coniugale e adulterio."

11 Borello, reti, wie Anm. 7, 621f.

Im Jahre 1462 befand der Patriarch von Venedig zwar, dass keine ausreichende Veranlassung bestehe, der von Elena Erizzo verlangten Trennung von ihrem Gatten Benedetto zuzustimmen, bestimmte aber in seinem Urteil, dass letzterer sein Verhalten zumindest teilweise ändern müsse. Elena erhielt das Recht, Dienstboten einzustellen und sich selbst vermehrt dem Gesellschaftsleben zu widmen, wie es einer Frau ihres Standes zukam. Auf diese Weise errichtete der Patriarch „ein Modell der patrizischen Ehe … Ohne die Ehe von Benedetto und Elena Erizzo aufzulösen … setzte er seine Autorität mit der Absicht ein, diese Ehe zu verändern“.[12]

Obwohl die Kirche die Unauflöslichkeit der Ehe mit Nachdruck betonte und ihre Autorität bei Ehestreitigkeiten und Trennungen nicht minder energisch unterstrich[13], schuf sie zumindest teilweise Freiräume für Vermittlung und Anpassung. Dabei erhöhte gerade die Unauflöslichkeit des Bandes die Chancen für eine Neuverhandlung. Wie jede im *Ancien Régime* einem Gericht vorgelegte Sache waren auch Anträge auf Trennung einem Diskussionsrahmen eingeschrieben, „der die Initiative der Parteien stärkt[e] und zu individualistischen Lösungen führt[e] … Der Sieg [ging schließlich] nicht an jene Seite, die abstrakt Recht hatte, sondern an die Seite mit der größeren vertraglich abgesicherten Macht.“[14] Das Ideal der Liebe zwischen den Eheleuten vor Augen, zeigen die Vermittlungsbemühungen der Kirchenbasis oder der höchsten Würdenträger, die Urteilssprüche der Erstinstanzen und die Begründungen der „Rota“ sehr gut, wie Ehen neu aus verhandelt wurden, wie sich die Rollen der Partner neu verteilten und wie sich die Verbindung von Mann und Frau mit den aufeinander folgenden Phasen im Familienleben wandelte.

Auf den folgenden Seiten versuche ich, den Verlauf der Trennungsprozesse von Valeria Gandina beziehungsweise Petronilla Paolini nachzuzeichnen: Dabei werde ich die Gemeinsamkeiten, die sich aus der Gegenüberstellung dieser beiden Fälle ergeben, herausarbeiten. Das Prinzip der Gleichheit in der Verschiedenheit scheint mir ein optimales Mittel, um die Geschichte dieser zwei Frauen zu verstehen, die zwar beide im Rom des 17. Jahrhunderts lebten, jedoch in unterschiedlichen, nicht vergleichbaren sozialen Positionen, Beziehungsnetzen und „Sozialkapital“.[15] Valeria und Petronilla hatten an ihre Ehen, die in Rom im Abstand von 50 Jahren, auf Betreiben ihrer verwitweten Mütter, geschlossen wurden, völlig unterschiedliche Erwartungen. Für Petronilla, mit ihrer Mitgift von über 157.000 Scudi, ergaben sich ganz andere Lebenschancen als für Valeria, die ihrem Mann lediglich zwei Häuser und ein wenig Grundbesitz im Wert von 3.000 Scudi übergeben konnte. Für beide war jedoch die Realität des Ehelebens meilenweit von der jeweiligen Erwartungshaltung entfernt. So entschieden sich sowohl Valeria wie auch Petronilla, als sie ihre Ehe und ihre finanzielle Ausstattung in Gefahr sahen, für den „schma-

---

12 Stanley Chojnacki, Il divorzio di Cateruzza: rappresentazione femminile ed esito processuale (Venezia 1465), in: Seidel Menchi/Quaglioni, nemici, wie Anm. 6, 371–416, 378.

13 Dies war zumindest die Tendenz der Rechtssprechung der „Rota“ im 17. Jahrhundert. Vgl. di Renzo Villalta, separazione, wie Anm. 2, 1362f.

14 Renata Ago, Una giustizia personalizzata. I tribunali civili di Roma nel XVII secolo, in: Quaderni Storici, 101 (1999), 389–412, 408.

15 Ich verwende den Ausdruck in der von James S. Coleman vorgeschlagenen Bedeutung. Vgl. ders., Social Capital in the Creation of Human Capital, in: American Journal of Sociology, 94 (1988), 95–120.

len und gefährlichen Pfad des Gerichtsverfahrens".[16] Die Frauen ergriffen die Initiative, wenn es um die Durchsetzung konkreter Rechte ging und wenn sie glaubten, ein Gerichtsprozess oder die Flucht aus dem gemeinsamen Heim – etwas, was sich durch die Vermittlung der beiden Familien wieder regeln ließ[17] – könnte dazu dienen, ihre Lage zu verbessern. Die Bestätigung erworbener oder die Wiederherstellung verletzter Rechte, der Kampf um die wirtschaftliche Besserstellung der eigenen Person oder der Kinder, setzte eine fundierte Kenntnis der juridischen Instrumente, aber auch der eigenen Rechte und Pflichten, voraus. Die Einbringung eines Begehrens auf Trennung etliche Jahre nach der Eheschließung deutet meiner Meinung nach auf eine intensive Suche nach Verbündeten und Helfern. Die adeligen Frauen oder deren Familien, die sehr oft im Hintergrund die Fäden zogen, warteten auf eine Verbesserung des Prozessumfeldes, wie zum Beispiel die Ernennung eines Richters an der „Rota" oder sogar eine Papstwahl. Olimpia Aldobrandini zum Beispiel hatte den Eindruck, dass ihr „Nadelgeld" genau zu jenem Zeitpunkt nicht mehr reichte, als Alexander VII. aus dem Geschlecht der Chigi zum Papst gekrönt wurde. Dieser war ihr eher gewogen, folgte er doch, acht Jahre nach der Abfassung ihres Ehekontrakts, Innozenz X. nach, der seinerseits ein Onkel ihres Gatten gewesen war.

Für die unteren Schichten, deren Alltagsleben nur über die Prozessakten rekonstruiert werden kann – im Allgemeinen fehlen Korrespondenz und sonstige Unterlagen aus dem familiären Umkreis[18] – lässt sich nur schwer feststellen, über welche Kanäle Informationen und juridische Ratschläge flossen und woher Unterstützung kam. Bei vielen dieser Trennungen findet man einen großen zeitlichen Abstand zwischen Trauung und Beginn des Rechtsstreits. Wenn sich bei aufrechter Ehe ein Konflikt als unvermeidlich abzeichnete, so waren die Frauen gezwungen, beizeiten nach geeigneten Strategien zu suchen, die im Verlauf eines späteren Verfahrens auch geändert werden konnten.[19] Der Weg war nicht leicht, und bisweilen erwies es sich, dass Kosten und Nutzen der Initiative falsch eingeschätzt worden waren. Ehebruch konnte, noch bevor es zu einer Trennung kam, die Wegsperrung der Frau nach sich ziehen, wie Valeria Gandina im Jahre 1623 erleben musste.

16 Seidel Menchi, processi, wie Anm. 6, 91.

17 Lawrence Stone merkt an, dass Trennungen durch „powerful external pressures, thanks to the watchful and persistent supervision of the marriage by parents, kins, friends and neighbours" vermieden wurden. „These groups rarely hesitated to intervene, to arbitrate, to advise and even to impose reconciliation upon any couple threatening to separate." Lawrence Stone, Road to Divorce. England 1530–1987, Oxford/New York 1990, 2.

18 Die Rekonstruktion eines sozialen Gefüges im *Ancien Régime* gestaltet sich einigermaßen schwierig, da dem Forscher fast nie das gesamte Bild des gesellschaftlichen Umfeldes eines Menschen zur Verfügung steht. Briefe und Familienurkunden scheinen mir jedoch äußerst wertvolle Behelfe, will man eine Vorstellung davon bekommen, wie und wo Informationen weitergegeben und Gefälligkeiten ausgetauscht wurden, wenigstens in einem Teil des sozialen Gefüges. Vgl. die Einleitung in Benedetta Borello, Trame sovrapposte. La socialità aristocratica e le reti di relazioni femminili a Roma (XVII–XVIII secolo), Napoli, erscheint demnächst. Eine ähnliche Fragestellung findet sich in Alberto Mario Banti, Terra e denaro. Una borghesia padana dell'Ottocento, Venezia 1989. In Ermangelung von Tagebüchern oder Briefen hat der Autor die Verzeichnisse eines Leitungsgremiums zu Rate gezogen.

19 So verhielt es sich zum Beispiel im Streitfall zwischen Andrea Lotti und Maria Falcini, 1773. Vgl. Lombardi, L'odio capitale, wie Anm. 6, 338–347.

Der Ehebruch werde prinzipiell als gerechte Ursache für eine Trennung „non tamen ad tempus, sed de sui natura perpetua" angesehen, schrieb Cristoforo Cosci im 18. Jahrhundert in seinem Traktat, in denen er sich auf hinlänglich gefestigte Positionen aus vorangegangenen Jahrhunderten stützte.[20] Das Vergehen des Ehebruchs vereinigte in sich die sogenannte „multa crimina": Gemeint sind damit die „fornicatio ratione illegitimi coitus", ein schwerer Affront gegen den Ehemann und die ehelichen Kinder, wenn ein Fehltritt der Frau eine Schwangerschaft nach sich zog; das „sacrilegium ratione sacramentum", also der Bruch des am Hochzeitstag vor dem Altar geleisteten Treueschwurs; Mord, weil ehebrecherisches Verhalten die Seele des anderen tödlich verletzen konnte; Diebstahl, weil ja mit der Verehelichung ein „erunt duo in caro una" besiegelt wurde – wie Jesus selbst sagte – und weil, wie im Brief an die Korinther nachzulesen ist, Mann und Frau mit ihrer Verbindung jeweils „sui corporis potestatem" verlieren; und schließlich die Schande für die ganze Familie. Der Tatbestand findet sich sowohl im bürgerlichen wie im kanonischen Recht, wobei der Kanoniker als „judex privativus" galt. Es war auch das kanonische Recht, das teils „ex officio", teils „ex dispositione" diskret die Beweise erhob[21] und die Frau, den Mann oder auch beide ermahnte, ihren Lebenswandel zu überdenken. Wo diese Ermahnung scheiterte, wurden die Schuldigen bestraft; Ehebrecherinnen mussten eingesperrt werden und verloren die Verfügungsgewalt über ihre Güter. Mit der ganzen Strenge des Gesetzes verfolgte man auch die Konkubinen, was in letzter Konsequenz bis zur Ausweisung ins Exil reichte.[22] Ludovico Beja, ein Theologe des ausgehenden 16. Jahrhunderts, notierte am Rande der Beschlüsse der 24. Sitzung des „Tridentinischen Konzils": „Wenn von Ehebruch die Rede ist, so ist die Meinung zu berücksichtigen, wonach ‚maius nocuentum infert adulterium ab uxore perpetratum, quam a viro: ut quod in uxore, prorsus tollit prolis certitudinem' … Denn da die ‚stabilitas' des ehelichen Bundes als Grundlage und Quelle der Stabilität der ganzen Gemeinschaft betrachtet wird, kommt dem Bruch dieses Bundes eine Bedeutung zu, die weit über jeden häuslichen Zwist hinaus geht."[23] Mit dem Nachweis des Ehebruchs wurde die Ehe – obgleich das eheliche Band aufrecht blieb – wirkungslos.[24] Dies war das einzige Mittel, das

---

20 Vgl. Cristofero Cosci, De separatione tori coniugalis, Romae, ex. typ. Canetti, 1779, 290.

21 Cosci findet dafür die Begründung: „in obsequio Mariti cu ea agere debet in secreto, ac omisse scriptione hominis eiusdem in actis, ne Marito, vel consanguineis ipsam occidendi praebeatur occasio, quam si monita non obediat, non esse propter periculu Matrimonij periendam", in: ders., separatione, wie Anm. 20, 294.

22 Vgl. Cosci, separatione, wie Anm. 20, 290–293.

23 Lucia Ferrante, „Malmaritate" tra assistenza e punizione (Bologna sec. XVI–XVII), in: Paolo Prodi, Forme e soggetti dell'intervento assistenziale in una città di antico regime, Bologna 1986, 70–109, 94. In Italien wurde bis vor relativ kurzer Zeit unterschieden, ob der Ehebruch von der Frau oder vom Mann begangen wurde. Vgl. u.a. den Fall einer sizilianischen Ehefrau, gegen die 1974 eine schuldhafte Trennung mit Aberkennung des Unterhalts ausgesprochen wurde, weil sie mit einem Nachbarn eine Affäre gehabt hatte „und sich dabei so verhielt, dass die schändliche Tat allgemein bekannt wurde", zit. nach Marzio Barbagli, Provando e riprovando. Matrimonio, famiglia e divorzio in Italia e in altri paesi occidentali, Bologna 1988, 117–120.

24 Vgl. in diesem Zusammenhang ein Urteil der „Rota" aus dem Jahr 1698, in dem eine polnische Ehefrau Recht erhielt, die nach dem Ehebruch des Mannes die Trennung verlangte. In dieser Causa „Cracoviensis matrimonii super separatione thori", die vor dem Richter Priolo abgehandelt wurde, wurde angeführt,

den Frauen von ehebrecherischen Männern zu Gebote stand, doch mussten sich die Ehefrauen, besonders in adeligen Kreisen, nicht selten mit den Konkubinen und unehelichen Kindern ihres Gemahls arrangieren. Eine auf frischer Tat ertappte Ehebrecherin wusste also, dass sie eine Strafe zu erwarten hatte. Nachdem Ehebruch in den meisten Fällen als ein Mittel zur Erreichung einer Trennung eingesetzt wurde, waren nach Meinung mancher Rechtsgelehrter die Überlegungen zur Art der angedrohten Strafe rein theoretischer Natur.[25] Dies ändert jedoch nichts daran. Aber auch für jene Frauen, die, ohne ihren Mann betrogen zu haben, ihre Ansprüche vor einem Kirchengericht durchsetzen wollten, war die Sache nicht einfach. Die Prozesse gingen nicht immer nach Wunsch der Klägerinnen aus, wie es Petronilla Paolini gleich zweimal passierte. Trotz alledem aber nahmen die Frauen das Risiko auf sich. Für sie war die Entfernung von Heim und Herd ein möglicher und realistischer Weg, für den auch ein Aufenthalt in einem Kloster (der für Adelige unter Umständen gar nicht so unangenehm ausfallen mochte) einkalkuliert wurde;[26] viel abschreckender waren dagegen die Vorstellungen der Umstände, wenn es um einen – und sei es auch nur kurzen – Aufenthalt in Verwahrungshäusern ging.[27] Die Unterbringung der Betroffenen in einem Kloster oder im Hause einer „onesta matrona", einer ehrenwerten Frauensperson, wurde im Falle von „schwerer Feindschaft mit dem Gatten" durch die Schwäche der Frau gerechtfertigt. „Auf Grund ihres Geschlechts eher in Gefahr, unterdrückt zu werden" war es dennoch undenkbar, eine Frau „ganz ihrer Freiheit" zu überlassen. Es war aber nicht leicht, eine ehrenwerte Quartierfrau zu finden, da sowohl diese als auch das „Opfer" über jeden sittlichen Verdacht erhaben sein mussten. Daher wurde meist das Kloster oder die Verwahrungsanstalt vorgezogen, auch weil hier „die Frau, sich also eingeschlossen sehend ... und nicht im Genusse jener Freiheit, die sie unter diesem Vorwand erhoffte, gerne bereit ist, zum Ehemann zurückzukehren & von solchen Streitigkeiten abzulassen, die ja allzuoft aus allerley unredlichen Gründen angezottolt worden", schreibt ein namhafter römischer Jurist des 17. Jahrhunderts.[28]

Eine Auswertung der Archive verschiedener italienischer Städte zeigt eindeutig, dass es zumeist die Frau war, die eine Trennung anstrengte,[29] und dies im vollen Bewusstsein

dass „Pro separatione thori sufficiens causa est adulterium", in: Sacrae romanae Rotae decisiones nuperrimae nunc primum collectae, Argumentiis, summariis et accuratissimis indicibus instructae, Romae MDCCLV, Tomus V, 326.

25 Dies entspricht zumindest der Meinung von Giovanni Battista De Luca in seinem „Il dottor volgare", wie Anm. 2, Buch XV, Kap. V.

26 Über das Leben der Adelsfrauen in den Klöstern und die Aufnahme der „unglücklich Verheirateten" durch die Schwestern vgl. Elisa Novi Chiavarria, Monache e gentildonne. Un labile confine. Poteri politici e identità religiose nei monasteri napoletani secoli XVI–XVII, Milano 2001.

27 Zu den römischen Verwahrungsanstalten des 19. Jahrhunderts und ihrer sozialen Rolle in der Stadt vgl. Angela Groppi, Una gestione collettiva di equilibri emozionali e materiali. La reclusione delle donne nella Roma dell'Ottocento, in: Lucia Ferrante u.a. Hg., Ragnatele di rapporti. Patronage e reti di relazione nella storia delle donne, Torino 1988, 130–147. Dies., I conservatori della virtù. Donne recluse nella Roma dei Papi, Roma-Bari 1994.

28 de Luca, dottor, wie Anm. 2, Buch XIV, Kap. VIII, 91.

29 Ich führe hier als Beispiel folgende Arbeiten an: für Venedig: Joane M. Ferraro, The Power to Decide: Battered Wives in Early Modern Venice, in: Renaissance Quarterly, 48 (1995), 492–512; für Siena: Oscar di Simplicio, Peccato, penitenza perdono. Siena 1575–1800. La formazione della coscienza nell'Italia mo-

der Risken und des unsicheren Ausgangs eines solchen juridischen Unternehmens. Die Einleitung einer Klage konnte auch nur ein Mittel sein, um eine außergerichtliche Lösung zu erlangen, die keinem der beiden Partner allzu sehr schaden würde.[30] Eine Analyse der Beziehungsgeflechte zwischen Frauen kann daher Aufschluss über Zeitpunkt und die plausibleren, auslösenden Motive eines Rechtstreits geben, dies kann jedoch meines Erachtens nicht den ganzen Umfang des Phänomens erklären. Cristoforo Cosci sieht in einem berühmten Traktat aus dem 18. Jahrhundert die Gründe für Ehebruch im Leichtsinn der Frauen und in der schlechten Behandlung, der sie ausgesetzt waren.[31] Ob nun echte Gewalt im Spiel war oder nicht und ob es dabei um das Vermögen, die Kleidung oder die Treue ging; die erlittenen „Misshandlungen" trieben die Frauen dazu, „ihre Ehe neu zu verhandeln", die eheliche Beziehung auf der Basis eines Idealkontrakts neu zu definieren, der zumindest einige ihrer Erwartungen erfüllen sollte.

Die Prozessakten, doch auch die Briefe von Angehörigen und sonstiger, nur in den Archiven der Adelshäuser zu findende private Schriften, die Bezug auf die Flucht der Frauen aus dem ehelichen Haushalt oder auf die unternommenen Schlichtungsversuche nehmen, zeigen, dass ein Konflikt zwischen Eheleuten im Regelfall einer vorgezeichneten Bahn folgte. Für den vorliegenden Aufsatz verwende ich insbesondere die Gerichtsakten der „Sacra Rota Romana".[32] Diese vatikanische Instanz fungierte im Wesentlichen als Berufungsgericht, das die in erster Instanz vor dem Gericht des Kardinal-Vikars verhandelten Ehesachen prüfte. Die Berufungsverfahren stellten die einzige Möglichkeit dar, den Fragenkomplex der Trennung im *Ancien Régime* wissenschaftlich aufzuarbeiten, da sämtliche Unterlagen des Vikarsgerichts zu Rom aus der Zeit vor dem 19. Jahrhundert verloren gegangen sind.[33] Es war Praxis bei der „Rota", dass alle Prozessunterlagen bis zur Urteilsverkündung „ad istantiam partis" erstellt werden mussten. Der Spruch kam durch Abstimmung der vier Auditoren zu Stande, die zusammen mit dem Vorbringenden, der allerdings kein Stimmrecht besaß, eines der drei Kollegien der „Rota" bildeten. Ein Urteil konnte dreimal angefochten werden, wobei jeweils ein anderes Kollegium angerufen wurde.[34] Drei Tage vor der Klagseinbringung ließen die Parteien von ihren Anwälten oder Bevollmächtigten die so genannten „Positiones", „Vorbringungen" oder Schriftsätze, die

---

derna, Milano 1994, 324f; für Turin: Sandra Cavallo, Fidanzamenti e divorzi in antico regime: la diocesi di Torino, in: Miscellanea storica ligure, 9 (1977), 5–50.

30 Vgl. Ottavia Niccoli, Rinuncia, pace, perdono. Rituali di pacificazione della prima età moderna, in: Studi storici, 40 (1999), 219–253; zur Inanspruchnahme außergerichtlicher Formen vgl. Benôit Garnot Hg., L'infrajudiciaire du Moyen Age à l'époque contemporaine, Dijon 1996. Besonders in Rom wurde der außergerichtliche Weg – zumal in den gehobenen Schichten – relativ häufig begangen, ermutigt durch die Präsenz der Kurie und die engen Verbindungen zwischen dieser und der Aristokratie, wie Irene Fosi, Da un tribunale all'altro: il divorzio tra Benedetta Pinelli e Girolamo Grimaldi, principe di Gerace (1609–1653), in: Seidel Menchi/Quaglioni, nemici, wie Anm. 6, 417–452, hervorhebt.

31 Vgl. Cosci, separatione, wie Anm. 20.

32 Zur Tätigkeit der „Rota" im Italien der Neuzeit vgl. Mario Sbricioli u. Antonella Bettoni Hg., Grandi tribunali e rote nell'Italia di Antico regime, Milano 1993.

33 Eine weitere, bisher kaum erforschte Quelle, sind die Aufzeichnungen des Gerichtshofes der Heiligen Konzilskongregation, dazu Fosi, tribunale, wie Anm. 30.

34 Vgl. Giovanni Battista de Luca, Theatrum veritatis et iustitiae, Roma 1669–1673, Buch XV, Teil II.

an die betreffenden Auditores verteilt wurden, schreiben. Diese Schriftsätze dienten der Darstellung des Sachverhalts und enthielten üblicherweise Auszüge aus dem erstinstanzlichen Urteil nebst den bereits gehörten und etwaigen neuen, eigens für die Berufung gesammelten, Zeugenaussagen. Die Entscheidungen der Berufungsrichter, die begründet sein mussten, stellen eine besonders interessante Quelle dar, um die Dynamik der Fälle und die Auslegungspraxis der „Sacra Rota“ zu verstehen.

Die Sichtung der Akten in den von Valeria Gandina beziehungsweise Petronilla Paolini angestrengten Prozessen hat gezeigt, dass der Streit in beiden Fällen um zwei miteinander verflochtene Schlüsselaspekte ging, nämlich Unterhaltszahlungen und Ehre. Die Gewährung des Unterhalts im weitesten Sinn, nämlich sowohl die Sicherung der Grundbedürfnisse als auch Kultur- und Luxusgüter, die der Aufrechterhaltung eines Status galten, definierte die Rollen innerhalb der Familie und wirkte identitätsstiftend.[35] Ein guter Hausvater musste angemessenen Unterhalt garantieren können. Bei den weniger Vermögenden mussten zumindest noch Wohnung und die Deckung der Lebensbedürfnisse, die im Verhältnis zur Mitgift der Ehefrau angesetzt wurden, gewährleistet sein.[36] Für den Adel waren es Paläste, Kleider, Schmuck und sonstige Ausstattung im Einklang mit einer Lebensführung, die vor allem „Bequemlichkeit“ und „Dekor“ als erste und wichtigste Form des Konsums umfasste, die gegeben sein mussten.[37]

Das zweite große Thema im Zusammenhang mit einer möglichen Trennung war die Ehre. Dieser Ehrbegriff basierte auf der Grundlage der Reputation, die sich Männer und Frauen in jenem Umfeld erworben hatten, in dem sie lebten und wirkten, und diese Ehre wirkte auf die Reputation zurück.[38] Für die Frauen war Ehre häufig gleichbedeutend mit Züchtigkeit; für die Männer baute sie auf andere Werte auf, konnte jedoch in Frage gestellt werden, wenn Zweifel nach ausreichendem Schutz der Züchtigkeit auftauchten.[39] Unter dem Adel war die Ehre, die eng mit dem Ansehen der Familie verknüpft war, ein

35 Zu einer Definition des Unterhalts im *Ancien Régime* gehört auch der Begriff der Armut, der jedoch nie als absolute Verarmung zu sehen ist, sondern vielmehr als Kontrast zum Reichtum an sozialen Beziehungen. Vgl. Giovanni Ricci, Povertà, vergogna, superbia. I declassati tra Medioevo e Età moderna, Bologna 1996 und Angela Groppi, Il diritto del sangue. Le responsabilità familiari nei confronti delle vecchie e nuove generazioni (Roma, secoli XVIII–XIX), in: Quaderni Storici, 92 (1996), 305–334.

36 Zum Recht der Frauen auf Unterhalt auch ohne Einbringung einer Mitgift vgl. Angiolina Arru, Un credito senza capitale: il diritto delle mogli al mantenimento (Roma sec. XIX), in: dies. u.a. Hg., Proprietarie. Avere, non avere, ereditare, industriarsi, Napoli 2001, 189–209; dies., „Donare non è perdere.“ I vantaggi della reciprocità a Roma tra Settecento e Ottocento, in: Quaderni storici, 98 (1998), 361–382.

37 Vgl. Daniela Frigo, Il padre di famiglia. Governo della casa e governo civile nella tradizione dell' „Economica“ tra Cinque e Seicento, Roma 1985, 158.

38 Vgl. hierzu die Anmerkungen von Domenico Rizzo über die Interventionen der Rechtsinstitutionen des 19. Jahrhunderts in Bezug auf das Sexualverhalten. Ders., L'impossibile privato. Fama e pubblico scandalo in età liberale, in: Quaderni storici, Veröffentlichung steht bevor.

39 Über die Verteidigung der weiblichen Ehre in Italien in der Neuzeit vgl. Sandra Cavallo, Assistenza femminile e tulela dell'onore nella Torino del XVIII secolo, in: Annali della Fondazione Luigi Einaudi, 14 (1980), 127–155; Lucia Ferrante, L'onore ritrovato. Donne nella Casa del Soccorso di S. Paolo a Bologna (secc. XVI–XVII), in: Quaderni storici, 53 (1983), 499–527; Giovanna Fiume Hg., L'onore nelle società mediterranee, Palermo 1989.

Wert, den Männer und Frauen gleichermaßen lebten und den sie gemeinsam und mit fast gleichen Mitteln verteidigten.[40] Wenn es allerdings um Frauen aus der Mittel- oder Unterschicht ging, konnte dieser Begriff der Ehre von einem anderen ergänzt und überlagert werden, der sich mehr am immateriellen Wert der Keuschheit ausrichtete. Valeria Gandina wurde von ihrem Gemahl in das Kloster „Casa Pia“ verbannt, weil sie ein „malam vitam“ geführt hatte. Als Maria Mancini aus dem Geschlecht der Colonna ihren Mann Lorenzo Onofrio verließ und zuerst nach Frankreich und dann nach Spanien floh, war sie gezwungen, hinter Klostermauern zu leben, quasi unter der Kuratel der spanischen Aristokratie, die darauf achtete, dass „no se permitan a Esta Dama acciones en lo Público que se opongan a la decencia con que debe portarse persona de su Esfera“, wie der Graf von Monterey schrieb.[41]

Unterhalt und Ehre waren auch fixe Bestandteile des Plädoyers in Trennungsklagen. Materielle Versorgung und Schutz der Keuschheit und des guten Namens galten als wesentliche Aufgaben eines Familienvorstands und konnten jederzeit von jenen eingefordert werden, die sich in seiner Sphäre bewegten. Die Frauen, ihre Familien und die Rechtsbeistände wussten dies nur zu gut und benützten geschickt die Handhabe, die ihnen das Recht und die Rechtspraxis boten.

Eine letzte Erörterung sei hier der Rolle der Vermittlung gewidmet, wie sie verschiedenste Personen mit unterschiedlicher Begründung im Verlauf eines Streits praktizierten. Die Intensität der Verhandlungen und Absprachen rund um das Ehepaar hing davon ab, wie dicht und wie fest das Netz der sozialen Beziehungen geknüpft war, das die beiden trug. In adeligen Kreisen wurde die „Mediation“ in vielen Fällen von den Familien gefordert und gefördert und konnte die höchsten Spitzen der Amtskirche einbeziehen. Im Streitfall, in dem sich in den 20er und 30er-Jahren des 18. Jahrhunderts Camillo Pamphili und Teresa Grillo gegenüber standen, wollte die Frau zum Beispiel nicht, dass der Fall vor der „Rota“ entschieden werde. Als Grund führte Teresa an, sie wünsche nicht, dass „häusliche Angelegenheiten öffentlich bekannt würden und so nicht nur über sie, sondern auch über ihren Mann die Schande komme“; in Wirklichkeit fürchtete sie, die Entscheidung des kirchlichen Gerichts könnte ihr Nachteile bringen. Viel besser sei es – und war es dann auch tatsächlich – den Fall an kleine, bekannte und überschaubare Kommissionen zu übergeben.[42] Für die unteren Schichten konnte eine ähnliche Funktion von den Pfarrern übernommen werden, welche die Eheleute kannten und in der Lage waren, vorbeugend in einem Konflikt zu intervenieren.[43] War der Rechtsweg einmal be-

40 Ein Konflikt zur Wahrung der Familienehre berührte das Prestige aller Familienmitglieder und betraf Männer und Frauen fast in der selben Weise (wenn man vom Duell einmal absieht). Vgl. Borello, Trame sovrapposte, wie Anm. 18.

41 Borello, reti, wie Anm 7, 647.

42 Borello, reti, wie Anm. 7, 635f.

43 Rizzo weist für das Rom des 19. Jahrhunderts die Existenz „eines Systems [nach], in dem der äußere Einfluss auf persönliche Entscheidungen potenziell sehr stark ist, auch wenn der Pfarrer erst nach mehreren Versuchen zu Mediation und Neugestaltung der Beziehungen das Vikarsgericht anruft; ja es kommt sogar vor, dass nach einer Aktivierung der Institutionen auf anderem Wege sich der Pfarrer entschuldigen muss, warum er nicht schon früher die Initiative ergriffen hat“, zit. nach: ders., luoghi, wie Anm. 10, 135.

schritten, so spielten der Pfarrer, die Nachbarn und die engsten Verwandten eine Schlüsselrolle, wenn es darum ging, den guten Ruf der verfeindeten Eheleute zu bestätigen oder zu zerstören.

Eine letzte Möglichkeit, um zu einer außergerichtlichen Lösung zu kommen, bestand im Verzicht, der entweder dem echten Wunsch der Eheleute nach Versöhnung[44] entsprang oder auch mit Gewalt abgepresst wurde, wie Valeria Gandina in ihrer Aussage vom 28. Juli 1636 behauptete.

Die Initiative

Es ist keineswegs einfach nachzuvollziehen, was die Frauen letztendlich veranlasste, den schwierigen Weg eines gerichtlichen Trennungsverfahrens zu beschreiten. Die Anwälte der Ehemänner hoben stets die Leichtfertigkeit des Weibes hervor, die Verfehlung, also den Ehebruch, wie im Fall von Valeria Gandina; oder die Launenhaftigkeit, den unverständlichen Entschluss, das Heim zu verlassen, wie bei Petronilla Paolini. Selbst wenn man die Sachverhaltsdarstellungen bei den Anwälten der Frauen durchliest (reicher an Einzelheiten, wollten sie doch die genaue Abfolge der Umstände schildern, die zum Bruch geführt hatten), ist es schwierig, die langwierige und oft dramatische Abwägung von Vor- und Nachteilen zu verstehen, die hinter einem solchen Schritt stand. Der Wille, das eigene Leben zu verändern und die Bedingungen der ehelichen Verbindung zur Diskussion zu stellen, hatte unweigerlich zur Folge, dass Haus und Kinder verlassen werden mussten. Kinder kamen, um die Wahrheit zu sagen, in den Plädoyers der Prozessanwälte nur am Rande vor. Eine Frau, die sich für die Trennung entschied, wusste bereits, dass sie damit auf die Kinder verzichten würde müssen. Adelsfrauen, die von ihren Kindern sofort nach der Niederkunft getrennt wurden und somit – selbst wenn sie im selben Palast wohnten – Mütter „in absentia" waren, konnten die Verbindung durch einen regen Briefwechsel aufrecht erhalten, wie ihn Maria Mancini Colonna mit ihren Kindern während der Zeit ihrer Flucht führte.[45] Andere Mütter machten diese schmerzliche Erfahrung der Entfernung erst nach der juridischen Trennung. Die Tochter der Maria Falcini, für die ihre Mutter bei weltlichen und kirchlichen Instanzen so viel zur Sicherung des Unterhalts getan hatte, lebte auf Kosten der väterlichen Familie bis zur Vollendung des siebten Lebensjahres bei Maria. Danach sollte sie in eine Verwahrungsanstalt kommen, wo sie der Großvater väterlicherseits, der einzige Mensch, der sich wirklich um ihr materielles Wohl kümmerte, besuchen konnte.[46]

Der Entschluss, einen Trennungsprozess vor Gericht zu beginnen, stand zwar im Allgemeinen fest, wenn die Frauen über die entsprechende Unterstützung verfügten (oder

44 Vgl. Niccoli, Rinuncia, wie Anm. 30.

45 Zur Verbindung zwischen Maria Mancini und ihren Kindern vgl. Borello, Trame sovrapposte, wie Anm. 18 und Elisabetta Graziosi, Lettere da un matrimonio fallito: Maria Mancini al marito Lorenzo Onofrio Colonna, in: Gabriella Zarri Hg., Per lettera. La scrittura epistolare femminile tra archivio e tipografia, Roma 1999, 535–584; zur Rolle einer adeligen Mutter in Rom vgl. Marina D'Amelia, La presenza delle madri nell'Italia medievale e moderna, in: dies. Hg., Storia della maternità, Roma-Bari 1997, 3–52.

46 Vgl. Lombardi, L'odio capitale, wie Anm. 6, 347f.

zu verfügen glaubten), es musste aber, gerade weil er zum Ausgangspunkt so vieler bitterer Veränderungen wurde, die Folge irgend eines einschneidenden Ereignisses sein. Im Fall von Valeria Gandina und Petronilla Paolini werde ich versuchen, diese Ereignisse zu rekonstruieren.

Am 6. April 1613 nahm Antonio Maccatello Valeria Gandina zur Frau. Ortensia Fardelli, die verwitwete Mutter von Valeria, welche die Heiratsverhandlungen geführt hatte, übergab dem Ehemann zwei Häuser „bei der Madonna di Costantinopoli" im Wert von circa 3.000 Scudi. In einem dieser Häuser quartierte sich das frisch vermählte Paar ein, das andere wurde vermietet und warf den beiden 90 Scudi im Jahr ab. Valeria hatte des Weiteren die Summe von 100 Scudi als Zins auf ein anderes Haus in die Ehe eingebracht. Nach der Hochzeit allerdings stellte sich heraus, in welche Falle die verwitwete Mutter gegangen war, die als Wittib, zumindest in den Augen der betreibenden Partei, der Unterstützung und des weisen Rates eines Mannes ermangeln musste.[47] Antonio war in der Tat ein „simplex et privatus famulus", der „nihil habebat in mundo". Zu allem Unglück hatte er eine Schenke in der Nähe der ehelichen Wohnung eröffnet, wo er seine junge und „gar anmutige" Frau arbeiten ließ. Valeria war damals gerade 14 Jahre alt. Nach den von den Anwälten der Frau bestellten Zeugen hatte Antonio zudem die Angewohnheit, „seine Ehefrau zu jenen Leuten an den Tisch zu setzen, die dortselbst speiseten, und das weiß ich, weil es mir selbst widerfahren ist", sagte einer der Zeugen vor der „Rota". Ein solches Verhalten war dem guten Ruf des Ehemannes nicht zuträglich. Ein anderer Zeuge nannte ihn einen „sittenlosen Menschen" und ein Dritter meinte, in dem Versuch, eine Erklärung zu liefern, dass Antonio „bei den Nachbarn schlecht angeschrieben war, weil er seiner Frau zu viel Freiheit ließ". Eine Osteria war in der Tat ein typisch männlicher Ort, so dass eine Frau in dieser Umgebung sofort stigmatisiert war.[48] Die Anwälte der Frau hatten denn auch keine Bedenken mit dem Argument, Antonio habe seine junge und unerfahrene Frau ins Verderben gestürzt.[49]

Nachdem auf diese Weise die Täuschung, der die beiden Frauen – Valeria und ihre Mutter – erlegen waren, aufgedeckt, und die frühe Enttäuschung des Ehelebens geschildert waren, kostete es den Anwälten von Valeria wenig Mühe, zu dem für die Frau günstigen Urteilsspruch des Vikarsgericht überzuleiten. Ohne dass das Wort „Ehebruch", dem eigentlichen Auslöser für die der Frau gewährte Trennung, thematisiert wurde, verstanden es die Anwälte geschickt, Antonio als Alleinverantwortlichen hinzustellen. Er sei ein Mann von wenig Ehre, weil unfähig, jene seiner Frau zu schützen[50], und vertrags-

47 Zur Geschicklichkeit, mit der Frauen ihre Nachteile zu nutzen wussten vgl. Simona Feci, „Sed quia ipsa est mulier". Le risorse dell'identità giuridica femminile nella gestione dei beni a Roma in età moderna, in: Quaderni Storici, 98 (1998), 275–300.

48 Zu gesellschaftlichen Treffpunkten von Männern und Frauen und zu stigmatisierenden Verhaltensweisen vgl. Erving Goffmann, Behavior in Public Places. Notes on the Social Organisation of Gatherings, New York 1963 und ders., Stigma: Notes on the Management of Spoiled Identity, Englewood Cliffs 1963.

49 Vgl. „Palam et publice prostituisse", Archivio Segreto Vaticano, Sacra Romana Rota, Positiones, b. 121f., 588.

50 „Die Ehre einer Frau", bemerkt dazu Lucia Ferrante, „verhält sich direkt proportional zu der von Männern ausgeübten Kontrolle über diese Frau. Bei ansonsten gleichem Verhalten wird die Stellung der Frauen in der Hierarchie der Ehre durch die familiäre Situation bestimmt", vgl. dies., „Malmaritate", wie Anm. 23, 106f.

brüchig, weil er sich der Mitgift und der daraus erwachsenden Erlöse bemächtigt habe, ohne seiner Familie eine anständige Lebenshaltung zu bieten.

Diese rhetorische Übung erhellt jedoch nicht, warum mehr als zehn Jahre vergehen sollten, bis Valeria, die „in aller Öffentlichkeit" ein „malam vitam" führte, angeklagt und wegen Ehebruch verurteilt wurde. Die „Positiones" der Gegenseite helfen da schon eher weiter: 1623, während der päpstliche Thron nach dem Tod von Gregor XV. verwaist stand, war Antonio, der den Kardinal-Dekan nach Recanati begleitet hatte, unvermutet nach Rom zurückgekehrt und hatte Valeria nicht zu Hause angetroffen. Sie war Gast im Kloster „Pia Casa", wohin sie sich freiwillig begeben hatte „propter adulteria ipso assente commissa". Bei dem folgenden Prozess wurde sie zur Haft im Kerker von Tor di Nona und zur Beschlagnahme ihrer Güter verurteilt. Bald darauf, über Veranlassung der päpstlichen Visitatores, wieder enthaftet, „continuavit [Valeria] in eius mala vita et peperit plures filios". Vielleicht, um den Unterhalt dieser Nachkommen zu sichern, oder um den Spieß umzudrehen, entschloss sich Valeria nun, vor das Vikarsgericht zu gehen, von dem sie am 6. 10. 1624 die erhoffte „separatio quoad thorum" erhielt. Von nun an musste ihr Antonio Unterhaltszahlungen leisten. Nach den Berechnungen der Advokaten ihres Mannes verzeichnete Valeria zwischen 1632 und 1634 aus dem Titel diverser Leibrenten und „Società di uffici" (eine Art Aktiengesellschaft zum Erwerb von richterlichen Ämtern) Mehreinnahmen von rund 134 Scudi jährlich. Antonio wollte sich mit diesen Tatsachen nicht einfach so abfinden und legte bei der „Rota" Berufung ein, der Fall blieb jedoch bis 1634 in Schwebe. Da Valeria in der Zwischenzeit immer noch „in eius solita libera vita" beharrte, lieferte sie Antonio einen Vorwand, um vom Vizeregenten eine Vollmacht zu erhalten, und wurde 1636 erneut in das „Monasterium Domus Piae" gebracht.[51] Doch trotz aller Anstrengungen des Ehemannes, sie mundtot zu machen, führte Valeria ihren Kampf mit großer Beharrlichkeit weiter. Die Frau hatte ein Vermögen zu verteidigen, einen Mann, der ihre Mitgift kassiert und in den Jahren zuvor wenig Bereitschaft gezeigt hatte, ausreichend für sie zu sorgen, vielleicht auch mit einer ständigen außerehelichen Affäre, kurzum lauter gute Gründe, um „ihre Ehe neu zu verhandeln". Das Urteil des Vikarsgerichts gewährte ihr diese Möglichkeit, und in zehn Jahren Ehe hatte sie eine Strategie entwickeln können, die jetzt ihre Wirkung nicht verfehlte. Es ist auch nicht auszuschließen, dass der schlechte Ruf der Frau in ihrem Wohnviertel ein konstruierter war. Die Entdeckung des Ehebruchs hatte dazu beigetragen, dass ihre Lage öffentlich bekannt wurde.[52] Das hatte allerdings seinen Preis: das Kloster, das Gefängnis und schließlich die Beschlagnahme der Güter. Vielleicht waren es die NachbarInnen, von der wir unterschiedliche Versionen über das traurige Los der Valeria haben, die sie dazu brachten, Zuflucht an einem Ort zu suchen, wo sie nach dem Ehebruch ihre Ehre besser wiederherstellen konnte[53].

51 Zur Zwangsunterbringung in Klöstern und Verwahrungsanstalten und zu den von den Ehemännern angeführten Gründen vgl. Ferrante, „Malmaritate", wie Anm. 23, 85–88.

52 Diese Strategie wurde zum Beispiel von einer gewissen Rosa angewandt, die sich im Dezember 1874 vom Ehemann mit Gaetano d'Orazi in flagranti erwischen ließ. Dahinter stand die Absicht der Frau, ihren Mann per Gerichtsbeschluss zur Leistung des Unterhalts zu zwingen. Dabei war es nebensächlich, dass der Preis dafür die offizielle Trennung von ihrem Mann war. Vgl. Rizzo, luoghi, wie Anm. 10, 122.

53 Wie Angela Groppi überzeugend nachweist, war die Einweisung in eine Verwahranstalt nicht immer als Strafe und Isolierung gedacht. Diese Refugien erfüllten eine wichtige Beistandsfunktion. Die NachbarInnen

Die Initiative im Fall Valerias war Ergebnis langer Überlegungen, Sammeln von Informationen und sorgfältiger Einschätzung ihrer Bündnismöglichkeiten. Wie ich schon sagte, sind die gerichtlichen Quellen mit Einzelheiten über Freundschaften und über die Beziehungen zwischen den handelnden Personen oft recht sparsam umgegangen. Dennoch zeigt uns schon eine Gegenüberstellung der beiderseitigen Zeugenaussagen das Ausmaß der Unterstützung für Valeria in ihrem „Umfeld", also in der Nachbarschaft und vielleicht unter Freunden und Bekannten der Familie. Das Ehepaar hatte ja nach der Heirat ein von der Ehefrau bereitgestelltes Haus bezogen, und diese Wahl der gemeinsamen Wohnung trug wohl dazu bei, die Bindung der Frau an eine Umgebung zu stärken, die ihr vertraut war und die ihr späterhin Unterstützung bieten würde.[54]

Für die adelige Petronilla Paolini, die im Familienpalast des Mannes lebte und keine so enge Bindung an die Pfarre oder ihr Herkunftsviertel haben konnte, kam ähnlicher Beistand von der Mutter und der Verwandtschaft. Die Unstimmigkeiten zwischen Petronilla und ihrem Gemahl Francesco Massimi hatten lange vor 1690 begonnen, als die Frau beschloss, zu ihrer Mutter ins Kloster zu ziehen. Im Gegensatz zu den Behauptungen von Francescos Anwälten, lebten die Eheleute keineswegs „summa pace, reciproco affectu & coniugali amore ab anno 1673, contracti matrimonij usque ad annum 1690 … cum felici prole trium filiorum". Es ist schwierig, den genauen Zeitpunkt festzusetzen, an dem die ersten Risse in der Verbindung auftraten, aber sicher war der Auszug Petronillas aus dem ehelichen Heim im Jahr 1690 kein Blitz aus heiterem Himmel, wie dies die Advokaten der Frau mehrfach ins Treffen führten. Nach Aussage von Anna Felice di Marte, die 5 Jahre im Dienste Petronillas stand und am 1. Juli 1694 befragt wurde, begann der Zwist zwischen dem Ehepaar schon vor ihrer Zeit als Dienerin in der Engelsburg, der Residenz ihrer Arbeitgeber. 1685 konnte Anna Felice beobachten, dass Petronilla mit ihrem Mann „weder aß noch schlief noch sonst Umgang hatte, vielmehr wohnten die beiden in getrennten Räumen … Wenn der Herr Marquis Frau Petronilla kommen sah, zog er die Tür vor ihrer Nase zu … Aus reiner Bosheit und um Petronilla in einen Zustand der Verzweiflung zu versetzen, ließ er – wiewohl keinerlei Anlass dazu bestand – die Jalousien und Fenster ihrer Gemächer zunageln". Zwei andere Dienerinnen berichteten, der Ehemann habe seine Frau nicht mit dem ausgestattet, was einer Dame ihres Standes gebühre, und habe sie außerdem grundlos gezwungen, im Haus zu bleiben.

Das Leben Petronillas vor ihrem Einzug im Kloster war also nicht sehr erfreulich, und die Bitte um Betreuung seitens ihrer Mutter kam gerade im rechten Moment, oder eher, der Moment war so auffällig „richtig", dass sich der Gedanke an einen größeren Plan aufdrängt. Die Äbtissin des „Klosters zum Heiligen Geist", wo Petronillas Mutter sich aufhielt,

stellen ein alles andere als zweitrangiges Zwischenglied in der Kette der Solidarität dar, an deren Ende die Zuflucht in einem solchen Haus steht. Vgl. Groppi, conservatori, wie Anm. 27. 3f, 92. Vgl. Auch Alessandra Camerino, Assistenza richiesta e assistenza imposta: il Conservatorio di santa Caterina della Rosa di Roma, in: Quaderni storici, 82 (1993), 227–260.

54 Zum „social support", den Frauen heute im Falle einer Trennung anbieten und selbst erfahren vgl. Antonella Meo, Relazioni, reti e „social support", in: Rassegna Italiana di sociologia, 1 (1999),129–157 sowie Barbagli, Matrimonio, wie Anm. 23. Frauen waren und sind noch immer „Spezialistinnen für Verwandtschaftsverhältnisse", sie knüpfen das familiäre Netz immer aufs Neue und sie ziehen daraus auch die meisten Vorteile. Vgl. Barbagli/Saraceno, Separarsi, wie Anm. 6, 228.

gab 1694, als sie zusammen mit drei Nonnen von einem Notar der „Rota" befragt wurde, an, die Gesundheit von Silvia Argoli, der Mutter, sei nicht der wahre Grund gewesen, weshalb Petronilla zu ihr geeilt war. Silvia war nämlich alles andere als krank, und als sie ihrer Tochter am Tor von Santo Spirito entgegen schritt, soll sie (offensichtlich mit lauter Stimme) gesagt haben: „Arme Tochter, wer hätte geglaubt, dass du wegen den Launen und dem schlechten Betragen deines Gemahls gezwungen sein würdest, in unser Kloster zurück zu kommen." „Santo Spirito" war der Familie schon lange vertraut und für die Frauen aus dem Hause Paolini willkommener Aufenthalt. Petronilla selbst war dort erzogen worden und blieb bis zu ihrer Vermählung im Jahr 1663 dort, während Silvia sich den Konvent zum Witwensitz erkor.[55]

Zur Feier der Wiedervereinigung, erzählt die Oberin weiter, habe „Silvia am selben Tag noch mit der Tochter im Garten diniert, und war die folgenden Tage gesund und frei von jedem Gebrechen". Ehemann und Kinder hatten sich, oder wurden, von dem herzlichen Einvernehmen zwischen Petronilla und ihrer Mutter ausgeschlossen, und weder Francesco noch die drei Knaben kamen jemals in den „Santo Spirito". Der Aufenthalt zeitigte fast sofort Wirkung. Am 21. Juni 1694 erwirkte Petronilla vom Vikarsgericht einen Bescheid, wonach Francesco ihr während ihrer Abwesenheit 50 Scudi pro Monat zahlen musste, ein Betrag, der wesentlich höher war als jener, den sie zur Zeit ihres Beisammenlebens bekommen hatte. Giacinto Colizi, der Anwalt Francescos, argwöhnte hinter diesem Schritt eine Intervention von außen.[56] Nicht einmal einen Monat nach Veröffentlichung dieses Bescheides bemühte sich Petronilla beim selben Gericht um eine Trennung wegen Misshandlung. Ein derartiges Vorbringen bedeutete eine Verlängerung des Fernbleibens von zu Hause. Denn bis zum Urteilsspruch mussten Frauen, die sich bedroht fühlten, an einem sicheren Ort untergebracht werden – in einem Kloster oder bei einer „honesta matrona".[57] Petronillas Aufenthalt im Kloster wurde ihr übrigens durch die Besuche verschönert, die sie erhielt. In diese Zeit fallen rege Kontakte zu Alessandro Guidi, einem Poeten der „Arcadia".[58] Der Austausch zwischen den zweien nützte dem literarischen Prestige Petronillas, die im April 1697 in die „Akademie der Arcadia" aufgenommen wurde und in der Folge verschiedene Gedichte und Sonette schrieb und auch selbst vortrug.

Die Abweisung der Trennungsklage durch den Gerichtshof des Kardinal-Vikars konnte Petronilla aber nicht aufhalten. Wohl in der Hoffung auf mehr Erfolg, suchte sie nun die Hilfe des Gerichts des „Auditor Camerae" bei dem Versuch, ihre Mitgift zu retten. Der Grund sei, so die Frau, dass ihr Ehemann das von ihr eingebrachte Vermögen schlecht verwaltet habe. Die Klärung des Sachverhalts machte langwierige Untersuchungen und Nachprüfungen notwendig. Schließlich berief Petronilla auch bei der „Sacra Rota" gegen das Urteil des Vikarsgerichts und erreichte damit immerhin eine Fortschreibung ihrer

55 Zur Bedeutung der Klöster für die Frauen vgl. Bridget Bill, A Refugee from Men: The Idea of a Protestant Nunnery, in: Past and Present, 117 (1987), 107–130.

56 „Nescio an proprio intrinseco impulsu, seu potius ab extrinseco seducta", Archivio Segreto Vaticano, Sacra Romana Rota, Positiones b. 817.

57 Vgl. de Luca, decisiones, wie Anm. 5, 361.

58 Giovanni Mario Crescimbeni, Vite degli Arcadi Illustri, Roma 1714, Vol. III, 240.

Situation und das Recht, dem Heim ihres Mannes noch länger fernzubleiben. Wie Valeria Gandina wartete auch Petronilla zwölf Jahre und erduldete dabei ein für ihre gesellschaftliche Stellung doch hartes Leben, bis sie ihre Ehe „richten" konnte. Nach dem Zeugnis der Dienstboten hatten die Eheleute schon 1685 „getrennt unter einem Dach" gelebt, aber dieses Arrangement schien Petronilla nicht genug zu sein, denn sie genoss weder die Freiheiten anderer Frauen ihres Ranges noch einen ausreichenden Unterhalt. Die Bedingungen des Ehebundes zu ändern, war keine einfache Sache, doch die lange Zeit der physischen Trennung, die Ratschläge der Mutter und vielleicht auch eine „Rechtsberatung" durch Personen ihres Bekanntenkreises bestärkten sie in dem Entschluss, die Gerichte anzurufen. Neben Alessandro Guidi traf sie wahrscheinlich andere Mitglieder der „Arcadia", wohl auch Rechtskundige, mit denen sie ihren Fall besprechen konnte.[59] Die Dichterakademie bot für Petronilla, wie später auch für Teresa Grillo, eine Gelegenheit zum Austausch außerhalb ihrer Familie und die Möglichkeit, eine Strategie gegen diese zu entwickeln.[60] Die Regeln dieses komplizierten und riskanten Spiels, die sich aus den Reden der Anwälte und den Berichten der Zeugen erschließen, drehen sich um zwei Schlüsselthemen, die die Rollen der Ehepartner und die juridischen Konstrukte klar hervortreten lassen.

Ehre und Unterhalt: Szenen einer Ehe vor den Schranken des Gerichts

Der von den Anwälten Petronillas und Valerias präsentierte Sachverhalt zeichnet ein Bild von den beiden Ehemännern, das jenem des „pater familias" diametral entgegengesetzt ist. Wenn auch, wie schon angedeutet, die beiden Fälle sehr verschieden waren, so war doch die Absicht der Verteidigung jeweils die selbe, nämlich Abweichungen und Verstöße gegen klare und akzeptierte Regeln aufzuzeigen.[61] Die mangelnde Erfüllung der Rolle wurde an den unterschiedlichsten Fakten festgemacht, die aber alle auf die zwei Hauptaufgaben eines Ehemannes zurück verwiesen: der Schutz der weiblichen Ehre sowie, in adeligen Familien, des guten Namens, und die Bereitstellung ausreichender Mittel, um den Lebensstandard der Familienmitglieder zu sichern. Die detailreiche Widerlegung der Anklagepunkte durch die gegnerischen Rechtsanwälte beweist sehr schön, dass die Rollen und Funktionen der Eheleute, im Verkehr untereinander und nach außen, als ungeschriebene, aber deshalb nicht weniger gültige Normen angesehen wurden. Eine Trennung wurde nur aus ganz bestimmten Gründen ausgesprochen. In ihren Plädoyers

59 Es bestanden in der Tat sehr enge Kontakte zwischen der römischen Literaturakademie „Arcadia" und der Kurie. In der Anfangsphase der Akademie, gleichzeitig die Phase ihres größten Aufschwungs, bildete die Kurie „den objektiven Pol und den realen historischen Bezugspunkt der Strategie" der „Arcadia". Amedeo Quondam, L'istituzione Arcadia. Sociologia e ideologia di un'accademia, in: Quaderni storici, 23 (1973), 389–483.

60 Vgl. Borello, reti, wie Anm. 7, 620.

61 Zum Ursprung der Aufgaben eines Familienoberhaupts und zur Rollenverteilung in der Ehe vgl. Yan Thomas, La divisione dei sessi nel diritto romano, in Georges Duby u. Michelle Perrot Hg., Storia delle donne in Occidente, 1, L'Antichità, Roma-Bari 1990, 103–176 und Angiolina Arru Hg., Pater familias, Roma 2002.

zielten die Anwälte daher auf den Nachweis (oder die Widerlegung), dass eben diese Gründe im vorliegenden Fall gegeben waren. Der ständige Bezug auf Schlüsselthemen wie Ehre und Unterhalt entsprach also durchaus einer üblichen Prozesstrategie. Die eheliche Rollenverteilung, der Begriff der Ehre, der Anspruch auf Unterhalt, all das war ureigener Bestandteil der Kultur jener Menschen, die sich an die Gerichte und ihre Rechtssprechung wandten; es waren Realitäten, die durch die tägliche Praxis, mehr als durch die Normen, immer wieder neu definiert und angepasst wurden. Die Dialektik, die sich um diese Themen entspann, war daher kein einstudiertes Schauspiel für die Richter, sondern wurzelte tief im gemeinsamen Empfinden des Ehemanns, der Frau und der Zeugen, die die Geschichte aufrollten.

Der Begriff des Unterhalts war vage und doch sehr klar: Er musste die Art der Lebensführung garantieren. Diese Verbindung zwischen sozialem Status und den für seine Aufrechterhaltung nötigen Mitteln war essentiell, aber nicht unflexibel. Die Aufbringung der Mittel durch das Familienoberhaupt war ein unbedingtes Muss, der Betrag konnte aber, je nach Notwendigkeit und Entwicklung der Einnahmen, erhöht oder vermindert werden. Der Vater hatte nicht nur die Pflicht zu geben, er musste auch bewahren und klug verwalten.

Im Fall von Petronilla Paolini sollte die mangelnde Pflichterfüllung des Ehemanns beweisen, dass er seine Frau „misshandelt" hatte, und dass er sie überdies hasste. Dazu sei angemerkt, dass in der Rechtssprechung der „Rota" „negare alimenta" gleichbedeutend mit „necare", töten, war.[62] Die Aussagen der Dienerinnen von Petronilla konzentrierten sich auf drei Indizien für die Gefühllosigkeit und Pflichtvergessenheit des Ehemanns: die mangelnde Fürsorge für ihre Gesundheit, die Nachlässigkeit der Kleidung und des sonstigen „Zubehörs", und die Beschränkung des Ausgangs. Anna Felice di Marte erzählte, dass Francesco mehrere Tage zugewartet hatte, ehe er den Arzt rief, obwohl sich der Zustand seiner Frau zusehends verschlechterte. Dies war nun wirklich schwerwiegend, und wurde auch als Beweis für den Hass zitiert, weil eine ordentliche medizinische Betreuung unverzichtbar war, um das Wohl des Partners zu gewährleisten. Andere Frauen aus dem Adel verlangten, und erhielten, eine regelmäßige ärztliche Konsultation und konnten in Heilbäder reisen, wenn sie rekonvaleszent waren.[63]

Die Verweigerung von Kleidung oder anderen Dingen, die für einen standesgemäßen Auftritt in der Öffentlichkeit nötig waren, war ebenfalls Beweis einer schweren Vernachlässigung. Würdevolle Kleidung war Grundvoraussetzung bei jeder öffentlichen Funktion, die eine Aristokratin für ihre Familie ausübte.[64] In solchen Fällen hatte sie eine Mission zu erfüllen: Pracht und Schönheit der Stoffe waren ihre Visitenkarte und sichtbares Zeichen für das Ansehen der Familie. Aus diesem Grund bestritten die Rechtsanwälte Francescos

62 Vgl. dazu im 18. Jahrhundert, Cosci, separatione, wie Anm. 20, der jedoch bereits bestehende Standpunkte wiederholt.

63 Vgl. Borello, Reti, wie Anm. 7, 625.

64 Zur Möglichkeit, den rechtlichen Status über Kleidung zu definieren, und zu deren Funktion als „symbolische Schwellen, die einer Manipulation unterliegen" vgl. Giulia Calvi, Abito, genere, cittadinanza nella Toscana moderna (secc. XVI–XVII), in: Quaderni Storici, 110 (2002), 477–503.

auch jede kleinste Einzelheit in den Aussagen von Petronillas Dienerinnen. So sagte Anna Felice Di Marte

> [Petronilla trug] sommers einen ärmlichen Kittel … aus gewendetem Tuch, immer in Schwarz, und mehr als einmal sah ich sie mit zerrissenen Schuhen, ja, und hätte ich ihr einmal nicht einen Schuh geflickt, so hätte sie ihre Frau Mutter nicht im Spirito Santo besuchen können, was der einzige Ort war, wo sie am Feiertag hinzugehen pflegte.

Caterina Malemma fügte hinzu

> [Wenn sie ausging] bat sie den b[esagten] Herrn Marchese um Kleider, dieser ließ ihr aber ausrichten, sie solle sich derer bedienen, die sie habe, sodass ihre b[esagte] Frau Mutter genötigt war, ihr ein Kleid aus lila Atlasstoff zu machen, weil sie sich schämte, die Tochter in diesem Aufzug zu sehen, und gab ihr auch einen Ring, eine Halskette, die Ohrgehänge, & eine Uhr, & den Schleier für den Kopf, und habe auch ich, Caterina, ihr bei solchen Ausgängen mehrmals meine eigenen Hauben geliehen.

Es handelte sich um sehr ernste Anschuldigungen. Besonders auf zwei Punkte stürzten sich die Rechtsanwälte Francescos, um sie anhand gewisser Ungereimtheiten zu widerlegen: die Schmach der Mutter und das Mitleid der Dienerin. Eine solche Haltung sei unverständlich, verfügte doch Petronilla über eine reich ausgestattete Garderobe, die allerdings der Ehemann unter Verschluss hielt. Tatsächlich musste Anna Felice Di Marte zugeben, dass

> [sie] um zur Vigna zu fahren, ihr übliches Kleid sein ließ, das sie im Haus trug und das aus Köperstoff war, und eines aus Seide anzog… das sie aus einer Kommode nahm …
> An dem Tag … trug die Signora ein gestreiftes, kaffeefarbenes Kleid & ich selbst half ihr sich anzukleiden …
>
> Mir ist jedoch wohl bekannt, dass zwei, drei oder vier Kleider von Innocentia in einer Truhe aufbewahrt wurden, in einem Zimmer, wo die jungen Herren schliefen, es war jene Truhe stets versperrt und die Schlüssel dazu hatte Innocentia … Jene Kleider waren, eines aus grünem Brokat mit Gold und Silber, ein anderes war ein Rock von fleischroter Seide mit Goldstickerei … ein weiteres ebenfalls aus Seide, moosgrün und mit verschiedenen Blumen nach der Natur bestickt … das letzte schien mir aus Angelina-Seide in violetter Farbe.[65]

Es war ganz natürlich, dass die Frau von Francesco Massimi eine solche Kollektion von Kleidern besaß. Der Knackpunkt, den die Anwälte der Frau auch weidlich ausschlachteten, war, dass ihr Mann diese Kleider weder herausrücken wollte noch ihr die gesellschaftlichen Anlässe bot, um damit zu prunken. Und noch ein Argument wurde ins Treffen geführt – Petronilla lebte derart isoliert oder noch isolierter als andere Frauen vergleichbaren Standes, was ebenso wie für Elena Erizzo im Venedig des 15. Jahrhun-

65 Archivio Segreto Vaticano, Sacra Romana Rota, Positiones b. 817, Summarium.

derts, Grund zur Klage gab.[66] Francesco sei kein guter Gemahl, da er, als Adeliger, Petronilla nicht erlaubte „secundum statum personae“ zu leben, schrieb der Kardinal-Vikar in dem Mahnbrief, den die Frau 1694 erhielt und der ihr eine Erhöhung der Unterhaltszahlungen im „Kloster zum Hl. Geist“ brachte.[67]

Dieses Leben, das sie führen musste, und das so ganz anders war als das Leben ihrer Standesgenossinnen, war für Petronilla ein Anschlag auf ihre Ehre. Der Ehrbegriff selbst wurde von den Anwälten Petronillas tunlichst vermieden und an dessen Stelle geschickt der Begriff der „Schande“ gesetzt. Ehre wurde gemeinhin in Verbindung mit dem Prestige der Familienmitglieder gesehen, es war eine Ehre, die vom Mittelpunkt der Familie, dem Ehemann, ausging.[68] Wie schon erwähnt, kam es nicht selten vor, dass sich bei einer Trennung oder dem ständigen Verlassen des Heims durch die Ehefrau andere Adelige um die Tugend derselben annahmen. In unserem Fall war das Verhalten von Petronilla jedoch makellos. Nach dem Verlassen ihres Zuhauses hatte sie Zuflucht im Kloster genommen, wo ihre eigene Mutter residierte. Ihr „Ehrstatus“ war von einem habgierigen Ehemann grob verletzt worden, der sie zwang, in Abgeschiedenheit zu leben, sich in Lumpen zu kleiden, Almosen nicht nur der Mutter sondern auch der Dienerschaft anzunehmen, der weiters noch keine Aufstellung der Mitgift gemacht und wahrscheinlich – so wenigstens Petronillas Anschuldigung vor dem Gericht des „Auditor Camerae“ – einen Teil derselben für sich einbehalten hatte.

Sehr wohl um die sexuelle Ehre geht es hingegen bei den Reden der Verteidiger von Valeria Gandina und Antonio Maccatello. Aber auch hier erscheint der Begriff Ehre nicht zur Gänze von der Funktion des Ehemanns als „Breadwinner“[69] und vom Lebensstil des Ehepaars abgelöst. Denn es war Valerias aktive Beteiligung am Gastgewerbe des Mannes, die sie auf den Weg des Verderbens, der „mala vita“, brachte. Der Ehebruch war für die Anwälte der Frau die natürliche Folge der schlechten Hausstandsführung durch Antonio, seiner Unfähigkeit, seine Familie, sein Haus und die Ehre seiner Gattin zu schützen. Antonio hatte tatsächlich einige Mühe mit der ganzen Situation, oder vielleicht war die Strategie seiner Frau so wirkungsvoll, dass es einer gewaltsamen Intervention von außen bedurfte. Nach dem Urteil des Vikarsgerichts und vor der Anrufung der „Rota“, wo eine Bestätigung zu erwarten war[70], führte Valeria weiterhin ihr „loses Leben“, wenigstens aus Sicht der Anwälte Antonios. Aus diesem Grund wurde Valeria am 29. April 1636 im Kloster der „Pia Casa“ aufgenommen. Hinter dieser Einweisung verbarg sich der Widerstand Antonios, die Mitgift zurück zu erstatten sowie den Unterhalt und den „suptus litis“

66 Vgl. Chojnacki, divorzio, wie Anm. 12.

67 Vgl. Archivio Segreto Vaticano, Sacra Romana Rota, Positiones b. 817, Posizione di Francesco Bianchi a favore di Petronilla Paolini.

68 Zur Metapher Ehre/Ansehen als Sonne vgl. Lucia Ferrante, Differenza sociale e differenza sessuale nelle questioni d'onore (Bologna sec. XVII), in Fiume, L'onore, wie Anm. 39, 105–127. Der Begriff der „Kultur der Schande“ erweist sich als unverzichtbare Kategorie bei der Analyse des sozialen Abstiegs in der Moderne; dies gilt auch in Bezug auf die Kleider einer Adeligen. Vgl. Ricci, povertà, wie Anm. 35, 89–108.

69 Näheres zum Begriff des „Breadwinner“ und Studien zur Männlichkeit vgl. Simonetta Piccone Stella, Il breadwinner tra l'analisi sociologica e gli studi sulla mascolinità und Manuela Naldini, I diversi modelli di male breadwinner nel welfare del XX secolo, in Arru, pater, wie Anm. 61, 175–207.

70 Beim jetzigen Stand der Forschung ist es mir noch nicht gelungen, den Urteilsspruch der „Rota“ ausfindig zu machen.

zu bezahlen. Der Aufenthalt in einer Verwahrungsanstalt war dieses Mal nicht von der Frau organisiert worden und konnte unter Umständen langwierig sein, so jedenfalls die Drohung des Ehemanns, der aber gleichzeitig einen Ausweg bot. Am 29. Juli zwang er Valeria, im Austausch für ihre Freilassung eine Streitverzichterklärung zu unterschreiben. Darin verzieh sie ihm „alle Verleumdungen und jegliche Beschuldigung, Beleidigung oder üble Nachrede" und erklärte sich einverstanden, aus der Verwahrungsanstalt in das Haus „einer wohlanständigen und ehrenwerten Frau von guten Sitten [umzuziehen], wo sie es zufrieden ist, getrennt von ihrem Mann zu sein", sie erhielt nicht mehr als drei Scudi im Monat Unterhalt zugesprochen, während Antonio „frei und ohne jede Beschränkung die Mieten für die Häuser kassieren und darüber nach Gutdünken verfügen" durfte.[71] Mit dieser Zwangsmaßnahme war Valeria ihrer Freiheit, ihres Vermögens und der Möglichkeit beraubt worden, ihre Ehre wiederherzustellen.[72] Als Ehebrecherin konnte sie sich selbst und ihren Mann vor weiterer Schande nur bewahren, indem sie in einer kleinen, unzulänglichen Wohnung hauste – und dafür gerade einmal drei Scudi pro Monat bekam. Nach anderthalb Monaten verließ Valeria die Wohnung von Felice Borgianni und Francesca Bertucci wieder, weil, wie die Hausleute selbst zugaben, nicht genügend Raum für eine dritte Person vorhanden war. Mehr denn je entschlossen, das Verfahren weiterzutreiben, erklärte die Frau vor einem Notar, dass ihr die Verzichterklärung abgepresst worden war und dass sie die Sache vor die „Rota", bringen wolle.[73] Von Ende 1636 bis zum 27. März 1648, als die Angelegenheit endlich vor dem Richter Dunozeto verhandelt wurde, führte die Frau ein ärmliches Leben, ohne finanzielle Absicherung (das heißt, der Unterhaltszahlungen beraubt, die sie im Verhältnis zu ihrer Mitgift bekommen hätte), ohne festen Wohnsitz (oder vielleicht aus allen Wohnungen vertrieben, die ihr die Mutter besorgt hatte) und gezwungen zu „betteln … und sich von einem Tag auf den anderen ihr Brot mit ihrer Hände Arbeit zu verdienen", wie am 12. Januar 1648 Girolamo Cecchini, der Rektor von „Santa Maria della Pietà" und Mitglied der Pfarre „Santa Maria di Grotta Pinta", zu der auch Valeria gehörte, bezeugte. Das Bild, das die Anwälte von dieser Frau gezeichnet hatten, war ein Meisterwerk und das genaue Gegenteil des Idealbildes, das man sich von der Gefährtin eines guten Familienvaters machen durfte. Nachdem er ihr das weggenommen habe, was sie als materiellen Anteil in die Ehe eingebracht hatte, sei der Mann nicht einmal imstande gewesen, ihre Ehre zu schützen – im Gegenteil, als Bettlerin müsse sie ein elendes Leben fristen.[74]

---

71 Archivio Segreto Vaticano, Sacra Romana Rota Positiones b. 121, Summarium Jurium. P° Istrumentum reconciliationis et concordiae.

72 Fast ebenso verfuhr Luca Bianchi in Bologna 1610. Der Mann redete seiner Frau, die die Trennung von ihm erreicht hatte, ein, wenn sie ihm nicht verzeihen würde, so würde man sie in der Verwahrungsanstalt des Bettelordens einsperren. Vgl. Ferrante, „Malmaritate", wie Anm. 23, 86f.

73 Vgl. Archivio Segreto Vaticano, Sacra Romana Rota Positiones b. 121, Summarium novum.

74 Vgl. dazu das Schicksal der Caterina Monari, „Vagabundin und vielleicht Prostituierte", zit. nach Lucia Ferrante, Il valore del corpo, ovvero la gestione economica della sessualità femminile, in: Angela Groppi Hg., Il lavoro delle donne, Roma-Bari 1996, 206–228.

Eine Ehe neu verhandeln

Es scheint nicht sehr glaubwürdig, dass Valeria Gandina mit einer Mitgift von 3.000 Scudi und mit einem eigenen Rechtsanwalt, der ihre Sache vor der „Rota" vertreten sollte, betteln gehen musste, so wie es auch unwahrscheinlich ist, dass Petronilla Paolini, Ehefrau des Francesco Massimi, krank und bettlägrig, mit zerrissenen Schuhen, sich selbst überlassen wurde und sich zudem noch von einer Dienstmagd ein Häubchen borgen musste. Doch dieses allzu düstere Bild, das die Rechtsanwälte der beiden Frauen vor dem Kollegium der „Rota" ausbreiteten, gehörte zum Spiel und bewies die Entschlossenheit, mit der sowohl Valeria als auch Petronilla vorgingen, um ihre eheliche Situation umzudrehen. Alle beide beschritten den Prozessweg und ergriffen andere ihnen zu Gebote stehende Rechtsmittel, um ihre Rolle neu zu definieren.[75]

Dieses ausgeklügelte Spiel um Ehre und Unterhalt hatte einen Zweck: die Veränderung der eigenen Ehe. Doch obwohl die Akteurinnen dieser Verfahren eine Trennung anstrebten, waren sie einer Vermittlung nicht abhold und zogen auch sorgsam die Möglichkeit des Verzichts und des Kompromisses in Betracht. Die Flucht von zu Hause, um den Ehemann zu Zugeständnissen zu zwingen, war durchaus eine denkmögliche Lösung. Olimpia Aldobrandini zum Beispiel setzte bei der Ehre und dem Ansehen der Pamphilj an, nicht weil sie eine Trennung, sondern weil sie ein höheres Nadelgeld anstrebte. Die Dringlichkeit, das Prestige der Familie des Mannes wiederherzustellen – die von der Frau der Knausrigkeit bezichtigt wurde – beschleunigte und intensivierte die Bemühungen um eine Vermittlung, an denen sich schließlich sogar der Papst selbst beteiligte! Als die Sache ausgestanden war und die Ehefrau wieder unter das gemeinsame Dach heimkehrte, freute sich Costanza Pamphilj Ludovisi, die Schwester des Mannes, dass nun „alle üblen Reden ein Ende haben".[76]

Der Skandal eines Ehebruchs konnte Auslöser für eine Frage sein, die ihre Antwort letzten Endes doch nicht vor den Gerichten fand. Adele Taggi, die eine Schenke in Rom betrieb und jahrelang schon vom Ehemann, Giuseppe, getrennt lebte, wurde – wie ihr neuer Lebensgefährte – von Giuseppe mit der Drohung erpresst, er würde ihren Ehebruch anzeigen. 1888 unterschrieben die beiden Ex-Eheleute einen Vertrag: Giuseppe sagte zu, Adele nicht länger zu belästigen, diese wiederum sollte ihm 3.800 Lire für den Unterhalt überlassen. Es handelte sich um einen der zahlreichen „formlosen Privatverträge, die sich einerseits auf die Existenz von Normen stützten, andererseits aber gerade in der Absicht geschlossen wurden, deren Anwendung zu verhindern".[77] Dieses Dokument reichte jedoch nicht aus, um Adele vor den Übergriffen des Mannes und vor weiteren Geldforderungen zu schützen. So reichte sie 1890 offiziell die Trennung ein.

Nicht alle diese außergerichtlichen Einigungen kamen übrigens auf der Basis der Gleichheit zu Stande. Der Streitverzicht, den Valeria Gandina 1636 zugunsten ihres Ehe-

75 Zur Rolle des Rechtsstreits in früheren Gesellschaften und zur Rolle des Prozesses bei der Neufestlegung der Identität der Subjekte vgl. Thomas Kuehn, Inheritance and Identity in Early Renaissance Florence. The Estate of Paliano di Falco, in; William J. Connell Hg., Society and Individual in Renaissance Florence, Berkeley u.a. 2002, 137–154.

76 Borello, reti, wie Anm. 7, 627.

77 Rizzo, luoghi, wie Anm. 10, 137.

mannes abgeben musste, brachte der (ehebrecherischen) Frau nur Nachteile. Sie hatte einige Fehler begangen, aber ihr Verzicht ebnete mitnichten den Weg zur Mediation; im Gegenteil, er machte den Gerichtsprozess zum einzig möglichen Ausweg.[78] Die in früher Moderne weit verbreitete Praxis des außergerichtlichen Verfahrens war in einem unsicheren und sehr weitläufigen juridischen Terrain angesiedelt, in der Grauzone zwischen dem Gesetzeskodex und den praktischen Regeln des Zusammenlebens.[79] Verzicht und Versöhnung, vor allem aber die sie besiegelnden Rituale waren von einer stark religiösen Aura umgeben.[80] Valeria Gandina war gezwungen, Antonio Maccatello an den Händen zu nehmen und ihn zu küssen, um ihren Willen zur Wiedervereinigung zu bezeugen. Dennoch, wie scharfsichtig angemerkt wurde, war „der Friede nicht bloß eine innere Einstellung. Er konkretisierte sich auch äußerlich und hatte strafrechtliches Gewicht, konnte er doch einem Bluttäter die Verbannung ersparen“[81] – und anderen, wie Antonio Maccatello, einen lästigen Eheprozess.

Eine Vermittlung wurde im allgemeinen von den Vertretern der Kirche übernommen. Die Pfarrer kannten für gewöhnlich die Eheleute sehr gut und waren auch das überzeugendste Sprachrohr. Auch wenn sich die Richter der „Rota“ oder die Bischöfe an den Episkopalgerichten außer Stande sahen, eine „separatio quoad thorum“ anzuerkennen, so konnten sie doch andere Wege vorschlagen, wie das Zusammenleben des Paares künftig zu gestalten wäre.

Giovanni Battista De Luca, Kardinal und bedeutender Rechtsgelehrter des 17. und 18. Jahrhunderts, Autor wichtiger Abhandlungen zur Jurisprudenz, sowie eben Richter der „Rota“, amtierte dortselbst, als es um die Trennung zwischen Petronilla Paolini und Francesco Massimi ging. In seinem Kommentar zum Beschluss der „Rota“ erklärte De Luca – nach einer ausführlichen Darlegung, warum Petronilla keinen Misshandlungen seitens Francesco ausgesetzt war und nach einer Begründung, warum die Trennungsklage abzuweisen sei – dass die beiden auch nicht mehr zusammenkommen konnten. Bei noch offenem Prozessausgang vor der „Rota“ kam es zu anderen Streitigkeiten über das Vermögen der Frau, und im Fall eines Zusammenlebens hätte „vir forsan saeviret in uxorem secum litigantem, vel violenter induceret eam ad desistendum a lite“.[82] Im Falle der Petronilla gab also diese Notiz am Rande des Urteilsspruches den Ausschlag, dass sie ihre Ehe nach ihren Wünschen umgestalten konnte.

Später fand die Frau in der Dichterakademie „Arcadia“ einen zusätzlichen Resonanzboden für ihre Geschichte. Nach dem Rückschlag in der juridischen Arena wurde ihr Plan,

78 Nach dem derzeitigen Stand meiner Forschungen konnte ich trotz der systematischen Erfassung der Dokumente des Tribunals der „Rota“ den Ausgang von Valerias Prozess nicht finden. Das Fehlen des Urteils kann auf einen Verzicht ihrerseits schließen lassen, diesen Fall weiter zu verfolgen. Damit endet die Klage für die Frau vielleicht, wie auch schon im Jahr 1636, damit, dass sie mit dem Ehemann einen außergerichtlichen Vergleich finden musste.

79 Diese Anmerkung findet sich in Antonio M. Hespanha, La gracia del derecho. Economía de la cultura en la edad moderna, Madrid 1993.

80 Vgl. Niccoli, Rinuncia,wie Anm. 30, 252f. und Massimo Vallerani, Pace e processo nel sistema giudiziario del comune di Perugia, in: Quaderni Storici, 101 (1999), 315–354.

81 Adriano Prosperi, I tribunali della coscienza. Inquisitori, confessori, missionari, Torino 1996, 646.

82 de Luca, decisiones, wie Anm. 5, 360.

zu beweisen, dass das Betragen ihres Mannes von Hass und von dem Willen diktiert war, sie zu „misshandeln", nicht etwa fallengelassen, er änderte nur die Form. Jetzt besang sie in Versen den grimmigen alten Kerkermeister der Engelsburg.[83]

Nicht alle in Trennung lebenden Frauen hatten solche Möglichkeiten oder so wirksame und sichtbare Ausdrucksformen, um ihre Argumente durchzusetzen. Viele jedoch zentrierten ihre Strategie um den Ruf, der ihrer Ehe vorauseilte, und zählten dabei auf die guten Ratschläge ebenso wie auf die tätige Hilfe ihres sozialen Milieus. Dieses soziale Gefüge konnte darüber hinaus, durch Bemühungen um eine Schlichtung, zum Abbau der Spannungen beitragen.

Wollte also eine Frau „ihre Ehe neu verhandeln", so musste sie selbst den Veränderungsprozess initiieren. Frauen setzten dabei – wie aus etlichen Untersuchungen, die in verschiedenen italienischen Städten durchgeführt wurden[84], hervorgeht – häufiger als Männer einen Prozess oder das Gericht als Mittel ein, um die Angelegenheit in Gang zu bringen. Wie ich hier versucht habe darzustellen, konnte sich die Verbindung zwischen Mann und Frau mit den verschiedenen Phasen des Familienlebens wandeln. Gestützt auf ihre sozialen Bindungen und nach einer sorgfältigen Prüfung der möglichen Vor- und Nachteile (wobei wiederum das soziale Netz sehr oft Anregungen lieferte), wagten diese Frauen den Gang zu Gericht. Der entscheidende Anstoß zu einem Gerichtsverfahren kam manchmal aus einem bedrohlichen oder bedeutsamen Szenario: die Gefährdung des Vermögens, die Zukunftssicherung für die Nachkommen, eine außereheliche Beziehung. Dann wurde vielleicht Gegendruck ausgeübt, von der Familie, von den Nachbarn oder von der Kirche, die in einer solchen Krisensituation dem Ehepaar ihre Vermittlung anboten.

Auf den vorangegangenen Seiten habe ich die Geschichte von Valeria und von Petronilla erzählt und sie mit anderen, ähnlichen Schicksalen verglichen, die sich in Rom oder anderen Städten Italiens abspielten, Jahrhunderte vor oder nach dem Auftreten dieser beiden vor dem Tribunal der „Sacra Rota". Trotz allem hatten Elena Erizzo im Jahr 1462 oder Adele Taggi im Jahr 1890 Entscheidendes mit Valeria Gandina und Petronilla Paolini gemein: die Art und Weise, wie sie ihre Interessen in einem Gerichtsprozess vertraten. Sie beriefen sich auf die selben „Ideale", Ehre und angemessener Unterhalt, und wussten sehr genau Bescheid um die Mittel und Wege, wie sie ihre Vermögensansprüche wahren konnten. Bei allen Gemeinsamkeiten zeigen sich aber in diesem langen Zeitraum einige Unterschiede.

Tatsächlich änderte sich die Empfänglichkeit der Ehepartner für die von den Gerichten in Aussicht gestellten oder auf außergerichtlichem Wege erzielten Lösungen, mit dem sozialen Abstand zwischen den beiden[85], mit den Normen, die den Zugang zu geschützten Häusern regelten, und mit der Verfügungsgewalt der Frauen über das Eigentum. Und

83 In ihren Reimen beschrieb Petronilla in Form eines „Melodrams" ihre Zeit in der Engelsburg. „In diesem engen Kerker scholl mein Singen,/ wie einer Nachtigall betrübtes Lied, um Sorg' und Kummer zu Gehör zu bringen" – © Xaver Remsing 2003. Vgl. Walter Binni, Il Settecento letterario, in: Emilio Cecchi u. Nefalino Sapegno Hg., Storia della letteratura italiana, 6: Il Settecento, Milano 1968, 362–460, 385.

84 Vgl. Seidel Menchi/Quaglioni, nemici, wie Anm. 6.

85 Daniela Lombardi für Florenz, Oscar Di Simplicio für Siena und Chiara La Rocca für Livorno, zeigen zum Beispiel Unterschiede in der Praxis der Trennung im 17. und im 18. Jahrhundert auf. Vgl. Lombardi, L'o-

gegenüber der Kontinuität in den Erwartungen an den Lauf der Justiz[86] zeigen sich in diesem langen Zeitraum einige unvermeidliche Bruchlinien, die den sozialen Umwälzungen und dem Wandel der Institutionen entsprechen. Nur eine umfassendere Analyse der Trennungsverfahren zwischen *Ancien Régime* und liberalem Zeitalter (eine solche Untersuchung hat gerade erst begonnen) wird die tiefere Bedeutung dieser Gemeinsamkeiten und Abweichungen voll und ganz erhellen können.

Beim aktuellen Stand der Forschung scheint die Konstante in all den Jahrhunderten eben genau die Notwendigkeit zu sein, die Verbindung „neu zu verhandeln", die Rollen neu zu definieren und sie den mit den einzelnen Lebensphasen jeweils veränderten Beziehungen zwischen Mann und Frau anzupassen. Wo gerichtliche oder auch private Quellen Licht auf diese Wirklichkeit werfen, lassen sich Bedürfnisse und Spannungen innerhalb der Familien besser verstehen, lässt sich aber auch der Versuch wagen, das dichte Geflecht aus juridischer Beratung und affektiver Unterstützung zu rekonstruieren, in das die Eheleute eingebunden waren.

Aus dem Italienischen von Xaver Remsing

dio capitale, wie Anm. 6; di Simplicio, peccato, wie Anm. 29, 325; Chiara la Rocca, „Essendo impraticabile il seguitar a vivere insieme ..." Separarsi a Livorno nel '700, in: Bollettino storico pisano, LXIX (2000), 45–70.

86 Vgl. die Eingangsbemerkungen im Aufsatz von Renata Ago, giustizia, wie Anm. 14.

Männergewalt und Staatsgewalt

Frühneuzeitliche Ehekonflikte vor Gericht in vergleichender regionalgeschichtlicher Perspektive

Heinrich Richard Schmidt

Eine Studie des Schweizer Nationalfonds von 1997 über Ausmaß und Formen häuslicher Gewalt kommt zum Schluss, eine von fünf Frauen erführe in ihrem Leben von ihrem Mann physische oder sexuelle Gewalt: Schläge, Würgen, sexuelle Übergriffe oder Vergewaltigung. Zwei von fünf litten unter psychischer Gewalt.[1]

Die „Berner Zeitung" streicht in ihrem Bericht heraus, dass Frauen sich heute wirkungsvoller wehren können als noch vor einiger Zeit: Immer mehr Frauen ließen ihre Männer von der Polizei abführen.[2] Dennoch beklagt die Redaktorin, die bisherigen Formen der Intervention von öffentlicher Seite ließen zu wünschen übrig. Gewalttätige Männer hätten noch immer nicht mit Konsequenzen zu rechnen. Ende März 2001 hat der Schweizer Bundesrat reagiert. Er will nun auch einfache Körperverletzung, Tätlichkeiten und Drohungen in der Ehe von Staats wegen verfolgen.[3]

Männergewalt in der Ehe als öffentliches Problem – eine neue Erscheinung? Häusliche Gewalt bisher tabuisiert? Beginnen Betroffene erst heute sich zu wehren oder wenigstens „wirkungsvoller als früher?" Mit meinem Beitrag will ich die hier nur angerissene historische Dimension mit der Frage nach dem Verhältnis von Männergewalt und Staatsgewalt in der Frühen Neuzeit öffnen.

1. Männergewalt

Nach der Meinung der wohl gewichtigsten neueren Veröffentlichung zum Verhältnis von Mann und Frau, Lyndal Ropers Studie zum „Frommen Haus", ist die Frühe Neuzeit durch einen „erneuerten Patriarchalismus" geprägt, der „die Frauen als ihren Männern unterge-

1 Vgl. Berner Zeitung vom 9. 3. 2001, 3.
2 Vgl. Berner Zeitung vom 9. 3. 2001, 1.
3 Vgl. Berner Zeitung vom 29. 3. 2001, 5.

bene Ehefrauen definierte".[4] Die „central duty of wifley subordination", die Unterwerfung der Frau unter die Gewalt des Hausvaters, kennzeichnet die Frühe Neuzeit. Der Mann ist quasi der Staat im Haus, der Inhaber des Gewaltmonopols. Er hat das Züchtigungsrecht. Steven Ozment ist hier mit Lyndal Roper – bei völlig unterschiedlicher ideologischer Ausrichtung – einig: Der Patriarchalismus, gestärkt durch die Reformation, unterwarf die Frau strenger als bis dato der Herrschaft ihres Mannes.[5]

Die Gewalt des Mannes über die Frau, das Züchtigungsrecht, hat Lyndal Roper besonders betont; sie spricht sogar von einer Pflicht der Ehemänner, ihre Frauen und Kinder und das Gesinde zu züchtigen.[6] Diese Pflicht habe die Obrigkeit „verteidigt". Elisabeth Koch betont in ihrer Studie „Maior dignitas est in sexu virili" zum gelehrten Rechtsdiskurs des 16. Jahrhunderts das „grundsätzliche Recht des Ehemannes, auch mit Schlägen korrigierend auf Verhaltensweisen und Lebenswandel seiner Frau einzuwirken". Das Recht auf eine „moderate Bestrafung der Frau" leitet die „communis opinio aus der Herrschafts- und Führungsrolle des Mannes in der Ehe her".[7] Umgekehrt besteht ein solches Korrektionsrecht nicht.

Die allerneueste Studie zu Ehekonflikten in Göttingen von Sylvia Möhle aus dem Jahr 1997 spitzt die These zu: „Schläge waren ein akzeptiertes Mittel der Auseinandersetzung und der Erziehung. Die innerfamiliäre Gewalt muss im Zusammenhang mit der … Disziplinargewalt des Hausvaters über seine Familie gesehen werden." … „Gewalt von Männern gegen Frauen [war] allgemein akzeptiert und durch die Disziplinargewalt legitimiert."[8] „Misstrauisch wurde von den Gerichten jede Frau beäugt, die die Disziplinargewalt ihres Mannes in Frage stellte, ob sie nicht selbst Anlass für die Schläge gegeben hatte." … „Von den Göttinger Gerichten … wurde vorausgesetzt, dass ein Mann seine Frau immer aus gerechtem Grund strafte."[9]

Roper und Koch dagegen weisen zumindest darauf hin, dass es Grenzen für dieses Züchtigungsrecht gab. Der Ehetrennungsgrund der „saevitiae" (Wütereien) wurde in protestantischen wie katholischen Rechtslehren anerkannt. Unverhältnismäßig schwere Misshandlungen schufen der Frau den Rechtsgrund der „nimiae saevitiae", der Gegenwehr durch Klage auf Trennung.[10] Nicolaus Hemmingsen, einer der untersuchten frühneuzeitlichen Rechtsdenker, beschränkt den Tatbestand der Wütereien, in denen der Mann „tyrannisch und grausam" handelt, auf die Lebensnachstellung.[11] Dann erst wird er als Tyrann betitelt, der nicht mehr rechte Herrschaft ausübt, also illegitim geworden ist.

4 Lyndal Roper, Das fromme Haus. Frauen und Moral in der Reformation, Frankfurt a. M. 1995, 8. Im Folgenden wird auf die englische Fassung der Arbeit Bezug genommen: Lyndal Roper, The Holy Household. Women and Morals in Reformation Augsburg, Oxford 1989.

5 Vgl. Steven Ozment, When Fathers Ruled. Family Life in Reformation Europe, Cambridge, Mass./London 1983, 2; Roper, Household, wie Anm. 4, 1ff.

6 Vgl. Roper, Household, wie Anm. 4, 166.

7 Elisabeth Koch, Maior dignitas est in sexu virili. Das weibliche Geschlecht im Normensystem des 16. Jahrhunderts, Frankfurt a. M. 1991, 38f.

8 Sylvia Möhle, Ehekonflikte und sozialer Wandel. Göttingen 1740–1840, Frankfurt a. M./New York, 123 f.

9 Möhle, Ehekonflikte, wie Anm. 8, 134f.

10 Vgl. Koch, Geschlecht, wie Anm. 7, 39.

11 Vgl. Koch, Geschlecht, wie Anm. 7, 39.

Geringere Misshandlungen erlaubten nur eine Trennung, wenn der Mann während Versöhnungsverhandlungen weiter den Frieden brach. Elisabeth Koch folgert, eine Trennung sei damit nur schwer zu erlangen; außerdem verlange das Recht sogar, die Gewalt „mit Zeugen" zu beweisen.[12]

Nicht ganz eindeutig ist die Ansicht Richard van Dülmens. Einerseits schreibt er, seine Frau zu schlagen sei „selbst in bäuerlichen Haushalten als Unrecht"[13] angesehen worden, andererseits meint er, die Schläge hätten ein bestimmtes Maß nicht übersteigen dürfen.[14] Im Zuge des Ausbaus des frühmodernen Gerichtswesens und der Verrechtlichung der zwischenmenschlichen Beziehungen seien die Kompetenzen des Hausherrn zunehmend eingeschränkt worden. Ihm blieben noch bestimmte Züchtigungsrechte, die van Dülmen unbestimmt lässt, „nur über Leben und Tod entschied er nirgendwo mehr, selbst gewaltsame Auseinandersetzungen in der Familie wurden bald vor einem öffentlichen Gericht ausgetragen".[15]

Präziser ist hier Lyndal Roper. Die Obrigkeit habe sich in Augsburg – der von ihr untersuchten Stadt – in aufschlussreiche Widersprüche verstrickt, weil sie einerseits die Züchtigungspflicht verteidigt, andererseits bestimmte Formen der Gewaltanwendung als unerträglich angesehen habe. Durch ihr Eingreifen in innereheliche Konflikte habe sie die Wertvorstellungen, nämlich das Patriarchat inklusive Züchtigungspflicht, untergraben.[16] „Der Haushalt wurde ein Bereich der öffentlichen Polizei und Rechtspflege. Ehestreit wurde zum Bruch des Stadtfriedens, und Ehemänner mussten sich rechtfertigen, wenn sie ihre Frau schlugen, die Ausübung ihres Züchtigungsrechts erklären und erläutern."[17]

Einzelne neuere Studien erheben Widerspruch gegen die dominante Sicht einer einseitig die Männerposition stärkenden Obrigkeit, die höchstens durch „widersprüchliches Handeln" gegen Männer, die allzu weit gingen, einschritt. Sie weisen darauf hin, dass dem „Herrn des Hauses" ein bestimmtes, ihn disziplinierendes Ideal vorgesetzt wurde, das seine Gewalt relativierte.

Aus einer Analyse der „Ehelehren" der Frühen Neuzeit folgert Maria E. Müller, die ich hier beispielhaft zitieren möchte, die traditionelle (!) Auffassung der Frau als subsidiär. Der Mann, als „Herr des Hauses", werde gerade im 15. und 16. Jahrhundert „abgelöst durch eine Konzeption, die die Frau als komplementär auffasst. Damit ist die Möglichkeit, nicht die Notwendigkeit einer Gleichwertigkeit von Mann und Frau angelegt."[18]

Gerade der Protestantismus habe das Patriarchat zwar gestärkt, aber auch beschränkt: Das Patriarchat war deshalb, weil es als „rechte Herrschaft" gedacht und nur als solche legitimiert ist, prinzipiell von der Tyrannis geschieden. Es blieb an das Recht

12 Vgl. Koch, Geschlecht, wie Anm. 7, 39.

13 Richard van Dülmen, Kultur und Alltag in der Frühen Neuzeit, 1: Das Haus und seine Menschen, München 1990, 54.

14 Vgl. van Dülmen, Kultur, wie Anm. 13, 1, 175.

15 van Dülmen, Kultur, wie Anm. 13, 1, 20f.

16 Vgl. Roper, Household, wie Anm. 4, 166f.

17 Roper, Household, wie Anm. 4, 168 – Zitate vom Autor ins Deutsche übersetzt.

18 Maria E. Müller, Naturwesen Mann. Zur Dialektik von Herrschaft und Knechtschaft in Ehelehren der Frühen Neuzeit, in: Heide Wunder u. Christina Vanja Hg., Wandel der Geschlechterbeziehungen zu Beginn der Neuzeit, Frankfurt a. M. 1991, 43–68, 44f. sowie Zitat 45, Anm. 3.

gebunden.[19] Die Hausväterliteratur[20] führte diese patriarchale Konzeption weiter aus:[21] „Ein Hausswirth muss ein Gottsförchtiger weiser verständiger erfahrner und wolgeübter Mann sein, der Gott vor Augen habe, fleissig bete und arbeite und niemands unrecht thue, weder seinen Nachbarn oder seinem Gesinde, dann also erhält man Lieb und Freundschafft und einen guten Willen bei allen Menschen."[22]

Heide Wunder relativiert vor diesem Hintergrund das patriarchale Gewaltmonopol: Denn „[D]das ist ... nur eine Seite der Medaille: Stabilisierung der Geschlechterbeziehungen über Unterordnung der Ehefrauen, verbunden mit obrigkeitlichen Intentionen, alle Frauen in das ‚Ehejoch' einzubinden."[23] Partnerschaft sei für die christliche Ehekonzeption der Frühen Neuzeit ein Zielpunkt gewesen. Wunder fasst sie im Begriff der „Komplementarität".[24]

Gerta Scharffenorth baut die „lutherische Schiene" der Emanzipation weiter aus:[25] Luther vollzog, sagt sie, „einen Wandel im Selbstverständnis des Mannes, das eine Gefährtenschaft von Mann und Frau ermöglichte".[26] Luise Schorn-Schütte zufolge war in der lutherischen Hausväter-Literatur das Patriarchat nur formales Mittel zu einem höheren Zweck und musste dann, wenn es diesen höheren Zweck nicht erfüllte, von außen korrigiert werden: „Denn in der ‚Ökonomia' des Hauses müssen jene Verhaltensweisen eingeübt werden, die für die Gesamtheit, für Gerechtigkeit, Frieden und gemeinsamen Nutzen notwendig sind: Nächstenliebe, Wahrhaftigkeit, maßvoller Gebrauch von Gütern und Gaben der Natur, vorausschauendes Planen, rücksichtsvoller Umgang mit Menschen und Kreaturen."[27] Die gemeinsame Aufgabe verlangte eine „Gefährtenschaft von Mann und Frau".[28]

---

19 Vgl. Otto Brunner, Land und Herrschaft. Grundfragen der territorialen Verfassungsgeschichte Österreichs im Mittelalter, Darmstadt 1984, 133–146.

20 Zu ihr gehört Hohbergs „Georgica Curiosa". Zum Verhältnis Hausvater – Familia vgl. Otto Brunner, Adeliges Landleben und europäischer Geist. Leben und Werk Wolf Helmhards von Hohberg 1612–1688, Salzburg 1949, 252, 262, 284–290 (am Beispiel des Verhältnisses Grundherr-Holden).

21 Vgl. Otto Brunner, Das „Ganze Haus" und die alteuropäische „Ökonomik", in: ders., Neue Wege der Verfassungs- und Sozialgeschichte, Göttingen 1968², 103–127, 109: „Die hausherrliche Gewalt älterer Art hatte bis ins 18. Jahrhundert wenig verändert bestanden."

22 Johannes Coler, Oeconomia ruralis et domestica. Darinn das gantz Ampt aller trewen Hauss-Vätter und Hauss-Mütter bestandiges und allgemeines Hauss-Buch etc., Frankfurt 1680, I, 1, V, 3; vgl. Ozment, Fathers, wie Anm. 5, 50. Ein ähnliches Zitat auch bei Brunner, Haus, wie Anm. 21, 111f.

23 Heide Wunder, Überlegungen zum Wandel der Geschlechterbeziehungen im 15. und 16. Jahrhundert aus sozialgeschichtlicher Sicht, in: dies./Vanja, Wandel, wie Anm. 18, 12–26, 24.

24 Vgl. Wunder, Überlegungen, wie Anm. 23, 24.

25 Vgl. Dagmar Lorenz, Vom Kloster zur Küche. Die Frau vor und nach der Reformation Dr. Martin Luthers, in: Barbara Becker-Cantarino Hg., Die Frau von der Reformation zur Romantik. Die Situation der Frau vor dem Hintergrund der Literatur- und Sozialgeschichte, Bonn 1980, 7–35.

26 Gerta Scharffenorth, „Im Geiste Freunde werden". Mann und Frau im Glauben Martin Luthers, in: Wunder/Vanja, Wandel, wie Anm. 18, 97–108, 105.

27 Luise Schorn-Schütte, „Gefährtin" und „Mitregentin". Zur Sozialgeschichte der evangelischen Pfarrfrau in der Frühen Neuzeit, in: Wunder/Vanja, Wandel, wie Anm. 18, 109–153, 105f.

28 Vgl. Schorn-Schütte, Gefährtin, wie Anm. 27, 105. Die gleiche Argumentation findet sich bei Steven Ozment. Seiner Meinung nach besaß die Frau als Hausmutter eine Stellung von gleicher Autorität und Dignität wie der Mann, vgl. Ozment, Fathers, wie Anm. 5, 50f, 54.

Als zentrales Desiderat der Forschung erscheint mir eine Untersuchung der Praxis der frühneuzeitlichen Ehe und der Männergewalt. Wo war das Maß überschritten? Wann waren Korrektionen „saevitiae"? Wie reagierten die Frauen? Welche Rolle spielten die Gerichte? Wem gaben sie Recht? Welche Gründe akzeptierten sie? War Gewalt ein anerkanntes oder ein sanktioniertes Verhaltensdispositiv?

Als zweites Desiderat erscheint mir, genauer zu bestimmen, was die Obrigkeiten überhaupt wollten. Waren sie Propagandisten des fast schrankenlosen Patriarchats, wie Möhle und, weniger scharf, auch Roper meinen? Waren Frauen vor Gericht ohnmächtig, wie die Durchschnittsthese der Arbeit von Elisabeth Koch zur Rechtstheorie meint? Wieder zielt die Frage auf die Praxis des Staates als Träger des Gerichtswesens.

Die Ansicht, der Hausvater habe ein weitgehendes Bestrafungsrecht im Haus besessen, ist intakt. Nach van Dülmen hat der Mann die niedere und mittlere Strafgerichtsbarkeit besessen, war das Haus eine Immunität mit einem legitimen Gewaltmonopol in seiner Hand.

Das widerspricht meines Erachtens einem ganz anderen in der Historiographie dominanten Theorem, nämlich der Monopolisierung legitimer Gewaltanwendung beim Staat. Ich komme damit zum zweiten Teil meiner Überlegungen: zur Staatsgewalt.

2. Staatsgewalt

Die Idee, der Königsweg der Moderne bestehe in der Monopolisierung legitimer Gewalt beim Staat, geht auf Max Weber zurück. Sie ist Teil der weiteren Fragestellung nach dem Prozess der Rationalisierung.[29] Dieser Prozess hat eine individuelle Komponente. Die Rationalität des Einzelnen zeigt sich in der Fähigkeit zur rationalen methodischen Lebensführung. Hier hat die protestantische Ethik ihren Platz in seinem Erklärungsmuster.[30] Dieser Prozess hat aber zumindest auch eine verfassungs- und verwaltungsgeschichtliche Dimension.[31] Der moderne Staat, der Inbegriff der legalen Herrschaft, ist nach Weber durch eine rationale Verwaltungs- und Rechtsordnung, die durch Satzungen abänderbar ist, gekennzeichnet; durch einen Verwaltungsstab, der sich als Apparat für die Durchsetzung dieser Rechtsordnung bewährt, dann durch „eine Zwangsgewalt über alle Personen … und über alles auf dem beherrschten Gebiet sich vollziehende Handeln". … „Rechtsordnung, Bürokratie, Zwangsgewalt über ein Gebiet und die Monopolisierung der legitimen Gewaltanwendung sind die wesentlichen Kennzeichen des modernen Staates."[32] „Die legale Herrschaft ist in diesem Sinne das Endprodukt der Jahrhunderte währenden Rationalisierung des Rechts."[33]

Die Monopolisierung der legitimen Gewaltanwendung beim Staat hat jedes gesellschaftliche Eigenrecht „enteignen" müssen. Das Hausväteramt gehört dazu. Nur wenn alles Recht in alle Ritzen der Gesellschaft hinein gilt, erstreckt sich die Rechtsordnung

29 Vgl. Gregor Schöllgen, Max Webers Anliegen, Darmstadt 1985, 7, 10.

30 Vgl. Schöllgen, Anliegen, wie Anm. 29, 9.

31 Vgl. Reinhard Bendix, Max Weber. Das Werk. Darstellung, Analyse, Ergebnisse, München 1964, 317.

32 Bendix, Weber, wie Anm. 31, 317f.

33 Bendix, Weber, wie Anm. 31, 320.

wirklich über alle Personen eines Gebietes. Andernfalls sind hausherrliche Immunitäten noch außerhalb des staatlichen Rechtes – eine unvollständige Staatswerdung mithin.

Norbert Elias ist in diesem Punkt von Weber völlig abhängig, und das, obwohl sein Ansatz, Psychogenese und Soziogenese zu verbinden, partiell über Weber hinauskommt. Die Prozessoziologie Eliasscher Prägung[34] versteht Macht als Kontinuum, das in alle gesellschaftlichen Figurationen eingelagert ist.[35] Sie bedeutet die Kontrolle über Ressourcen. Sie ist aber nicht einem „Machthaber“ eigen, sondern allen gesellschaftlichen Beziehungen immanent. Dennoch ist auch bei Elias der Prozess der Zivilisation untrennbar mit einer Monopolisierung der legitimen Gewaltanwendung beim Staat verbunden. Sie ist der Königsmechanismus. Der zweite Band des „Prozess[es] der Zivilisation“ widmet sich der Entstehung von stabilen Zentralorganen in Form von Gewalt- und Steuermonopolen.[36] Die frühmoderne Staatsbildung kulminiert in der „Herausbildung des absolutistischen Staates mit der Monopolisierung der physischen Gewalt durch die Institutionen des Königtums“.[37]

„Die Autarkie der Vielen, der Herrschaftsanteil der Stände wird Schritt für Schritt zurückgedrängt, und die diktatorische oder ‚absolute‘ Herrschaft des Einen an der Spitze setzt sich langsam durch.“[38] „In der Tat nimmt die Soziogenese des Absolutismus im Gesamtprozess der Zivilisation eine Schlüsselstellung ein: Man kann die Zivilisation des Verhaltens … nicht verstehen, ohne den Prozess der Staatenbildung und darin jene fortschreitende Zentralisierung der Gesellschaft zu verfolgen, die zunächst in der absolutistischen Herrschaftsform einen besonders sichtbaren Ausdruck findet.“[39] Die „Monopolisierung der Abgaben und der körperlichen Gewalttat“[40] – das sind auch für Elias die Motoren der Zivilisation als Prozess. Nur im Schutz „von Monopolinstituten der körperlichen Gewalttat und … der wachsenden Stabilität der gesellschaftlichen Zentralorgane“[41] kann die Notwendigkeit der Eigen-Gewalt der Mitglieder einer Gesellschaft ausgeschaltet werden. In Gesellschaften mit stabilem Gewaltmonopol „ist der Einzelne vor dem plötzlichen Überfall, vor dem schockartigen Einbruch der körperlichen Gewalt in sein Leben weitgehende geschützt; aber er ist zugleich gezwungen, den eigenen Leidenschaftsausbruch, die Wallung, die ihn zum körperlichen Angriff eines Anderen treibt, zurückzudrängen.“[42] Monopolisierung der legitimen Gewaltanwendung als Basis des Prozesses der Zivilisation.

---

34 Vgl. Annette Treibel, Einführung in soziologische Theorien der Gegenwart, Opladen 1997^4, 179.

35 Vgl. Treibel, Einführung, wie Anm. 34, 183.

36 Vgl. Hermann Korte, Norbert Elias (1897–1990), in: Dirk Käsler Hg., Klassiker der Soziologie, 1, München 1999, 315–333, 325.

37 Korte, Elias, wie Anm. 36, 326.

38 Norbert Elias, Über den Prozeß der Zivilisation. Soziogenetische und psychogenetische Untersuchungen, 2, Frankfurt a. M. 1976, 1.

39 Elias, Prozeß 2, wie Anm. 38, 8.

40 Elias, Prozeß, 2, wie Anm. 38, 312.

41 Elias, Prozeß, 2, wie Anm. 38, 320.

42 Elias, Prozeß, 2, wie Anm. 38, 321.

Die jüngste Veröffentlichung zum Thema Staatsgewalt, Wolfgang Reinhards magistrales Werk über die „Geschichte der Staatsgewalt“, ersetzt den statischen institutionengeschichtlichen durch einen dynamischen Verfassungsbegriff, einen „Prozessbegriff eines Wachstums der Staatsgewalt vom Mittelalter bis in 20. Jahrhundert ... Im Mittelpunkt steht die europäische Monarchie des Mittelalters und der Neuzeit, ihre Durchdringung des Landes ..., ihre Unterwerfung politischer Konkurrenten wie des Adels, der autonomen Gemeinden und der Kirchen, schließlich die Durchsetzung ihres äußeren und inneren Gewaltmonopols mit mancherlei Mitteln“, wie der Klappentext formuliert.[43] Auch der Rezensent Helmut Koenigsberger streicht diesen Aspekt des Gewaltmonopols besonders heraus: Er spricht von Reinhards „basic conviction that the development of the monopoly of power by the state“ das Ziel der frühmodernen Monarchien war. „The monarchies did this by the exercise of violence and power. ‚Power and war mark the rise of the modern state‘, he writes.“[44]

Nach Reinhard ist die Herstellung des inneren und äußeren Gewaltmonopols im Staat, repräsentiert in Polizei im modernen Wortsinne und Militär, und eben getrennt in diese beiden Bereiche, typisch für die „westliche politische Kultur“.[45] Die Enteignung der „societas civilis cum imperio“, also der in der Gesellschaft präsenten Eigenmacht, zugunsten des Staates ist allgemein anerkannter Königsweg der Modernisierung, sofern man an sie glaubt. Mit der neueren Historischen Soziologie in Gestalt von Charles Tilly und Michael Mann[46] glaubt Reinhard aber nicht, dass der „elementare, egoistische Wille zur Macht der Inhaber der Staatsgewalt“ für die Erklärung „der Machtprozesse, die das Wachstum der Staatsgewalt bis zum quasi-allmächtigen modernen Staat hervorgebracht hat“[47], genügt. Das Wachstum der Staatsgewalt, „als langfristiger historischer Trend vom hohen Mittelalter bis in die siebziger Jahre des 20. Jahrhunderts“ kann nur durch eine mehrdimensionale Theorie erfasst werden, die „Zustände und Abläufe auf der Mikro-Ebene der Individuen und Gruppen, der Meso-Ebene des politischen Systems und der Makro-Ebene der Gesellschaft berücksichtigt und miteinander verknüpft“.[48] Trotz dieser Aussage kommt aber eine Einheit wie das Haus und die Ehe nicht in den Blick. Das patriarchale Gewaltmonopol, als Stein des Anstoßes, hätte aber m.E. die konzeptionelle Kompetenz Reinhards herausfordern müssen. Hier liegt das Desiderat, an dem mein Beitrag ansetzt: in der Verbindung der gesellschaftlichen Mikro-Ebene (!) mit der Meso-Ebene des politischen Systems. Einer solchen Verbindung steht aber ein Widerspruch entgegen: Die These, die staatliche Ordnung habe der herrschenden Ideologie des Patriarchats zugearbeitet und das hausväterliche Strafrecht gestützt, damit die Immunität

43 Vgl. Wolfgang Reinhard, Geschichte der Staatsgewalt. Eine vergleichende Verfassungsgeschichte Europas von den Anfängen bis zur Gegenwart, München 1999, Umschlagstext.

44 Helmut Koenigsbergers Rezension zu Reinhard, Geschichte, wie Anm. 43, in: European History, 30 (2000), 595–597, Zitate 595f.

45 Vgl. Reinhard, Geschichte, wie Anm. 43, 363.

46 Vgl. Hans-Jürgen Wehlers Rezension zu Reinhard, Geschichte, wie Anm. 43, in: DIE ZEIT, 42, vom 14.10.1999, 34.

47 Reinhard, Geschichte, wie Anm. 43, 22.

48 Reinhard, Geschichte, wie Anm. 43, 22f.

des Hauses gestärkt bleibt, lässt sich nicht mit der These vereinbaren, die Staatsbildung laufe auf eine Ausschaltung aller Immunitäten hinaus.

Ich möchte im Folgenden genauer untersuchen, ob der Staat die hausherrliche Gewalt stützt oder ob er für sich ein Monopol der legitimen Gewaltanwendung anstrebt, das männliche Gewalt im Haus nicht dulden kann. Besonderes Augenmerk verdient dabei meines Erachtens die Frage, ob der Staat von sich aus tätig wird oder von den Betroffenen „in Gang gesetzt" wird.

3. Fall-Erzählungen

Am 17. Januar 1740 zitiert das Ehegericht von Worb Anton Grüssi.[49] Er hat in seiner „Tobsucht" seine Frau und seinen Sohn „schändlich und übel tractiert", dazu „schröckliche flüch" ausgestoßen. Auch vor der Ehrbarkeit verhält er sich „ungebührlich". Das Gericht beschließt, ihm seine Fehler „krefftig zuo gmüeth [zu] führen". Er muss versprechen, sich „seines saufens zu müssigen" und ein besseres Leben zu führen. Die Drohung, ihn sonst dem Oberen Ehegericht zu überweisen hat „bÿ ihm so viel … gewürkt, dass er in sich selbst gangen ist, seine begangenen fähler erkennt undt Gott umb verzeihung gebätten und mit hand und mund verprochen, dass er seine frau und seinen sohn ins künfftig niemals mehr allso tractieren wolle sondern ein anders leben führen und insonderheit sich des saufens enthalten …, so ist man desselbigen zufrieden gewesen. Unterdessen ist obengenannter Grüssi wegen seiner erschröcklichen flüche 12 stund in die gefangenschaft erkennt und dem chorgericht für seine gehebde müh an gelt verfällt worden umb 2 pfund".

Am 8. Januar 1750 wird Peter Iseli aus der unteren Längmatt vorgeladen. „Da dann seine frau klagender weis hat vorgebracht, wie [sie] … von ihm so schandlich tractiert, und auch mit streichen geschlagen worden, ohngeachtet er wohl wüsse, dass sie schwangeren leibes seÿ, welches tractament er zwahr nicht hat können laügnen. Doch zu seiner entschuldigung hat wollen anbringen, dass sie ihm anlass darzu gebe, und dass er bÿ so bewandten sachen seine sachen anders wolle anstellen und schauen, wo er sein glük finden könne. Worauf hiesige ehrbarkeit verdeutet, dass es noch nicht darumb zuthuon seÿ, und dass es noch andere mittel wüsse ihn zuo seiner gebühr zubringen. Man werde die sach viel ehr meinen gnädigen herren des oberen chorgerichts verschreiben, welches dann ohne kosten nicht geschehen werde, und dann werde er erfahren, wie es ihm ergehen werde, das beste würde sein, wann sie das vergangene einander würden vergeben und inskünfftig wuorden trachten, friedfertiger miteinander zu leben."[50]

Wo sind die unteren Grenzen der Gewalt, bei der schon auf ihre Illegitimität geschlossen wird? Nikolaus Sterchi von Vechigen „hatte seine frau wegen einigen empfindlichen worten, so sie ihme soll gegeben haben, eine maulschelle gegeben und hierauf war sel-

49 Aus ihrer laufenden Studie zu Eheprozessen im 18. und 19. Jahrhundert hat mir Birgit Stalder die Rohdaten und Fallbeispiele zur Verfügung gestellt. Die Daten stammen aus den Chorgerichtsakten im Pfarrarchiv Worb. Ich zitiere sie nach ihrem Datum, vgl. Stalders Beitrag in: Heinrich Richard Schmidt Hg., Geschichte der Gemeinde Worb – in Vorbereitung.

50 Vgl. Anm. 49.

bige von ihm gelaufen; dieses verfahren wurde ihm denn als zu hart vorgehalten und er aufs kräftigste ermahnt, seine frau wider zu sich nach hause zu holen, sich mit ihr zu versöhnen und in frid und eintracht mit einander zu leben."[51] Diese unverhältnismäßige Gewalt wird als Tyrannei tituliert. Männer wurden bestraft, wenn sie „mit iren wyberen gar tyrannisch handlen".[52]

Peter Liechti aus dem Lindental wurde zur Auflage gemacht, „dass er mit seinem weib den friden machen, seinen fehler bekennen und fersprechen solle, dass er sie hiefort nicht mehr schlagen wolle. Weil er aber solches nicht anderst hat versprechen wollen als mit dem beding, dass sie ihn nicht mehr zum zorn reitze, so ist er um 3 lb gebüßet und als ein halsstarriger unwirscher peterskopf by denen hochg[eehrten] hern lobl[ichen] obern chorgrichts angegeben und verleidet worden. Da er dann etwelche tag lang in die chorgrichtliche gefangenschafft erkent und betreüt worden mit harterer straff angesehen zu werden, wo er sich nicht verträglicher gegen seinem weib hinkönfftig verhalten wurde."[53] Bentz Roth wurde vorgeladen, „weilen er seiner frawen gar wüst thu(o)t, sonderlich das er si an einem sontag znacht, als er voll heimkommen, zum haus ausgeschlagen".[54] Es gelang praktisch nie, dem Chorgericht eine Gewaltanwendung als hausväterliche Korrektion plausibel zu machen. Allenfalls entwickelt das Gericht ein Verständnis für die Fehlreaktion, straft die Streiche und Schläge aber doch.

Wechseln wir die Konfession und gehen nach Unterjesingen im lutherischen Württemberg. Ich zitiere aus meiner laufenden Untersuchung lediglich ein Beispiel von 1665: „Nach dem Johannes Heinrich Heyer sein junges weib übel tractieren vnd gar zu hart halten solle, dessentwegen vor dem kirchenconvent angebracht; ist er darauf mit den seinigen auf dass rathaus vor dass kirchenconvent erfordert vnd über verhör, weihlen sich befunden, dass schlechte vrsach deß vbeln verhaltens abhanden, ist ihme ernstlich auferlegt wordten, dass er füraußs mit seinem eheweib früdsamer leben oder im widrigen [Fall] bey oberampt verclagt werdten mieße."[55] Selbst wenn der Mann versuchte, sein Dreinschlagen als Reaktion auf Angriffe und auf Fehlverhalten der Frau, etwa wegen ihrer schlechten Haushaltsführung, zu rechtfertigen, eines blieb: Er war stets im Rechtfertigungsnotstand.[56] Der Aspekt, Gewalt sei Tyrannei, der uns in Bern begegnet ist, kehrt auch hier immer wieder, wie in Beutelsbach, wo „Hannß Jerg Oberbacher ... nebest Philipp Crafften scharpf anerinnert, der compagnien und zusamen künfften sich zue bemüßigen, auch nicht tyrannen über ihre weiber zue seyn, oder man werde nächster tagen ein solch procedere mit ihnen vornemmen, dass sie und andere sich daran striglen werden".[57]

Die Studie von Rainer Beck zu katholischen bayerischen Archidiakonaten, die sich mit Trennungen von Tisch und Bett zu beschäftigen hatten, kommt zu erstaunlich ähnlichen

51 Kirchengemeindearchiv Vechigen, 14.11.1773.

52 Kirchengemeindearchiv Vechigen, 26.5.1622; Kirchengemeindearchiv Vechigen, Chorgerichtsmanuale, 3.4.1625. Vgl. zu dem Begriff im Zusammenhang mit der Kindererziehung, Kirchengemeindearchiv Vechigen, Chorgerichtsmanuale, 2. 9. 1620 und 30. 11. 1651.

53 Kirchengemeindearchiv Vechigen, Chorgerichtsmanuale, 14. 8. 1746.

54 Kirchengemeindearchiv Vechigen, Chorgerichtsmanuale, 11. 1. 1701.

55 Kirchenkonventsprotokolle Unterjesingen, 17. 8. 1665.

56 Vgl. Kirchenkonventsprotokolle Unterjesingen, 19. 1. 1690.

57 Kirchenkonventsprotokolle Beutelsbach, 20.12.1720.

Ergebnissen. 1761 wird von einer Ehe berichtet, in der der Mann „unfridlich gehauset" und die Frau „solcher Gestalten mit Schlögen tractiert, dass sye [sich] des Baders Kur bedinen miesen, – wobei sye noch yber das seith solch empfangenen Schlögen auf der linkhen Seithen grosse Schmerzen empfinde und mit Gehen nit mehr fortkommen könne". Die Frau bat, da „bey ihrem Mann keine Besserung zu hoffen", um Trennung.[58] Die männliche Gewalt wurde keineswegs als etwas Normales, als ein Recht des Hausvaters, betrachtet, sondern, sobald sie nicht maßvoll war, als tyrannisch gebrandmarkt.[59] Diese Klage wegen Gewalttätigkeiten machte mit rund zwei Dritteln aller Klagen von Frauen das ganz überwiegend perhorreszierte Verhalten der Männer aus.[60] Rainer Beck kommt zu dem Schluss: „Gewalt scheint für die große Mehrheit dieser Frauen eine dominante Erfahrung und womöglich das entscheidende Motiv gewesen zu sein, gerichtlich gegen ihre Männer vorzugehen."[61]

Die Angriffe der Frauen auf die Gewalthoheit der Hausväter richten sich nicht nur gegen ein Übermaß an Züchtigung, sondern gegen die in jeder Tätlichkeit zu Tage tretende Lieblosigkeit; Liebe erträgt keine Gewalt, weil sie auf den Konsens und die Gleichwertigkeit der Gatten hin definiert ist.[62] Im 18. Jahrhundert wird der Widerstand der Frauen gegen die männliche Attitüde der Gewalt besonders heftig. Sie werden dabei von der Kirche unterstützt, welche beispielsweise über ihre Predigten immer stärker die Liebe, auch eine über Freundlichkeit hinausgehende affektbeladene Liebe, propagiert, selbst wenn damit die strukturelle Asymmetrie der Geschlechter nicht aufgehoben werden sollte.[63]

Die Akten des Pariser Kommissariats hat Michel Foucault zusammen mit Arlette Farge untersucht. Er entdeckte die sogenannten „Lettres de cachet", vom Kommissar im Namen des Königs ausgestellte Order, mit denen Personen festgesetzt oder verbannt wurden. Ein Drittel davon betreffen Ehestreitigkeiten. Meist handelt es sich um Fälle von Ehefrauen, die ihren Mann wegen seines fortgesetzten Fehlverhaltens kujonierten.[64] „Die Frauen", fasst Foucault zusammen, „beklagen sich über Schläge, Verletzungen und Misshandlungen. Sie bringen den grausamen Umgang mit Messern, Linealen, Zirkeln, Kohlenschaufeln, Kesseln und Feuerböcken zur Sprache, mit denen ihr Mann seine Wut abreagiert." ... „Drei Viertel der Anträge auf Festsetzung von Ehemännern enthalten Klagen über Gewalttätigkeiten und Misshandlungen."[65] „Vater und Mutter, Mann und Frau erwarten vom schuldigen Familienmitglied, dass es sich von seinen Untaten abwendet und sich in seinem künftigen Leben an den Normen orientiert, die ihm sein Umfeld vorgege-

58 Rainer Beck, Frauen in Krise. Eheleben und Ehescheidung in der ländlichen Gesellschaft Bayerns während des Ancien régime, in: Richard van Dülmen Hg., Dynamik der Tradition, Frankfurt a. M. 1992, 137–212, 142.

59 Vgl. Beck, Frauen, wie Anm. 58, 144.

60 Vgl. Beck, Frauen, wie Anm. 58, 146.

61 Beck, Frauen, wie Anm. 58, 148. Zum „Hausen" als Schlüsselbegriff für die materielle Versorgung des Hauses und die Rollenerfüllung von Mann und Frau vgl. ebd., 150f.

62 Vgl. Beck, Frauen, wie Anm. 58, 184–193.

63 Vgl. Beck, Frauen, wie Anm. 58, 190f.

64 Vgl. Michel Foucault u. Arlette Farge, Familiäre Konflikte. Die „Lettres de Cachet". Aus den Archiven der Bastille im 18. Jahrhundert, Frankfurt a. M. 1989, 9–57.

65 Foucault/Farge, Lettres, wie Anm. 64, 36f.

ben hat. Die Reue erscheint hier als eine Form gesellschaftlichen Zusammenlebens: Wenn gegen die Ordnung verstoßen wird, muss die Strafe den Verurteilten gleichzeitig zur Zustimmung und zur Unterwerfung bewegen."[66]

Der Hausvater, so folgert Sabean aus seiner Untersuchung zu Württemberg, war dem steten Zwang unterworfen, sich als fleißig, sorgfältig und nüchtern zu erweisen.[67] Die Frauen nutzten die Ideologie des guten Hausvaters bewusst und instrumentell zur Disziplinierung der Männer.[68] „Der Patriarchalismus war ein Programm, das eine substantielle und kritische Diskussion über seinen Inhalt stets möglich machte."[69]

Lyndal Roper zeigte ebenso deutlich: „Je mehr der Rat in unordentliche Ehen eingriff und gewalttätige Männer strafte, desto mehr offenbarte er die Brüchigkeit der patriarchalen Ordnung."[70] Wenn der Ehemann die Pflicht, für Frau und Kinder materiell zu sorgen, missachtete, griff der Rat zugunsten der Familie in deren innere Angelegenheiten ein.[71] Das Trinken im Wirtshaus war die Hauptquelle ihres Ärgers. Der Rat war der Wirtshauskultur ebenfalls feindlich gesonnen, weil sie ihm als einer der Hauptgründe der Lasterhaftigkeit galt.

Neben der Polizei hat auch die weltliche Justiz in Ehefragen geurteilt. Giacomo Francini hat in seiner Studie zu den „moralia coniugalia" die Tatsache gewürdigt, dass in Frankreich im Zuge des Ausbaues der gallikanischen Kirchenverfassung auch das Eherecht in die Hand der staatlichen Justiz gelangt ist – was Elias freuen würde, könnte er die Studie von 1998 noch lesen. Hier ist sie direkt greifbar: die Monopolisierung durch den Staat. Seit dem frühen 17. Jahrhundert ist Ehegerichtsbarkeit im katholischen Frankreich Sache des Staates. Das „Chatelet" von Paris spricht Separationen von Tisch und Bett oder der Güter aus.[72]

Nach den Fallschilderungen gewinnt man den Eindruck, dass die Gerichte schon geringfügige Gewalt als „Tyrannis" verfolgt haben – auf die Eingangsfrage bezogen heißt das: Der Staat monopolisiert durch seine Gerichte die Gewalthoheit.

Gehen wir einen Schritt weiter, von der Skizze belletristischer Eindrücke zur Quantifizierung und zum historischen Vergleich. Handelt es sich bei dem, was hier geschildert wurde, um Einzelfälle oder war es kulturell und rechtlich erheblich?

Ich frage im Folgenden: Wer klagt? Wogegen wird geklagt? Wie viel erreicht man?

66 Foucault/Farge, Lettres, wie Anm. 64, 55f.

67 Vgl. David Warren Sabean, Property, Production, and Family in Neckarhausen, 1700–1870, New York u.a. 1990, 111.

68 Vgl. Sabean, Property, wie Anm. 67, 115.

69 Sabean, Property, wie Anm. 67 , 116 – Zitate vom Autor übersetzt. Und 132: Relativ gesehen standen aber Probleme der Gewalt, des Trinkens und des Schwörens deutlich vor dem Problem des Hausens im Vordergrund, soweit Klagen der Ehefrauen gegen ihre Männer betroffen waren.

70 Roper, Household, wie Anm. 4, 4f – Zitate vom Autor übersetzt

71 Vgl. Roper, Household, wie Anm. 4, 59 sowie 87: Mandat gegen Verschwender und sexuelle Vergehen 1546.

72 Vgl. Giacomo Francini, Moralia coniugalia ou de l'impossible sacralité du mariage à l'époque de la raison 1750–1792, Paris 1998, 185–205 und Anhänge.

4. Kläger und Klägerinnen

Ich möchte im Kontext dieses Aufsatzes noch keine zeitliche Differenzierung vornehmen, sondern erst einen eigentlichen Zugang zur Frage nach dem Verhältnis von Männergewalt und Staatsgewalt öffnen.

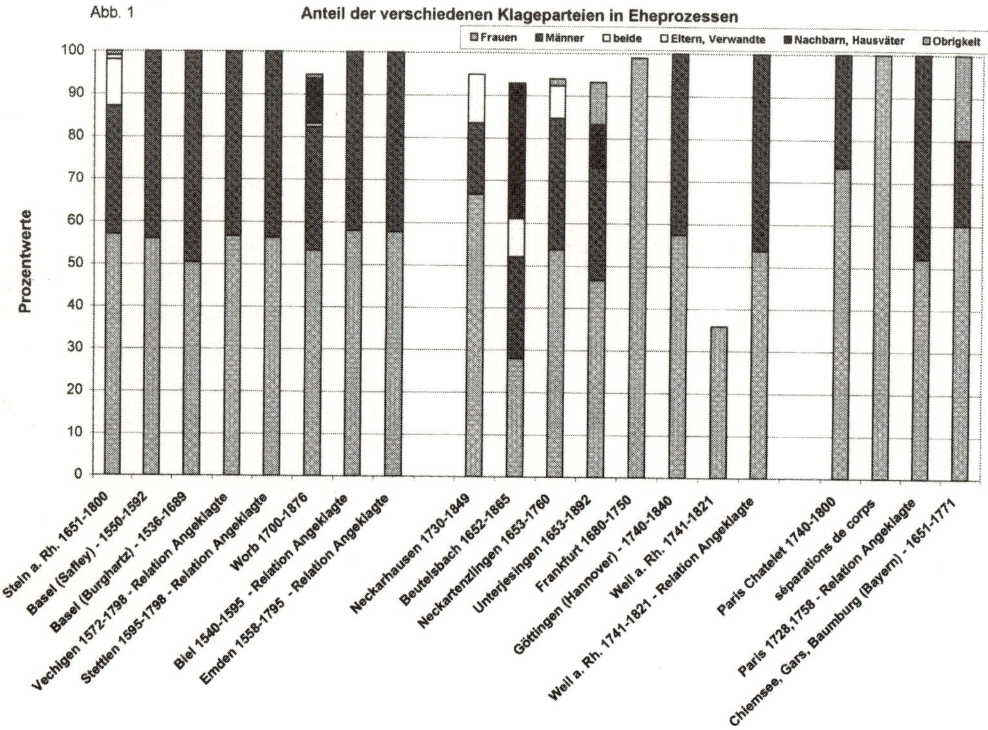

Abb. 1: Klageparteien[73]

73 Die Daten stammen aus folgenden Quellen: Jost Aregger, „Es solle das unglückliche Eheband de nunc aufgelöst seyn". Kleinstädtische Ehen vor Gericht. Das Ehegericht von Stein am Rhein, 1651–1800, Lizentiatsarbeit Bern 1995, 57f, 60–72; ders., Vom Verlobungsgericht zum Scheidungsgericht. Das Ehegericht von Stein am Rhein (1651–1800), in: Schaffhauser Beiträge zur Geschichte, 75 (1998), 49–73, bes. 60–72; Beck, Frauen, wie Anm. 58, 146, 212, 291; Susanna Burghartz, Zeiten der Reinheit. Orte der Unzucht. Ehe und Sexualität in Basel während der Frühen Neuzeit, Paderborn u.a. 1999, 118f, 129, Anhang, 297–300; Foucault/Farge, Lettres, wie Anm. 64, 21–23, 28, 36f. Eingesperrt wurden 181 Frauen und 195 Männer, darin sind aber Klagen der Opfer wie ihrer Eltern/Verwandten mit eingeschlossen. Vgl. auch ebd., 22f, 36f; Francini, Moralia, wie Anm. 72, 185–205 und Anhänge; Rebekka Habermas, Frauen und Männer im Kampf um Leib, Ökonomie und Recht. Zur Beziehung der Geschlechter im Frankfurt der Frühen Neuzeit, in: Dülmen, Dynamik, wie Anm. 58, 109–136, 110, 120f; Möhle, Ehekonflikte, wie Anm. 8, 85, 91 (Misshandlung, Lebensbedrohung und „aus dem Haus werfen"; Verschwendung und Diebstahl zusammengefasst); Sabean, Property, wie Anm. 67, 125, 129–133; Thomas Max Safley, Let no Man put asunder. The Control of Marriage in the German Southwest. A Comparative Study, 1550–1600, Kirksville 1984, 129, 132f, 135, 142, 151, 155, 171–175; Heinrich Richard Schmidt, Dorf und Religion. Re-

In diesem Schaubild sind reine Scheidungsgerichte mit solchen Gerichten, die lediglich Separationen aussprechen können und schließlich allgemeinen Ehegerichten, die auch die christliche Aufführung in der Ehe beurteilen, ohne dass derart schwere Verstöße vorgekommen sein müssen, dass eine Trennung ansteht, vereint. Es sind katholische kirchliche, katholische staatliche, lutherische und reformierte Gerichte gegeneinander gestellt. Dennoch sind die Übereinstimmungen frappant.

Zunächst einige Erläuterungen. Nicht immer sind die Kläger klar bekannt. Mitunter enthalten die Akten nur die Notiz der Vorladung. Vergleicht man aber die Gerichte, in denen die Kläger bekannt sind, mit denen, wo ich nur das Geschlechterverhältnis der Angeklagten berechnen konnte, dann zeigt sich, dass wohl begründet vermutet werden darf, dass es in der Regel die Frauen sind, die die Ehemänner anklagen. In wenigen Fällen, so in Worb, sind die Nachbarn deutlicher als Kontrollinstanz auszumachen. Neben Worb ist das auch im württembergischen Beutelsbach und in Unterjesingen so.

Was kann nun im Detail herausgelesen werden? Wir sehen vor allem etwas, dass der Anteil der Obrigkeit fehlt. Lediglich in Bayern ist er nennenswert. Es handelt sich aber hier nicht um Ehekonflikte, sondern um eigenmächtige Separationen. Hier kommt es der geistlichen Obrigkeit darauf an, ihr Monopol auf die Separationsentscheidung zu wahren und solche Eigenmächtigkeiten auszuschließen. Wir sehen auch, dass hier und da etwas nicht stimmen kann. So wenn Rebekka Habermas[74] für Frankfurt von fast 100% Klägerinnenanteil spricht. Das wäre ziemlich exzeptionell.

Mehrheitlich sind es die Frauen, welche ihre Männer vor den Kadi bringen. Frauen klagen, setzen das Gericht in Gang. Wenn wir das Agieren des Gerichts als prozesshafte Realisierung der staatlichen Gewalt als der Ordnungsmacht begreifen, müssen wir sagen: Die Frauen sind hier staatsbildend oder – forcierend.

4.1. Klagegründe der Frauen

Betrachten wir die Klagegründe. Obwohl Gewalt an sich kein Scheidungsgrund ist, ist Gewalt die dominante Erfahrung und wird auch vor reinen Scheidungsgerichten wie dem von Stein oder Basel vorgebracht. Foucault, Francini und Beck nehmen überhaupt nur das Gewaltproblem näher in Augenschein, weshalb auf katholischer Seite nur eine einzige Säule aufragt.

formierte Sittenzucht in Berner Landgemeinden der Frühen Neuzeit, Stuttgart u.a. 1995, 265. Außerdem ders., Akten aus Württemberger Kirchenkonventen, Pfarrarchiven, dem Landeskirchlichen Archiv Stuttgart und dem Hauptstaatsarchiv Stuttgart sowie ders., Bieler und Berner Ehegerichte: Akten aus den Pfarrarchiven von Biel, Vechigen und Stettlen; Birgit Stalder, Rohdaten einer laufenden Lizentiatsarbeit zu Ehekonflikten vor dem Chorgericht der Herrschaft/Gemeinde Worb im 18. und 19. Jahrhundert, vgl. Anm. 49; Manfred Otto Ulbrich, Versöhnt und Vereinigt. Die Badische Kirchen-Censur in der Gemeinde Weil 1741–1821, Binzen 1997, 283, 286, 291, 345.

74 Vgl. den Balken „Frankfurt“ in obiger Grafik.

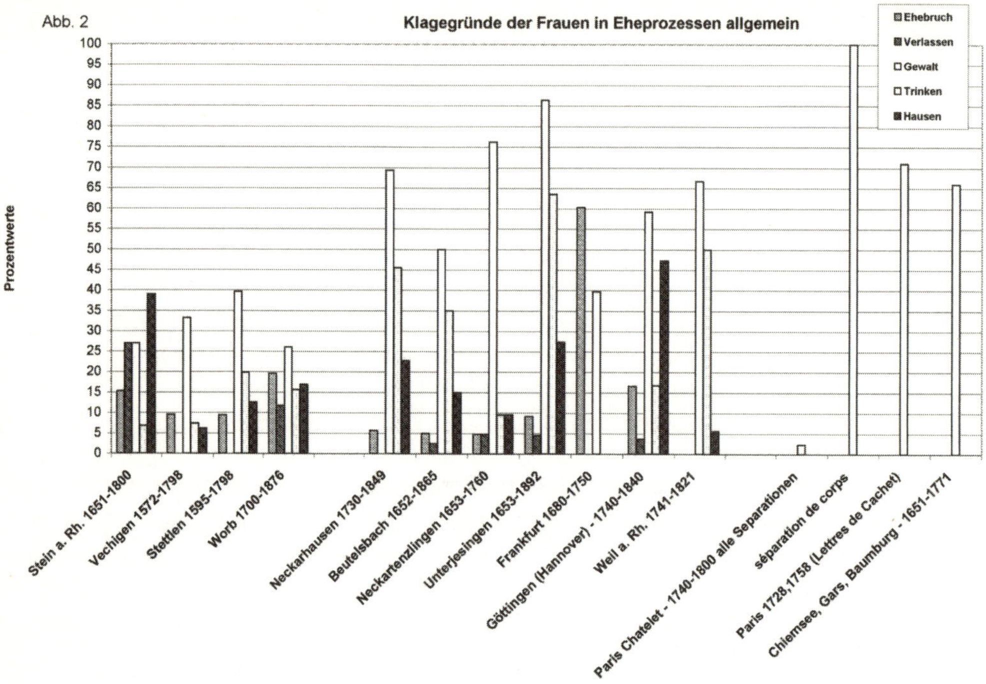

Abb. 2: Klagegründe von Frauen allgemein

Die Werte im Bereich der Reformierten sind deutlich geringer: Ich vermute, weil hier unterhalb der Scheidungsgerichte in den allgemeinen Ehegerichten Früherkennung von Problemen betrieben und nicht schwere Gewalt abgewartet wurde. Die Gesamtmenge in Bezug auf die Bevölkerungsgröße, die ich bislang noch nicht für alle Orte exakt bestimmen kann, scheint mir in den reformierten Orten, besonders der Schweiz, nämlich höher zu sein, das heißt hier hat in besonderem Maße Disziplinierung stattgefunden, Früherkennung und Vorsorge. Und das in „dynastienlosen Staaten“ notabene.

Was die Scheidungsklagen betrifft, sind die zur Verfügung stehenden Studien bezüglich der Scheidungsbegehren leider nicht genauer auf den Stellenwert der Gewalt eingegangen. Lediglich die Arbeit von Jost Aregger zu Stein und jene von Birgit Stalder zu Worb erlauben uns einen näheren Einblick. Hier sehen wir – wieder in den reformierten Territorien – dass nicht nur die zwingenden Scheidungsgründe „Ehebruch“ und „Verlassen“, sondern in hohem Maße auch die Gewalt der Männer zum Scheidungswunsch führt.

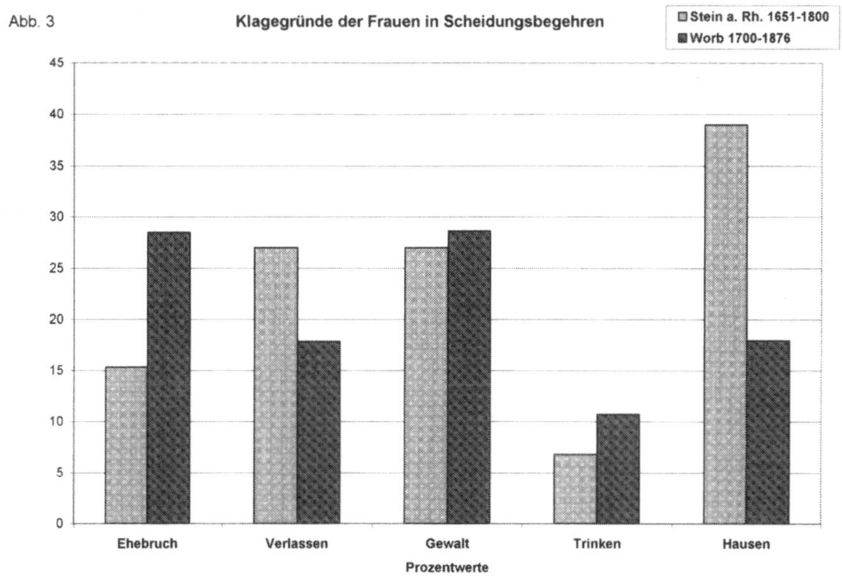

Abb. 3: Klagegründe von Frauen in Scheidungsbegehren

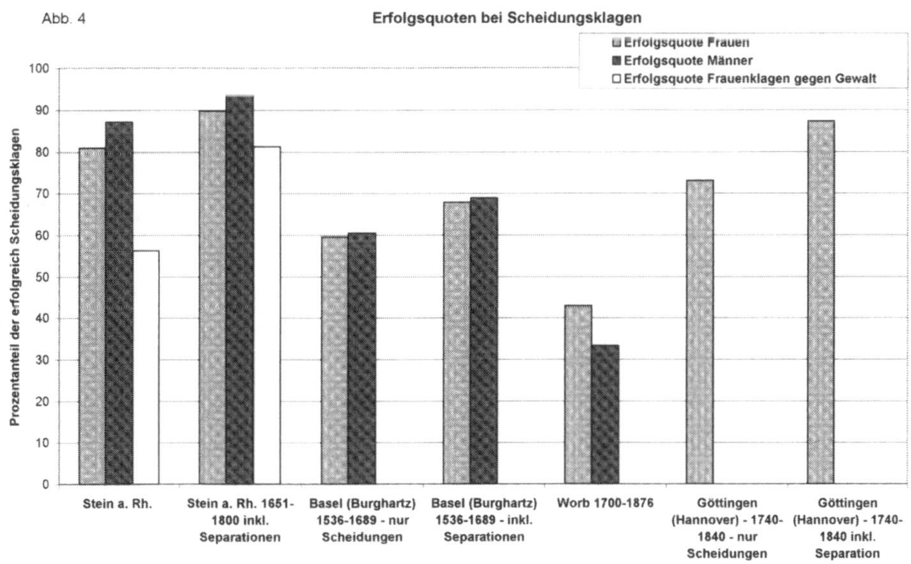

Abb. 4: Erfolgsquoten in Scheidungen

Für katholische Territorien ist das schon im vorigen Schaubild ebenso sichtbar gemacht worden. Die „separatio a thoro et mensa“ war ja schon bei fortgesetzten Gewalttätigkeiten möglich, eine Scheidung selbstredend nicht.

4.2. Erfolgsqouten

Die Kläger und Klägerinnen bekämpften nicht nur Windmühlen und waren auch nicht praktisch aussichtslos, wie Sylvia Möhle uns glauben machen will. Die Erfolgsquote ist bei Frauen und Männern sehr hoch, wenn wir einmal den Prozentwert, in dem eine Scheidung, die gewünscht wurde, auch erreicht werden konnte, als Erfolg buchen wollen. Aber selbstverständlich ist auch jede unterhalb einer Scheidung bleibende harte Maßregel, eventuell verbunden mit einem Gelöbnis der Friedfertigkeit, eine Sache, die wir als Zielerreichung ansehen können.

5. Diskurse vor Gericht und über die Ehe

Im Haus und vor Gericht wurde nicht nur gestritten, sondern auch um die Auslegeordnung rechten Verhaltens gerungen. Und in der Predigt wurde reflektiert, was an dem Geschehenen unter christlichen Auspizien ordnungsrelevant war. Frauen, Männer, Richter und Pfarrer nahmen alle an einem Diskurs teil, der die Rollenerwartungen an die Männer und die Frauen in einer Ehe zum Gegenstand hat, ihn perpetuiert, wandelt, umändert und weiterträgt. Die Aussagen der Frauen vor Gericht sind ihrerseits schon Statements vom Wunschmann oder negativ gewendet: Schlusstriche und Grenzziehungen, jenseits derer das Verhalten nicht mehr als recht durchgehen konnte, nicht als Hausherrschaft, sondern als Tyrannis.

Eine der von Beck zitierten Klägerinnen hatte „nicht die Ehre, sondern die ‚Lieb‘ mit der Gewalt konfrontiert. Durch die Aggressivität ihres Mannes, den sie anfangs ‚lieb und werth gehabt‘, war in ihr etwas zerstört worden, war es soweit gekommen, dass sie ‚ainiezo zu ihme khain Lieb mehr gewinnen, weniger ehelichen beywohnen‘ konnte. Auch Seelsorger hatten beobachten müssen, dass ein Ehemann durch ‚stets Wütten und Toben, Kollern und Poldern‘ normalerweise ‚nichts anders aus[richtet], als dass er die Lieb und Zuneygung seines Weibs allerdings verliehret‘.“ „Wie selbstverständlich ging der Pfarrer davon aus, dass es eine ‚Lieb und Zuneygung‘ in der Ehe gab, bevor sie an aggressivem Gebaren zerbrach.“[75]

Gedruckte Predigten des Pfarrers Oberleitner untersucht Beck näher: „Für Oberleitner etwa … ‚handlet ein Ehemann wider sein Gewissen und eheliche Pflicht, welcher an Statt, dass er mit Vernunfft und Gelindigkeit auf das freundlichste, als es geschehen kan, das Weib regieren solte, mit ungestimmten [= ungestümen] Poltern, Schnarchen und Kollern, nicht vil anderst, als auf tyrannische und Wütterichs-Art, alles heraus zwingen [will]

75 Zit. nach Beck, Frauen, wie Anm. 58, 186.

… als rasende Wütterich tretten, schlagen und zum Haus hinausjagen, hierdurch aber nichts anderes als den Galgen, ja die ewige Verdamnus verdienen.'"[76] Die Gewalt war problematisch geworden.[77]

Diese Liebe, von der in diesen katholischen Quellen die Rede ist, zielt nicht unbedingt auf Romantik, aber doch auch auf Gleichheit und Partnerschaft: Sie ist selbst für einen konservativen Kleriker „ein Contract und Versprechung des Mannes und des Weibs bey einander zu Leben und zu sterben, in allem Elend, Aengsten und Noethen mit einander zu heben und zu legen, in der ehelichen Pflicht einander treu zu seyn, und sich mit keinem anderen gemein zu machen".[78]

Sabine Holtz hat mit gleichem Ergebnis 1000 Musterpredigten lutherischer Theologieprofessoren in Tübingen untersucht, die sie, wie es deren Art und Pflicht für Lehrpredigten war, in Druck gegeben haben.[79] Auch hier zeigt sich eine relative Nähe zu den Vorstellungen der Frauen. Sicher ist sie dem Manne untergeordnet und ihm Gehorsam schuldig. Des Mannes Verhältnis zu ihr ist aber „durch Liebe definiert".[80] Es gibt im Haus keine absolute Herrschaft, vielmehr, sagt Sabine Holtz, ist die Frau „Mit-Regentin". … „Dem Mann wird [in den Predigten durchgängig] empfohlen, seine Frau zu achten, ihren Verstand und Rat etwas gelten zu lassen. Zudem muss er für seine ausgeübte Gewalt Rechenschaft ablegen; sie kann schon deshalb nicht als absolute Gewalt verstanden werden."[81] In der „Solidargemeinschaft"[82] spielt die „gegenseitige Zuneigung eine tragende Rolle".[83] Auch das Züchtigungsrecht gegenüber den Kindern muss „mit Freundlichkeit" geschehen, … „Vnd da die freundtliche vaetterliche Vermanung nit woellen statt haben, soll man auch das rauch herauß kehren, und sie mit ernstlichen harten worten straffen, Gottes zorn vnd vngnad, auch die straff draewen, deren sie nicht entgehn würden".[84] Erst wenn auch die Worte nichts bewirken, soll man zur Rute greifen.

Auch große Denker haben sich der Frage, was eine rechte Ehe sei und ob Gewalt in ihr Platz haben soll, theoretisierend zugewandt. Die Lehre vom Naturrecht und die Vertragstheorie waren im 18. Jahrhundert neue Orientierungspunkte, die auch auf den Bund der Ehe angewandt wurden. Damit kam nach der christlichen eine neue Maxime zum Zuge.

Samuel Pufendorf etwa diskutiert in „De Jure Naturae et Gentium" die Ehe im Kontext einer breiteren Analyse des Rechts. Scheidung war danach legitimiert, wenn der Ehekontrakt gebrochen war, sei es durch Sterilität, Verbrechen gegen die Natur, Unvereinbarkeit der Temperamente und sogar: durch gegenseitigen Konsens. Er erklärt die Ehe als einen Pakt, den Mann und Frau bei der Hochzeit abschließen. Wenn ein Ehe-

76 Zit. nach Beck, Frauen, wie Anm. 58, 185.
77 Vgl. Beck, Frauen, wie Anm. 58, 191.
78 Zit. nach Beck, Frauen, wie Anm. 58, 189.
79 Vgl. Sabine Holtz, Theologie und Alltag. Lehre und Leben in den Predigten der Tübinger Theologen 1550–1750, Tübingen 1993.
80 Vgl. Holtz, Theologie, wie Anm. 79, 195.
81 Holtz, Theologie, wie Anm. 79, 195f.
82 Holtz, Theologie, wie Anm. 79, 197.
83 Holtz, Theologie, wie Anm. 79, 200.
84 Holtz, Theologie, wie Anm. 79, 209f.

partner die „Terms of Trade“ dieses Kontraktes verletzt sah, konnte er auf seine Auflösung drängen. Dazu zählt Pufendorf eine harte Behandlung durch den Ehemann und alle Handlungen, die nicht seinen Respekt vor seiner Frau beweisen.[85] Hier hält er eine Scheidung für besser als eine „Trennung von Tisch und Bett“, die ja auch den unschuldigen Teil bestraft.

6. Resumee

Verallgemeinern wir zunächst die Ehekonflikte und ihre Regelung vor Gericht: Der Haushalt wurde zum Feld für Eingriffe der Obrigkeit. Die obrigkeitlichen Zuchtinstanzen gingen tendenziell ein Bündnis mit den Frauen zur Disziplinierung der Ehemänner und zur Pazifizierung der Gesellschaft, zunächst ihres Kerns, der Ehe, ein. Diese De-facto-Allianz erklärt, warum es in der Regel Frauen waren, die die Ehe-Prozesse anstrengten.[86]

Fasst man die ausgewerteten Quellenstudien zu Berner und Württemberger Sittengerichten, zu Basel, Stein am Rhein und Biel sowie die Arbeiten von Safley, Roper, Sabean und Schilling mit den wenigen Studien zum Katholizismus zusammen, dann ist die Bündnisthese, die alle Untersuchungen vertreten, besonders bemerkenswert. Gewiss ruht die Zusammenarbeit von Sittengerichten und Ehefrauen auf dem gemeinsam anerkannten Prinzip rechter Hausherrschaft. Besonders die Ächtung der Gewalt aber weist, über den hierarchischen Beziehungsrahmen, auf einen „reziproken“ innerehelichen Austausch, hinaus. Die faktische Allianz von Sittengerichten und Frauen scheint in der Frühen Neuzeit durchgängig bestanden, im 18. und frühen 19. Jahrhundert aber eine neue Qualität gewonnen zu haben: Das systemimmanente Argumentieren der Frauen trug dazu bei, im Kontext eines gesellschaftlichen, besonders ökonomischen Wandels das System zu sprengen. Die Ehenormen, die die Sittengerichte forcierten, bewirkten, salopp gesprochen, systemüberwindende Reformen im Verhältnis von Mann und Frau.

Elias hat Recht. Die Ausschaltung der nichtstaatlichen Konkurrenten um das Gewaltmonopol ist für die Staatsbildung essentiell. Und dazu gehört auch die Auflösung der hausherrlichen Immunität. Winfried Schulzes Theorem von der Verrechtlichung sozialer Konflikte[87] als eines Teils im Monopolisierungsprozess passt auf die hier vorgeführten Befunde. Reinhards Plädoyer zugunsten eines multiperspektivischen Erklärungsansatzes für die frühmoderne Staatsbildung muss in Bezug auf die gesellschaftliche Ebene in mikrohistorischen Studien wie den angeführten zu Ehekonflikten weitergetrieben werden.

Die protestantische Ethik, um wieder auf Max Weber zurückzulenken, ist ein Produkt, zu dem die Frauen, die ihre Männer anklagen, wesentlich beitrugen. Ihr ständiges Insistieren auf einer von christlicher Liebe und nicht von Gewalt geprägten Haltung hat die

85 Vgl. dazu Roderick Philipps, Putting asunder. A History of Divorce in Western Society, Cambridge 1988, 213.

86 Vgl. Roper, Household, wie Anm. 4, 194, 203.

87 Vgl. Winfried Schulze, Verrechtlichung – Zivilisierung – Sozialdisziplinierung, in: ders., Einführung in die Neuere Geschichte, Stuttgart 1993^3, 80ff.

Staatsgewalt wirksamer „in actum" versetzt als ein bloßes Wollen einer fernen Obrigkeit. Selbst Foucault spricht angesichts der „Lettres de cachet" von einem „‚enclenchement' de l'institution familiale sur le grand appareil administratif".[88] Es ist das Interesse, das die Untertanen massenhaft handeln lässt.

Gehen wir einen Schritt weiter und fragen, ob sich auch theoretisierend Gewinn aus dem Befund ziehen lässt. Entscheidend für unseren Diskussionszusammenhang ist ja, dass ein Konflikt außer Haus zum Gegenstand wird. Wie wird er zu einem solchen? Wie wird er hinausgetragen? Diese Frage ist deshalb wichtig, weil es der Handelnde ist, der sich „äußerer Ressourcen" bemächtigt. In aller Regel nun sind das die Frauen, die eine Machtstütze suchen. Sie rufen das Chor-, Ehe-, Sittengericht, das Konsistorium, den Kirchenkonvent, das Offizialat an. Das Gericht wird damit zu einer Ressource im Konflikt. Frauen verfügen über seine Ressourcen, gewinnen also Macht. Die Kläger „entfalten" mit ihrer Anzeige, würde Anthony Giddens sagen, Kausalkräfte, „die der Beeinflussung der von anderen entfalteten Kräfte dienen".[89] Sie ziehen also Dritte mit hinein. Sie setzen damit eine Handlungskette in Gang, in deren Verlauf die – sagen wir verallgemeinernd – Eherichter ihrerseits Ressourcen und Regeln „in Bewegung setzen". Deren Macht steigt also mit der Anrufung.

Es ist keineswegs so, als läge hier ein Nullsummenspiel zwischen Obrigkeit und Untertanen vor. Hier folgt Giddens der Theorie des sonst von ihm nicht geschätzten Strukturfunktionalisten Talcott Parsons. Die Menge der eingesetzten Ressourcen und aktivierten Regeln bemisst die Macht in einem kommunikativen Zusammenhang. Und die steigt offensichtlich durch die Anrufung des Chorgerichts. Nun kommen neue Ressourcen ins Spiel. Die Macht der Männer nimmt nun nicht im gleichen Maße ab, wie die der Frauen und der Chorrichter zunimmt. „Nur" das Stärke*verhältnis* verschiebt sich prozentual.

Die Obrigkeit gewinnt am meisten, weil sie wiederholt handelt, in vielen Fällen tätig wird, immer wieder ihre Gewalt legitim anwendet. Genau das ermöglicht es, die „Monopolisierung legitimer Gewalt" als Kennzeichen der Staatsbildung zu betonen, ohne die Mikro-Ebene lediglich als Verlierer zu gewichten. Staat wird „in Gang gesetzt", im Sinne Giddens' wirksam und mächtig, indem die Untertanen ihn als legitimen Exekutor von Recht und Ordnung anrufen. Der Staat ist damit für die Untertanen eine Ressource ersten Ranges. Mit der Anrufung „wird" der Staat im Sinne der Strukturierungstheorie überhaupt erst.

Wir müssen betonen, dass in der Delegation der Machtausübung selbstredend eine Abhängigkeit entsteht, die der Stellvertreterin über die reale Gewalt, die sie im Augenblick der Handlung gewinnt, zusätzliche Potenz verschafft. Diese Potenz lagert sich ins Bewusstsein der delegierenden Person oder Instanz ein, die damit eine Regel („Bei Konflikten die Obrigkeit anrufen!") stabilisiert, die zukünftig wieder spielen wird.

---

88 Michel Foucault u. Arlette Farge, Le désorde des familles. Lettres de cachet des Archives de la Bastille, Paris 1982, 347: „einer prägenden Beeinflussung des Verwaltungsapparates durch die Institution Familie" – Zitat von Autor übersetzt.

89 Anthony Giddens, Die Konstitution der Gesellschaft. Grundzüge einer Theorie der Strukturierung, Frankfurt/New York 1997[3], 65f.

Die Institution „Staat“ entsteht im Diensthandeln der Obrigkeit an und in der Gesellschaft. Deren „Nachfrage“ setzt „Staat in Gang“. Die frühneuzeitliche „societas civilis cum imperio“ delegiert ihr Imperium. Wir müssen also den Prozess der „Monopolisierung der legitimen Gewalt im Staat“ oder der „Verrechtlichung“ als Prozess begreifen, der nicht über die Gesellschaft hereinbricht, sondern aus ihr herauswächst.

Family and Individual Strategies of Husband and Wife in Rural Lithuania, 1864–1904

Vilana Pilinkaite-Sotirovic

This article deals with the specific family and individual member strategies in a household in the second half of nineteenth century Lithuania and shows that husband and wife marital relationships should be conceived not only as the result of ideology, but as a potential indicator of cultural, economic, and social factors. An investigation of the daily practices among emancipated peasants demonstrates that the economic needs of everyday life to a great extent shaped the common family strategies of sustenance and survival. The analysis suggests that both spouses typically viewed the outside world as a family unit. At the same time husband and wife had different and often contradictory attitudes towards each other and chose individual strategies in order to enhance their respective autonomy. This article argues that female strategies involved a complex linkage of accepting, evading and resenting husbands' dominance, while male strategies were always based on seeking control over women.

During the past three decades much discussion has focused on interpretations of modern romanticized husband-wife relationships within families, on the one hand,[1] and on economic or cultural issues of family strategies in history, on the other.[2] Firstly, historical research on the so-called "modern western" family has been seen to run the gamut of evolution to evolve from economic, interest-based family relationships to emotional, affective alliances. The rising ideals of the "modern" family in terms of emotional bonding, affective love and domesticity were inbuilt in research on the evolutionary change of society and myth of modernization.[3] This simplistic model of modernization has been adap-

1 A brief outline on a more important debates in the vast and contentious historical literature on love vgl. Linda-Anne Rebhun, The Heart is unknown country. Love in the Changing Economy of Northeast Brazil, Stanford 1999, 91–96.

2 A review on international historiography on family strategies vgl. Tamara K. Hareven, "The History of the Family and the Complexity of Social Change", in: American Historical Review, 96 (1991), 95–124.

3 For critical overview vgl. Jack Goody, The European Family. An Historico-Anthropological Essay, Oxford 2000, 148–155; David W. Sabean, Property, Production and Family in Neckerhousen, 1700–1870, Cambridge 1990, 7–36.

ted by Lithuanian family historiography to investigate the change of the traditional family in nineteenth century Lithuania.[4]

Secondly the concept of a family strategy was used to show the active role of families in reframing external constraints and opportunities and thus directing social and economic change on a micro level.[5] American historian Tamara Hareven[6] has recently drawn attention to the interaction of economic exigencies and cultural values in order to reflect on the significance of cultural values both of the dominant culture and of family's own in guiding family strategies. These values, however, may sometimes be in conflict with the more direct economic needs of the family and social interests of the individuals. As Michiel Baud argues, the family is "social institution with tensions and contradictions. It brings together ... two kinship networks with different interests and potential conflicts".[7] This approach suggests investigating other perspectives in family strategy that will reveal individual choices and options.

An examination of the incidences of original conflicts between husband and wife before the Telsiai (Samogitian) Bishopric Catholic Consistory court[8] and civil courts[9] suggests that although individual choices of behaviour may have been limited and un-

4 The preoccupation of Lithuanian historiographers with development towards capitalism and become a modern nation in the nineteenth and beginning of twentieth century largely confined research on Lithuanian family (which is less numerous and less diverse compared to international family historiography) to the testing of conventional theories of modernisation and linearity, mutual exclusivity and uniformity of characteristics. For overview vgl. Dalia Marcinkevičienė, Vedusiųjų visuomenė: Santuoka ir skyrybos Lietuvoje XIX amžiuje – XX amžiaus pradžioje (Society of Married People: Marriage and Divorce in Lithuania in the Nineteenth and Beginning of the Twentieth Century), Vaga 1999, 27–132; Angelė Vyšniauskaitė u.a., Lietuviu šeima ir papročiai (Lithuanian Family and Customs), Mintis 1995, 105–119.

5 Vgl. Tamara Hareven, Family Time and Industrial Time: The Relationship between the Family and Work in a New England Industrial Community, New York 1982, 2–19.

6 Hareven, Family, wie Anm. 5, 123.

7 Michiel Baud, "Patriarchy and Changing Family Strategies: Class and Gender in the Dominican Republic", in: Journal of Family History 21, 4 (1997), 367–368.

8 The jurisdiction of the Catholic Church Consistory court in Lithuania was under the Telsiai (Samogitia) Bishopric. Catholic Church Consistory files on "Separation from common co-residence with a spouse" contain 564 cases on divorce and separation covering the period 1864–1904. The procedure of conflict investigation in the Consistory Court was very ponderous, and sometimes lawsuits lasted a decade or longer. Usually, the case started with the complaint of the plaintiff, a wife or a husband. Then the parish priest intervened into the conflict and call the couple trying to end the quarrels with a peace agreement. If this did not happen, the parish priest wrote a recommendation to the court for both spouses detailing their behaviour, morality and public opinion about them. The accused spouse had to explain the reasons for his/her misconduct. Both sides provided witnesses to give evidence under the oath to the ecclesiastic commission who provided their own conclusions about the spouses and define who was guilty in family disagreements. The Consistory's decision about the future of family was final. The files are preserved in the Lithuanian State Historical Archive in Vilnius, Collection of Ecclesiastic Consistory Court of Telsiai (Samogitian) Roman Catholic Bishopric, F. 669. Ap. 4 (1861–1905).

9 Few survived wives' complaints in the canton and district courts were against their husband's idleness, failure to sustain children and wasting, Kaunas District Archive in Kaunas, I–99, I–95 (1904–1913); Lithuanian State Historical Archive in Vilnius, Collection of Vilnius Court Palace, Appeal Court, F. 445 Ap. 2. (1882–1905); Lithuanian State Historical Archive in Vilnius, Collection of Vilnius United Civil and Criminal Court, F. 447. Ap. 2, 5, 7 (1867–1883).

attractive, through their expression, each marital partner reflected his or her personal identity and the strategic content of his or her actions. Though courts are concerned with the unusual and extraordinary situation in a family, the conflicts, linked together with fragments of disputes on marital relations among Lithuanian publicists and writers of the time, allow for a reconstruction of their everyday reality in Lithuania in the second half of the nineteenth century. Every recorded case in the Consistory court represents those conflicts that resisted a solution at household level and shows a longer history of marital problems. The composition analysis of the pattern of marital conflict provides insights into the motivation of a husband and wife, how they attempted to reach their goals, and in what terms they expressed these goals.

Forces and Institutions that Shaped Family Life in Lithuanian Countryside

The period from 1864 to 1904 is considered here as a period of slow and economic change after the Abolition of Serfdom in 1861, with relatively little internal and external turmoil in societal development. In this period, Lithuania was part of the geographical-administrative North Western region of the Russian Empire.[10] 73.4 % of the total population were peasants, lived in villages, cultivated middle-size plots and derived most of their support from agriculture.[11] In the period the family was the fundamental institution in rural Lithuania, fulfilling its welfare and social functions and providing all available support. The household lists illustrate that the majority of heads of households were married.[12] Petitions of villagers for a quick marriage or remarriage before the agricultural season indicate the difficulties in running a farm without a spouse.[13] Married couples formed individual households and lived separately from their parents (including parents in-law) and siblings (and in-laws), but continued to live in close proximity to their parents, adult married and

10 Officially Lithuania as political-administrative unit did not exist after the third partition of the Polish-Lithuanian Commonwealth in 1795. Territory of the present Lithuania was divided into provinces: Vilnius province, Augustavas province and Kaunas Province, which boundaries almost corresponded to the present-day Lithuania except 3 districts of Vilnius Province. Ethnically, Kaunas Province was mainly settled by Lithuanians, and together with three districts of Vilnius province is considered as present-day Lithuania in Lithuanian historiography. The article follows this historiographic tradition.

11 Vgl. Leonas Mulevičius, "Agrarinis klausimas Lietuvoje 1905 metų revoliucijos išvakarėse" (Agrarian Question in Lithuania before the 1905 Revolution), in: Lietuvos Istorijos Metrastis, 1975 metai 1976, 5–21.

12 Analysis of sample of 202 households of Kaunas Province in this work have provided evidence that 165 heads were married, 13 – single, 24 – widowed. Lithuanian State Historical Archive in Vilnius, Collection of Population Census, F. 768. Ap.1. B. 20, 21, 35, 38, 40, 43, 45 – my calculations.

13 Matrimonial materials of the population of Kaunas Province, 1864–1899. Petitions of the villagers to the bishop for permissions to marry without the church ceremonies. Lithuanian State Historical Archive in Vilnius, Collection of Bishops' Board of Samogitian Bishopric, F. 1671. Ap. 4. B. 263. L.182 (1867–1899); Lithuanian State Historical Archive in Vilnius, Collection of Bishops' Board of Samogitian Bishopric,. F. 1671. Ap. 4. B. 266. L. 12; 26, 125, 188; Lithuanian State Historical Archive in Vilnius, Collection of Bishops' Board of Samogitian Bishopric, F. 1671. Ap. 4. B. 265. L. 178, 287; Lithuanian State Historical Archive in Vilnius, Collection of Bishops' Board of Samogitian Bishopric, F. 1671. Ap. 4. B. 264. L. 281, 546; Lithuanian State Historical Archive in Vilnius, Collection of Bishops' Board of Samogitian Bishopric, F. 1671. Ap. 4. B. 268. L. 309.

unmarried children and constantly maintained ties with close kin beyond the household. One case, for example, illustrates that the wife's brother helped his sister and her family giving them a small plot of land in his estate so that they could cultivate it and survive. When the sister's husband neither worked nor maintained his family, but wasted all her property and constantly beat her, she left him and went to her mother who lived in a neighbouring village.[14] A frequent practice was that married women gave birth to children in their parental house, which was either in the same village or in a close neighbouring location.[15] Help and calculations were closely interwoven through various material and emotional exchanges between households.

The Catholic Church had a great impact on Lithuanian family life. Statistical data in the nineteenth century indicates that 76.6 percent of the total population in Lithuania were Catholics.[16] Catholic clergy preached Christian family ideals and regulated matrimonial and familial affairs of ordinary parishioners. The church administration of familial affairs among the majority of the population in rural Lithuania is revealed through sermons in the Lithuanian language. These surviving sermons provide evidence that people's minds were constructed in terms of social and gender hierarchies: the dominance of rich, man and master and the subordination of poor, women and servants.[17] In some sermons the priests clearly stated that if a woman did not recognise her husband as the head of the family and attempted to exercise power over other family members against her husband's orders, she should be considered as guilty.[18] In another sermon, for example, the priest expressed that hierarchical relationships between superior and inferior (husband-wife, parent-child and master-servant) meant benefits and prosperity for both of them. A master ruled, administered and managed his servants, their work and obligations in the same way that the parents did for their children and husbands for their wives. Servants, children and wives in return linked their fate, obeyed and respected their superiors.[19] As such this ideology symbolised the "moral economy" of the Lithuanian countryside, guar-

14 Vgl. Veronika Guzas v. Francas Guzas, Lithuanian State Historical Archive in Vilnius, Collection of Ecclesiastic Consistory Court of Telsiai (Samogitian) Roman Catholic Bishopric, LVIA. F. 669. Ap. 4. B. 1412. L. 1, 4 (1903).

15 Vgl. Juozas Milasevskis v. Aleksandra Milasevska, Lithuanian State Historical Archive in Vilnius, Collection of Ecclesiastic Consistory Court of Telsiai (Samogitian) Roman Catholic Bishopric, F. 669. Ap. 4 F. 669. Ap. 4. B. 3496. L. 1 (1898–1899); Ona Malicka v. Jeronimas Malickis, Lithuanian State Historical Archive in Vilnius, Collection of Ecclesiastic Consistory Court of Telsiai (Samogitian) Roman Catholic Bishopric, F. 669. Ap. 4. B. 3248. L. 1 (1897–1898).

16 Vgl. Rimantas Vebra, Lietuviu visuomene XIX a. antrojoje puseje (Lithuanian Society in the Second Half of the Nineteenth Century), Vilnius 1990, 60–61.

17 Vilnius University Library, Manuscript Department in Vilnius, Sermons in Lithuanian language F. 1. C. 218. Sermon 3 (1887–1893).

18 Vgl. Kiprijonas Lukauskas, Pamokslai (Sermons), compiled by Juozas Karaciejus, Vilnius, Mokslo ir enciklopedijų leidykla 1996, 188.

19 This attitude is frequently repeated in the sermons in the period under study. Vilnius University Library, Manuscript Department in Vilnius , Sermons in Lithuanian language F. 1. C. 218. Sermon 3; Vilnius University Library, Manuscript Department in Vilnius , Sermons in Lithuanian language, F. 1. D.1243. L. 440–447; Vilnius University Library, Manuscript Department in Vilnius , Sermons in Lithuanian language, F. 1. D. 1245. L. 19–25.

anteed the material survival of families, and confirmed men's dominant position within peasant society. A woman by accepting male dominance demonstrated her respectability and thus acquired the right to act autonomously within her own domain, more specifically, the household.

These ideas generally created the framework for behaviour for ordinary people in a family and showed the model of a society in which functions were strictly delineated along gender lines. The mutual duties of husband and wife thoroughly described in the church sermons were presented as the basis of family order and order in the community. The dominant construction of behaviour, however, was not uncontested in daily practices by marital spouses, as shown below, and cultural subordination of individuals, particularly female, was mitigated by social opportunities.

Incidences of Marital Conflicts

Resolution of marital discords remained under the jurisdiction of the Catholic Church and Canon laws, and their ponderous application discouraged frequent appearance at the Consistory court.[20] The Church held "marriage as a sacrament established by God Himself from time immemorial" and could annul marriages for procedural or similar defects. Though Russian Imperial Authorities introduced civil laws on Marriage (1836) and Divorce for Orthodox and non-Orthodox population, these laws preserved the authority of the church to regulate the "spiritual domain", which included the family. Secular civil courts could dealt with any secular questions of a family, particularly the property division between the divorced.[21] This church policy ran counter to the dominant trends at this time in Western Europe and the United States, where secular authorities increased their control over divorce in which in most countries the grounds for divorce began steadily to expand.[22]

An analysis of divorce litigation reveals certain trends that can help to reconstruct the pattern of marital conflicts in rural Lithuania. The number of spouses obtaining divorce remained relatively small from 1864 to 1904, fluctuating between eleven and seventeen per year. The plaintiff in the majority of cases was a wife. The 564 cases under review provide evidence that wives (356) were ready to go to the court more than twice as often as husbands (164).[23] The timing of marital conflicts before the court demonstrates that cou-

20 Vgl. Marcinkevičienė, Vedusiųjų visuomenė, wie Anm. 4, 33–49.

21 Vgl. Marcinkevičienė, Vedusiųjų visuomenė, wie Anm. 4, 33–45, 134–135. Similarly, Orthodox Church preserved its jurisdiction over the subjects of the Russian Empire where majority population were Orthodox. For detail description on Orthodox Church regulation in Russia vgl. William Wagner, Marriage, Property and Law in Imperial Russia, Oxford 1994, 67–69.

22 Vgl. Roderick Phillips, Putting Asunder: A History of Divorce in Western Society, Cambridge 1988, 132–135, 154–160, 176–276; Wagner, marriage, wie Anm. 21, 69.

23 Vgl. Lithuanian State Historical Archive in Vilnius, Collection of Ecclesiastic Consistory Court of Telsiai (Samogitian) Roman Catholic Bishopric, F. 669. Ap. 4. – my calculations. Among 564 total complaints, there are 44 cases when the parents or relatives of a spouse or in two cases even a priest applied to the court on behalf of plaintiff, typically the wife.

ples' first appearance before the court most frequently occurred within the first five years of their marriage.[24] Bearing in mind that marriage age tended to be 25-35 for men and 21-25 for women,[25] it is likely that young and physically strong women with or without small children more often relied on the courts to resolve their marital disagreements and to help them to seek various alternatives to survive, while, as divorce litigation and other sources show, women in their older years chose to cohabit with their adult children rather than seek formal separation. In one case, for example, a husband complained that his wife openly expressed that her married son took better care of her than her husband and therefore she refused to return to her husband's house.[26]

Husband and Wife's Expectations and Obligations in Rural Environment

Demands for divorce and separation indicate a serious degree of marital conflict, and indicate whether or not the couple was willing to continue in their marriage. From a total of 564, there were 124 petitions for divorce, 349 for separation and 91 fixing the conflict without a request to dissolve the marriage.[27] Though these demands for divorce or separation provide evidence of formal breach of Canon law,[28] it is also possible to analyze specific charges between men and women that reveal how their duties and roles were delineated along gender and social lines. Table 1 shows the distribution of specific demands between spouses and indicates what they expected of each other.

Table 1 shows the different concerns of spouses in daily routines and suggests that obligations were expected to be fulfilled. Men frequently requested their wives' return (34) or permission for remarriage (18), explaining this by their need for a wife-mistress for the farm, without whom they would suffer economically. In one case, for example, a husband requested to a condemnation of his wife for her abandonment of husband, children and household duties, because such behaviour brought poverty and misfortune to the family. He asked the court to remind the wife of her duties and convince her to live with him.[29]

24 Vgl. Lithuanian State Historical Archive in Vilnius, Collection of Ecclesiastic Consistory Court of Telsiai (Samogitian) Roman Catholic Bishopric, F. 669. Ap. 4 – my calculations. The most frequently (188 cases) spouses appeared before the Consistory court between first and fifth year of their marriage

25 On late ages at marriage vgl. Marcinkevičienė, Vedusiųjų visuomenė, wie Anm. 4, 70–71.

26 Vgl. Elena Blesmanovic v. Juozas Blesmanovic, Lithuanian State Historical Archive in Vilnius, Collection of Ecclesiastic Consistory Court of Telsiai (Samogitian) Roman Catholic Bishopric, F. 669. Ap. 4. B. 3936. L. 8–9 (1903). For similar case vgl. Karolina Boreiko v. Petras Boreiko, Lithuanian State Historical Archive in Vilnius, Collection of Ecclesiastic Consistory Court of Telsiai (Samogitian) Roman Catholic Bishopric, F. 669. Ap. 4. B. 3233. L.1 (1897–1911).

27 Vgl. Lithuanian State Historical Archive in Vilnius, Collection of Ecclesiastic Consistory Court of Telsiai (Samogitian) Roman Catholic Bishopric, F. 669. Ap. 4. – my calculations.

28 Vgl. Jonas Sideravičius, "Teisinis santuokos reguliavimas buržuazinėje Lietuvoje: Santuokos sudarymo absoliutinės materialinės sąlygos" (Legal Regulation of Marriage Institution in Lithuania: Absolute Material Conditions of Formation of Family), LTSR Mokslų Akademijos Darbai (Publications of Academy of Science), ser. A, vol. 2, 75 (1981), 47–48. Zakony o razvode provoslavnogo i nepravoslavnogo ispovedanija (Laws on Divorce of Orthodox and Non-Orthodox Confessions), Moskva 1909, 167–168.

29 Vgl. Juozas Balciunas v. Franciska Balciunas, Lithuanian State Historical Archive in Vilnius, Collection of

Table 1. Specific Demands by Husbands and Wives in Marital Conflict

Demands	Husbands	Wives
For permission to remarry	18	17
For children's custody and sustenance	18	150
For return of a wife / husband	34	0
For condemnation of a wife / husband	39	3
For ejection of a wife / husband	1	17
For return of dot / dowry	17	80
For separate passport	0	63

Source: Lithuanian State Historical Archive, Collection of Ecclesiastic Consistory Court of Telsiai (Samogitian) Roman Catholic Bishopric

The necessity of wife, without whom everyday life routines in agricultural surroundings could hardly be carried out, was also mentioned in matrimonial documents for permission to marry without banns in the church.[30] Women were much less concerned about remarriage (17) or condemnation (3) and did not request their husbands to return (0). The wording of wives' concerns was formulated to show their husbands' abuse and abandonment of duties to the family. Women often described their husbands as troublemakers, incompetent to support family and dangerous for a wife and children. Women's specific demands illustrate different concerns about their future resources and sustenance for themselves and their children (150), and justified their claims for autonomous actions (63 requests for separate passport). Passports obtained for free residence would grant women a considerable degree of independence.

Generally when spouses argued about duties, labour and resources the court cases provide evidence of what was considered the normal practice, when husbands and wives agreed on their strategies and acted, so to say, as one. In one couple, for example, spouses consulted each other about when to go to the market, what products to sell, and what goods to buy for the children.[31] In another case, both spouses emphasized that their principal purpose was raising the children, accumulating property and deciding on economic issues and behaviour in their village.[32] A man always talked as the master of the family and a wife rendered obedience and respect to her husband showing the "pro-

Ecclesiastic Consistory Court of Telsiai (Samogitian) Roman Catholic Bishopric, F. 669. Ap. 4. B. 435. L. 2–3 (1866–1867).

30 Petitions to the bishop of Telsiai bishopric. Lithuanian State Historical Archive in Vilnius, Collection of Bishops' Board of Samogitian Bishopric, F. 1671. Ap. 4. B. 264. L.18 (1871); B. 265. L. 238, L. 628 (1876), B. 266. L. 125. L. 305 (1877) B. 268. L. 309. L. 506–508 (1883–1884).

31 Vgl. Juozas Balciunas v. Franciska Balciunas, Lithuanian State Historical Archive in Vilnius, Collection of Ecclesiastic Consistory Court of Telšiai (Samogitian) Roman Catholic Bishopric, F. 669. Ap. 4. B. 435. L.1 (1866–1867). This case described the family ideal situation several years immediately after marriage.

32 Vgl. Beata Liodzinska v. Pranas Liodzinski, Lithuanian State Historical Archive in Vilnius, Collection of Ecclesiastic Consistory Court of Telšiai (Samogitian) Roman Catholic Bishopric, F. 669. Ap. 4. B. 1106. L. 4 (1872–1876).

per conduct of the family" towards their children, servants and the whole village community.[33] Though these cases indicate complaints about husbands' misconduct, despotism or violence towards their wives, all of these examples tend to suggest that a family could secure its livelihood when both marital spouses carried out their labour tasks and accepted their respective roles in the family.

Analysis of specific demands suggests a more complex picture of hierarchical principles of the family in daily practices. The farm basically was under a man's control. The important role of a wife in the household and her work in the agricultural surroundings determined the specific demands of the husbands, suggesting that women were solely responsible for the housework, upbringing of the children and performing a great deal of work in domestic production.[34] And a man sought to control his wife and her "autonomous" activities in order to fulfill his obligations as the head and restrict possible disobedience to his authority.[35] In marital relations, husbands' expectation that their wives would obey them was fulfilled so long as the husband completed his obligation to maintain the family.

Women's Individual Choices in the Family

Data in divorce litigation indicate the formulation of individual women's strategies as they were interwoven into a reciprocal understanding of responsibility and respectability. When a husband failed to carry out his obligation of family maintenance, women chose ways to complete these obligations independently. They requested separate passports for free residence that provided women with the possibility for earning an income for everyday needs.[36] One wife, for example, complained that her drunkard husband's beatings would ruin her physical strength and the future of the family, and requested a separation in order to earn money independently.[37] Presenting their harsh situations in the family, when

33 Žemaitė (pseud.), Gera galva, in: Raštai, 3, Vilnius: Valstybine grozines literaturos leidykla, 1948, 108–120.

34 Vgl. Anele Bogdanoviceva v. Motiejus Bogdanovic, Lithuanian State Historical Archive in Vilnius, Collection of Ecclesiastic Consistory Court of Telšiai (Samogitian) Roman Catholic Bishopric, F. 669. Ap. 4. B. 438. L. 6–7 (1866–1867); Juzefa Rimkeviceva v. Marijonas Rimkevic. Lithuanian State Historical Archive in Vilnius, Collection of Ecclesiastic Consistory Court of Telšiai (Samogitian) Roman Catholic Bishopric, F. 669. Ap. 4. B. 1021. L. 2–3 (1871–1879).

35 In one case, for example, the husband, Boleslov Gonen, accused his wife Vanda for ignoring his advice in upbringing children, but the wife defended herself saying that the upbringing and education of children is her exclusive duty, and the husband had to give enough resources for that purpose. Lithuanian State Historical Archive in Vilnius, Collection of Ecclesiastic Consistory Court of Telšiai (Samogitian) Roman Catholic Bishopric, F. 669. Ap. 4. B. 3850. L .6–7 (1902–1905).

36 According to Imperial legal regulations, a wife did not have her separate passport and was included in her husband's document. She could not live, work or migrate to any other districit, parish or province without her husband's permission. Otherwise, she was considered living illegally. Marcinkevičienė, Vedusių visuomenė, wie Anm. 4, 149.

37 Vgl. Adele Kovalska v. Liudvikas Kovalskis, Lithuanian State Historical Archive in Vilnius, Collection of Ecclesiastic Consistory Court of Telšiai (Samogitian) Roman Catholic Bishopric, F. 669. Ap. 4. B. 578. L.1–2 (1867).

husbands squandered income in drinks, women always showed that they would rather spend money or other resources for their children's needs. A wife, for example, resented her husband's accusations of stealing and explained that she took a piece of bread without her husband's permission only for their children's consumption.[38] Clean, healthy and properly dressed children were to a great degree indicative of their parents' reputation. The nineteenth century literature illustrates cases in which women might choose their own road because her obligation for child care was interwoven into the respectability of her family. In one novel, for example, the wife sold rye and wheat without her husband's knowledge in order to buy new shoes and clothes for the children. She offered as a motive the attempt to stop criticism of her stingy husband's improper management of domestic affairs and reduce gossip in the village community about her husband's inability to provide resources for the family's needs.[39] These instances suggest that female individual choices may have been imposed by hegemonic patriarchal ideology, but partly they were transformed into an instrument of personal decisions.

Types and distribution of the specific demands between husbands and wives in divorce litigation and various options for their behaviour in everyday life suggest different understandings of hierarchical relationships between spouses. Wives expected their husbands to carry out their duties and to provide sustenance, but when husbands drank and wasted family resources, this obligation to women was most likely undermined. Thus women sought alternative resources for survival. Evidence shows that frequently they returned to their parental house and worked on their farms, or received parental support in their search for employment.[40] One wife, for instance, requested a passport because her husband was an idle and dissolute man, while her father found her a position as a servant in another district, thus, enabling her to secure her future without her husband.[41] Many married women sought support or protection in the parental house against misbehavior of their husbands. In one case, a wife left for her parental house to escape her husband's cruelties and violence.[42] Brothers, sisters, uncles and even in-laws supported

38 Vgl. Aloyzas Krukovskis v. Barbora Krukovska, Lithuanian State Historical Archive in Vilnius, Collection of Ecclesiastic Consistory Court of Telšiai (Samogitian) Roman Catholic Bishopric, F. 669. AP. 4. B. 445. L. 10 (1866). For similar examples vgl. Julijona Vanagel v. Stanislovas Vanagel, Lithuanian State Historical Archive in Vilnius, Collection of Ecclesiastic Consistory Court of Telšiai (Samogitian) Roman Catholic Bishopric, F. 669. Ap. 4. B. 2130. L. 1 (1888–1903); Ona Juydiseris v. Juozas Judviseris, Lithuanian State Historical Archive in Vilnius, Collection of Ecclesiastic Consistory Court of Telšiai (Samogitian) Roman Catholic Bishopric, F. 669. AP. 4. B. 3658. L. 7–8 (1900–1902).

39 Žemaitė, Gera galva, wie Anm. 33, 102–138.

40 Vgl. In 110 cases of 564 wives escaped from their husbands and returned to their parents, brothers or other close relatives. Lithuanian State Historical Archive in Vilnius, Collection of Ecclesiastic Consistory Court of Telšiai (Samogitian) Roman Catholic Bishopric, F. 669. Ap. 4. – my calculations. In civil litigation similar cases are also mentioned vgl. Jokubas Lvovas v. Marija Lvovas, Lithuanian State Historical Archive in Vilnius, Collection of Ecclesiastic Consistory Court of Telšiai (Samogitian) Roman Catholic Bishopric, F. 447. Ap. 13. B. 2869. L.1–3 (1878).

41 Vgl. Tekle Skrebalovic v. Vincas Skrebalovic, Lithuanian State Historical Archive in Vilnius, Collection of Ecclesiastic Consistory Court of Telšiai (Samogitian) Roman Catholic Bishopric, F. 669. Ap. 4. B. 1339. L. 1–3 (1875–1878).

42 Vgl. Apolonija Sluto v. Kazimieras Sluto, Lithuanian State Historical Archive in Vilnius, Collection of Ecclesiastic Consistory Court of Telšiai (Samogitian) Roman Catholic Bishopric, F. 669. Ap. 4. B. 3742. L.1 (1901).

married women against the violence of drunkard husbands.[43] In cases of heavy drinking and damage to family prosperity, the church and civil courts might also support women.[44] When a wife's parents, relatives or formal institutions spoke on behalf of women, this considerably diminished the husband's authority. Women would normally resort to an alternative patriarchal network that allowed them, though within certain limits, to act individually.

The article suggests a high degree of complexity in the relationships between husband and wife, in which they were both partners and rivals when negotiating their rights and duties, and expressing their expectations and sentiments. In examining marital relationships the focus of most historians' attention has remained on the issues of how patriarchal order worked and whether love and devotion softened and modified men's patriarchal authority over women in nineteenth century villages. In rural Lithuania through the second half of the nineteenth century, the alliance formed between husband and wife demonstrates that spouses' relationships were hierarchically structured on the one hand, but complementary, on the other. Though the dominant culture legitimized inequality and subordination in husband-wife bonds and prescribed reciprocal behaviour in terms of exchanging obedience in return for protection and welfare, there was some space for women to evade or counter patriarchal dominance. Women could hardly escape the repressive control of a husband by choosing any other way than placing themselves under the control of other men, typically their fathers or brothers. While husbands sought control and authority, particularly over the wife, women could maintain their own economic networks by earning independently and by relying on their blood male kin for support that even though this might negatively effect their husband's authority. The findings with regard to mitigating power relationships may suggest new analytical emphasis on the merging of individual's economic, emotional and social interests.

43 In 75 cases married women received support from their parents, in 22 cases – from their brothers, 3 times – from sisters and brothers–in law, 8 times – from uncles, and twice from parents-in law. In contrast, husbands behaved violently and cruelly against their wife and her relatives, and in very few cases left to their parents or other relatives (in one case he left to the sister). Lithuanian State Historical Archive in Vilnius, Collection of Ecclesiastic Consistory Court of Telšiai (Samogitian) Roman Catholic Bishopric, F. 669. Ap. 4. – my calculations.

44 Vgl. Rita Strazdūnaitė, "Valstiečių kasos ir teismai Lietuvoje XIX a. pirmoje pusėj" (Peasant Fisc and Courts in Lithuania in the Nineteenth Century), LTSR Mokslų Akademijos Darba (Publications of Academy of Science), ser. A, vol. 1 (1959), 5–9.

Legale Kämpfe

Die petitionsrechtlichen Forderungen der österreichischen bürgerlichen Frauenbewegung zur Änderung des Ehe- und Familienrechts um die Jahrhundertwende

Elisabeth Frysak

Dem Petitionsrecht kommt auffallend wenig Beachtung in der juristischen, staatswissenschaftlichen aber auch rechtshistorischen Literatur zu. Für die österreichische bürgerliche Frauenbewegung bedeutete das Petitieren zu privatrechtlichen Inhalten dennoch einen Kampf um die Gesetzgebung, in dem sie die Macht ihrer politischen Präsenz prüfen konnten. Die 1904, 1905 und 1907 an Reichsrat und Justizminister Franz Klein eingereichten Änderungsvorschläge zum Ehe- und Familienrecht[1] zeugten von großem Engagement und Willenskraft, die Forderungen tatsächlich verwirklicht zu sehen. Warum die Forderungen erst nach der Jahrhundertwende formuliert wurden, ist zum einen als Folge der zu diesem Zeitpunkt überlegten Reform des „Allgemeinen Bürgerlichen Gesetzbu-

1 Vgl. Vorschläge des „Allgemeinen Österreichischen Frauenvereins" zur Revision des bürgerlichen Gesetzbuches aus dem Jahre 1904, in: Allgemeines Verwaltungsarchiv (AVA), Justizministerium (JM), Allgemeine Reihe (AR), I B I, Post-Nr. 1/11. Der Entwurf findet sich als abgedrucktes Memorandum auch im „Neuen Frauenleben" (NFL), Mai 1905, 17, 5, 1–6 und ist von Auguste Fickert und Sophie Regen abgefasst. Im „Neuen Frauenleben" findet sich im März 1905 eine nochmalige Zusammenfassung der Forderungen mit dem Wunsch, die Reformen zu einem Abschluss gelangen zu lassen, vgl. NFL, Jänner 1905, 17, 1, 14; Petition des „Bundes Österreichischer Frauenvereine" mit Vorschlägen zur Abänderung einiger Bestimmungen des Eherechtes aus dem Jahre 1905, in: Beilage 1 zu AVA, JM, AR, I B I, Post-Nr. 1/67. Im Mai 1905 wurde die Ausarbeitung der Petition in der Generalversammlung besprochen, angenommen und dem Leiter des Justizministeriums überreicht. Im Frühjahr 1906 erfolgte dann – nach Beendigung der Arbeiten in der Rechtskommission – die Übergabe durch Marie Spitzer und Dora Rösler ans Parlament; Neue Petition des „Bundes Österreichischer Frauenvereine" zur Revision des ABGB aus dem Jahre 1907, in: Beilage 2 zu AVA, JM, AR, I B I, Post-Nr. 1/67, die mit 26. Juni 1907 an den Reichsrat überstellt wurde.
Die hier angeführten Petitionen der Frauenvereine, wurden bereits bearbeitet und großteils mit einem kritischen Kommentar ediert, vgl. Waltraud Heindl, Frau und bürgerliches Recht. Bemerkungen zu den Reformvorschlägen österreichischer Frauenvereine vor dem ersten Weltkrieg, in: Isabella Ackerl u. a. Hg., Politik und Gesellschaft im alten und neuen Österreich. Festschrift für Rudolf Neck zum 60. Geburtstag, Wien 1981, 1, 133–149.

ches" (ABGB) zu sehen. Zum anderen hängt dies aber wohl auch mit den relativ späten Vereinsgründungen der bürgerlichen Frauenbewegung selbst zusammen. Die Auswahl der Quellen, neben deren Analyse zusätzlich noch Zeitschriften und stenographische Protokolle des Herren- und Abgeordnetenhauses[2] ausgewertet wurden, knüpfte in erster Linie an die Frage, ob es von Seiten der bürgerlichen Frauenbewegung Kritik am Privatrecht gab – Forderungen für Wahlrecht, Bildung oder Universitätszugang, die ebenfalls über Petitionen artikuliert wurden, waren gewissermaßen präsenter. Das Privatrecht aber, das bürgerlichen Frauen über das *ABGB* erstmals jenes Gleichheitsversprechen gab, das indirekt den Anknüpfungspunkt für alle weiteren politischen Forderungen bildetete, war insofern interessant, als es Lebensbereiche und Beziehungskonstellationen bestimmt und regelt, die Frauen in ihrer Existenz berührt. Das *ABGB* selbst war damit ausschlaggebend, dass die Konstruktion bürgerlicher Ehe und Familie zum ersten Mal grundlegend in Frage gestellt wurde.

Beginnend mit einer kurzen Skizze der historischen Entwicklung sowie Verweisen auf die verfassungsrechtliche Geschichte des Petitionsrechts in Österreich soll einer möglichen Bedeutung dieser Institution für die bürgerliche Frauenbewegung nachgegangen werden. Dabei sind sowohl die Positionierung des Rechtes innerhalb der Verfassungsordnung als auch Regeln zu Inhalt und Form von Interesse. Wie sehr unter genannten Umständen Petitieren als politischer Akt von Frauen gelesen werden kann, soll in Folge thematisiert werden. Damit zielt der Text auf eine scheinbar rechtliche Detailfrage, die jedoch für allgemeine historische Fragestellungen wesentlich ist. In der vereinspolitischen Praxis waren die Meinungen über die Nutzung des Rechtes ambivalent und konfliktbehaftet. Abschließend wird anhand einer Forderung, jener nach Änderung des Vormundschaftsrechtes, der Weg einer Petition, von ihren ersten Formulierungsversuchen bis hin zur praktischen Umsetzung, verfolgt. An diesem Beispiel kann nachvollzogen werden, dass frauenrechtliche Forderungen im Staat nur dann entscheidungsbildende Funktion gewinnen, wenn das Parlament den Petitionsinhalt in seine eigene Willensbildung aufnimmt und dadurch relevant macht.

Die eingeschränkte Nutzung des Petitionsrechtes für die Frauenbewegung

Das Petitionsrecht bot Frauen Ende des 19., Anfang des 20. Jahrhunderts die einzige Möglichkeit, Einfluss auf die Gesetzgebung zu nehmen – über dessen Dimension als Grundrecht war somit eine der verfassungsrechtlichen Grundlagen für die grundsätzliche Möglichkeit der Einflussnahme auf die Gesetzgebung durch Organisationen gegeben. Damit gewährte das Petitionsrecht eine Form der Beteiligung am staatlichen Leben. Seit

2 Vgl. Der Bund. Zentralblatt des Bundes österreichischer Frauenvereine, Wien 1905–1919; Dokumente der Frauen, hg. von Auguste Fickert, Marie Lang u. Rosa Mayreder, Wien 1899–1902; Neues Frauenleben, hg. von Auguste Fickert, Wien 1902–1918; Indicis zu den stenographischen Protokollen des Abgeordnetenhauses des österreichischen Reichsrathes für die 1.–22. Session (1861–1918), 28. Bd.; Indicis zu den stenographischen Protokollen des Herrenhauses des österreichischen Reichsrathes für die 6.–22. Session (1867–1918), 18. Bd. – die Bestände befinden sich in der Wiener Parlamentsbibliothek.

den Anfängen der organisierten bürgerlichen Frauenbewegung[3] in den 1890er-Jahren nutzten die Frauenvereine[4] dieses ihnen einzig zuerkannte Recht, um ihre Forderungen öffentlich zu artikulieren.[5]

3 Die zwei bedeutendsten bürgerlichen Frauenvereine der Habsburgermonarchie waren der „Allgemeine Österreichische Frauenverein" (AÖFV), der linke Flügel der freiheitlichen bürgerlichen Frauenbewegung und der „Bund Österreichischer Frauenvereine" (BÖFV). Zur Geschichte der österreichischen bürgerlichen Frauenbewegung vgl. u. a. Gertrud Bäumer u. Helene Lange Hg., Handbuch der Frauenbewegung, 3 Teile, Berlin 1901–1915; Martha Braun u. Ernestine Fürth Hg., Frauenbewegung, Frauenbildung und Frauenarbeit in Österreich, Wien 1930; Marianne Hainisch, Die Geschichte der Frauenbewegung in Österreich, in: Bäumer/Lange, ebd., 1, „Die Geschichte der Frauenbewegung in den Kulturländern", 1901; Marianne Hainisch, Zur Geschichte der österreichischen Frauenbewegung, in: Braun/Fürth, ebd; Elisabeth Guschlbauer, Der Beginn der politischen Emanzipation der Frau in Österreich (1848–1949), unveröffentl. Dissertation, Salzburg 1974; Daniela Weiland, Geschichte der Frauenemanzipation in Deutschland und Österreich, Düsseldorf 1983; Gabriella Hauch, Frau Biedermeier auf den Barrikaden. Frauenleben in der Wiener Revolution 1848, Wien 1990; Harriet Anderson, Vision und Leidenschaft. Die Frauenbewegung im Fin des Siècle Wiens, Wien 1994; Hanna Hacker, Gewalt ist: keine Frau oder eine Geschichte der Transgressionen, Königstein 1998.

4 Der Zusammenschluss von Frauen in Vereinen bedingte gewissermaßen die Wahrnehmung eigener Interessen und Bedürfnisse, die bereits seit der 48er-Revolution in kollektiver Form artikuliert wurden, vgl. Hauch, Frau Biedermeier, wie Anm. 3, bes. 138ff sowie Margret Friedrich, Zur Tätigkeit und Bedeutung bürgerlicher Frauenspersonen im 19. Jahrhundert in Peripherie und Zentrum, in: Brigitte Mazohl-Wallnig Hg., Bürgerliche Frauenkultur im 19. Jahrhundert, Wien 1995, 125–173, bes. 125ff. Vgl. allgemein zur Vereinsorganisation und -tätigkeit im 19. und 20. Jahrhundert u. a. Hanna Hacker, Die Ordnung der Frauen und Freundinnen. Zur Rekonstruktion homosozialer Handlungsmuster und ihrer institutionellen Kontrolle (Österreich, 1870–1938), Wien 1985; Gabriella Hauch, „Politische Wohltätigkeit – Wohltätige Politik. Frauenvereine in der Habsburgermonarchie bis 1866", in: Zeitgeschichte, 19 (1992), 200–214; Karin Hausen u. Heide Wunder Hg., Frauengeschichte – Geschlechtergeschichte, Frankfurt a. M. 1992; Karin Hausen, Öffentlichkeit und Privatheit. Gesellschaftspolitische Konstruktionen und die Geschichte der Geschlechterbeziehungen, in: dies./Wunder, ebd., 81–88; das Kapitel „Die Organisation privater Öffentlichkeit", in: Mazohl-Wallnig, ebd., 125–265; Margret Friedrich, „Vereinigung der Kräfte, Sammlung des kleinen Gutes zu einem gemeinschaftlichen Vermögen, kurz die Assoziation ist hier die einzige Rettung". Zur Tätigkeit und Bedeutung der Frauenvereine in Metropole und Provinz, in: Mazohl-Wallnig, ebd. 125- 173; Margret Friedrich u. Peter Urbanitsch Hg., Von Bürgern und ihren Frauen, Wien/Köln/Weimar 1996; Ute Gerhard u. a. Hg., Differenz und Gleichheit". Menschenrechte haben (k)ein Geschlecht, Frankfurt a. M. 1997; Karin Hausen, Überlegungen zum geschlechtsspezifischen Strukturwandel der Öffentlichkeit, in: Gerhard, ebd., 268–282; Ute Gerhard, Grenzziehungen und Überscheitungen. Die Rechte der Frauen auf dem Weg in die politische Öffentlichkeit, in: dies. Hg., Frauen in der Geschichte des Rechts. Von der Frühen Neuzeit bis zur Gegenwart, München 1997, 509–546, 526ff; Elisabeth Torggler, Jüdische Frauenwohltätigkeitsvereine in Wien von 1867 bis 1914, Diplomarbeit Wien 1999; Susan Zimmermann, Die bessere Hälfte? Frauenbewegungen und Frauenbestrebungen in Ungarn der Habsburgermonarchie 1848–1918, Wien 1999.

5 Zur Vielfalt eingegangener Petitionen an den Reichsrat vgl. beispielsweise die stenographischen Protokolle des Abgeordnetenhauses des österreichischen Reichsrathes für die 1.–22. Session (1861–1918) und die stenographischen Protokolle des Herrenhauses des österreichischen Reichsrathes für die 6.–22. Session (1867–1918), wie Anm. 2. Konnte zu Beginn der 1860/70er-Jahre die geringe Anzahl der Eingänge noch „mit Muße" bearbeitet werden, so machten die Anforderungen zu Beginn des 20. Jahrhunderts die parlamentarische Verwaltungsarbeit zu einem „schwerfälligen, mit allen Umständen belasteten formalen Verfahren", vgl. Statistische Mitteilungen, Beilage A, in: 2552 der Beilagen zu den stenographischen Protokollen des Abgeordnetenhauses, 17. Session, 1906, 29.

Tatsächlich entspringt das Petitionsrecht seiner ursprünglichen Bedeutung nach dem Bittrecht, genauer dem Gnadenrecht und somit einem Herrschaftsrecht des Souveräns. Es waren die Bitten, die anregend auf den Erlass von Gesetzen gewirkt hatten und aus denen letztlich die parlamentarische Initiative hervorgegangen war.[6] Formuliert wurden diese in erster Linie mündlich und direkt. Wichtig für die Ausgestaltung des Petitionsrechtes in Rechtsstaaten waren die Landstände, die sich als Träger subjektiver politischer Rechte charakterisierten, denn erst aus diesem ständischem Recht – den „gravamina" – auf deren Abstellung ein Recht bestand, ließen sich jene Bitten mit Anspruch auf Erledigung an die Staatsautorität ableiten, aus der sich in weiterer Folge das moderne Petitionsrecht bildete. Mit der Abschaffung dieses ständischen Rechtes Ende des 18. Jahrhunderts sollte *allen* physischen und juristischen Personen im Staat die Möglichkeit eingeräumt werden, Petitionen an die staatliche Autorität zu richten und an der demokratischen Ausgestaltung der Staatswillensbildung mitzuwirken. Unter der Voraussetzung der Anerkennung der Einzelnen als Träger politischer Rechte gestaltete sich das Petitionsrecht erstmals als verfassungsrechtliches Grundrecht, als subjektives öffentliches Recht, der Staatsbürger aus. Bereits 1791 wurde das Petitionsrecht in der französischen Verfassung, im Katalog der verfassungsmäßig garantierten Grundrechte[7], erwähnt. Die Paulskirchenverfassung von 1849[8] schrieb das Recht in §159 fest.

---

6 Erst mit Beginn der Neuzeit zeichnete sich eine Verschiebung in Richtung kollektives, schriftliches, zum Teil nicht mehr direkt an den Souverän gerichtetes, Bitten ab. Mit der „Bill of Rights" von 1689 schaffte Wilhelm von Oranien erstmals die Möglichkeit der Adressierung von Petitionen an König *und* Parlamentshäuser. Einen vorläufigen Endpunkt erreicht die Form des Petitierens dann in der europäischen Staatenentwicklung des 19. Jahrhunderts. Zur wenig vorhandenen Literatur zum Petitionsrecht vgl. überblicksartig Friedrich Duschenes u. a. Hg, Österreichisches Rechtslexikon. Praktisches Hilfswörterbuch des öffentlichen und privaten Rechts der im Reichsrathe vertretenen Königreiche und Länder, Prag 1895; Hans Ludwig Rosegger, Petitionen, Bitten und Beschwerden. Ein Beitrag zur Entwicklungsgeschichte moderner Verfassungen in rechtsvergleichender Darstellung, Berlin 1908; Hartwig Sengelmann, Der Zugang des Einzelnen zum Staat, Hamburg 1965; Peter Gerlich, Parlamentarische Kontrolle im politischen System, Wien 1973; Karl Korinek, Das Petitionsrecht im demokratischen Rechtsstaat, Tübingen 1977; Alfred Fischel, Die Protokolle des Verfassungsausschusses über die Grundrechte. Ein Beitrag zur Geschichte des österreichischen Reichstags vom Jahre 1848, Wien/Leipzig 1912; Ernst Mischler u. Josef Ulbrich Hg., Österreichisches Staatswörterbuch. Handbuch des gesamten österreichischen Rechtes, 3, Wien 1967; Karl Pistotnik, Das Petitionsrecht und seine Bedeutung im Wandel der österreichischen Staatsform, Wien 1969; Hans Kelsen, Österreichisches Staatsrecht, Tübingen 1923; Rudolf Hermann von Hernritt, Handbuch des österreichischen Verfassungsrechtes, Wien 1909; Anton Springer Hg., Protokolle des Verfassungsausschusses im Oesterreichischen Reichstage 1848–1849, Leipzig 1885, 2 Bd.; Felix Ermarcora, Handbuch der Grund- und Freiheitsrechte, Wien 1963; Elisabeth Frysak, Legale Kämpfe. Der Einsatz des Petitionsrechtes als politische Strategie der österreichischen bürgerlichen Frauenvereine, Diplomarbeit, Wien 2000.

7 Noch vor der Verfassungsverankerung stehen die „cahiers", die in die Zeit vor der französischen Revolution fallen und ihren Ausgang im Einberufen der Generalstände im August 1788 haben, vgl. beispielsweise Gilbert Shapiro u. John Markoff, Revolutionary Demands. A Content Analysis of the Cahiers de Doléances of 1789, Kalifornien 1998, bes. 99–198.

8 Vgl. Dieter H. Hoffmann, Das Petitionsrecht, Frankfurt a. M. 1959, 31, zit. nach Gerhard, Frauen, wie Anm. 4, 536.

In Österreich erlangte das Petitionsrecht erst 1848, nach dem ersten Versuch, eine Verfassung für die Habsburgermonarchie zu erlassen, Bedeutung.[9] Die verfassungsrechtliche Geschichte des Petitionsrechtes charakterisierte sich seit Beginn durch sukzessive und konsequente Einschränkungen, was vorrangig mit jenen „Sturmpetitionen" der österreichischen 48er-Revolution zu erklären ist, deren Vehemenz den Gesetzgeber dazu veranlasste, diese einzudämmen.[10] Der Forderung nach einer Verfassung, die im Rahmen der Revolution vehement eingeklagt wurde, wurde im April 1848 mit der ersten, vorläufig provisorischen, „Pillersdorfschen Verfassung" nachgekommen. §22 schrieb fest: „Das Petitionsrecht und das Recht zur Bildung von Vereinen steht allen Staatsbürgern zu. Besondere Gesetze werden die Ausübung dieser Rechte regeln."[11] Die Entwicklung des Petitionsrechts der Jahre 1849 bis 1867[12] gestaltete sich weiterhin in Vor- und Zurücknahme etlicher Bestimmungen, die erst in den „Dezembergesetzen" von 1867 einen vorläufigen Abschluss fanden und das Petitionsrecht neuerlich festlegten.[13]

Von diesem Recht also machten die bürgerlichen Frauen extensiv Gebrauch. Gemessen daran, dass das Petitionsrecht die Adressaten zu keinerlei Erledigung oder Reaktion verpflichtete, verwundert es auch nicht, dass den Frauen dieses Recht, als Form politischer Einmischung, nicht auch von staatlicher Seite verwehrt wurde. Für Österreich

9 Zwar lassen sich die ersten Petitionen bereits zu Beginn des 19. Jahrhunderts finden, das Petitionsrecht ist zu dieser Zeit aber nicht verfassungsrechtlich gewährleistet und nur schwach ausgebildet.

10 Das Motiv, das am bezeichnendsten für die Einschränkung der Petitionen wird, ist die Angst vor Missbrauch durch persönliche Überreichung. Diese Angst richtet sich stets gegen jene Petitionen, die unter einem Gesamtnamen eingebracht werden. Kollektivpetitionen können demzufolge nicht mehr persönlich überreicht, sondern müssen durch ein Mitglied einer Kammer vorgelegt und unter Angabe des Inhaltes in das Verzeichnis der stenographischen Protokolle des jeweiligen Abgeordnetenhauses eingetragen werden. Petitionen dürfen nur noch von jenen „Behörden und gesetzlich anerkannten Körperschaften" ausgehen, welche die Petition unterzeichnet haben. Damit wird die Möglichkeit einer anonymen Petition definitiv unterbunden, vgl. „Entwurf der Grundrechte des österreichischen Volkes nach den Beschlüssen der zweiten Lesung im Konstitutionsausschusse", in: Fischel, Protokolle, wie Anm. 6, 187ff. Zu den „Sturmpetitionen" und deren Konsequenzen vgl. Springer, Protokolle, wie Anm. 6, und Alfred Fischel, „Entwurf der Grundrechte des österreichischen Volkes nach den Beschlüssen der zweiten Lesung im Konstitutionsausschusse", in: ebd., 187ff; Hauch, Frau Biedermeier, wie Anm. 3 sowie Wolfgang Häusler, Von der Massenarmut zur Arbeiterbewegung. Demokratie und soziale Frage in der Wiener Revolution von 1848, Wien/München 1979.

11 „Allerhöchstes Patent vom 25. April 1848. Verfassungsurkunde des österreichischen Kaiserstaates", PGS 1848/49, zit. nach Ilse Reiter Hg., Texte zur österreichischen Verfassungsgeschichte 1848–1955, Wien 1997, 4ff.

12 Vgl. „Entwurf der Grundrechte des österreichischen Volkes nach den Beschlüssen der zweiten Lesung im Konstitutionsausschusse" (Kremsierer Grundrechtsentwurf), „Kaiserliches Patent vom 4. März 1849, über die durch die konstitutionelle Staatsform gewährleisteten politischen Rechte" (Oktroyierte Märzverfassung), in: Reiter, Texte, wie Anm. 11.

13 Vgl. „Staatsgrundgesetz vom 21. December 1867, über die allgemeinen Rechte der Staatsbürger für die im Reichsrathe vertretenen Königreiche und Länder", RGBl. 1867/142, zit. nach Reiter, Texte, wie Anm. 11, 118ff. Im Gesetz vom 21. Dezember 1867 wurde die Kompetenz des Reichsrates erweitert: Von nun an hat die Regierung dem Reichsrat gegenüber Auskunftspflicht über eingehende Petitionen, eine Erledigungspflicht gibt es hingegen nicht. Vgl. auch Otto Neisser Hg., Geschichte der Geschäftsordnung des Abgeordneten-Hauses. Die Verhandlungen über die Geschäftsordnung und über das Gesetz inbetreff der Geschäftsordnung des Reichsrathes, 1, Wien 1861.

existieren keine Bestimmungen bezüglich der Petitionsinhalte, was damit begründet wird, dass sich der Staat nicht anmaßt darüber zu bestimmen, ob und wann eine Petition rechtserheblich sein soll.[14] Diesem Grundsatz des „unbestimmten Bestimmten" folgend lässt sich kein Inhalt als a priori ungeeignet begreifen. Felix Ermarcora definiert im „Handbuch der Grund- und Freiheitsrechte" als Gegenstand eines „Petits" alles, was sich auf persönlichen Nutzen oder Vorteil, zur Abwendung von Schaden und Nachteil für sich und andere, das Ersuchen, eine bestimmte politische Handlung zu setzen, Gesetze oder Verwaltungsmaßnahmen herbeizuführen als legitim erweist.[15] Dieser Definition zufolge kann über die Form jeglicher Inhalt ausgedrückt werden. Aus der Verfassung ergeben sich dennoch ableitende oder „aus der Person des Petenten ergebende Unzulässigkeiten" dort, wo die Rechte anderer verletzt werden und das Begehren gegen die verfassungsmäßige Ordnung verstößt oder dem „Sittengesetz" widerspricht: Den Petitionsinhalten kann „Unmögliches" oder „Querulatorisches" unterstellt werden.[16] Der mehr oder weniger unumschränkt definierte Petitionsinhalt, der seine Grenze in der Bezeichnung des „Unmöglichen" findet, beinhaltete vor allem für die Verfasserinnen von Petitionen ein Paradoxon: Die Definition der „Unmöglichkeit" setzte nämlich voraus, dass die Petentinnen selbst Wissen davon haben mussten, was als gesetzeswidrig angesehen werden könnte und waren demnach dazu angehalten, die eigenen Interessen auf verfassungsrechtliche Übereinstimmung hin zu formulieren. Das bedeutete, dass die eigenen Forderungen auf Gesetzeskonformität hin ausgerichtet werden mussten, um keine „unmöglichen" Forderungen mehr zu stellen.

Dass den Frauen das Petitionsrecht zugestanden wurde, lag aber wohl auch daran, dass es sich beim Petitionsrecht nicht um ein *politisches* Recht handelte: Im Bereich der politischen Rechte wurde den Frauen nämlich die sogenannte „Grundrechtssubjektivität"[17] abgesprochen. Der Ausschluss von Frauen aus dem politischen Leben ist bereits ausführlich untersucht worden, die Argumentation wohlbekannt.[18] Zuerkannte Grundrechtssubjektivität gab es lediglich bei einigen wenigen – unpolitischen – Rechten. Von den „politischen" wurden die „individuellen" Rechte unterschieden, hinsichtlich derer Frauen Grundrechtssubjektivität erlangen konnten. Das Petitionsrecht wiederum zählte zu den „individuellen" Rechten mit öffentlichem Charakter – wegen der Möglichkeit politischer Einflussnahme – bei dem der Gesetzgeber dazu neigte, eingeschränkte Zugangsbestimmungen festzulegen.

14 Vgl. Korinek, Petitionsrecht, wie Anm. 6, 12 und Pistotnik, Petitionsrecht, wie Anm. 6, 36.

15 Vgl. Ermarcora, Handbuch, wie Anm. 6, 280.

16 Es existieren zudem Behauptungen, die vermuten, dass Petitionen unter Umständen nur dann weitergeleitet wurden, wenn der Inhalt genehm oder vertretbar erschien, vgl. Walter Eitel, Das Grundrecht der Petitionen, zit. nach Pistotnik, Petitionsrecht, wie Anm. 6, 37, 120.

17 Vgl. Ursula Floßmann, Die beschränkte Grundrechtssubjektivität der Frau. Ein Beitrag zum österreichischen Gleichheitsdiskurs, in: Gerhard, Frauen, wie Anm. 4, 291–324, 307f.

18 Vgl. dazu u. a. Ute Gerhard, Grenzziehungen und Überschreitungen. Die Rechte der Frauen auf dem Weg in die politische Öffentlichkeit, in: dies., Gleichheit, wie Anm. 4, bes. 509–515 sowie Floßmann, Grundrechtssubjektivität, wie Anm. 17, 293–324, 308ff.

Petitieren als auseinandersetzungsreiche Politik

Die österreichische bürgerliche Frauenbewegung hat mit ihren Petitionen immer wieder frauenpolitische Anliegen an die Öffentlichkeit gebracht. Die konkreten Inhalte zeigen, wie sehr sich die Frauen bereits um die Jahrhundertwende in die Sphäre des Politischen gewagt hatten. Das Beispiel des Petitionskampfes bedeutete einen Kampf um die Einflussnahme auf die Gesetzgebung.

Als ein Vorfeld zur Erarbeitung von Petitionsinhalten dienten dem „Allgemeinen Österreichischen Frauenverein" (AÖFV) und dem „Bund Österreichischer Frauenvereine" (BÖFV) die Rechtsschutzstellen[19], die, als Vorläuferinnen der heutigen Rechts- und Beratungsstellen, durch den *AÖFV* im Jahr 1895 gegründet wurden. Der Gründung lag die Erkenntnis zugrunde, dass die Gleichheit der Staatsbürger vor dem Gesetz eine Fiktion sei, die weder vor der Theorie noch vor der Praxis bestehen könnte. In der Theorie nicht, weil die weibliche Hälfte der Staatsbürger von den politischen Staatsbürgerrechten ausgeschlossen und damit auch im Familien- und Eherecht benachteiligt sei. In der Praxis nicht, weil die Möglichkeit der Durchsetzung von Rechtsansprüchen für die verschiedenen Gesellschaftsklassen infolge der Verschiedenheit ihrer tatsächlichen Machtstellung nicht die gleiche sei. Die Verwirklichung von Emanzipation sollte daher zum Teil durch Bereitstellung von Rechtsinformation und Rechtshilfe gewährleistet werden. Kritik wie sie beispielsweise an den Bestimmungen des *ABGB* angebracht wurde, fand seinen Ausdruck in diesen, direkt aus den Rechtsschutzstellen gemachten, Erfahrungen und gesammelten Materialien, aus denen die Petitionsforderungen entwickelt wurden.

Wie kann man sich den Ablauf der Erstellung der Petitionen nun vorstellen? Die Erarbeitung der Inhalte gestaltete sich lebhaft und konfliktreich. Marie Spitzer[20] berichtet von aufregenden Diskussionen innerhalb der Rechtskommission, jener Gruppierung, die gemeinsam mit dem Vorstand die Entwürfe begutachtete, um sie dann in Versammlungen und Zusammenkünften zu diskutieren und durch zu besprechen.[21] An diesen Diskussionsabenden waren Anwesenheit und Mitbeteiligung von der Frauenbewegung gutgesonnener Politiker, die ebenfalls Ideen zur Verabschiedung einer Petition einbrachten, nichts Ungewöhnliches. Die ausgearbeiteten, korrigierten und letztlich beschlossenen Forderungen wurden von Vertreterinnen des jeweiligen Vereines einem befreundeten und engagierten Mitglied des Reichsrates übergeben.[22] Das Verhältnis der bürgerlichen Frauenbewegung zu diesen Männern wurde genutzt, solange diese den Zwecken der

19 Vgl. Birgitta Bader-Zaar, Die Wiener Frauenbewegung und der Rechtsschutz für Frauen 1895–1914, in: Thomas Angerer u.a. Hg., Geschichte und Recht. Festschrift für Gerald Stourzh zum 70. Geburtstag, Wien/Köln/Weimar 1999, 365–383. Im Oktober 1902 konstituierte sich der Rechtsschutz als Sektion des „AÖFV" und agierte seitdem als „deutsch-österreichischer Rechtschutzverband für Frauen". Von 24.–26 März fand eine erste öffentliche Kundgebung statt, in der Auguste Fickert zur Reform des *ABGB* sprach, was auf Interesse von Regierung und Fachkreisen traf, vgl. ebd.

20 Zu Maria Spitzer sind bis dato leider keine Informationen bekannt. Fest steht, dass sie gemeinsam mit Ernstine von Fürth jahrelang die Rechtskommission des *BÖFV* geleitet hatte, vgl. Hainisch, Geschichte, wie Anm. 3, 22.

21 Vgl. Der Bund, Juni 1907, 2, 5, 2f sowie Der Bund, Jänner 1906, 1, 1, 3.

22 Die Petitionspraxis drückte sich in politischen Entsprechungen innerhalb dieser Bündnisstrategie aus. Zu den engagiertesten Förderern, die allesamt Sympathisanten sozialreformerischer Bestrebungen des

Bewegung nutzten, vor allem aber aus Gründen der politischen Stimmlosigkeit. Damit ist eine wesentliche Strategie der Nutzung des Petitionsrechtes angesprochen: Durch die Verbindung zu Abgeordneten, die als klassische Mittlerfiguren an der Nahtstelle des staatlichen Organisationssystems standen, wurden frauenpolitische Interessen durchzusetzen versucht. Diese Notwendigkeit dürfte einen Konfliktpunkt innerhalb der Frauenbewegung ausgemacht haben: Dass Frauen der notwendigen Unterstützung dieser verlässlichen Vertretung im Parlament bedurften, scheint in der Wahrnehmung der bürgerlichen und der proletarischen Frauenbewegung aus ideologischen Gründen problematisch gewesen zu sein und führte zu Divergenzen. Während beispielsweise Rosa Mayreder[23] das emanzipatorische Grundprinzip mit der Begründung relativierte, „hin und wieder politische Konstellationen zu nützen, um Teilforderungen durchzusetzen"[24], kam ein scharfer Angriff aus der proletarischen Frauenbewegung: Adelheid Popps[25] Kritik zielte auf den erwarteten „Gehorsam" der bürgerlichen Frauenbewegung ab. Sie warf den Frauenrechtlerinnen unterwürfige Haltung gegenüber den Staatsorganen vor:

---

liberalen Wiener Bürgertums waren, zählten: Julius Ofner, von 1901 bis 1918 bürgerlich-demokratischer Reichsratsabgeordneter, Sozialpolitiker und -philosoph sowie Jurist, der zahlreiche Aufsätze in den „Dokumenten" und dem „Neuen Frauenleben" veröffentlichte; der sozialliberale Wiener Gemeinderat Emil von Fürth (1904–1910); Engelbert Pernerstorfer, der ursprünglich Deutschnationaler war, 1885 in den Reichsrat entsandt wurde und sich seit der Jahrhundertwende für die Anliegen der Sozialdemokraten engagierte; Ferdinand Kronawetter (1838–1913), demokratischer Politiker, der 1885 in den österreichischen Reichsrat einzog und der Arbeiterbewegung Sympathien entgegenbrachte sowie Wilhelm Ellenbogen (1863–1951), Arzt und von 1901–1918 Reichsratsabgeordneter – er war wegen politischer Delikte wiederholt vorbestraft und emigrierte 1938 in die USA. Einziger Minister unter den Unterstützern war der von 1906–1908 und nochmals 1916 im Amt befindliche Justizminister Franz Klein. Er wurde vor allem als Verfasser der Zivilprozessordnung von 1898 überregional bekannt. Zu den biografischen Angaben vgl. Österreichische Akademie der Wissenschaften Hg., Österreichisches biographisches Lexikon 1815–1950, Wien 1954; Bamberger Richard u.a. Hg., Österreich-Lexikon, 2 Bd., Wien 1995; Vgl. auch Harriet Anderson, „Mir wird es immer unmöglicher, ‚die Männer' als die Feinde der Frauensache zu betrachten …". Zur Beteiligung von Männern an den Bestrebungen der österreichischen Frauenbewegungen um 1900, in: Heide Dienst u. Edith Saurer Hg., „Das Weib existiert nicht für sich." Geschlechterbeziehungen in der bürgerlichen Gesellschaft, Wien 1990, 189–204.

23 Rosa Mayreder, geb. Obermayer, Sozialphilosophin, Essayistin und Erzählerin, Autodidaktin, 30. 11. 1858–19. 1. 1938. Von 1893 bis 1903 war sie Vizepräsidentin des *AÖFV*. 1894 hielt sie ihre erste öffentliche Rede gegen die Diskriminierung von Prostitution – auf dieser Grundlage wurde eine Petition im Abgeordnetenhaus eingebracht. Nach dem 1. Weltkrieg war sie Vorsitzende des österreichischen Zweiges der „Internationalen Frauenliga für Frieden und Freiheit". In ihren schriftstellerischen, essayistischen Werken setzte sie sich mit sexistischen philosophischen Entwürfen auseinander, entwickelte Ansätze einer Kritik der Definitionen von Weiblichkeit. Einflussreich wurden u. a. „Zur Kritik der Weiblichkeit. Essays" (1905) und „Geschlecht und Kultur. Essays" (1923), zit. nach, biografiA, biografische datenbank und lexikon österreichischer frauen, www.biografia.at. Ich danke Ilse Korotin für diese und alle weiteren zur Verfügung gestellten Daten.

24 Vgl. Die „Volksstimme" vom 24. 10. 1897, 7, zit. nach, Anderson, Männer, wie Anm. 22, 194.

25 Adelheid Popp, geb. Dwořak, Parteifunktionärin (SDAP), Nationalratsabgeordnete und Journalistin, 11. 2. 1869–7. 3. 1939. Aus ärmlichen Verhältnissen kommend (Emma Adler gab ihr Sprach- und Rechtschreibunterricht), musste sie der Mutter helfen, den Lebensunterhalt zu verdienen. Über Victor Adler, August Bebel und Friedrich Engels kam sie mit sozialdemokratischen Ideen in Berührung. Von 1898–1934 fungierte sie als Parteifunktionärin der *SDAP*, seit 1907 als Mitglied des internationalen So-

> Wir wissen, daß wenn wir Petitionen über Petitionen abgehen lassen wollten, der Papierkorb des Reichsrathes Platz genug dafür hätte; darum kommen wir nicht bittend, sondern wir wissen, daß wir als die staatserhaltenden Elemente, das Recht zu fordern haben.[26]

Auch innerhalb der bürgerlichen Frauenbewegung war das Petitionsrecht nicht unumstritten. In der Organisation der Post- und Telegraphenmanipulantinnen wurde die Anwendung des Rechtes als „Hintertreppentaktik" bezeichnet: Bei einer Festrede des „Comitees" dienstältester Beamtinnen kam am 28. Jänner 1902 die Sprache auf die prekären Verhältnisse der in den Staatsämtern angestellten Frauen, in der den älteren Frauen ein heftiger Vorwurf gemacht wurde:

> Die kleinen Verbesserungen, welche hauptsächlich für die Dienstälteren erreicht worden sind, wurden nicht im offenen ehrlichen Kampf mit ihrem Feinde, dem sie ausbeutenden Staat errungen, sondern auf dem die persönliche Würde demütigenden Wege der Bittgesuche und der Hintertreppentaktik gewonnen ...[27]

Und auch Leopoldine Kulka[28], Frauenrechtlerin und Schriftstellerin, bezeichnete jede Petition als „schwachen Versuch"[29], der gesetzlichen Diskriminierung entgegenzuarbeiten. Selbst von Abgeordneten fanden sich mitunter kritische und von Zweifeln geprägte Stellungnahmen zur Effizienz des Petitionsrechtes. Die Frauenzeitschriften berichten von Aussagen engagierter Politiker, die das Petitieren als aussichtslos und unbedeutend betrachteten. Wilhelm Ellenbogen, sozialdemokratischer Politiker und Arzt, trat zwar für die Forderungen der Frauenrechtlerinnen im Parlament ein, fügte aber „warnend" hinzu, daran nicht zuviel Hoffnungen zu knüpfen: „Wir im Parlament können nur die ewigen Mahner und Dränger sein, die Regierung müsse das Uebrige thun. Nicht der Weg der Petition, sondern der Organisation ist der richtige."[30]

zialdemokratischen Frauenkomitees. Von 1915–1934 war sie Redakteurin der 1892 gegründeten „Arbeiterinnen-Zeitung". Sie zog als eine der ersten weiblichen Abgeordneten ins Parlament ein. Bekannt wurde sie außerdem durch ihre autobiographische Schrift „Jugend einer Arbeiterin", die 1909 erschien, zit. nach, biografiA, wie Anm. 23.

26 Birgitta Bader-Zaar, „Weise Mäßigung" und „ungetrübter Blick". Die bürgerlich-liberale Frauenbewegung im Streben nach politischer Gleichberechtigung, in: Mazohl-Wallnig, Frauenkultur, wie Anm. 4, 233–265, 241.

27 Neues Frauenleben, März 1902, 14, 3, 17.

28 Leopoldine Kulka, Schriftstellerin, Jüdin, 31. 3. 1872–2. 1. 1920. Sie schloss sich schon früh dem *AÖFV* an, 1911 übernahm sie die Herausgabe des „Neuen Frauenleben". Sie zählte zu den wichtigsten Protagonistinnen des radikalen Flügels der bürgerlichen Frauenbewegung. Ab demselben Jahr leitete sie den Verein als erste Vizepräsidentin. Besonders engagiert war sie in der Rechtsschutzkommission des Vereins, vgl. biografiA, wie Anm. 23.

29 Neues Frauenleben, Mai 1906, 18, 9.

30 „Dokumente der Frauen", 15. 11. 1901, 466 sowie „Dokumente der Frauen", 7. 6. 1900, 205.

Konkrete Forderungen – die Kritik der bürgerlichen Frauenvereine am Ehe- und Familienrecht

Anlässlich der Revision des *ABGB*[31] wurde von beiden bürgerlichen Frauenvereinen vehemente Kritik an den ehe- und familienrechtlichen Bestimmungen formuliert. Mit 10. Dezember 1904[32] reichte der *AÖFV* eine Petition an das k. k. Justizministerium ein, was in der 1905 erschienenen Regierungsvorlage zur Novellierung des *AGBG* auch Berücksichtigung fand. 1905[33] und 1907[34] folgte jeweils eine Eingabe des *BÖVF*, dessen Entwürfe an den Reichstag überstellt wurden. Im Dezember 1907 ging, eingebracht vom damaligen Justizminister Franz Klein, eine erste Regierungsvorlage an beide Häuser des Reichsrates[35] ein, die der zuständigen Kommission für Justizgegenstände zur verfassungsmäßigen Behandlung zugewiesen wurde. Im Juli 1909 wurde ein ausgearbeiteter Komiteeentwurf veröffentlicht, die weitere Arbeit durch Neuwahlen des Reichsrates unterbrochen. Ein nächster Versuch in der folgenden Amtsperiode führte zu einem neuen Entwurf, der dem Plenum der Juridischen Kommission vorgelegt wurde. Die Verhandlung der Kommission wurde zum zweiten Mal durch Neuwahlen verhindert. Beim dritten und letzten Versuch wurde dem Herrenhaus die Regierungsvorlage von 1907 – in unveränderter Form – vorgelegt, die diese wiederum der Kommission zuwies. Nach langer Arbeit im Subkomitee wurde der Juridischen Kommission der bereits existierende, nochmals revidierte, zweite Bericht vorgelegt, der im März 1912 angenommen und im Dezember im Parlament zur Präsentation kam.[36] Nachvollzieh- und belegbar sind lediglich die öffentlichen Sitzungen der Parlamentshäuser. Im Dunkeln liegen dagegen die Ver-

31 Die Revision, mit der Josef Unger 1904 betraut wurde, basierte im großen und ganzen auf einer Reform, keiner gänzlichen Umarbeitung. Das Motiv „gesellschaftlicher Umwälzungen" wurde ausschlaggebend für eine Umarbeitung bestimmter Teilbereiche. Das Ehe- und Familienrecht nahm dabei einen verschwindend geringen Teil ein, vgl. dazu Die Jahrhundertfeier des Allgemeinen bürgerlichen Gesetzbuches in Graz am 1. Juni 1911, Graz 1911; Festschrift zur Jahrhundert-Feier des Allgemeinen Bürgerlichen Gesetzbuches. 1. Juni 1911, 2 Bd., Wien 1911; Julius Ofner, Die Revision des allgemeinen bürgerlichen Gesetzbuches, Wien 1907.

32 Vgl. Vorschläge des „Allgemeinen Österreichischen Frauenvereins" zur Revision des bürgerlichen Gesetzbuches aus dem Jahre 1904, in: Allgemeines Verwaltungsarchiv, Justizministerium, Allgemeine Reihe, I B I, Post-Nr. 1/11. Der Entwurf findet sich als abgedrucktes Memorandum auch im „Neuen Frauenleben", Mai 1905, 17, 5, 1–6 und ist von Auguste Fickert und Sophie Regen abgefasst. Im „Neuen Frauenleben" findet sich im März 1905 eine nochmalige Zusammenfassung der Forderungen mit dem Wunsch, die Reformen zu einem Abschluss gelangen zu lassen, vgl. Neues Frauenleben, Jänner 1905, 17, 1, 14.

33 Petition des „Bundes Österreichischer Frauenvereine" mit Vorschlägen zur Abänderung einiger Bestimmungen des Eherechtes aus dem Jahre 1905, in: Beilage 1 zu Allgemeines Verwaltungsarchiv, Justizministerium, Allgemeine Reihe, I B I, Post-Nr. 1/67. Im Mai 1905 wurde die Ausarbeitung der Petition in der Generalversammlung besprochen, angenommen und dem Leiter des Justizministeriums überreicht. Im Frühjahr 1906 erfolgte dann – nach Beendigung der Arbeiten in der Rechtskommission – die Übergabe durch Marie Spitzer und Dora Rösler ans Parlament.

34 Neue Petition des „Bundes Österreichischer Frauenvereine" zur Revision des ABGB aus dem Jahre 1907, in: Beilage 2 zu Allgemeines Verwaltungsarchiv, Justizministerium, Allgemeine Reihe, I B I, Post-Nr. 1/67, die mit 26. Juni 1907 an den Reichsrat überstellt wurde.

35 Vgl. 29 der Beilagen der stenographischen Protokolle des Herrenhauses, 18. Session, 1907.

36 Vgl. 78 der Beilagen zu den stenographischen Protokollen des Herrenhauses, 21. Session, 1912, 1–404.

handlungen und Sitzungen der Kommissionen, die unter Ausschluss der Öffentlichkeit stattfanden – sowohl was die inhaltlichen Diskussionen als auch die personelle Zusammensetzung angeht.

Als grundlegende Forderungen finden sich in allen drei Petitionen Kritik an Zivilehe und Scheidungsrecht[37], Anerkennung der Rechte des unehelichen Kindes, gesetzliche Verankerung der elterlichen statt der „väterlichen Gewalt", die Zulassung von (Ehe-) Frauen zur Vormundschaft, das Erbrecht für Ehegatten[38], Anerkennung des in der Ehe erworbenen Vermögens als Gemeinschaftsgut, die Zeugnisfähigkeit der (Ehe-)Frau und die Abschaffung der Bestimmung des Mannes als „Haupt der Familie" – im Weiteren wird auf die Forderungen betreffend das Vormundschaftsrecht eingegangen werden. Diese aus unterschiedlichen Richtungen kommenden Forderungen beinhalteten damit die Forderung nach einem respektierten kodifizierten Geschlechterverhältnis innerhalb der Ehe[39] und bildeten ein explizit wichtiges Thema im Ringen der bürgerlichen Frauenbewegung um Gleichberechtigung in Ehe und Familie.[40] In der 22. Sitzung am 19. Dezember 1912[41] präsentierte Generalreferent Freiherr von Schey den endgültigen Gesetzesentwurf zur Revision des Ehe- und Familienrechtes im *ABGB*. Der Gesetzesentwurf selbst orientierte sich in seiner Beschlussfassung fast ausschließlich am endgültigen Entwurf der Juridischen Kommission, obwohl, wie oben erwähnt, die 1907 eingebrachte Regierungsvorlage, die in ihren Ergänzungen einige der Petitionsforderungen der Frauenvereine miteingebracht hatte, ebenfalls zur Verfügungen gestanden wäre.

In weiterer Folge liegt der inhaltliche Schwerpunkt auf dem Vormundschaftsrecht – nachgezeichnet werden soll der Weg der Petitionen vom Einreichen ans Parlament über mögliche Wirkungsmöglichkeiten dieser frauenpolitischen Forderung. Gesamt gesehen wurde kaum eine der frauenpolitischen Forderungen in die endgültige Gesetzesvorlage mit einbezogen. Eine Ausnahme bildete die zugestandene Forderung nach Zulassung der Frauen zur Vormundschaft. Dieses Zugeständnis zeichnete sich vorrangig durch eine Aufteilung in das „Gesetz des Staates" und das „Gesetz der Familie"[42] aus: Überall dort, wo es um das Zusammentreffen von Familie und Staat ging, gab es zumindest Überlegungen einer Einarbeitung. Rechte wurden der bürgerlichen Frau lediglich im Interesse des Staates zugestanden. Als Beispiel kann das Vormundschaftsrecht über eigene und fremde Kinder angesehen werden.

37 Gefordert wurde von Seiten des *AÖFV* die Einführung der Zivilehe und die daraus folgende Möglichkeit der Ehetrennung katholischer Eheleute. Heftige Kritik regte sich am bestehenden §111 (Anerkennung konfessioneller Eheschließungen und Trennung nur unter ganz enggefassten Voraussetzungen), die junge Männer und Frauen nach Scheitern einer Beziehung gerade auffordert, illegitime Verhältnisse einzugehen.

38 Kritik an der Verlassenschaftsbestimmung des bürgerlichen Gesetzbuches, das der Ehefrau unter gewissen Bedingungen „höchstens ein Viertel" der Verlassenschaft des verstorbenen Ehemannes gewährt.

39 Vgl. Floßmann, Grundrechtssubjektivität, wie Anm. 17, 294 sowie Gerhard, Frauen, wie Anm. 4, bes. 509–515.

40 Vgl. Gerhard, Frauen, wie Anm. 4, 15 und dies., Bürgerliches Recht und Patriarchat, in: dies., Differenz, wie Anm. 4, 188–204.

41 Vgl. Stenographische Protokolle des Herrenhauses, 21. Session am 19. 12. 1912, 445–479.

42 Vgl. Geneviève Fraisse, Von der sozialen Bestimmung zum individuellen Schicksal. Philosophiegeschichte zur Geschlechterdifferenz, in: dies./Michelle Perrot Hg., Geschichte der Frauen, 4, Frankfurt a. M./New York, 1994, 63–95, 67.

Vormundschaft über Kinder: Aus- und Einschlüsse von Frauen

Grundlegende Kritik an der gesetzlichen Bestimmung, nicht (alleinige) Vormündin über das eigene oder ein fremdes Kind sein zu dürfen,[43] findet sich in zwei der Petitionen.[44] Warum die Forderungen zur Vormundschaftszulassung tatsächlich Berücksichtigung fanden, lag vor allem in der Argumentation, mit der diese vorgebracht wurden. Vor allem die Petition des *BÖFV* erklärte Frauen ihrem „Wesen und ihrer Eigenart" nach als befähigter zur Ausfüllung dieser Funktion. Diese „spezielle Eigenschaft des weiblichen Gemütes" drücke sich beim Mann als „unerwünscht aufgeladene Last" aus, die er durch die berufliche Auslastung gar nicht ernst nehmen könnte.[45] Unterstützung fand das Anliegen vonseiten befreundeter Abgeordneter, die ebenfalls auf dieselbe Argumentation rekurrierten. Julius Ofner beispielsweise interpellierte im Juni 1907 im Parlament, bei der er die Frauen als „im Pflegewesen aufs Beste in allen Staaten bewährte Personen" bezeichnete.[46] Ofner gab auch den „Urentwurf" und die Beratungsprotokolle des „Allgemeinen Bürgerlichen Gesetzbuches" heraus.[47] In der Praxis war das uneheliche Kind zur Wahrung seiner Rechte auf einen von Amts wegen bestellten Vormund angewiesen. Nach §166 musste die Kindesmutter zwar für den Unterhalt des Kindes aufkommen, besaß im Gegenzug aber keine entsprechenden Rechte für die Fürsorge des Kindes. Schwerpunktmäßig gliederten sich die Forderungen sowie die Diskussionen in mehrere inhaltliche Themenkreise. Ob und in welchem Ausmaß diese in den Beratungen zur Revision des *ABGB* berücksichtigt wurden und welche gesetzliche Bestimmung am Ende der Beratungen standen[48], soll nun erläutert werden:

---

43 Die entsprechenden Paragraphen beziehen sich, wenn nicht anders angegeben, auf das „Allgemeine bürgerliche Gesetzbuch für die gesamten deutschen Erbländer der österreichischen Monarchie", Wien 1812.

§192: „Auch Personen weiblichen Geschlechts, Ordensgeistlichen und Einwohnern fremder Staaten soll in der Regel keine Vormundschaft aufgetragen werden."

§ 198: „Wenn der Vater keinen oder einen unfähigen Vormund ernannt hat; so ist die Vormundschaft vor Allem dem väterlichen Großvater, dann der Mutter, so fort der väterlichen Großmutter, endlich einem anderen Verwandten, und zwar demjenigen anzuvertrauen, welcher männlichen Geschlechtes, der nächste, oder aus mehreren gleich nahen der ältere ist."

44 Vgl. Forderungen Nr. 5–6, in: Vorschläge des „Allgemeinen Bürgerlichen Frauenvereins" zur Revision des bürgerlichen Gesetzbuches aus dem Jahre 1904, wie Anm. 32; Neue Petition des „Bundes Österreichischer Frauenvereine" zur Revision des ABGB aus dem Jahre 1907, wie Anm. 34. Zu dieser Petition existiert darüber hinaus ein Exzerpt eines Ministerialbeamten mit den Marginalien des zuständigen Referenten, vgl. Beilage 2 zu Allgemeines Verwaltungsarchiv, Justizministerium, Allgemeine Reihe, I B I/1, Post-Nr. 1/67.

45 Vgl. Neue Petition des „Bundes Österreichischer Frauenvereine" zur Revision des ABGB aus dem Jahre 1907, wie Anm. 34.

46 Vgl. Interpellation des Abgeordneten Ofner und Genossen an Seine Exzellenz den Herrn Justizminister, betreffend die Bestellung von Frauen als Vormünder, in: Stenographische Protokolle des Hauses der Abgeordneten, 4. Sitzung der 18. Session am 27. Juni 1907, 234.

47 Vgl. Julius Ofner, Der Ur-Entwurf und die Berathungsprotokolle des Oesterreichischen Allgemeinen Bürgerlichen Gesetzbuches", 2. Bd., Wien 1889.

48 In Folge werden alle neu definierten und nach Inhalt und Form veränderten Paragraphen im Wortlaut der

* Der erste Themenkreis handelt von der Zulassung verheirateter Frauen zur Vormundschaft über fremde Kinder – die eigenen unterstanden während der Ehe der „väterlichen Gewalt". Die Forderungen der Frauen kritisierte vor allem zwei wesentliche, im Gesetz festgehaltene, Punkte: jenen, der Frauen per se die Vormundschaft an fremden Kindern absprach und jenen, der darauf abzielte Frauen nur dann als Vormündinnen einzusetzen, wenn von Seiten des Vaters kein oder ein „unfähiger" Vormund ernannt worden war. Zudem rangierten Frauen bei dieser Bestimmung auch noch hinter dem väterlichen Großvater.[49] Anstatt diese Bestimmungen zu lockern, schlugen die Regierungs- und die Kommissionsvorlage Mutter und Großmutter als verpflichtenden Vormund vor.[50] Diese Verpflichtung, Frauen gegen ihren Willen zur Vormundschaft anzuhalten, die zudem nicht gefordert worden war, wurde von beiden Frauenvereinen als rechtliche Einschränkung betrachtet und abgelehnt.[51]
* Eng an die Forderung des §192 angelehnt ist jene zusätzliche Bestimmung beider Gesetzesvorlagen, die verheiratete Frauen nur mit Zustimmung ihres Ehemannes zu Vormündinnen über fremde Kinder erklärte.[52] Auch diese Festlegung geht an der eigentlichen Forderung der Frauen vorbei und sei, so Marie Spitzer, „eine Verschärfung jener, für die Frau drückende Störung, die vor der Revision auch schon bestanden hat".[53]
* Dritte und bei den Frauenvereinen ebenfalls auf Ablehnung stoßende Verfügung ist die Einigung beider „Beratungsparteien" auf die Möglichkeit des Vaters, durch letztwillige Verfügung einen Mitvormund für Mutter oder Großmutter anzufordern.[54] Das Argument der Befürwortung des Justizministers Klein war kurz auf den Punkt gebracht, „weil der Ehemann sicherlich die beste Gelegenheit hatte, sich ein Urteil darüber zu bilden, ob seiner Frau ohne weitere Aussicht die Führung der Vormundschaft mit Beruhigung überlassen werden kann".[55] Die frauenpolitische Forderung bezog sich an diesem

Vorlage der Juridischen Kommission angegeben, die sich letztlich, als endgültige gesetzliche Definition, gegen die eingebrachte Regierungsvorlage durchsetzen konnte.

49 Die Vorschläge des „Allgemeinen Bürgerlichen Frauenvereins" zur Revision des bürgerlichen Gesetzbuches aus dem Jahre 1904, wie Anm. 32, wendeten sich gegen folgende rechtlich festgesetzte Paragraphen:
§192: „Auch Personen weiblichen Geschlechts, Ordensgeistlichen und Einwohnern fremder Staaten soll in der Regel keine Vormundschaft aufgetragen werden."
§198: „Wenn der Vater keinen oder einen unfähigen Vormund ernannte hat; so ist der Vormundschaft vor Allem den väterlichen Großvater, dann der Mutter, so fort der väterlichen Großmutter, endlich einem anderen Verwandten, und zwar demjenigen anzuvertrauen, welcher männlichen Geschlechtes, der nächste, oder aus mehreren gleich nahen der ältere ist."

50 §191: „Frauen können zum Amt eines Vormundes oder Kurators berufen werden, jedoch mit Ausnahme der Mutter und Großmutter des Pflegebefohlenen nicht wider ihren Willen. Ehefrauen bedürfen zur Übernahme einer Vormundschaft oder Kuratel der Zustimmung ihres Gatten, außer wenn es sich um ihr eigenes Kind handelt oder wenn der Gatte für geisteskrank erklärt oder die Ehe geschieden ist."

51 Vgl. beispielsweise Leopoldine Kulka, „Die Forderungen der Frauen zur bevorstehenden Reform des allgemeinen bürgerlichen Gesetzbuches", in: Neues Frauenleben, Mai 1913, 15, 5, 117–124 sowie Marie Spitzer, „Zur Reform des bürgerlichen Gesetzbuches", in: Der Bund, Dezember 1909, 4, 8, 1f.

52 Vgl. §191, wie Anm 50.

53 Vgl. Spitzer, Reform, wie Anm. 51.

54 Vgl. §191, wie Anm 50.

55 29 der Beilagen der stenographischen Protokolle des Herrenhauses, 18. Session, 1907, 71.

Punkt lediglich auf die Beigebung eines Mitvormundes, wenn die Frau danach verlange.[56] Umso schwerer wog daher auch die Stellungnahme der Kommission, die den Paragraphen „fakultativ" weiterbestehen lassen wollte, um jene „Bedenken zu zerstreuen, die etwa noch gegen die Bestellung einer Frau und der unehelichen Mutter zu Vormündern obwalten könnten".[57]

* Fielen bereits die Bestimmungen für verheiratete Frauen zuungunsten der Frauenvereine aus, so gestaltete sich der nächste Diskussionspunkt über die Zulassung der Vormundschaft für ledige Mütter[58] als noch weniger zufriedenstellend. Die Vorbehalte gegen ledige Mütter erwiesen sich in beiden Gesetzesvorschlägen als so stark, dass es zu keinem Zugeständnis kam. Ein Argument zur Ablehnung lautete beispielsweise, dass die Interessen der unehelichen Mutter nicht identisch mit denen des Kindes seien, die Mutter also vielmehr auf ihr eigenes Wohlbefinden achten könnte. Außerdem sei wegen der schwierigen Lebensverhältnisse ohnehin keine verlässliche Fürsorge zu erwarten, zumindest eine Kontrolle unentbehrlich.[59]
* Eine weitere ausführlich diskutierte Angelegenheit betraf die Einsetzung von Vormundschaftsräten[60], die in den Petitionen überhaupt nicht thematisiert wurden. Ein Spezialgesetz sollte bei „unzureichender" Einzelvormundschaft dafür sorgen, dass dem Kind alle notwendige Pflege zukommt. Zugleich sollten die Räte als Kontrollinstanz gegenüber Missbrauch gegen die elterliche Gewalt sorgen und den Gerichten angegliedert werden.[61] Henriette Herzfelder kritisierte diese Festlegung als „nicht ausschließlich auf das Wohlwollen für die Frauen" ausgelegte Bestimmung und sprach damit indirekt die zeitgleiche Einführung der Vormundschaftsräte mit der Zulassung von Frauen zur Vormundschaft an.[62]
* Eine letzte Thematik behandelte die Änderung des §198[63], die, als einzig tatsächlich erfüllte Forderung der Frauenvereine, von der Bevorzugung des Verwandten männlichen Geschlechts absah. Ältere sowie männliche Verwandte sollten nicht mehr länger grundsätzlich den Vorzug zur Vormundschaft haben.

---

56 Vgl. Neue Petition des „Bundes Österreichischer Frauenvereine" zur Revision des ABGB aus dem Jahre 1907, wie Anm. 34.

57 78 der Beilagen zu den stenographischen Protokollen des Herrenhauses, 21. Session, 1912, 32.

58 Vgl. die Forderung nach Zulassung der unehelichen Mutter zur Vormundschaft an ihren Kindern mit dem Zusatz der selbständigen Verfolgung eines Alimentationsprozesses gegen den Kindesvater, in: Vorschläge des „Allgemeinen Bürgerlichen Frauenvereins" zur Revision des bürgerlichen Gesetzbuches aus dem Jahre 1904, wie Anm. 32.

59 Vgl. 29 der Beilagen der stenographischen Protokolle des Herrenhauses, 18. Session, 1907, 70 und 78 der Beilagen zu den stenographischen Protokollen des Herrenhauses, 21. Session, 1912, 31f.

60 §42: „Aufgabe des Vormundschaftsrates ist es, dem Gerichte für die Einleitung und Führung der Pflegschaftsgeschäfte wichtige Tatsachen mitzuteilen, das Gericht bei der Überwachung der Vormünder und Kuratelen zu unterstützen und ihm Mängel und Pflichtwidrigkeiten, die er hiebei wahrnimmt und durch Belehrung und Ermahnung nicht zu beseitigen vermag, anzuzeigen."

61 Vgl. dazu 29 der Beilagen der stenographischen Protokolle des Herrenhauses, 18. Session, 1907, 79f und 78 der Beilagen zu den stenographischen Protokollen des Herrenhauses, 21. Session, 1912, 32f.

62 Vgl. Henriette Herzfelder, „Zur Jahrhundertfeier des allgemeinen bürgerlichen Gesetzbuches", in: Der Bund, Juli 1911, 4–6, 5.

63 Vgl. Anm. 49.

Die Forderung nach Feststellung der Vaterschaft und Alimentation

Eng mit der Forderung nach Vormundschaft über das eigene Kind verbunden war die Möglichkeit nach der selbständigen Verfolgung eines Alimentationsprozesses gegen den Kindesvater.[64] Rechtlich durfte nur der gesetzliche Vormund eine Vaterschaftsfeststellungsklage einbringen, weswegen die ledige Mutter per Gesetz vom Klagerecht ausgeschlossen war. Der Praxis lag damit ein Widerspruch zugrunde, den die Verfasserinnen der Petitionen auflösen wollten. Erst mit der definitiven Feststellung der Vaterschaft nämlich konnten Zahlungen des Vaters an das uneheliche Kind geltend gemacht werden. Die rasche und unbedingte Feststellung der Vaterschaft bildete somit die Basis für die Ansprüche des Kindes und die Wahrung seiner Rechte – Basis der finanziellen Vorsorge für Kind und ledige Mutter. Die Verpflichtung sollte dahingehend festgelegt werden, dass der „bereits geschwängerten Frau" vor der Geburt, und für die Entbindungs- und Wochenbettkosten der ersten sechs Wochen nach der Geburt, Alimente gezahlt werden sollten.[65] Die Höhe der Alimentationsleistungen sollte nach Vermögen oder Verdienst des Kindesvaters berechnet und bereits vor der Geburt an die Mutter oder den Vormund ausbezahlt werden. Auguste Fickert und Sophie Regen machten dabei auf eine gesetzliche Regelung aufmerksam, der ihrer Meinung nach ohnehin nur unzureichend nachgekommen werde, jener der Alimentation, der der Kindesvater bis zur entsprechenden Erwerbsfähigkeit des Kindes nachzukommen hätte.[66] Unmissverständlich drängten die Verfasserinnen daher auf „eine klare, nicht misszuverstehende Fassung des Gesetzes", nach der der Vater „seinen Verhältnissen und seinem Stande angemessen, sein uneheliches Kind nach dessen Fähigkeiten ausbilden zu lassen, es also bis zur wirklich erreichten Erwerbsfähigkeit auch in einem höheren Studium voraussetzenden Beruf zu alimentieren" hätte.

Motor für die Forderung nach persönlicher Vertretungs-Befugnis waren die zahlreichen gescheiterten Alimentationsprozesse, die den bürgerlichen Frauen aus den Rechtsschutzstellen bekannt waren.[67] Es war kaum möglich, entsprechende, zur Vormundschaft geeignete Personen heranzuziehen, um damit die Rechte des Kindes geltend zu machen.

Besprochen wurde in beiden Regierungsvorlagen die Schwierigkeit der Vaterschaftsfeststellungsklage und die damit verbundenen Zahlungen an das uneheliche Kind.

64 Vgl. dazu auch die Studie von Christa Pelikan, die sich u. a. mit der Geschichte des Unterhaltrechtes und der Entwicklung der Zahlungsmodalitäten speziell in Österreich, aber auch im internationalen Vergleich, auseinander setzt, dies., Strafrechtliche und zivilrechtliche Unterhaltssicherung. Sozialwissenschaftlicher Systemvergleich Strafrecht/Zivilrecht, 4, Forschungsbericht des Instituts für Rechts- und Kriminalsoziologie, Wien 1990.

65 Vgl. Forderung Nr. 7 in: Vorschläge des „Allgemeinen Bürgerlichen Frauenvereins" zur Revision des bürgerlichen Gesetzbuches aus dem Jahre 1904, wie Anm. 32.

66 § 141: „Es ist vorzüglich die Pflicht des Vaters, so lange für den Unterhalt der Kinder zu sorgen, bis sie sich selbst ernähren können. Die Pflege ihres Körpers und ihrer Gesundheit ist hauptsächlich die Mutter auf sich zu nehmen verbunden."

67 Geforderte Alimentationszahlungen machen einen der in den Rechtsschutzstellen am meisten bearbeiteten Rechtsinhalte aus, vgl. beispielsweise die Tätigkeitsberichte, in: Neues Frauenleben, Mai 1902, 14, 5, 29 oder Neues Frauenleben, Mai 1907, 19, 5, 16.

* Die unbedingt und dringend geforderte Formulierung der Frauenvereine auf rasche und unkomplizierte Feststellung der Vaterschaft des unehelichen Kindes zielte vor allem auf einen Punkt ab: Eine Klage gegen den Kindesvater durfte nur vom Vormund des Kindes eingebracht werden. Da die unehelichen Mütter von Rechtswegen nicht Vormündinnen ihres Kindes sein konnten, waren sie per definitionem vom Klagerecht ausgeschlossen. Die Frauenbewegung forderte in dieser Angelegenheit Unterstützung durch gerichtliches Vorgehen.

  Ein erster Verbesserungsvorschlag der Regierung zielte auf die Einsetzung eines Vormundes von Amts wegen, um durch Einvernehmung der Mutter den unehelichen Vater zu ermitteln und die Vaterschaft durch gerichtliches Urteil festzustellen. Aus beiden Gesetzesvorlagen geht hervor, dass die von den Frauen geforderte rasche Regelung der Vermögensverhältnisse beider Elternteile, um die Unterhaltszahlungen für das Kind regeln zu können, zwar aufgenommen wurde – die konkreten Änderungsvorschläge richten sich jedoch gegen die Interessen der Frauen. Während von Seiten der Regierung die Ermessensentscheidung als Lösung vorgeschlagen wurde – der Alimentationsbeitrag somit im Hinblick auf die Bedürfnisse des Kindes und die Leistungsfähigkeit des außerehelichen Vaters zu bestimmen wären[68] – zögerte die Kommissionsvorlage, diesen Weg einzuschlagen und ging von der Annahme einer freiwilligen Verpflichtung des Vaters aus. Es könne nämlich der Fall eintreten, so die Argumentation, dass die Verhältnisse des Vaters es unmöglich machen, Unterhaltszahlungen zu leisten. Solange der Vater seinen Verpflichtungen also freiwillig nachkommt, sei von der Feststellung des Ausmaßes der Unterhaltspflicht abzusehen.[69] Der endgültig formulierte Paragraph[70] wurde den tatsächlichen Schwierigkeiten, denen Mutter und Kind ausgesetzt waren, nicht gerecht. Leopoldine Kulka forderte deshalb in ihrer Reaktion auf die Beschlussfassung eine Änderung der gesetzlichen Bestimmung: Die Feststellung der Vaterschaft solle nicht nur dann gefordert werden, wenn es „zur Wahrung der Rechte des Kindes" notwendig erscheint, sondern dass sie „unbedingt unter allen Verhältnissen" bestimmt werden müsse.[71]

* Einigkeit bestand bei Regierung und Kommission im Punkt der Unterstützungsbedürftigkeit der unehelichen Mutter während der Schwangerschaft und für die Zeit da-

---

68 Vgl. 29 der Beilagen der stenographischen Protokolle des Herrenhauses, 18. Session, 1907, 74.

69 Vgl. 78 der Beilagen zu den stenographischen Protokollen des Herrenhauses, 21. Session, 1912, 26.

70 §171: „Wenn es zur Wahrung der Rechte des Kindes nötig ist, hat das Gericht dafür Sorge zu tragen. daß die Vaterschaft im Wege der freiwilligen Gerichtsbarkeit anerkannt oder im Prozeßwege gerichtlich festgestellt werde.
Wird die Vaterschaft anerkannt, so hat das Gericht das Ausmaß der dem Vater nach dem Gesetze obliegenden Leistungen im Verfahren außer Streitsachen von Amts wegen festzustellen, wenn aber die Entscheidung von der Ermittlung streitiger Tatsachen abhängt, die mit den Mitteln des Verfahrens außer Streitsachen nicht festgestellt werden können, den Vormund zur Erhebung der Klage anzuweisen. Von der Feststellung des Ausmaßes der Unterhaltspflicht ist abzusehen, solange der uneheliche Vater seinen Pflichten in vollem Umfange freiwillig nachkommt oder es nach seinen Verhältnissen ganz ausgeschlossen ist, daß er zum Unterhalt etwas beizutragen vermag."

71 Vgl. Leopldine Kulka, „Die Forderungen der Frauen zur bevorstehenden Reform des allgemeinen bürgerlichen Gesetzbuches", in: Neues Frauenleben, Mai 1913, 15, 5, 117–24, 118.

nach.[72] Praktisch gab es bei dieser Befürwortung aber ein Problem, das bereits angesprochen wurde. Dadurch, dass der Kindesvater in den meisten Fällen bis zur Kindesgeburt nur als wahrscheinlicher Vater angenommen werden konnte, war auch keine rechtliche Verpflichtung zu Zahlungen einklagbar.

Unterschiedliche Auffassungen gab es bei der Durchführung der Zahlungsmodalität. Die Kommission lehnte eine Vorauszahlung des gesamten Betrages vor der Geburt ab. Grund dafür war das Bedenken der unehelichen Mutter gegenüber, die sich „unberechtigt bereichern" könnte, wenn das Kind nach der Geburt beispielsweise stürbe. Die Bestimmung gäbe geradezu „eine Aussicht auf Anreiz zur Erschleichung solcher Vorausleistungen". Der veränderte Paragraph sicherte sich daher gegen die „Gefahr des Mißbrauchs" ab.[73]

Scharfe Reaktionen kamen von der bürgerlichen Frauenbewegung, die kaum Schutz für die Mutter aus den Regelungen herauslesen konnte. Stattdessen wären ausbleibende Alimentationszahlungen in einer „Zeit, in der die Mutter in unzähligen Fällen keinen Erwerb findet", eine Farce. Und Marie Spitzer konterte auf den angeblich „unzüchtigen Lebenswandel" unehelicher Frauen, dass kaum anzunehmen sei, „daß eine Mutter, welche nicht durch die Not dazu gezwungen ist, die Sicherung des vom unehelichen Vater zu entrichtenden Betrages gerichtlich zu beantragen" so agieren würde.[74]

Ungeachtet der Einwände formulierte die Kommission auf Basis des umstrittenen §169 einen zusätzlichen Paragraphen, der dem Vater, bei Gefahr der nicht adäquaten Erziehung durch die Mutter, das Recht einräumt, das Kind von der Mutter zu trennen.[75]

---

72 Vgl. 29 der Beilagen der stenographischen Protokolle des Herrenhauses, 18. Session, 1907, 75ff und 78 der Beilagen zu den stenographischen Protokollen des Herrenhauses, 21. Session, 1912, 22f.

73 §168: „Schon vor der Geburt des Kindes kann das Gericht auf Antrag der Mutter, wenn sie dessen bedürftig ist und nicht einen unzüchtigen Lebenswandel führt, denjenigen, dessen Vaterschaft gemäß §163 glaubhaft gemacht wird, dazu verhalten, daß er den Betrag des dem Kindes zu gewährenden Unterhalt für die ersten drei Monate, sowie den gewöhnlichen Betrag der der Mutter nach §167 zu ersetzenden Kosten bei Gericht erlege."
§167: „Der Vater ist verpflichtet, der Mutter die Kosten der Entbindung sowie die Kosten ihres Unterhaltes für die ersten sechs Wochen nach der Entbindung und, falls infolge der Entbindung weitere Auslagen notwendig werden, auch diese zu ersetzen. Die Forderung ist mit Ablauf von drei Jahren nach der Entbindung verjährt."

74 Vgl. Spitzer, Reform, wie Anm. 51, 1f.

75 §169: "Solange die Mutter ihr uneheliches Kind, der künftigen Bestimmung gemäß, selbst erziehen will und kann, darf ihr dasselbe von dem Vater nicht entzogen werden; dessen ungeachtet muss er die Verpflegskosten bestreiten. Läuft aber das Wohl des Kindes durch die mütterliche Erziehung Gefahr, so ist der Vater verbunden, das Kind von der Mutter zu trennen und solches zu sich zu nehmen oder anderswo sicher und anständig unterzubringen."

Resumee

Um die Jahrhundertwende waren die Möglichkeiten für die österreichische bürgerliche Frauenbewegung zur Durchsetzung politischer Interessen begrenzt. Einzig das Petitionsrecht bot, ebenfalls unter gewissen Einschränkungen, die Adressierung frauenpolitischer Forderungen an den Gesetzgeber.

Am Beispiel dreier Petitionen aus den Jahren 1904, 1905 und 1907, die anlässlich der Revision des *ABGB* erarbeitet wurden, wurde der Formulierung und inhaltlichen Kritik am Ehe- und Familienrecht nachgegangen. Um die Forderungen gesetzeskonform und annehmbar zu machen, bedienen sich die Frauenvereine männlicher Mithilfe, über die Petitionsinhalte gemeinsam formuliert und oft über wohlgesinnte Abgeordnete und Regierungsvertreter ans Parlament übergegeben wurden – diese Strategie der bürgerlichen Frauenbewegung, die im Gegensatz zu jener der Proletarierinnen stand, erschien als eine Notwendigkeit, da den Petitionen nach österreichischem Recht keine Erledigungspflicht zukam. Inhaltlich bildete das Vormundschaftsrecht gewissermaßen eine Ausnahme in der Liste unerfüllt gebliebener Forderungen: Zum Teil wurden für (ledige) Mütter gesetzliche Verbesserungen geschaffen, letztlich blieben aber auch diese hinter den tatsächlich geforderten zurück.

Viele der bereits 1904 kritisierten Bestimmungen wurden erst in den 1970er-Jahren verhandelt und weisen bis in die Gegenwart inhaltlich idente Bezugspunkte zu den angeführten Petitionen auf: Die Diskussion hat trotz mancher Modifikationen über ein Jahrhundert lang nicht an Relevanz verloren.

Forum

Ehegüterrecht in Europa

Der *Code civil* in Frankreich

Anna Bellavitis

Um die Folgen des *Code civil's* für die Rechtssituation von Frauen darstellen zu können, ist es nötig in drei Schritten vorzugehen: Zunächst ist von der Fragmentierung des Rechts im *Ancien Régime* auszugehen, dann sind die Erneuerungen der revolutionären Epoche und schließlich der *Code Napoléon* selbst zu untersuchen, der den ersten Versuch darstellt die verschiedenen juridischen Traditionen, die es in Frankreich gab, zu vereinheitlichen.[1]

Rechtsverschiedenheiten im *Ancien Régime*

Eine erste große Unterscheidung ist zwischen den Gebieten des Gewohnheitsrechts (im Norden und Zentrum Frankreichs) und jenen, die vom römischen Recht beeinflusst waren (im Süden) zu treffen, die allerdings nach dem „Grand Coutumier royal" des 16. Jahrhunderts nicht mehr als eine Unterscheidung zwischen geschriebenem (römischen) Recht und „Gewohnheit" zu verstehen ist: Beide Rechtstypen beruhten auf niedergeschriebenem Recht. Emanuel Le Roy Ladurie[2] hat nicht zwischen zwei, sondern drei Rechtszonen unterschieden: Jener im Westen Frankreichs (Normandie, Bretagne, Maine, Anjou, Poitou), die auf Gleichheit und „Lignage", familiärer Abstammung beruhte und die durch die gleiche Teilung des Erbes unter den Kindern und der Gütertrennung zwischen den Ehegatten gekennzeichnet war. Zweitens jener des „Précipiteur" – das dem Recht

1 Es wurde ausschließlich französisch- und italienischsprachige Literatur herangezogen. Vgl. Louis Assier-Andrieu, L'unité théorique de la coutume et du Code: quelques remarques, in: Irène Thiéry u. Christian Biet, La famille, La loi, l'État, de la Révolution au Code civil, Paris 1989, 248–254; Joseph Goy, Le paradoxe de la codification, uniformité législative et diversité du monde rural, in: ebd., 255–260; Jean Bart, Il sera fait un code de lois civiles communes à tout le royaume, in: ebd., 261–273.

2 Vgl. Emanuel Le Roy Ladurie, Système de la coutume: structures familiales er coutumes d'héritage en France au XVIe siècle, in: Annales E.S.C., 4–5 (1972).

des Ältesten entsprach[3] – im Süden des Landes, nach der die Eltern den Erben auswählen konnten und wo das Dotalrecht des römischen Rechts herrschte; und schließlich der auf gleichen Rechten beruhenden „Zentrums"-Zonen, wo Söhnen und Töchtern die Entscheidung zwischen dem Erhalt einer Mitgift bei der Eheschließung oder eines Erbes bei Eintritt der Nachfolge freigestellt wurde; eine bereits erhaltene Mitgift musste in letzterem Fall zurückgestellt werden.[4] Zwischen den Ehepartnern gab es Gütergemeinschaft. In der Praxis waren die Rechte der Frauen jedoch viel geringer als jene der Männer, denn der Ehemann war der absolute Herr und kontrollierte die mobilen Güter seiner Frau, auch wenn sie nicht in der vertraglich festgelegten Gütergemeinschaft angeführt waren, wie auch ihre Immobilien, die jedoch im Besitz der Ehefrau verblieben.

Im Dotalregime ist die Ehefrau Besitzerin ihrer Mitgift, über diese verfügen kann jedoch nur der Ehemann. Der Einfluss des Gewohnheitsrechts des übrigen Frankreichs machte sich jedoch insofern bemerkbar als die Ehemänner auch als einzige über die Paraferналgüter der Ehefrauen verfügen konnten und im Falle ihres Verkaufs das ehemännliche Einverständnis eingeholt werden musste. Auch beim Nachfolgerecht hat die Rechtsgleichheit in der Praxis zur Ungleichheit geführt, wie dies im Raum des Gewohnheitsrechts der Fall war. Hier wurden verheiratete und mit Mitgift ausgestattete Frauen nur äußerst selten in der Nachfolge berücksichtigt. Und in der Normandie kennt das Prinzip der Rechtsgleichheit zwischen den Kindern zahlreiche Ausnahmen zuungunsten der unverheirateten Töchter.[5] In den Regionen, in denen das römische Recht überwog, behielten Söhne und Töchter hingegen gleiche Rechte in der väterlichen Erbfolge.[6] Unter den Juristen, die den neuen napoleonischen Code redigierten, waren alle drei Rechtstraditionen vertreten, aber es überwogen, nach langen Debatten und nach langem Zögern, die Rechtstraditionen des Zentrums mit Paris und Orléans, die „normales" Recht in ganz Frankreich wurden.[7]

Die französische Revolution und die Familie

Die Revolution hat das Problem der Familienrechtsreform vor allem von einem Problem her angegangen: der Unauflöslichkeit der Ehe, die ein zentrales Thema der aufgeklärten Diskussion am Ende des 18. Jahrhunderts war. Die Ehescheidung ist das erste konkrete Ergebnis der Anwendung der Revolutions-Prinzipien Freiheit, Gleichheit und der Laizität.[8] Nach der Veröffentlichung der Verfassung von 1791, in der betont wurde, dass „das Ge-

3 Vgl. auch Ladurie, système, wie Anm. 2.

4 Vgl. André Burguière u. Francois Lebrun, Les cent et une familles de l'Europe, in: André Burguière u.a., Histoire de la famille, 3, Paris 1989, 21–123, 78f.

5 Vgl. Jacqueline Musset, Le régime des biens entre époux en droit normand, du XVIe siècle à la Revolution, Caen 1997.

6 Vgl. Jean Portemer, Le statut de la femme en France depuis la réformation des coutumes jusqu'à la rédaction du Code civil, in: Receuils de la Société Jean Bodin pour l'histoire comparative des institutions, vol. XII/2, Bruxelles 1962, 447–497, 457f.

7 Vgl. Romuald Szramkiewicz, Histoire du droit francais de la famille, Paris 1995, 93.

8 Vgl. Dominique Dessertine, Le divorce sous la Révolution: audace ou nécessité, Lyon 1981; Francis Ron-

setz die Ehe ausschliesslich als bürgerlichen Vertrag betrachtet" und der laizistische bürgerliche Staat gegründet wurde, vermehrten sich die Petitionen – vor allem von Frauenorganisationen – die die Legalisierung der Ehescheidung forderten. Das Dekret vom 22. September 1792 führte die Zivilehe und die Ehescheidung ein, die auch auf Antrag nur eines Partners erfolgen konnte. In den zwölf Jahren, in denen das revolutionäre Recht in Kraft war (das heißt bis zur Einführung des *Code civil's* 1804), kamen 65% der Scheidungsanträge von Frauen.[9] Wenn man auch sagen kann, dass im Scheidungsrecht die Gleichheit der Ehepartner voll gegeben war, so lässt sich dasselbe nicht über die Folgen sagen: Die Frau ging all ihrer Rechte und Vorteile, die sich aus der Gütergemeinschaft ergaben, verlustig, wenn der Ehemann die Scheidung aus Gründen wie „Demenz, Geisteskrankheit, Furor" erreicht hatte, während dies für den umgekehrten Fall nicht galt.[10]

Andere Fragen, mit denen sich die revolutionäre Gesetzgebung auseinandersetzte, waren die Einführung der Adoption, die Aufhebung der Unterschiede zwischen legitimen und illegitimen Kindern und einem neuen Regime der Rechtsgleichheit in der Erbfolge. Nach dem Gesetz von 17. Jänner 1794 stellten die Familiengüter ein Ganzes dar, das in gleichen Teilen zwischen Söhnen und Töchtern verteilt werden musste; allerdings gab es noch die Möglichkeit über einen kleinen Teil frei zu verfügen (über ein Zehntel im Falle des Vorhandenseins von Kindern und über ein Sechstel, wenn ausschließlich Brüder und Schwestern vorhanden waren).[11]. Das Ehescheidungsgesetz und die Erbfolgeregelung können als Gewinn für die Frauen bezeichnet werden; noch wichtiger ist, im Bereich des Strafrechts, die Aufhebung des Verbrechens des Ehebruchs, der für Frauen zuvor viel härtere Strafen vorsah als für Männer.[12]

Allerdings wurden die Beziehungen innerhalb der Familie, insbesondere jene zwischen dem Ehepaar, von der revolutionären Gesetzgebung nicht verändert.[13] Die beiden ersten Entwürfe des *Code civil's*, die von Cambacérès 1793 und 1794 redigiert wurden, sahen neben der Aufhebung des Dotalregimes eine Gütergemeinschaft vor, die vom Paar gemeinsam verwaltet wurde. Beide Vorschläge wurden abgelehnt, was Cambacérès 1796 veranlasste einen Schritt zurück zu machen und in seinem dritten Entwurf an das „Naturrecht" zu appellieren. Und der vierte, 1799 von Jacqueminot präsentierte Entwurf, hat Ehefrauen entschieden und nachdrücklich jede juridische Autonomie untersagt. Auch bei

sin, Indissolubilité du l'institution du divorce au cours de la période révolutionnaire, in: Thiéry/Biet, famille wie Anm. 1, 335–339.

9 Vgl. Szramkiewicz, histoire, wie Anm. 7, 80; Elisabeth Philipp, Le divorce à Paris sous la Révolution. Les effets de la loi à travers les plaintes déposées auprès des commissaires de police et auprès des sections entre 1790 et 1793, in: Thiéry/Biet, famille, wie Anm. 1, 335–339.

10 Vgl. Portemer, statut, wie Anm. 6, 483.

11 Vgl. Jacques Poumarède, La législation successorale de la Révolution entre l'idéologie et la pratique , in: Thiéry/Biet, famille, wie Anm. 1, 167–182.

12 Vgl. Portemer, statut, wie Anm. 6, 457f.

13 Vgl. Pierre Murat, La puissance paternelle et la Révolution française: essai de régénération de l'autorité des pères , in: Thiéry/Biet, famille, wie Anm. 1, 390–411; Jacques Mulliez, Pater is est ...La source juridique de la puissance paternelle du droit révolutionnaire au Code civil, in: ebd., 412–431; Michèle Bordeaux, Le maitre et l'infidèle. Des relations personnelles entre mari et femme de l'ancien droit au Code civil, in: ebd., 432–446 und auch Jean Delumeau u. Daniel Roche Hg., Histoire des pères et de la paternité, Paris 2000, darin bes. Jacques Mulliez, La volonté d'un homme, 289–327.

der Autorität über die Minderjährigen zählte der Vater vor der Mutter, der Ehemann vor der Ehefrau. Bei der Heirat eines minderjährigen Sohnes erachtete das Dekret vom September 1792 den väterlichen Konsens als ausreichend, während der dritte Entwurf von Cambacérès und dann jener von Jacqueminot, Frauen von der Vormundschaft ausschlossen – mit Ausnahme der Mutter und der Großmutter; im Falle des Vorhandenseins von männlichen Verwandten desselben Verwandtschaftsgrades, wurden diese aber bevorzugt.[14]

In einigen Aspekten also spiegelte die revolutionäre Familiengesetzgebung Reformelemente aus dem aufgeklärten Diskurs wider[15] und hatte auch konkrete Vorschläge der feministischen Bewegung der Zeit aufgegriffen. Im Bereich der politischen Rechte, wurden diese Forderungen komplett ignoriert und ihnen auch vehement widersprochen.[16]

Der Code Civil von 1804

Der im Jahr 1804 erlassene *Code Civil* umfasst drei Bücher, welche das Personenrecht, das Sachenrecht und die verschiedenen Arten des Eigentumsrechts behandeln. Das Familienrecht findet sich verstreut sowohl im ersten (Zivilstand, Ehe, Scheidung, Kindschaftsrecht, Vormundschaft etc.) als auch im dritten Buch (Erbrecht, Schenkungen und Testamente, Eheverträge etc.). Der neue Kodex war nicht „Ausdruck des Volkswillens, wie es die Gesetze der Revolution sein konnten", sondern das Ergebnis eines Diskussionsprozesses auf höchster Ebene, dem gegenüber sich „die Repräsentanten des Volkes zu beugen hatten".[17] Bei den sogenannten „Vätern des Code Civil" – Tronchet, Portalis, Bigot de Préameneu und Maleville – handelte es sich um vier katholische Juristen, die noch im *Ancien Régime,* aber auch zur Zeit der Revolution politische und gerichtliche Funktionen inne hatten, und die sich unbeschadet bis zum napoleonischen Konsolat hatten halten können. Aus verschiedenen Regionen stammend, verkörperten sie die unterschiedlichen französischen Rechtstraditionen, zwischen denen ein neuer Kompromiss gefunden werden musste. Auch Cambacérès, Treillard und Siméon waren bei der Ausarbeitung des *Code* beteiligt, sie vor allem hatten großen Einfluss auf die Haltung von Napoleon selbst. Vieles ist über den tiefsitzenden Antifeminismus des Ersten Konsuls geschrieben worden, über den Einfluss seiner „meridionalen" Herkunft und seiner ehelichen Probleme für das Zustandekommen eines Staatsgesetzes: „Er dachte an nichts anderes als sich selbst und an seine dynastischen Ambitionen; es ist eine Schande, daß das Schicksal der Institutionen eines Landes so eng mit den Erfahrungen eines von seiner un-

14 Vgl. Portemer, statut, wie Anm. 6, 490–492.

15 Vgl. André Burguière La famille et l'État. Débats et attentes de la société française à la veille de la Révolution, in: Thiéry/Biet, famille, wie Anm. 1, 147–156.

16 Die Literatur zu diesem Thema ist unermesslich, vgl. dazu beispielsweise Christine Faure, La démocratie sans les femmes. Essai sur le libéralisme en France, Paris 1985; Dominique Godineau, Citoyennes tricoteuses. Les femmes du peuple à Paris pendant la Révolution française, Aix-en-Provence 1988; Geneviève Fraisse, Muse de la Raison. Démocratie et exclusion des femmes en France, Paris 1995 (1989); Gabriella Bonacchi u. Angela Groppi, Il dilemma della cittadinanza. Diritti e doveri delle donne, Bari 1993; Joan Scott, La citoyenne paradoxale. Les féministes françaises et les droits de l'homme, Paris 1998 (1996);

17 Szramkiewicz, histoire, wie Anm. 7, Kap. 5 „Le Code civil napoléonien", 91–115, 92.

fruchtbaren Frau betrogenen Ehemannes abhängt."[18] Selbstverständlich lagen die Dinge in Wahrheit nicht so einfach – letztlich verschärften sich unter Napoleon nur jene reaktionären Tendenzen, die sich schon während des Direktoriums gezeigt hatten und sie waren ganz offensichtlich Ausdruck einer weitverbreiteten Mentalität.

Der neue Kodex gründete sich zwar auf einige wesentliche Grundprinzipien der Revolution[19], die nicht in Frage gestellt wurden – wie etwa die Laizität (Zivilehe und Scheidung blieben erhalten: war letztere vielleicht ein besonderes Anliegen des Ersten Konsuls?), die Individualität (im Sinne der Opposition gegen die traditionellen Rechte des „Lignaggio", das heißt Abstammung beziehungsweise Sippe) –, aber es betonte in aller Deutlichkeit autoritäre Aspekte (in der Beziehung zwischen Mann und Frau, in der Rolle des Vaters gegenüber den Kindern) und unterschied sich, was die Rechte der Frauen betrifft, grundlegend von den revolutionären Errungenschaften, wie beispielsweise in Fragen der unehelichen Kinder oder des Ehebruchs.[20]

Die Ehe blieb also „laizistisch", sie war ein „ziviler" Vertrag. Dennoch war für die Eheschließung die Einwilligung der Eltern erforderlich – bis zum Alter von 25 Jahren für Männer und bis 21 Jahre für Frauen. Waren die Eltern unterschiedlicher Meinung, gab die Ansicht des Vaters den Ausschlag. Die Scheidung wurde ebenfalls beibehalten, doch das Verfahren wurde schwieriger und mühsamer, weswegen das Scheidungsrecht im Kaiserreich auch äußerst selten in Anspruch genommen wurde. Der *Code* unterschied zwischen natürlichen und unehelichen Kindern („adulterini" beziehungsweise „incestuosi" – Kindern aus Ehebruch beziehungsweise Blutschande) von denen nur erstere das Recht auf einklagbare Kindschaft hatten und als Erben anerkannt werden konnten. Der wesentlichste Unterschied, der eine massive Verschlechterung der rechtlichen Situation von Frauen, selbst gegenüber der Lage im *Ancien Régime* bedeutete, lag darin, dass die Mutterschaft zwar ausgeforscht und eingeklagt werden konnte, nicht aber die Vaterschaft – ein Rechtsgrundsatz, der dazu diente, „einen jungen Mann vor den Forderungen seiner Geliebten zu schützen".[21] Die „väterliche Gewalt", ein Ausdruck, der von der revolutionären Gesetzgebung abgeschafft worden war, erschien im *Code* von 1804 wieder; diese verlieh dem Vater auch explizit die entscheidende Autoritätsmacht gegenüber seiner Ehefrau (art. 213: „Der Ehemann ist verpflichtet, seine Ehefrau zu schützen, die Ehefrau schuldet dem Ehemann Gehorsam") und den Kindern. Dem Vater stand auch das Recht zu, die Kinder bis zu ihrer Volljährigkeit zu strafen. Darüber hinaus verschärfte das neue Recht die Strafen für Vatermord[22]. Die Regelungen hinsichtlich des Ehebruchs waren, wie im *Ancien Régime,* für Männer und Frauen verschieden: Der Ehemann galt nur dann als schuldig, wenn er unter dem ehelichen Dach eine Konkubine hielt, und seine Strafe bestand in einer schlichten Entschädigung. Die Ehefrau hingegen, deren Ehebruch „sehr viel gefährlicher" war, weil dadurch möglicherweise „das Kind eines Fremden in die

18 Jean Carbonnier, zit. nach Szramkiewicz, histoire, wie Anm. 7, 92.

19 Zur „Genealogie" der neuen Kodifikation vgl. André-Jean Arnaud, La référence à l'école du droit naturel moderne: les lectures des auteurs du Code civil français, in: Thiéry/Biet, famille, wie Anm. 1, 3–10.

20 Über die „Genealogie" der neuen Kodifikation vgl. Szramkiewicz, histoire, wie Anm. 7, 95–100.

21 Szramkiewicz, histoire, wie Anm. 7, 100.

22 Szramkiewicz, histoire, wie Anm. 7, 97–99, 107.

Familie eingeführt werde", konnte in eine Besserungsanstalt eingewiesen werden, selbst wenn sie „die Tat" nur ein einziges Mal „begangen" haben sollte.[23] Patrimoniale Vermögensfragen nahmen im *Code Civil* ebenfalls breiten Raum ein. Hinsichtlich der Nachfolge herrschte der durch die Revolution eingeführte Gleichheitsgrundsatz vor, aber es gab nun mehr Freiheit in den testamentarischen Regelungen. Auch wurden die Rechte der Kinder gegenüber jenen der übrigen Verwandtschaft gestärkt.

Die größten Veränderungen betrafen hingegen die vermögensrechtlichen Bestimmungen zwischen Eheleuten, ein Bereich, in welchem die revolutionären Regelungen – angesichts der Verschiedenheit der Rechte und Gewohnheiten im *Ancien Régime* – zu keinen bleibend neuen Lösungen gefunden hatten. Der *Code Civil* führte demgegenüber in dieser Frage eine traditionale Rechtsform wieder ein: die der ehelichen Gütergemeinschaft, die – entsprechend dem zentralfranzösischen Gewohnheitsrecht – man nur durch einen Vertrag vor der Eheschließung außer Kraft setzen konnte. Die Gemeinschaft von „Mobiliar und Zugewinn" (meubles et acquets) sah drei verschiedene Arten von Vermögen vor: das Vermögen der jeweiligen Ehepartner (Immobilien und Erbfolge) und das gemeinsame Vermögen. Alle drei wurden vom Ehemann verwaltet, ebenso das Eigentum der Frau. Im Falle eines beabsichtigten Verkaufs musste die Ehefrau allerdings befragt werden. Wenn die Eheleute hingegen auf dem Vertragswege Gütertrennung vereinbarten, blieb das Vermögen (das ererbte ebenso wie das während der Ehe erworbene) im jeweiligen Eigentum des betreffenden Ehepartners: Zudem verwalteten beide unabhängig voneinander – zumindest in der Theorie – ihr eigenes Vermögen. De facto freilich gab im Normalfall die Ehefrau die Verwaltung ihres Vermögens an den Ehemann ab. Man konnte auch ein Mitgiftsystem wählen, in welchem die Frau Eigentümerin ihrer Paraphernalgüter blieb und diese auch selbst verwaltete, während sie ihre Mitgift der Verwaltung ihres Mannes überantwortete.[24] In Südfrankreich wurde de facto bis in die Mitte des 19. Jahrhunderts hinein am System der Mitgift festgehalten: In Aix-en-Provence beispielsweise kamen vor der Revolution 46 Prozent der Eheschließungen auf der Grundlage der Mitgift zustande, im Jahr 1810 waren es 50 Prozent, im Jahr 1855 immerhin noch 30 Prozent aller Ehen. In einem industrialisierten und rohstoffreichen Gebiet wie dem Becken von Fauveau/Gardanne nicht weit von Aix wurden in den Jahren 1785 und 1810 50 Prozent der Eheschließungen auf der Grundlage von vorangegangenen Mitgiftverträgen vollzogen, im Jahre 1850 war dieser Prozentsatz sogar noch höher und erreichte 58 Prozent.[25] Als Ergebnis eines „realistischen Kompromisses zwischen dem Gewohnheitsrecht des Ancien Régime und der utopischen Gesetzgebung der Französischen Revolution" wurde der *Code Civil* im Jahr 1804 in einen ideologisch und politisch völlig veränderten und erneuerten gesellschaftlichen Kontext hinein erlassen, zu dessen Grundlagen er tatsächlich und eigentlich im Widerspruch stand: Das hierarchische und autoritäre Familienmodell, welches der *Code* aus der hierarchischen und autoritären Gesellschaft des *Ancien Régime* übernommen hatte, widersprach den Gleichheitsprinzipien und den indi-

23 Vgl. Szramkiewicz, histoire, wie Anm. 7, 99–100.

24 Szramkiewicz, histoire, wie Anm. 7, 108–113.

25 Vgl. Nicole Arnaud-Duc, Le droit et les comportements, la genèse du titre V du livre III du Code civil: les régimes matrimoniaux, in: Thiéry/Biet, famille, wie Anm. 1, 183–194.

viduellen Rechtsgrundsätzen der neuen bürgerlichen Gesellschaft des 19. Jahrhunderts; die rechtliche und politische Entmachtung der Frau, die innerhalb eines Rechtssystems von Ungleichheit und Partikularrechten „normal" gewesen sein mochte, wandelte sich nun, innerhalb der neuen bürgerlichen Gesellschaft, zum „Paradigma des Ausschlusses".[26]

Aus dem Italienischen von Brigitte Mazohl-Wallnig und Edith Saurer

26 Vgl. Roger Rotmann, Postface, in: Thiéry/Biet, famille, wie Anm. 1, 515–516. Zur Rechtsstellung der Frauen im Frankreich des 19. Jahrhunderts vgl. u.a. Nicole Arnaud-Duc, Le contraddizioni del diritt", in: Georges Duby u. Michelle Perrot Hg., Storia delle donne, L'Ottocento (gemeinsam mit Geneviève Fraisse und Michelle Perrot), Bari 1991, 51–88.

Neue Rechte, alte Pflichten

Die Rezeption des *Code Napoléon* zu Beginn des 19. Jahrhunderts in Italien

Manuela Martini

Nach den Auswirkungen des *Code Napoléon* auf die italienische Gesellschaft – die zwar erst ein halbes Jahrhundert später als solche bezeichnet werden kann – zu fragen, heißt auch, das Konzept „Familie“, auf das sich die Protagonisten der italienischen Einigung von 1861 dann stützen, einer Reflexion zu unterziehen.[1] Der *Code Napoléon* hat sowohl in den Gesetzgebungen der restaurierten Staaten als auch in den Bürgerlichen Gesetzbüchern nach der Einigung – der Jahre 1865 und 1942 – deutliche Spuren hinterlassen. Darüber hinaus griff er direkt in gesellschaftliche Grundlagen – wie die Erbfolge und das Verhältnis zwischen den Ehegatten –, die sich im Laufe der Frühen Neuzeit herausgebildet hatten, ein und fungierte auf der italienischen Halbinsel als mächtiges Instrument auf dem Weg in die Moderne.

Dass diese neue Gesetzeslage nur von kurzer Dauer war, steht in keinem direkten Verhältnis zur Bedeutung der napoleonischen Zeit als institutioneller Bruch: Die Einführung des *Code* erwies sich selbst in den reaktionärsten Staaten als irreversibel.[2] Knapp zehn Jahre lang war das Gesetzbuch in Kraft, als es im Königreich Italien bereits wieder abgeschafft wurde.

Erlassen im Jahr 1803 und ab 1804 in Frankreich und den annektierten italienischen *Departements* gültig, wurde der *Code Napoléon* schrittweise auch in den anderen Gebieten der Halbinsel eingeführt. Im Jahr 1806 hatten weite Teile des italienischen Südens, das Königreich Italien eingeschlossen, die selben Normen als Grundlage, die ab 1809 auch das Königreich Neapel übernahm.[3] Damit einte die zivile Gesetzgebung die Halbinsel – ein Umstand, dem generell gesehen einige Bedeutung beizumessen ist. Komple-

1 Für Anregungen und reichhaltiges Material vgl. Raffaele Romanelli, Individuo, famiglia e collettività nel codice civile della borghesia italiana, in: Raffaella Gherardi u. Gustavo Cozzi Hg., Saperi della borghesia e storia dei concetti fra Otto e Novecento, Bologna 1995, 351–399.

2 Zum Einfluss des *Code* auf die Gesetzbücher der Restaurationszeit vgl. Paolo Ungari, Il diritto di famiglia in Italia, Bologna 1970; Pietro Vaccari, Corso di storia del diritto italiano, Milano 1975.

3 In Parma wurde der *Code Napoléon* bereits im Jahr 1805 eingeführt, im Königreich Italien, in Venedig, Lucca und Piombino im Jahr 1806, in der Toskana und im ehemaligen Herzogtum Modena im Jahr 1808,

xer gestaltet sich allerdings das Aufspüren konkreter Auswirkungen. Dieser Beitrag konzentriert sich vor allem auf die neue Konfiguration der Beziehung zwischen den Ehegatten und allgemeiner der Beziehungen innerhalb der Familie, wie sie von der napoleonischen Gesetzgebung entworfen wurden. In einem weiteren Schritt sollen die Folgeerscheinungen der neuen Gesetzeslage auf die Handlungsoptionen innerhalb der Familien auf Basis empirischer Befunde überprüft werden.

1. Ein Rückblick

Auch wenn der *Code Napoléon* keine zehn Jahre lang in Kraft war, griff er ziemlich einschneidend in die Ausgestaltung des Verhältnisses zwischen Vätern und Kindern und insbesondere zwischen Männern und Frauen ein, sowohl was die Ebene der Beziehung zwischen den Personen als auch jene hinsichtlich des Vermögens betrifft.[4]

Aus der großen Vielfalt an Rechtsformen, die vormals in den verschiedenen italienischen Staaten des *Ancien Régime* Geltung hatten, lassen sich zumindest zwei Aspekte als gemeinsame Nenner ausmachen: zum einen das katholische Ehemodell, wie es vom Konzil von Trient festgelegt worden war, zum anderen das Mitgiftsystem, das mit der ehelichen Gütertrennung gekoppelt war.[5] In beiden Belangen vertrat der *Code Napoléon* eine völlig andere Auffassung. Das Interesse dieses Beitrages gilt vor allem dem zweiten Themenbereich, der Mitgift, über den in den letzten zwanzig Jahren historisch viel gearbeitet wurde. Den Rahmen für die Möglichkeiten des Zugangs zu Besitz konturieren Aktionsräume und deren Grenzen sowie die relative Autonomie der Frauen in den Familien der Ehemänner in Anbetracht des weithin dominanten Musters der virilokalen Residenz, dem zufolge die Ehefrau in das Haus des Mannes einzog. Die geschlechtsspezifischen Identitäten definierten sich dabei aus der Interaktion zwischen den Geschlechtern, die aus der Sicht der Frauen zwar asymmetrisch war, aber nicht nur im Zeichen der Unterwerfung zu sehen ist.

Mitgift und Erbfolge

Die Mitgift war integrativer Bestandteil eines Konzepts von Verwandtschaft und familialer Reproduktion, die in ihren Grundzügen durch die Frühe Neuzeit hindurch unverändert blieb. Sie war auch untrennbar mit der Durchsetzung patrilinearen Abstammungsdenkens in den gehobenen Gesellschaftskreisen – die ihrerseits für den Inhalt von Stadt- und Landesordnungen verantwortlich zeichneten – verbunden.[6] Die Mitgift konstituierte die rechtliche Grundlage für den Ausschluss der Frauen vom Besitz ihrer Herkunftsfamilie. Denn

im Königreich Neapel im Jahr 1809 und in den beim Kirchenstaat verbleibenden Territorien im Jahr 1812; vgl. Vaccari, corso, wie Anm. 2, 24.

4 Vgl. Ungari, diritto, wie Anm. 2, 88.

5 Vgl. Ungari, diritto, wie Anm. 2, 33–66; vgl. auch Michela De Giorgio u. Christiane Klapisch-Zuber Hg., Storia del matrimonio, Roma/Bari 1996; Daniela Lombardi, Matrimoni di antico regime, Bologna 2001.

6 Vgl. Jack Goody, The Development of the Family and Marriage in Europe, Cambridge 1983; Diane O. Hughes, From Brideprice to Dowry in Mediterranean Europe, in: Journal of Family History, 3, 3 (1978), 262–296; Christiane Klapisch-Zuber, La famiglia e le donne nel rinascimento a Firenze, Roma/Bari 1988,

eine mit Mitgift ausgestattete Frau verlor den allermeisten italienischen Stadtordnungen zufolge im Falle einer Erbregelung *ab intestato,* das heißt, wenn kein Testament vorlag, jeden Anspruch auf ein Erbe aus dem Familienvermögen. Dieser Ausschluss galt beispielsweise in wichtigen Handelszentren wie Florenz und Bologna und bezog sich sowohl auf die direkte Linie als auch auf die Seitenlinie. Doch soll nicht unerwähnt bleiben, dass es auch einige Ausnahmen gab, die zumindest für das Vermögen von Seiten der Mutter gleiche Erbteile für Söhne und Töchter vorsahen – wie beispielsweise venezianische Statuten oder friderizianische Verfassungen, die im Großteil des Königreichs Neapel in Kraft waren. Einige Städte allerdings – allen voran Neapel selbst – führten auch hier mittels verschriftlichter Gewohnheitsrechte bereits im ausgehenden Mittelalter das Prinzip des Ausschlusses der mit Mitgift ausgestatteten Frauen ein, und zwar auch in der Seitenlinie.[7]

Grundlagen der Ehe im *Ancien Régime*

Gütertrennung und Mitgiftsystem, die nicht notwendigerweise gekoppelt sein müssen, regelten das Verhältnis zwischen den Ehegatten in den italienischen Staaten des *Ancien Régime*. Ausnahmen gab es nur wenige, und zwar in klar umschriebenen Gebieten: Sizilien, Sardinien und Istrien.[8]

Wie bereits dargelegt, war die Mitgift der zentrale Faktor im Erbsystem, der den Ausschluss der Frauen aus der väterlichen Erbfolge bedingte. In Bezug auf das Verhältnis zwischen den Ehegatten war sie ein Vermögen, ein Ensemble an Gütern, welches die Frau zur Unterstützung des ehelichen Haushaltes einbrachte. Dies entspricht der römisch-rechtlichen Definition, die von den Rechtsgelehrten des Mittelalters aufgegriffen wurde, in die juristischen Abhandlungen der Frühen Neuzeit einging und so bis zum *Code Napoléon* des Jahres 1804 wirksam war. Insofern konstituierte die Mitgift gemeinsam mit dem Status und dem Prestige einer Familie ein entscheidendes Element in den Vertragsverhandlungen im Vorfeld einer Eheschließung. Deshalb waren diese auch von einem Akt der Zur-Schau-Stellung vornehmlich der obligaten Aussteuer und Ausstattung begleitet.[9]

285–303; Thomas Kuehn, Law, Family and Women. Toward a Legal Anthropology of Renaissance Italy, Chicago/London 1991, 238–266, 363–374.

7 Zuletzt dazu erschienen ist unter anderem Anna Bellavitis, Identité, mariage, mobilité sociale. Citoyennes et citoyens à Venise au XVIe siècle, Roma 2001, 145–154; Isabelle Chabot, La loi du lignage. Notes sur le système successoral florentin (XIVe–XVe, XVIIe siècles), in: Clio. Histoire, femmes, sociétés, 7 (1998), 51–72; Maria Elisabetta Baldassarre, Né per obbligo, né per amore. Sistema dotale e regime patrimoniale tra i coniugi nella Venezia napoleonica, in: Atti dell'Istituto Veneto di Lettere, Scienze e Arti, CLII (1993–94), 451–520; Annunziata Berrino, L'eredità contesa. Storie di successioni nel Mezzogiorno prenapoleonico, Roma 1999; darauf sei auch für weitere bibliographische Angaben verwiesen.

8 Vgl. Ungari, diritto, wie Anm. 2.

9 Vgl. Christiane Klapisch-Zuber, La „madre crudele". Maternità, vedovanza e dote nella Firenze dei secoli XIV–XV, in: dies., famiglia, wie Anm. 6; Chabot, loi, wie Anm. 7; Ida Fazio, Valori economici e valori simbolici: il declino della dote nell'Italia dell'Ottocento, in: Quaderni storici, 79 (1992), 291–316; Manuela Martini, Rapports patrimoniaux et crédit dans les ménages nobles. Dot et apanage des femmes à Bologne au XIXe siècle, in: Clio. Histoire, femmes, sociétés, 7 (1998), 155–176.

In welcher Form die Mitgift auch immer übergeben wurde, seien es liegende Güter oder Mobilien, in jedem Fall war der Ehemann für deren Verwaltung zuständig und konnte auch Gewinne daraus ziehen – im mittelalterlichen Florenz genauso wie im Neapel des späten 18. Jahrhunderts. Bei der Mitgift handelte es sich ausnahmslos um ein unveräußerliches Vermögen, das mit dem Ende der Ehe entweder der Frau oder anderen Anspruchsberechtigten zurückerstattet werden musste. Dies erklärt die verbreitete Einrichtung des *lucro maritale*, der mit unterschiedlichsten zusätzlichen Vertragspunkten zwischen den zukünftigen Eheleuten zu spezifizieren war und dem Ehemann für den Fall, dass die Ehe kinderlos geblieben war, einen Anspruch zubilligte. Je nach Kontext konnte der Witwer so einen bestimmten Anteil der Mitgift einbehalten, der sich zwischen einem Viertel und ihrer Gesamtheit – wie in der frühneuzeitlichen Toskana etwa – bewegte.[10]

In den Jahren 1796 und 1797 fegten die französischen Heere mit ihren Vorstößen einen guten Teil dieser jahrhundertealten Praxis hinweg. Die jakobinischen Republiken, die gleich im Anschluss an den ersten napoleonischen Feldzug (1796–1799) entstanden waren, trafen rasch eine Reihe von Maßnahmen, die vom Geist der republikanischen Verfassung des Jahres 1795 – beziehungsweise nach damaliger Zeitrechnung des Jahres III – getragen waren. Überall wurde als erstes und trotz der fortbestehenden zersplitterten Verwaltung der Fideikommiss abgeschafft.[11] Nach einer Übergangsphase wurde für eine generelle Besserstellung der Erbrechte von Frauen und weichenden Geschwister gesorgt, wenn auch nicht überall eine Gleichstellung der Frauen in diesem Punkt zu erreichen war.[12] Allgemein gesehen, agierten die Führungskräfte der sogenannten jakobinischen Republiken nach einem ersten Überschwang vergleichsweise vorsichtig, insbesondere was religiöse Domänen betraf. Nur die *Repubblica italiana* führte die Zivilehe ein. Eindeutig war hingegen auch hier die Ablehnung der Gütergemeinschaft, die fast überall übergangen wurde, und vor allem die Ablehnung der Ehescheidung. Rund um diese entfachten sich lebhafte Diskussionen, und unterschiedlich motivierter Widerstand von Seiten der lokalen Führungsgruppen machte sich breit.[13]

2. Nach der Einführung des *Code Napoléon*

Rechte und Pflichten der Frauen

Die Verfasser des *Code* machten ein Prinzip zur Grundlage: In der Ehe sind die Beziehungen, die das Vermögen betreffen, den Beziehungen zwischen den Personen unterzuordnen, und zwar gemäß dem Grundsatz, dass der Ehemann Schutz zu gewähren

10 Vgl. Chabot, loi, wie Anm. 7; Mirella Scardozzi, Tra due codici: i contratti dotali nella Toscana preunitaria, in: Giulia Calvi u. Isabelle Chabot Hg., Le ricchezze delle donne. Diritti patrimoniali e poteri familiari in Italia (XIII–XIX secc.), Torino 1998, 95–120.

11 Vgl. Ungari, diritto, wie Anm. 2, 69.

12 Vgl. Ungari, diritto, wie Anm. 2, 73ff.

13 Vgl. Ungari, diritto, wie Anm. 2, 82.

und die Ehefrau Gehorsam zu leisten habe – festgelegt wurde dies im berühmten Artikel 213. Bekanntlich war die Meinung des Kaisers in diesem Punkt ausschlaggebend.[14]

Die Ehe ist unter dem V. Titel des I. Buches „Von den Personen" behandelt. Einige der hier enthaltenen Bestimmungen, vor allem die Zivilehe und die Ehescheidung, waren für jene italienischen Gebiete neu, die zuvor keine jakobinische Verfassung hatten.[15]

Der staatliche Charakter der Zivilehe wurde nicht zuletzt durch den vorgeschriebenen Ablauf unterstrichen – darunter auch das Verlesen des *Code* im Rahmen der Zeremonie, das auf ein rituelles Sanktionieren des staatlichen Zugriffs abzielte. Dieser Eingriff war in Hinblick auf die Scheidungsgründe und auf die Bestimmungen zum Ehebruch unzweideutig geschlechtsspezifisch geprägt. Die aufgelisteten Rechte und Pflichten der Ehegatten kreisten um das Prinzip der Vormachtstellung des Ehemannes.

Das massive Ungleichgewicht zugunsten des Mannes im neu definierten Ehepaar hatte auch in Bezug auf die Autorität der Väter, sofern sie noch am Leben waren, nicht unerhebliche Folgen: Für Männer war bis zum Alter von 25 Jahren und für Frauen bis zum Alter von 21 Jahren die väterliche Zustimmung zur Heirat erforderlich. Dies ist, ebenso wie die obligaten Respektbezeugungen auch über diese Altersgrenzen hinaus, in Anbetracht des eigentlich emanzipatorischen Charakters einer Eheschließung nicht als rein formaler Aspekt anzusehen.[16] Der Ehemann wurde damit zur ‚Führungsspitze' im ‚Unternehmen Ehe' sowohl auf moralischer als auch auf ökonomischer Ebene.

Die Vermögens-Verhältnisse zwischen Ehemann und Ehefrau

Im *Ancien Régime* konnten Frauen die Paraphernal-Güter – nur mit Ausnahme des Verbots der Verpfändung seitens Dritter, was auch den Ehemann mit einschloss[17] – frei verwalten. Im Vergleich dazu brachten die neuen Regelungen aus Sicht der Frauen entschieden einen Verlust an Autonomie mit sich, der nach der italienischen Einigung im Bürgerlichen Gesetzbuch von 1865 nicht zufällig fortgeschrieben wurde.[18]

Die Vermögens-Verhältnisse zwischen den Ehegatten sind im *Code* mit allen anderen Besitz-Regelungen gemeinsam abgehandelt. Die Gesetzgebung griff dabei in zwei sensible Bereiche ein: Sie regelte die Vermögens-Verhältnisse zwischen den Ehegatten und sah gleiche Erbteile für Frauen und Männer bei Intestats-Erbfolge vor. Für den Fall, dass ein Testament vorlag, galt das Recht auf den Pflichtteil für Erben beiderlei Geschlechts. Von besonderer Tragweite im Vergleich zu den normativen Vorgaben des *Ancien Régime* war das Verbot, Verträge abzuschließen, die den im *Code* festgelegten Rechten der Erbinnen und Erben zuwider liefen. Die selbständige Verwaltung durch Frauen war stark

14 Vgl. Ungari, diritto, wie Anm. 2, 87.

15 Vgl. Ida Fazio, Complicità coniugali. Proprietà e identità nella Torino napoleonica, in: Quaderni storici, 98 (1998), 333–360; Baldassarre, obbligo, wie Anm. 7.

16 Vgl. Ungari, diritto, wie Anm. 2, 88f; für einen empirischen Fall vgl. Baldassarre, obbligo, wie Anm. 7, 455.

17 Auf die Bedeutung dieser Norm des römischen Rechts der Kaiserzeit, den Senatus Consultum Velleiano, hat etwa Fazio, Complicità, wie Anm. 15, 340f, hingewiesen.

18 Die Machtposition des Ehemannes in diesem Bereich wurde erst im Jahr 1919 abgeschafft.

eingeschränkt, auch wenn sie für den Fall, dass sich die Eheleute für eine Gütertrennung entschieden hatten, zugelassen war: Die Ehefrau durfte keine immobilen Güter veräußern und sie durfte auch nicht ohne Ermächtigung von Seiten des Ehemannes beziehungsweise falls Uneinigkeiten vorlagen, von Seiten des Richters bei Gericht auftreten.

Eine von diesen Regelungen abweichende Handhabung der Mitgift oder die Gütertrennung waren an die Abfassung eines Heiratskontraktes gebunden. Zur Mitgift bestand nun keine Verpflichtung mehr, sondern sie wurde zu einer Form von vorgezogener Erbschaft. Damit veränderte sich das rechtliche und soziale Empfinden dieser Institution gegenüber grundlegend. Besitz und Verwaltung der Güter stand einer, sich im Mittelalter herausgebildeten Tradition zufolge, nach wie vor dem Mann zu. Und es handelte sich um ein Vermögen, das zurückerstattet werden musste und gewissermaßen als Ausgleich zu den Verwaltungskompetenzen auf männlicher Seite durch eine, wenn auch verborgene, Hypothek auf den ehemännlichen Gütern geschützt war.

Die Rezeption: Bearbeitungen und Anpassungen am Beginn des Jahrhunderts

Trotz der autoritären Züge, die in juristischen und historischen Studien auch aufgezeigt wurden, brachte der *Code Napoléon* einen Innovationsschub mit sich, der allerdings nicht sogleich zum Tragen kam. Vielfach wurde bereits auf Widerständigkeiten und kreative Aneignungsformen verwiesen, welche die soziale Praxis kennzeichnen.[19] So zeigen Untersuchungen, dass die Gütergemeinschaft nicht durchgesetzt werden konnte – weder in der napoleonischen Toskana, wo der *Code* im Jahr 1808 eingeführt worden war, noch in Bologna oder Venedig, wo ihm eine etwas längere zeitliche Dauer beschieden war.[20] Die Leute, die sich in den genannten Städten an einen Notar wandten, lehnten die Gütergemeinschaft in der Mehrheit ab. Darüber hinaus scheint das Bedürfnis, dieses aufgezwungene Ehegüter Modell zu umgehen, bewirkt zu haben, dass auch Heiratswillige aus den mittleren und unteren sozialen Schichten, die sich bis dahin auf private Formen von Vereinbarungen beschränkt hatten, vermehrt den Gang zum Notar antraten. Aus verschiedenen Beweggründen, aber mit dem selben Ergebnis, zogen es Adel wie Kaufleute vor, die Vermögensrechte von Männern und Frauen zu trennen. Als eine weitere durchgehende und Usancen früherer Epochen aufgreifende Praxis taucht in den Mitgiftverträgen der wichtigsten italienischen Städte der Verweis auf Testamente auf, in denen die Töchter ersucht wurden, die Mitgift als Pflichtteil anzuerkennen.

Die Omnipräsenz der Abstammungslinien, die auch jene Verträge durchzog, welche die ökonomische Selbständigkeit des neuen Haushaltes konstituieren sollten, verlief parallel zu einer wahren Explosion von Respektbezeugungen – und diese waren nicht nur in Zusammenhang mit einer Heirat erforderlich, sondern auch im Fall einer Scheidung.

Notariats- und Gerichtsakten spiegeln auf allgemeinerer Ebene die Komplexität des neuen rechtlichen Kontextes wider. So wurde in Verträgen etwa der Verzug bei der Aus-

19 Vgl. Fazio, Complicità, wie Anm. 15.

20 Vgl. Fazio, Complicità, wie Anm. 15; Scardozzi, codici, wie Anm. 10; Baldassarre, obbligo, wie Anm. 7, Manuela Martini, Doti e successioni a Bologna nell'Ottocento. I comportamenti patrimoniali del ceto nobiliare, in: Quaderni storici, 92 (1996), 269–304.

zahlung der Mitgift formalisiert, mit dem Ziel die Verwaltungsfreiheit des Ehemannes über die Gesamtheit des Mitgift-Vermögens der Frau einzuschränken. Neuere Studien zielen daher weniger darauf ab, Kontinuitäten festzustellen, sie unterstreichen vielmehr die Spannungsfelder zwischen den neuen Normen und der Praxis. Aus diesem Ansatz erklärt sich auch das große Interesse, das HistorikerInnen den Brüchen zu Beginn des 19. Jahrhunderts entgegen bringen: Sicher tauchen immer wieder dank der von den Notaren gefundenen Mittel und Wege, sie mit dem *Code* zu vereinbaren, alte Formen in den Verträgen auf, doch wird gleichzeitig auch das neue Repertoire an gesetzlichen Bestimmungen genutzt.[21] So waren auch eheliche Solidaritäten auszumachen, die im Vergleich zum *Ancien Régime* eine klarer umrissene Familie entstehen ließen, die aber von den Prinzipien der Marktökonomie, die den Geist der neuen Gesetzgebung bestimmten, noch fern war. Frauen konnten sich so als richterliche Instanzen sehen, die ihre Mitgift-Rechte gegenüber den Kreditoren verteidigten und oft von den Ehemännern dazu ermächtigt wurden.[22]

Schön ist am Beginn des 19. Jahrhunderts – in Verträgen aus Bologna beispielsweise – auch die Persistenz von typischen Institutionen des intermediären Rechts zu sehen wie des bereits angesprochenen *lucro maritale*. Dieser repräsentiert nicht nur eine Kontinuität zur Vergangenheit, sondern stellt zugleich auch eine aktuelle Antwort auf Härten des *Code Napoléon* dar, nach dem der überlebende Ehegatte im Fall von Kinderlosigkeit keinerlei Rechte auf das Erbe des verstorbenen Ehegatten hatte.[23] Hierbei handelt es sich um eine breitere Palette an Optionen, die sich manches Mal auch in Richtung der Verwaltungsfreiheit von Frauen jenseits des Willens des Ehemannes erweitern ließ. In Extremfällen und auf gerichtliches Einschreiten hin konnten sie sich auch für eine Trennung ihrer Vermögensangelegenheiten entscheiden. Sicherlich handelte es sich dabei um eine kleine Minderheit, um Pionierinnen einer neuen, durch den Status als Besitzerinnen definierten Identität, die es vorerst nur an den Rändern der bürgerlichen Gesellschaft gab. Von der Norm her wurde die durch eine Heirat entstandene ökonomische ‚Keimzelle' vom Ehemann getragen. Die ihm im neuen Ehe-Modell zugesprochene Vormachtstellung – die nicht nur vom Gesetzgeber so gedacht war, sondern auch die Praxis entsprechend geformt hat – ist keine simple Verlagerung der Geschlechterhierarchien aus dem *Ancien Régime*, sondern ein Handlungs-Instrumentarium, angepasst an eine Welt, die auf ökonomische Prinzipien einer – der Idee nach – unbegrenzten und geschlechtsspezifisch konnotierten Rationalität ausgerichtet ist.

Aus dem Italienischen von Margareth Lanzinger

21 Vgl. Fazio, Complicità, wie Anm. 15, 334f ; Scardozzi, codici, wie Anm. 10, 96.

22 Fazio, Complicità, wie Anm. 15, 335; Scardozzi, codici, wie Anm. 10, 116f.

23 Als ab dem Jahr 1865 der Fruchtgenuss von den Gütern des verstorbenen Ehegatten möglich wird, verschwindet dieser Anspruch, der *lucro maritale*, aus den Verträgen; vgl. Martini, doti, wie Anm. 20, 294f.

Zur Genese der Stellung der Ehefrau im österreichischen Allgemeinen bürgerlichen Gesetzbuch

Margret Friedrich

Das „Allgemeine bürgerliche Gesetzbuch für die gesammten Deutschen Erbländer der Oesterreichischen Monarchie" trat mit 1.1.1812 in Kraft. Es gilt als geprägt von der Handschrift bürgerlicher Juristen, deren Vorstellungen dann das Zusammenleben der bürgerlichen Gesellschaft des 19. Jahrhunderts (mit-)bestimmten. Dabei wird oft übersehen, dass der Kodifikationsprozess bereits 1753 mit einer Anordnung Maria Theresias eingeleitet worden war und (Zwischen-)Ergebnisse gezeitigt hatte, die partiell Gültigkeit erlangten: 1787 das Personenrecht des „Bürgerlichen Allgemeinen Gesetzbuches" Josephs II. für alle seine Erbländer[1], 1797 das gesamte Gesetzbuch für West- und Ostgalizien. Ziel Maria Theresias war keineswegs eine bürgerliche Gleichstellung gewesen. Im Vordergund stand vielmehr, die lokal, regional und schichtspezifisch äußerst unterschiedlichen Gepflogenheiten im privatrechtlichen Bereich zu vereinheitlichen, um ihre Erbländer besser regierbar zu machen, deren wirtschaftlichen Austausch zu fördern und sie so zu einem Staatsgebiet zu verbinden, sowie auch, die Regulierungen des Umgangs der Untertanen miteinander nach ihren Vorstellungen zu gestalten. Angesichts dieser Prämissen ist zu vermuten, dass sich im Laufe des Kodifikationsprozesses Veränderungen weniger in den Beziehungen der Geschlechter als im Verhältnis Länder – Gesamtstaat und Kirche – Staat abspielten.[2] Dabei wäre die Ausgangslage für die Entwicklung eines partnerschaftlichen Eherechts und die Mitwirkung der Frau als Familienernährerin so schlecht nicht gewesen. Die mit der Kodifikation des Privatrechts befassten Juristen waren aufrechte Vertreter des Naturrechts und des Vertragsgedankens. Das Naturrecht aber bietet keine Argumentationshilfen für eine Diskriminierung des weiblichen Geschlechts, der Vertragsgedanke geht von zwei gleichberechtigten Partnern aus. Und die im ersten Kodifikationsentwurf, dem „Codex Theresianus", noch vorhandene Vorstellung vom Hausstand benötigte zur Leitung des Hauswesens nicht nur den Hausvater, sondern auch die Hausmutter, die ihm dabei und in seinem „Nahrungsstand" behilflich sein mußte. In der dem ersten Entwurf voraus-

1 Das Eherecht war unter Joseph II. bereits 1783 für alle Erbländer einheitlich geregelt worden.

2 Die Kirche hatte mit dem Laterankonzil von 1215 und dem am Schluß des Tridentinums verabschiedeten, unter den teilnehmenden Bischöfen umstrittenen „Decretum Tametsi" die zur Schließung einer gültigen Ehe verbindlichen Normen verabschiedet. Martin Luther lehnte den sakramentalen Charakter der Ehe ab, definierte sie als „weltlich Ding", allerdings hatte die weltliche Obrigkeit eine christliche zu sein.

gehenden Zusammenstellung des Landrechts für das Erzherzogtum Österreich war die Ehefrau daher nicht als „Gehülfin“, sondern als „unabtrennliche Mit-Gesellin, Lebens-Gefährtin und Theilhaberin des Standes, Würden, Vorrechten des Mannes, auch guten und widrigen Glückes“ bezeichnet worden.[3]

Das ganze Vorhaben stand jedoch auch im Spannungsfeld von Durchsetzung vertragsrechtlicher Gleichheitsvorstellungen und Sicherung bestehender Vorherrschaften. So waren die Juristen bemüht, im Eherecht die männliche Vorherrschaft und im Kindschaftsrecht die „patria potestas“ zu garantieren. Oberster Grundsatz war und blieb daher, dass der Mann das Haupt des Hauses beziehungsweise der Familie sei. Außerdem wurde gefordert, in diesen zwischenmenschlichen Bereichen möglichst wenig explizit zu regeln, da es sich um „Selbstverständlichkeiten“ handle. Von Selbstverständlichkeiten wurde immer dann gesprochen, wenn man rechtliche Regulierungen vermeiden wollte, um bestehende Machtverhältnisse nicht anzutasten.[4]

Vom Hausstand zur Familie

Geht man von der Annahme aus, dass sprachlicher Wandel Indikator und Faktor gesellschaftlichen Wandels ist, so lassen die Überschriften der Kapitel, welche die wesentlichen Paragraphen zum Eherecht enthalten, einen massiven mentalen und sozialen Wandel vermuten.[5] Im „Codex Theresianus“ finden sich im Kapitel über den Hausstand wesentliche Aussagen zum Eherecht und, gesondert, im Kapitel „Von Ehebindnissen“.[6] Bereits im folgenden Entwurf tauchen die Begriffe „Hausstand“, „Hausvater“ und „Hausmutter“ nicht mehr auf. Man sprach zunächst „Von den Rechten zwischen Mann und Weib“[7],

3 Österreichisches Staatsarchiv, Allgemeines Verwaltungsarchiv, Oberste Justiz, Hofkommission, K 28, U 18/12. Allerdings folgte auch hier der Satz, dass die Ehefrau zwar „mit beyder willen“ das Haus ihres Ehemannes betrete, sich aber mit diesem Schritt „auf gewisse Art“ in seine Gewalt begebe, die ihm als „Haupt des Hauses“ zustehe.

4 Dieser Aufsatz geht von einem Teilkapitel meiner noch unveröffentlichten Habilitationsschrift „Vom Umbau der ständischen in die bürgerliche Gesellschaft mithilfe des Rechts. Eine diskursgeschichtliche Untersuchung zu österreichischen Privatrechtstexten 1753–1811“ aus und hält sich eng an die Quellentexte. Auf eine ausführlichere Literaturdiskussion wurde aus Platzgründen verzichtet, da diese im Forschungsüberblick gegeben wird.

5 Zur Begriffs- und Diskursgeschichte vgl. u.a. Reinhart Koselleck Hg., Historische Semantik und Begriffsgeschichte, Stuttgart 1978; ders., Sprachwandel und Ereignisgeschichte, in: Merkur 43, (1989), 657–673; Achim Landwehr, Geschichte des Sagbaren. Einführung in die historische Diskursanalyse, Tübingen 2001; Hans E. Boedeker Hg., Begriffsgeschichte, Diskursgeschichte, Metapherngeschichte, Göttingen 2002; Carsten Dutt Hg., Herausforderungen der Begriffsgeschichte, Heidelberg 2003.

6 Codex Theresianus, hg. und mit Anmerkungen versehen von Dr. Philipp Harras Ritter von Harrasowsky, I, Wien 1883. Der erste Entwurf des personenrechtlichen Teils des „Codex Theresianus“ lag 1755 vor, seine überarbeitete Form 1758, 1766 war der komplette Text mitsamt Kundmachungspatent fertigstellt.

7 Vgl. Codex Theresianus, hg. und mit Anmerkungen versehen von Dr. Philipp Harras Ritter von Harrasowsky, IV, Entwurf Horten, Wien 1886. 1771 wurde der Konzipist des Staatsrates und Kaunitz-Vertrauten Binder, Bernhard Horten, mit der Überarbeitung beauftragt, sein Entwurf des personenrechtlichen Teils lag bereits 1773 vor.

„Von den Rechten zwischen Eheleuten"[8], dann, den Gesellschaftsvertragsgedanken betonend, von der „ehelichen Gesellschaft"[9] und schließlich, im *ABGB*[10], dem Abstraktionsprozeß in der Rechtssprache folgend, „Von dem Eherecht". Ab den Diskussionen zum *ABGB* erscheint die Familie im Sinne der bürgerlichen Zwei-Generationen-Kleinfamilie. Die Zwischengewalt des Hausstandes mit ihren speziellen Machtverhältnissen war verabschiedet, der Wandel vom Hausstand zur Familie, von der Hauswirtschaft zum Haushalt vollzogen, das Eherecht wurde personalisiert, die Ehe gewissermaßen staatsunmittelbar.

Jedoch sollte das Eherecht nicht nur wegen der darin festgeschriebenen Herrschaftsverhältnisse seinen besonderen Charakter innerhalb des Privatrechts bewahren: Um 1800 wurde im Zuge von Ausdifferenzierungsprozessen vehement die Trennung von Recht und Moral, Recht und Religion, Privatrecht und öffentlichem Recht gefordert und damit die Eliminierung aller dementsprechenden Paragraphen aus der angestrebten Privatrechtskodifikation betrieben, vor allem derer, die Aussagen zum Verhältnis Bürger – Staat trafen. Für das Eherecht hingegen schien die Verbindung von Recht und Religion, Recht und Moral, privaten und öffentlichen Belangen unabdingbar notwendig. Zur freudigen Erfüllung aller ehelichen Aufgaben und Pflichten galt die Religion als unverzichtbare Grundlage.[11] Und die Ehen sollten die „Pflanzschulen" sein, „woraus der Staat seine künftigen Bürger erwartet".[12]

Die Ehe war ab dem josephinischen Eherecht von 1783 primär als bürgerlicher Vertrag eingestuft.[13] Als ihre wesentliche Funktion sah man weiterhin – die Tradition des kanonischen Rechts war nun mit kameralistischen Vorstellungen im Einklang – die Zeugung und Erziehung von Kindern. Erst Anfang der 1790er Jahre tauchte als neue Aufgabe und Qualität der Ehe auf, sich „wechselseitige Hilfe" zu leisten.[14] Bei den Vorarbeiten zum *ABGB* galt als Ehezweck zwar ebenfalls die Zeugung von Kindern, diese sollten aber auch eine gute Erziehung erhalten. Dafür seien „Liebe oder innigste Geselligkeit" der Eheleute, vertrauter Umgang miteinander und „unzertheiltes Interesse" nötig. Bei Zeiller finden sich in Ansätzen aber auch die für das 19. Jahrhundert typisch werdenden Aufgabenzu-

8 Vgl. Patent vom 1. November 1786. Bürgerliches Allgemeines Gesetzbuch. Erster Theil, in: Handbuch aller unter der Regierung des Kaisers Joseph des II. für die k.k. Erbländer ergangenen Verordnungen und Gesetze, 10 Bd., Wien 1788, 301–441.

9 Vgl. Codex Theresianus, hg. und mit Anmerkungen versehen von Dr. Philipp Harras Ritter von Harrasowsky, V., Entwurf Martini, Wien 1886. Martini legte seinen Entwurf 1792 vor.

10 Vgl. Allgemeines bürgerliches Gesetzbuch für die gesammten Deutschen Erbländer der Oesterreichischen Monarchie, Wien 1811.

11 Wortführer dieser Ausdifferenzierung der Rechtsbereiche war der für die Texterstellung des *ABGB* maßgebliche Referent Franz von Zeiller. Die besondere Situation des Eherechts thematisierte er in den Beratungen (vgl. Anm. 12) und in seinem Kommentar zum *ABGB*, ders., Commentar über das allgemeine bürgerliche Gesetzbuch für die gesammten Deutschen Erbländer der Oesterreichischen Monarchie, I–IV, Wien 1811–1813.

12 Vgl. Julius Ofner Hg., Der Ur-Entwurf und die Berathungs-Protokolle des Oesterreichischen Allgemeinen bürgerlichen Gesetzbuches, 1, Wien 1889, 67.

13 Vgl. Verordnung vom 16. Jänner 1783, §1, in: Joseph des Zweyten Römischen Kaisers Gesetze und Verfassungen im Justiz-Fache im vierten Jahr seiner Regierung.

14 Vgl. Codex Theresianus, wie Anm. 9, Entwurf Martini, Drittes Hauptstück, §1.

weisungen und Verhaltensmaßregeln, wie „Erwerbung und Schutz von Seite des Mannes" und „Sorge für das Hauswesen von Seite des Weibes", „Herrschaft und großmüthige Behandlung von Seite des Mannes", „sanfte Nachgiebigkeit von Seite der Frau".[15]

Eine der wesentlichen Änderungen im Eherecht war die Abschaffung der Rechtsverbindlichkeit von Verlöbnissen. Nach kanonischem Recht begann die Ehe mit dem beiderseitigen Eheversprechen. Es hatte sich eingebürgert, im Zusammenhang damit auch gleich die Absprachen über die Besitzverteilung in den Ehepakten zu treffen. Verlöbnisse wurden nicht nur als persönliche Angelegenheit, sondern als Angelegenheit des Gemeinwohls betrachtet. In den 1770er Jahren und schließlich mit Beginn der Alleinregierung Josephs II. kam die Verpflichtung zur Einhaltung von Eheversprechen in Diskussion. Mit dem Patent vom 30. August 1782 wurden alle Verlöbnisse für unverbindlich erklärt, „da Eheverlöbnisse weder für den Staat noch für den Privaten nützlich, sondern vielmehr für beide in Rücksicht auf die gezwungenen Ehen schädlich sind".[16] Ziel waren „ersprießliche" Ehen, also Ehen, in denen viele Kinder geboren und zu arbeitsamen und tüchtigen Untertanen erzogen wurden. In den späteren Diskussionen setzte sich jeweils diese josephinische Variante durch, auch wenn davor gewarnt wurde, wankelmütiger Gesinnung Vorschub zu leisten.[17] Schließlich führte man noch die juristische Argumentation an, keinem Vertrag müsse ein Vorvertrag des Inhalts vorausgehen, dass man einen solchen eingehen wolle. Ein weiteres Argument gegen die Rechtsverbindlichkeit von Verlöbnissen ergab sich aus einer neuen Sicht von Ehe: Nicht mehr die Wirtschaftsgemeinschaft, auch nicht mehr die „ersprießliche" Ehe stand im Vordergrund, sondern die auf Achtung, Liebe, Harmonie, wechselseitigem Vertrauen basierende Ehe. Diese Änderungen hätten Frauen nicht anders als Männer tangiert, wenn beide bei Verlobung beziehungsweise Eheschließung in der Lebenswirklichkeit gleichwertige Partner gewesen wären. Da es aber zur „Bestimmung" der Frau gehörte, Ehefrau und Mutter zu sein, waren Frauen in ganz anderem Maß auf ein Eheversprechen (und dessen Verbindlichkeit) angewiesen.

Stein des Anstoßes blieben die von der katholischen Kirche nach ihrem Verständnis von der Ehe als einem Sakrament, das sich die beiden Partner spenden, als gültig, aber separat geführten heimlichen Ehen oder Gewissensehen, die für Frauen durchaus Vorteile haben konnten, z.B. wenn ein Mann gegen den Willen seiner Familie eine ihm nicht ebenbürtige Frau heiraten oder eine Witwe die ihr zustehende Versorgung nicht verlieren wollte.

---

15 Vgl. Franz von Zeiller, Das natürliche Privat-Recht, Wien 1819², 197.

16 Vgl. Patent vom 1. November 1786, wie Anm. 8, Drittes Hauptstück, §§1, 2 sowie Allgemeines bürgerliches Gesetzbuch, wie Anm. 10, §45.

17 Vgl. Codex Theresianus, wie Anm. 9, Entwurf Martini, 26f, Fußnote 2.

Herrschaftsverhältnisse ...

Bei den innerehelichen Herrschaftsverhältnissen hat sich im Betrachtungszeitraum nichts geändert. Im „Codex Theresianus" erlangte der Ehemann durch die Eheschließung eine „Art der Gewalt" über seine Ehefrau, die jedoch „nach der Vernunft, Anständigkeit und Billigkeit gemäßiget und an die göttliche, geistliche und weltliche Gesetze gebunden sein muss". Dieses Herrschaftsverhältnis verpflichtete den Ehemann dazu, die Ehefrau „seinem Stande gemäß zu ernähren und zu unterhalten", sie gerichtlich und außergerichtlich zu vertreten und sie zu schützen. Die Ehefrau erscheint also nur als zu versorgendes und zu schützendes Objekt, eine Festlegung, die in krassem Gegensatz zur hausmütterlichen Lebenswirklichkeit stand. Die Ehefrau durfte Namen und Wappen des Mannes führen, seiner Ehren und Würden teilhaftig werden und bei seinem Tod die „wittiblichen Vorrechte" genießen. Sie mußte aber auch ihrem Ehemann an seinen Wohnsitz folgen, unterstand der für ihn zuständigen Gerichtsbarkeit und hatte ihm in seinem Nahrungsstand und in der Haushaltung „alle Hilfe" zu leisten.[18] Auch wenn der folgende Entwurf „Von den Rechten zwischen Mann und Weib" sprach, war dieser Abschnitt inhaltlich fast wortgleich vom „Codex Theresianus" übernommen! Joseph II. ließ als Alleinherrscher im Eherecht die innerhäusliche Hierarchie straffen, seinen absolutistischen Staatsvorstellungen entsprechend strikt auf die Alleinherrschaft des Ehemannes und Vaters ausrichten – dem dann der Staat allmählich Kompetenzen entziehen konnte. Die Kommission wollte 1785 die Notwendigkeit der Zustimmung der Mutter zur Eheschließung des Kindes festschreiben, drang damit aber nicht durch,[19] auch das *ABGB* blieb dieser josephinischen Sicht verpflichtet. Ebensowenig erfolgreich war der Vorschlag, im Gesetzestext solle explizit ausgeführt werden, dass es der Ehefrau unbenommen sei, sich einen anderen Vertreter als ihren Ehemann zu wählen. Dies sei eine Selbstverständlichkeit – wieder eine Selbstverständlichkeit, die ins Hintertreffen geriet, da sie eben nicht im Gesetz festgeschrieben war.[20]

Der Ausdruck „Gewalt" kam allmählich aus der Mode beziehungsweise verlor er die frühere Bedeutung der „Amtsgewalt", doch änderte sich faktisch nichts, wenn man nun formulierte, dass dem Ehemann als Haupt der ehelichen Gesellschaft deren „Leitung" zustehe. Während zum Beispiel Karl Anton von Martini in seinen Lehrbüchern das Verhältnis der Eheleute beziehungsweise der Eltern zu den Kindern ziemlich konsequent naturrechtlich und damit auf die Ehe als gleiche Gesellschaft, auf die Gleichberechtigung der Geschlechter zielend, durchspielte, ein häusliches Miteinander zeichnete, beide Eheleute als die „Eltern und Herren", als die „Oberen" bezeichnete,[21] ist in seinem Gesetzesent-

18 Vgl. Codex Theresianus, hg. und mit Anmerkungen versehen von Dr. Philipp Harras Ritter von Harrasowsky, I, Caput II, §4, num. 67–70.

19 Vgl. Codex Theresianus, wie Anm. 7, Entwurf Horten, 46, Fußnote 18. War der Vater verstorben, so waren nur der Großvater väterlicherseits beziehungsweise der Vormund gefragt. Nach der internen Logik war dies folgerichtig, da der Vater bei Meinungsverschiedenheiten sowieso das letzte Wort hatte, und die Mutter keine vollwertige Vormundschaft übernehmen konnte. Nach *ABGB* benötigen Großvater beziehungsweise Vormund auch die behördliche Zustimmung zu ihrer Entscheidung.

20 Vgl. Codex Theresianus, wie Anm. 7, Entwurf Horten, 41, Fußnote 9.

21 Vgl. Des Freyherrn von Martini Lehrbegriff des Natur-, Staats- und Völkerrechts, Zweyter Band, Wien 1784, 187, 212, 214.

wurf nichts dergleichen zu finden. Allerdings ist dieser im Vergleich zum josephinischen Gesetzestext abgemildert. Die Ehefrau „soll" ihrem Mann an seinen Wohnsitz folgen, sie hat „die von ihm getroffenen Maßregeln, insoweit die Hausordnung es erfordert, willfährig [zu] befördern, auch ihres Ortes [zu] beobachten".[22] In der folgenden Diskussion wurde der Gesetzestext Martinis denn auch als zu partnerschaftlich befunden: Man solle wieder formulieren, dass der Ehemann „eine Art Gewalt" über seine Frau habe, dass er keine Vollmacht zur Vertretung seiner Ehefrau benötige, ja, dass er zur gerichtlichen und außergerichtlichen Vertretung seiner Ehefrau verpflichtet sei.[23] Diese Forderungen konnten so nicht mehr durchgesetzt werden, wohl aber wurde explizit formuliert, dass der Ehemann das „Haupt" der ehelichen Gesellschaft sei, und aus obiger Soll-Bestimmung zur Wohnortnachfolge wurde wieder eine Muß-Bestimmung.[24] In den Gesetzestexten bestehen blieb, dass die Frau primär nicht sich selbst vertrete, sondern von ihrem Ehemann vertreten werde. Nur wenn sie dieser Vertretung durch ihren Ehemann ausdrücklich widersprach, konnte sie sich selbst vertreten oder jemand anderen wählen. Die Martinische Formulierung, die Ehefrau solle die von ihrem Ehemann getroffenen Maßregeln „willig befördern, auch wohl selbst befolgen", wurde als zu „prekarisch" eingestuft.[25] Es erfolgte daraufhin mit „Sie ist verbunden … sowohl selbst zu befolgen, als befolgen zu machen" eine rigorosere Textierung, die so ins *ABGB* einging.[26]

Der Ehemann wurde also auch im Eherecht des *ABGB* zum „Haupt der Familie" erklärt.[27] Nach *ABGB* hatte die Ehefrau ihren Ehemann immer noch „in der Haushaltung und Erwerbung" zu unterstützen,[28] es wäre somit für sie ein Anteil an der Familienernährerrolle möglich gewesen. Allerdings legte Zeiller in seinem Kommentar zum *ABGB* hierfür schon den Schwerpunkt auf die speziell weiblichen Arbeiten des Hauswesens.[29]

Im Verhältnis zwischen Eltern und Kindern findet sich bereits im „Codex Theresianus" das Schwanken zwischen dem Reden über Rechte und Pflichten der Eltern und der Ausformulierung der „väterlichen Gewalt". In den Diskussionen zum *ABGB* forderte der Referent Franz von Zeiller immer wieder die Festschreibung eines einvernehmlichen Vorgehens der Eltern, denn damit werde auch die Ehrfurcht gegen die Mutter stabilisiert, deren Einfluß gedeihlich für die Erziehung sei, weil sich die Frauen „auf mehrere Gegenstände der Erziehung, vorzüglich auf die sanftere und vollständigere Art der Ausführung der Vorschriften, gewöhnlich besser als die Männer verstehen".[30] Dies gelang ihm für die ersten zehn Paragraphen des Kindschaftsrechts. Dann allerdings wurde auch im *ABGB* festgelegt: „Die Rechte, welche vorzüglich dem Vater als Haupt der Familie zustehen, machen die väterliche Gewalt aus."[31] Im Verhältnis zu den ehelichen Kindern war also die „väter-

---

22 Codex Theresianus, wie Anm. 9, Entwurf Martini, Drittes Hauptstück, §6.
23 Vgl. Codex Theresianus, wie Anm. 9, Entwurf Martini, 27, Fußnote 4.
24 Vgl. Allgemeines bürgerliches Gesetzbuch, wie Anm. 10, §92.
25 Vgl. Ofner, Ur-Entwurf, wie Anm. 12, I, 73f. Prekarium: i.d. Rechtssprache Vergünstigung.
26 Vgl. Allgemeines bürgerliches Gesetzbuch, wie Anm. 10, §92.
27 Vgl. Allgemeines bürgerliches Gesetzbuch, wie Anm. 10, §91.
28 Vgl. Allgemeines bürgerliches Gesetzbuch, wie Anm. 10, §92.
29 Vgl. Zeiller, Commentar, wie Anm. 11, 254 f.
30 Ofner, Ur-Entwurf, wie Anm. 12, 141.
31 Allgemeines bürgerliches Gesetzbuch, wie Anm. 10, §147.

liche Gewalt" ausschlaggebend, auch dann, wenn „Von den Rechten zwischen Aeltern und Kindern" gesprochen wurde.[32] Der Mann als das „Haupt des Hauses" hatte das letzte Wort. Allerdings erlangte er seine „väterliche Gewalt" nicht aufgrund seiner biologischen Vaterschaft, sondern infolge eines Vertrags, nämlich des Ehevertrags, eines Legitimations- oder eines Adoptionsvertrags. Die Ehefrau und Mutter hatte keine Möglichkeit, die Vaterschaft des Ehemannes bei einem ehelich geborenen Kind (die Fristen innerhalb derer ein Kind nach der Eheschließung beziehunsgweise Eheauflösung geboren sein mußte, um als eheliches zu gelten, waren im Gesetzestext genau festgelegt) zu bestreiten. Aussagen der Mutter allein hatten auch nach *ABGB* nicht die Kraft, dem Kind das Recht auf die Ehelichkeit zu entziehen.[33]

Diese väterliche Gewalt reichte über den Bestand der Ehe hinaus – der Vater konnte testamentarisch, auch am Willen der Mutter vorbei, seinen Kindern den Vormund bestimmen.[34] In allen Texten wurden die Kinder immer schon nach dem Verlust des Vaters als „Waisen" bezeichnet. Dass die Mutter selbständiger Vormund sein beziehungsweise eigenständig einen benennen konnte, schien nach diversen Landrechten und den ersten Diskussionen nicht völlig ausgeschlossen. Darauf ging man jedoch nicht mehr ein. Die Mutter konnte zwar die Vormundschaft übernehmen, benötigte aber auf jeden Fall einen Mitvormund, der sie, auch wenn dies etwas dezenter formuliert war, überwachte. Nach *ABGB* ging die Vormundschaft, so der verstorbene Vater nichts anderes angeordnet hatte, zunächst an den Großvater väterlicherseits und erst dann an die Mutter.[35] Das Recht, testamentarisch einen Vormund zu ernennen, blieb der Mutter ebenfalls verwehrt, da man von ihr nicht „die gleiche Einsicht" wie beim Vater erwarten könne.[36] Trotzdem galt die Mutter immer als „die wahre und Hauptvormünderin".[37] Die Spannung zwischen rechtlich-patriarchaler Ordnung und Lebenswirklichkeit blieb also auch hier bestehen. Andere Frauen wurden nicht zur Vormundschaft zugelassen. Sie sollten verschont bleiben von der „schwere[n] Bürde des vormundschaftlichen Amts".[38] Aus Zeillers Kommentar ist zu entnehmen, dass es seiner Ansicht nach den Frauen an den nötigen Kenntnissen für dieses Amt fehlte. Dass im Gesetzestext des *ABGB* lediglich die Formulierung, Frauen seien „in der Regel" nicht zur Übernahme einer Vormundschaft zugelassen, enthalten war, wurde im ganzen 19. Jahrhundert bei der Anwendung dieses Paragraphen nicht berücksichtigt.[39] Heiratete die Mutter wieder, so hatte sie dies auch nach *ABGB* der Behörde anzuzeigen, die dann entschied, ob man ihr die Vormundschaft belassen könne. Man befürchtete, dass sie ihre Verantwortung für die Kinder aus

32 Und zwar in allen dem „Codex Theresianus" folgenden Gesetzestexten.

33 Vg. Allgemeines bürgerliches Gesetzbuch, wie Anm. 10, §§156–158. 1907 wurde den Kindern die Bestreitung der ehelichen Geburt zugestanden, der Mutter aber weiterhin nicht!

34 Die Vormundschaft war eigentlich eine öffentliche Angelegenheit. Da sie aber auch das Verhältnis zu den Kinder beziehungsweise zu Mutter und Kindern betraf, wurde sie im Privatrecht abgehandelt.

35 Allgemeines bürgerliches Gesetzbuch, wie Anm. 10, §§198, 199.

36 Zeiller, Commentar, wie Anm. 11, 417–422.

37 Vgl. Codex Theresianus, wie Anm. 7, I, Caput IV, §II, num. 74, 78.

38 Codex Theresianus, wie Anm. 7, I, Caput VI, §III, num. 125.

39 Vgl. Allgemeines bürgerliches Gesetzbuch, wie Anm. 10, §192; Zeiller, Commentar, wie Anm. 11, I, 417.

der vorhergehenden Ehe nicht mehr so ernst nehme.[40] Für die Wiederverheiratung eines Vaters war dies kein Thema!

… und ihre Legitimationen

Die Rechtfertigung der Herrschaft des Ehemannes über die Ehefrau und der Vorrangstellung des Vaters vor der Mutter blieb schwierig: Schon bei den Vorarbeiten zum „Codex Theresianus" war den Juristen klar, dass die Vorrangstellung des Vaters begründungsbedürftig war, da Vater- und Mutterschaft die „gleiche natürliche Ursach" hätten. Man konstatierte daher, dass bei allen Völkerschaften die Väter „für das Haupt und Regierer des Hauß Standes gehalten werden, und in gemein mehrere Erfahrenheit und Geschicklichkeit als die Mütter zu Verpfleg- und Besorgung der Kinder und deren Habschaft besizen".[41] Ab den Diskussionen zum Codex Theresianus wurde die Vorrangstellung des Vaters und seiner „väterlichen Gewalt" vor der Mutter mit seiner Position als Haupt des Hauses begründet, im „Codex Theresianus" selbst mit den weltlichen Gesetzen, die dem Vater diese Vorrangstellung zuschreiben. Der Mutter hatten die Kinder „nach dem Vater" Gehorsam zu leisten.[42]

Josephs Rechtslehrer Christian August von Beck, der seinem Erzherzog-Schüler noch ein frauenfreundlicheres Modell vorstellte, als dieser dann in seinen Gesetzen zur Geltung brachte, verwies auf die „göttlichen und menschlichen Positiv-Gesetze", nach denen der Mann das „Haupt der Familie" sei – eine angreifbare Argumentation, denn gerade auf die göttlichen Gesetze hatte sich John Locke Jahrzehnte früher zur Legitimation der Gleichstellung der Geschlechter in diesem Zusammenhang berufen, während die menschlichen Gesetze als veränderbar galten. Immerhin sah Beck die Stellung der Hausväter nach dem Gesellschaftsvertrag schon beschränkt, im Stand der natürlichen Freiheit hätten sie annähernd die Vorrechte der höchsten Gewalt genossen.[43] Diesem Gedanken folgend hätte es nach Beck auch im Stand der natürlichen Freiheit schon Herrschaftsverhältnisse gegeben, beziehungsweise wären Frauen nie in den Genuß der natürlichen Freiheit gekommen. Auch Karl Anton von Martini ging davon aus, dass der Gesellschaftsvertrag bereits von den Hausvätern abgeschlossen worden war. Die Gewalt der Eltern über ihre Kinder stellte Beck als die „älteste und heiligste unter allen Arten der Herrschaft" vor, er sprach dabei von der „potestas parentalis", „sowohl Vater als Mutter" hätten das gleiche Recht.[44] Joseph II. hingegen bevorzugte, seinen Herrschaftsvorstellungen entsprechend, die „väterliche Gewalt".

---

40 Vgl. Allgemeines bürgerliches Gesetzbuch, wie Anm. 10, §255; Zeiller, Commentar, wie Anm. 11, 520.

41 Anmerkungen In wie weit das dermalige LandRecht Erzherzogthum Oesterreich […] Österreichisches Staatsarchiv, Allgemeines Verwaltungsarchiv, Oberste Justiz, Hofkommission, K17, U3, Abhandlung Vom vätterlichen Gewalt, Blatt 15 v, 16.

42 Vgl. Codex Theresianus, wie Anm. 6, I, Caput II, §V, num. 109, 111–113.

43 Vgl. Hermann Conrad, Recht und Verfassung zur Zeit Maria Theresias. Die Vorträge zum Unterricht im Natur- und Völkerrecht sowie im Deutschen Staats- und Lehnrecht, Köln 1964, 2. Kap., §6, 196.

44 Vgl. Conrad, Recht, wie Anm. 43, Zweites Buch, 3. Kap., §§1, 2.

Die Verpflichtung beider Eltern zur Versorgung und Erziehung ihrer Kinder thematisierte auch Martini und begründete sie in der Zeugung, in der „Stimme der Natur", wie auch im Ehevertrag, wo sich Mann und Frau dazu verbunden und dies dem Staat gelobt hätten. Jedoch hatte auch in seinem Gesetzesentwurf der Vater als „Haupt der häuslichen Gesellschaft", dem „das Weib untergeordnet ist", das letzte Wort.[45] Martinis Erklärung einer möglichen männlichen Vorherrschaft in der Ehe lag das Muster des stillschweigenden Vertrags zugrunde,[46] der immer sehr schnell „vermutet" wurde, wenn eine Hintanstellung oder Unterordnung der Frau begründet werden sollten. Zum ersten Mal wurden bei Martini die Zuständigkeitsbereiche von Vater und Mutter ausdifferenziert: Der Vater sollte für Unterhalt von Frau und Kindern sorgen, die Mutter sich „vorzüglich" um die Pflege von Körper und Gesundheit der Kinder kümmern. Fiel der Vater allerdings aus, so hatte die Mutter dessen Funktionen zu übernehmen.[47] Wie dies dann realiter zu bewerkstelligen war, war nicht Gegenstand der Diskussion.

Auch Franz von Zeiller hatte Begründungsschwierigkeiten. Er schloß sich Christian Wolff an, der argumentierte, wenn die Ehefrauen nicht widersprächen, dann gehe die langdauernde Gewohnheit eben in Recht über. Und Zeiller war es, der die im 19. Jahrhundert vielzitierten „natürlichen" geschlechtsspezifisch unterschiedlichen Eigenschaften in den Pool möglicher Begründungen einführte, allerdings verwob er sie noch mit sozialen Gepflogenheiten, wenn er zum Beispiel von der „natürlichen und durch die übliche Erziehungsweise noch verstärkten Überlegenheit des Mannes" sprach.[48] Außerdem schwankte er – schon im Gesetzestext und noch mehr in der Kommentierung – zwischen dem Dogma von der männlichen Vorherrschaft und der Vorstellung von der Sinnhaftigkeit eines partnerschaftlichen Zusammenwirkens: „Einheit des Willens", „Einheit des Plans" müßten vorhanden sein. „Weder aus der gewöhnlichen physischen oder intellectuellen Ueberlegenheit des Mannes, noch auch unmittelbar aus der engen ehelichen Verbindung" könne ein Recht des Mannes, „seine Frau zu beherrschen", abgeleitet werden.[49] Und beide hätten „eine gleiche Verbindlichkeit zur ehelichen Pflicht, Treue und anständigen Begegnung".[50]

Auch bei Zeiller waren die Rechte der Eltern gegenüber ihren Kindern durch die Eheschließung festgelegt, die Unterschiedlichkeit der Rechte leitete er bereits aus der „Verschiedenheit der Geschlechtseigenschaften" her.[51] Die Zuständigkeiten blieben im *ABGB* inhaltlich wie von Martini vorgeschlagen. „Es ist vorzüglich die Pflicht des Vaters, so lange für den Unterhalt der Kinder zu sorgen, bis sie sich selbst ernähren können. Die Pflege ihres Körpers und ihrer Gesundheit ist hauptsächlich die Mutter auf sich zu nehmen verbunden."[52] Allerdings hätten die Adverbien vorzüglich und hauptsächlich auch andere

45 Vgl. Codex Theresianus, wie Anm. 9, Entwurf Martini, Viertes Hauptstück, §3; Ofner, Ur-Entwurf, wie Anm. 12, Viertes Hauptstück, §§115–117 und Martini, Lehrbegriff, wie Anm. 21, 2, 201.

46 Vgl. Martini, Lehrbegriff, wie Anm. 21, 2, 184.

47 Vgl. Codex Theresianus, wie Anm. 9, Entwurf Martini, Viertes Hauptstück, §§4, 5.

48 Vgl. Zeiller, Privatrecht, wie Anm. 15, 201f.

49 Vgl. Zeiller, Commentar, wie Anm. 11, I, 249f.

50 Allgemeines bürgerliches Gesetzbuch, wie Anm. 10, §90.

51 Vgl. Zeiller, Commentar, wie Anm. 11, I, 318.

52 Allgemeines bürgerliches Gesetzbuch, wie Anm. 10, §141.

Aufgabenteilungen zugelassen, scheinen aber im 19. Jahrhundert systematisch überlesen worden zu sein. In seinem Lehrbuch legte Zeiller dar, dass die Erziehung die Einheit des Willens der Eltern erforderlich, also bei Meinungsverschiedenheiten „einen entscheidenden Willen nothwendig" mache und argumentierte hier eindeutig im Sinne der „Geschlechtscharaktere": Während die Mutter als „Geschlechtseigenschaften" Zärtlichkeit, Sanftmut und Geduld habe, zeichne sich der Vater durch überlegene Einsicht aus. Seines Schutzes bedürfe auch die Ehefrau und Mutter. Daraus könne man folgern, dass der Mann auch für die Kindererziehung das „Haupt des Hauses" sei.[53]

Eine weitere Begründung für die Oberherrschaft des Mannes in Ehe und Familie wurde in allen Gesetzestexten dadurch geliefert, dass man zwar die Pflichten der Ehefrauen formulierte, die Erfüllung dieser Pflichten aber nicht als Arbeit oder Leistung wertete, welche die Ehefrau in der Ehe erbrachte. Vielmehr stilisierte man sie zum Fürsorgefall, der auf Versorgung und Schutz durch den Ehemann angewiesen war und ihn damit belastete.

Vermögensverhältnisse

Mit der Eheschließung ging in allen Texten, auch im *ABGB,* die vollständige Gütertrennung einher. Eine Gütergemeinschaft bedurfte eines gesonderten Vertrags. Mehrmals wurde diskutiert, ob sie auch dann lediglich Ehepaaren aus Handel, Gewerbe und dem bäuerlichen Bereich zugestanden werden solle, da nur dort klar sei, dass die Ehefrau zum gemeinsamen Erwerb beitrage. Im Zusammenhang damit findet sich in der Überlieferung die einzige Stelle, an welcher der Wert der Hausarbeit thematisiert wurde: 1785 wurde dieser engen Auffassung von Frauen(mit)arbeit mit dem Argument widersprochen, dass der ökonomische Wert einer guten Haushaltsführung nicht zu unterschätzen sei.[54] Allerdings zeitigte dieses Argument für die Gestaltung der Gesetze keinerlei Folgen. Im Gegenteil, war das Eigentumsrecht nicht klar festzustellen, so wurde „im Zweifel" „vermuthet, dass der Erwerb von dem Manne herrühre".[55]

Ehemann wie Ehefrau konnten ihr Vermögen eigenständig verwalten, jedoch wurde angenommen, dass die Ehefrau die Verwaltung ihres Vermögens „desto gemeiner" an den Ehemann übertrage.[56] Daher durfte sie mit ihrem Vermögen erst dann frei schalten und walten, wenn sie der (vermuteten) Vermögensverwaltung durch ihren Ehemann ausdrücklich widersprach. Und auch dann wurde ihr die individuelle Besitzerfreiheit nur begrenzt zugestanden, der Ehemann hatte nämlich vor allem, wenn Kinder vorhanden waren, ihre finanziellen Gebarungen zu beobachten und bei drohender Verschwendung ein Verfahren zum Entzug der Vermögensverwaltung einzuleiten.[57] Einen Mann zum Verschwender zu erklären, gestaltete sich sehr viel schwieriger, ja 1785 wurde sogar diskutiert, ob dies überhaupt zulässig sei, da man gegen die Eigentumsfreiheit verstoße.[58]

53 Vgl. Zeiller, Privatrecht, wie Anm. 15, 210 f.

54 Vgl. Codex Theresianus, wie Anm. 7, Entwurf Horten, 57, 51.

55 Allgemeines bürgerliches Gesetzbuch, wie Anm. 10, §1237.

56 Vgl. Allgemeines bürgerliches Gesetzbuch, wie Anm. 10, §1238.

57 Vgl. Allgemeines bürgerliches Gesetzbuch, wie Anm. 10, §1241.

58 Vgl. Codex Theresianus, wie Anm. 7, Entwurf Horten, 127, 102.

In den Diskussionen waren schärfere Töne angeschlagen worden. Professor Peer, Gutachter der Universität Innsbruck, meinte bezüglich der Vermögensverhältnisse der Ehefrau, für das eheliche Verhältnis seien Liebe, Zutrauen und Freundschaft nötig, „der Eigennutz und das Mißtrauen des Weibes müßten daher so viel als möglich entfernet werden".[59] Und der Jurist Jellenz aus Freiburg schlug vor, dass eine Frau, so Kinder vorhanden waren, von ihrem eigenen Gut ohne vorherige Anhörung des Ehemannes nichts veräußern dürfe, da „Democratie in der Familie äußerst schädlich wäre".[60]

Die Regelungen zum Heiratsgut gingen wieder von der Vorstellung der vom Ehemann zu versorgenden Ehefrau aus. Die Bestellung eines Heiratsguts war nicht verpflichtend, doch schien es geziemend, es dem Mann zu übergeben, „zu leichterer Ertragung der Ehelasten",[61] wegen der „Bürden des Ehestandes".[62] Schließlich wurde das ganze etwas versachlicht, aus den „Ehelasten" wurden „Ehestandskosten".[63] Nach *ABGB* wurde das Heiratsgut dem Ehemann „zur Erleichterung des mit der ehelichen Gesellschaft verbundenen Aufwandes übergeben oder zugesichert".[64] Dem Ehemann oblagen Verwaltung und Fruchtgenuß des Heiratsguts, machte er sich der Mißwirtschaft verdächtig, so konnte ihm die Verwaltung entzogen werden. Dem Heiratsgut sollte ein Gegengeschenk von Seite des Mannes, die Widerlage, entsprechen, die zur Witwenversorgung gedacht war, aber bis zu seinem Tod in seinem Besitz und seiner Verwaltung blieb. Was der Ehemann seiner Frau an Schmuck und anderen Kostbarkeiten geschenkt hatte, galt zunächst, wie im „Allgemeinen Landrecht" (ALR) nicht als geschenkt sondern nur als geliehen.[65] Allerdings ging man von dieser Auffassung wieder ab – mit dem Argument, dass der Ehemann auch seine Witwe wohlversorgt sehen wolle.[66]

Scheidung, Trennung, Auflösung

Bei der Bedeutung, die der Ehe als Strukturelement und Ordnungsfaktor des Staates gegeben wurde, waren auch Fragen der Gültigkeit und der Trennung öffentliche Angelegenheiten, deren Behandlung immer mehr von den geistlichen zu den weltlichen Gerichten verlagert wurde. Jedoch schuf man kein gänzlich ziviles Eherecht, maßgeblich blieben die katholischen Vorstellungen und Institutionen. Für Angehörige anderer Glaubensgemeinschaften wurden deren religiösen Vorschriften entsprechende Sonderregelungen geschaffen.

Ein eigenmächtiges Auseinandergehen des Paares war nicht erlaubt. Für Katholiken konnte, dem kanonischen Recht entsprechend, lediglich eine „Trennung von Tisch und Bett" ausgesprochen werden, die eine Wiederverheiratung eines Gatten noch zu Lebzei-

59 Codex Theresianus, wie Anm. 9, Entwurf Martini, 194, 2.
60 Codex Theresianus, wie Anm. 9, Entwurf Martini, 197f, 8–10.
61 Vgl. Codex Theresianus, wie Anm. 6, I, Caput II, §II, num. 66.
62 Vgl. Codex Theresianus, wie Anm. 9, Entwurf Martini, Dritter Theil, Zehntes Hauptstück, §2.
63 Vgl. Ofner, Ur-Entwurf, wie Anm. 12, Dritter Theil, Zehntes Hauptstück, §332.
64 Allgemeines bürgerliches Gesetzbuch, wie Anm. 10, §1218.
65 Vgl. Codex Theresianus, wie Anm. 9, Entwurf Martini, Dritter Theil, Zehntes Hauptstück, §27.
66 Vgl. Ofner, Ur-Entwurf, wie Anm. 12, II, 146 f; Allgemeines bürgerliches Gesetzbuch, wie Anm. 10, §1247.

ten des anderen unmöglich machte. Bevor der Prozess der „Trennung zwischen Tisch und Bett" in die Wege geleitet wurde, hatte das Paar drei Beratungsgespräche beim zuständigen Priester zu absolvieren, der „auf alle mögliche Art" die Eheleute zu einem weiteren Miteinanderleben bewegen sollte.[67] Jegliche Trennung der Ehe setzte beiderseitiges Einvernehmen voraus, eine Bedingung, die Frauen sehr viel härter treffen konnte, da sie durch die Machtverhältnisse in der Ehe ihren Ehemännern ausgeliefert waren und aufgrund ihrer Rollenzuweisung keine Möglichkeit hatten, den häuslichen Problemen auszuweichen. Die möglichen Schwierigkeiten einer lebenslangen Ehe waren den Juristen bewußt, daher ist in den Diskussionen immer wieder der Rat zu finden, Heiratswillige sollten vor der Eheschließung „mit aller Überlegung zu Werke gehen".[68]

Eine endgültige Trennung war für Katholiken, abgesehen vom Tod eines Ehepartners, nur durch eine Ungültigkeitserklärung der Ehe erreichbar. Als einziger Auflösungsgrund für eine Ehe wurde die Entdeckung der Schwangerschaft der Ehefrau von einem anderen Mann anerkannt, eine weitergefaße Sicht konnte sich nicht durchsetzen. Man blieb auf der harten Linie: Dem Staat sei sehr daran gelegen, einmal geschlossene Ehen zu erhalten, daher solle es so wenig Gelegenheit zu Trennungen als nur möglich geben.[69] Ihm dürften aus der ehelichen Verbindung, „die mit dem öffentlichen Wohle in so vielfältigen Berührungspuncten steht", keine Nachteile erwachsen. Daher sei das Staatsoberhaupt auch berechtigt, Ehehindernisse festzulegen.[70] Die von einer Religionsgemeinschaft gegebenen Vorschriften hätten damit nichts zu tun, denn sie bezögen sich auf das Gewissen, nicht auf den Vertrag.[71] Zeiller meinte, eine zeitlich begrenzte Ehe sei im Grunde „nur Verheissung eines mehrmaligen Beyschlafes", und stellte auch die prekäre Rolle einer geschiedenen Ehefrau heraus. Außerdem sei bei Überhandnahme von Scheidungen das öffentliche Wohl gefährdet.[72]

Auch der Witwenunterhalt wurde im Eherecht behandelt, soweit er sich aus den im Heiratsvertrag oder im Rahmen der Ehe gesondert getroffenen Abmachungen speiste. Heiratsgut und Widerlage gehörten dazu. Der spezielle Witwenunterhalt durfte erst sechs Wochen nach dem Tod des Mannes einsetzen, erwartete die Frau ein Kind von ihm, erst sechs Wochen nach der Geburt. Waren keine anderen Vereinbarungen getroffen, endete der Witwenunterhalt mit der Wiederverheiratung der Frau.

Die Versorgung der Witwe war in den Diskussionen zum *ABGB* umstritten. Einige Juristen sprachen sich dagegen aus, dass die Widerlage in ihren Besitz gelangen solle, da der Mann umgekehrt keinen Anspruch auf das Heiratsgut habe. Die Ehefrau werde ohnehin pensionsfähig (!), sie habe Stand, Ehren und Würden des Mannes erlangt. Es sei besser, die Ehefrau beziehungsweise Witwe in „gemäßigter Abhängigkeit" zu halten. Diese Argumentation setzte sich nicht durch. Allerdings hatten die anderen Argumente ebensowenig die Situation der Frau im Auge, sondern das Gemeinwohl – mit der Ver-

67 Vgl. Verordnung vom 16. Jänner 1783, wie Anm. 13, §47 und Allgemeines bürgerliches Gesetzbuch, wie Anm. 10, §§103–109 sowie Zeiller, Commentar, wie Anm. 11, I, 257f.

68 Codex Theresianus, wie Anm. 9, Entwurf Martini, Drittes Hauptstück, §10.

69 Vgl. Ofner, Ur-Entwurf, wie Anm. 12, I, 87 f.

70 Vgl. Zeiller, Commentar, wie Anm. 11, I, 176.

71 Vgl. Zeiller, Commentar, wie Anm. 11, I, 178.

72 Vgl. Ofner, Ur-Entwurf, wie Anm. 12, I, 136; Zeiller, Commentar, wie Anm. 11, I, 203f.

mutung, dass Witwen im bäuerlichen und handwerklichen Bereich mit einem kleinen Vermögen leichter zu einer Wiederverheiratung kämen, und damit die Weiterführung des Betriebs ebenso wie die Versorgung der Kinder gewährleistet sei.[73]

Im Vergleich zu *ALR* und *Code Napoleon* war die Ehefrau im *ABGB* besser gestellt – sofern sie vermögend war, ihre Rechte kannte und die Macht hatte, sie durchzusetzen. Allerdings wurden die im Naturrecht angelegten Gleichheitspotentiale[74] auch in der österreichischen Privatrechtskodifikation nicht zugunsten der Frauen ausgeschöpft, ja, im 19. Jahrhundert wurden bei den Interpretationen nicht einmal die mit dem *ABGB* eröffneten Spielräume genutzt. Die Ehe blieb bis weit ins 20. Jahrhundert hinein ein Ort gesetzlich legitimierter Ungleichheit, letztlich basierend auf dem Eherecht Josephs II.

73 Vgl. Ofner, Ur-Entwurf, wie Anm. 12, I, 143.

74 Vgl. hierzu ausführlicher Ursula Vogel, Gleichheit und Herrschaft in der ehelichen Vertragsgesellschaft, in: Ute Gerhard Hg., Frauen in der Geschichte des Rechts. Von der Frühen Neuzeit bis zur Gegenwart, München 1997, 265–292.

Die privatrechtliche Stellung der Frau im Deutschland des 19. Jahrhunderts

Forschungsstand und Perspektiven

Susanne Lepsius

Jede Überblicksdarstellung über eine spezielle Rechtslage in Deutschland im 19. Jahrhundert muss neben der unterschiedlichen territorialen Ausdehnung Deutschlands vor allem die vier großen Rechtskreise berücksichtigen, die erst durch die Reichsgesetzgebung im Bereich des Familienrechts vor allem durch das „Reichspersonenstandsgesetz" (PStG von 1875), der „Civilprozessordnung" (CPO von 1877) und schließlich durch die Kodifikation des materiellen Rechts im „Bürgerlichen Gesetzbuch" (BGB, verabschiedet 1896, in Kraft getreten am 1. 1. 1900) vereinheitlicht wurde. Ausgehend von diesen Gesetzen des zweiten deutschen Reiches soll ein Blick zurück in das 19. Jahrhundert geworfen werden und im Folgenden die Rechtsstellung der Frau in den einzelnen Gebieten des deutschen Bundes dargestellt werden, obwohl das „Allgemeine Landrecht" (ALR) und der Code Napoléon (Cc) noch vor dem Untergang des alten Reichs im Jahr 1803 in Kraft getreten waren. Ausdrücklich außer Betracht bleiben soll die rechtliche Situation der Frauen in Österreich, wie sie im „Allgemeinen Bürgerlichen Gesetzbuch" (ABGB von 1811) definiert wurde. Hierfür sei auf den Beitrag von Margret Friedrich in diesem Heft verwiesen.

Von den genannten einzelnen Rechtskreisen ist das *ALR* von 1974 für die preußischen Staaten am besten monographisch erforscht, das im Hinblick auf die Stellung der Frau durchaus positiv gewürdigt wird. Es galt für 42,6% der Einwohner des damaligen Reichs. Auf 29,2% der Einwohner fand das sogenannte gemeine römische Recht Anwendung, das meist durch lokale und regionale Statuten überlagert wurde und somit in unterschiedlichen Ausprägungen in den ehemals reichsfreien Städten, Oldenburg, Hessen und Württemberg galt. Neuere Forschungen beschäftigen sich vor allem mit der Rechtslage in Frankfurt am Main als exemplarisch für diesen Rechtskreis. 16,6% der Bevölkerung lebte in den linksrheinischen Gebieten direkt, in Baden mittelbar, unter französischem Recht, das heißt dem *Cc* von 1804 beziehungsweise dem weitgehend seinem französischen Vorbild folgendem „Badischen Landrecht". Schließlich galt für 10,9% der Einwohner Deutschlands, nämlich in Sachsen, Thüringen und Schleswig-Holstein, sächsisches

Recht (ab 1863 „sächsisches BGB", davor das „sächsische Landrecht" bis zurück zum „Sachsenspiegel").[1] Für den letzteren Rechtskreis gibt es bislang keine jüngeren Spezialstudien zur Rechtsstellung der Frau.[2]

Bei allgemeinen Rechtsstreitigkeiten war grundsätzlich der Wohnsitz der Beklagten ausschlaggebend dafür, welches dieser Rechte anwendbar war. Speziell in Ehesachen war der eheliche, das heißt ehemännliche, Wohnsitz, für die personenrechtlichen Angelegenheiten der Eheleute untereinander und zu ihren Kindern einschlägig. Im Bereich des Ehegüterrechts war jedoch durchaus umstritten, ob der jeweils aktuelle Wohnsitz des Ehemannes maßgeblich war, ob auf den Wohnsitz des Ehemannes zum Zeitpunkt der Heirat abzustellen war oder ob gar zwischen in die Ehe eingebrachten Gegenständen – vor allem Grundstücken – und während der Ehe erworbenen Vermögens zu unterscheiden war.[3] Ehevertragliche Regelungen machten darüber hinaus im Fall einer gerichtlichen Auseinandersetzung oft ein kompliziertes Vorverfahren erforderlich, um zu klären, welches Recht tatsächlich anzuwenden sei.[4]

Rechtshistorische Untersuchungen zur Stellung der Frau in diesen unterschiedlichen Rechtskreisen folgen in ihrer Darstellung der Systematik in den verschiedenen Kodifikationen und Lehrbüchern. Sie gehen daher vom gesellschaftlich angestrebten und rechtlich normierten Regelfall der verheirateten Frau aus. Im Folgenden soll dagegen ein Überblick über die privatrechtliche Lage von Frauen anlässlich wichtiger biographischer Zäsuren gegeben werden. In Abhängigkeit von den bestehenden Vorarbeiten wird die privatrechtliche Stellung der Frauen nach den normativen Gesetzestexten vorzustellen sein. Denn es fehlt bislang weitestgehend an Untersuchungen zur Rechtspraxis, die etwa anhand von Gerichtsentscheidungen oder auch der anwaltlichen Praxis beim Abfassen von Eheverträgen danach fragen, inwieweit gesetzliche Normvorgaben zulässigerweise abgeändert oder sogar umgangen werden sollten.[5] Nicht eingegangen werden kann in diesem Rahmen auf die sich wandelnden wirtschaftlichen und sozialen Hintergründe der jeweiligen rechtlichen Normierungen. Insbesondere bei dem so beliebten Vergleich ein-

1 Die Einwohnerzahlen wurden in der Volkszählung vom Dezember 1890 erhoben, vgl. Deutsche Rechts- und Gerichtskarte, Kassel 1896, Neudruck Goldbach 1996; Prozentzahlen bei Ute Gerhard, Die Rechtsstellung der Frau in der bürgerlichen Gesellschaft des 19. Jahrhunderts. Frankreich und Deutschland im Vergleich, in: Jürgen Kocka u. Ute Frevert Hg., Bürgertum im 19. Jahrhundert. Deutschland im europäischen Vergleich, München 1988, 1, 439–468, 444–447. Genauer beschreibt die geographische Ausdehnung der verschiedenen Rechtskreise Ernst Holthöfer, Die Geschlechtsvormundschaft. Ein Überblick von der Antike bis ins 19. Jahrhundert, in: Ute Gerhard Hg., Frauen in der Geschichte des Rechts. Von der Frühen Neuzeit bis zur Gegenwart, München 1997, 390–451, 432–438, mit Karte: 436f.

2 Überblick auch bei Helmut Coing, Europäisches Privatrecht 1800–1914, II: 19. Jahrhundert, München 1989, 303–319 („Eherecht"), 320–326 („Eltern und Kinder"). Coing bezieht neben dem *ABGB* auch den spanischen *Codigo Civil* und das schweizerische *ZGB* ein, berücksichtigt jedoch nicht die Rechtslage nach dem sächischen *BGB*.

3 Einen Überblick über den damaligen Meinungsstand bietet Friedrich Carl von Savigny, System des heutigen Römischen Rechts, Berlin 1849, 8, 324–338.

4 Vgl. Gerhard, Rechtsstellung, wie Anm. 1, 444.

5 Exemplarisch wurde dies in jüngster Zeit anhand des Ehevertrages von Max und Marianne Weber aus dem Jahr 1893 vorgeführt von Stephan Buchholz, Ehegüterrecht vor dem BGB: ein Ehe- und Erbvertrag von 1893, in: Mario Ascheri u. a. Hg., „Ins Wasser geworfen und Ozeane durchquert". Festschrift für K. W. Nörr, Köln 2003, 57–72.

zelner Bestimmungen in *ALR* und *BGB*[6], als chronologischen Eckpunkten des 19. Jahrhunderts, sind die geänderten gesellschaftlichen Rollenerwartungen zu berücksichtigen. *ALR* und *Cc* als vorindustrielle Kodifikationen weisen der Ehefrau eine Tätigkeit im gemeinsamen Haushalt zu und kennen eine eigene Erwerbstätigkeit der Ehefrau lediglich im limitierten Bereich der Handelsfrauen.[7] Da die wirtschaftliche Grundlage der Ehe im Wesentlichen aus dem in die Ehe eingebrachten beweglichen und unbeweglichen Vermögen besteht, spielt die Verlobungszeit als Übergangszeit in der wichtige Eigentumsübertragungen stattfanden, eine größere Rolle.[8] Das *ALR* ist jedoch im Gegensatz zu dem nur wenig jüngeren *Cc* Ausdruck einer ständischen Gesellschaft, die in einigen Bereichen mehr Freiheit und Schutz für die Ehefrau durch ihre Herkunftsfamilie kennt als der bereits individualistisch konzipierte *Cc*.[9] Dagegen ist das *BGB* vor dem Hintergrund zunehmender außerhäuslicher Berufstätigkeit von Mann und Frau – durch die die finanziellen Grundlagen der Ehe erst erwirtschaftet werden – entstanden,[10] ohne allerdings daraus die Konsequenzen im Sinne einer selbständigeren rechtlichen Stellung der Frau zu ziehen.

Die minderjährige und die unverheiratete Frau

Obwohl das *ALR* mit dem Eintreten des 24. Lebensjahres die Großjährigkeit von Töchtern und Söhnen vorsah, trat damit nicht automatisch die volle Geschäftsfähigkeit der Frauen ein. Vor und nach Eintreten der Großjährigkeit konnten Töchter nicht frei über ihr Vermögen verfügen, soweit es einem väterlichen Nießbrauchsrecht unterlag. Lediglich

6 Vgl. Petra Malsbenden, Die rechtliche Stellung der Frau im ehelichen Güterrecht vom ALR zum BGB, Frankfurt a. M. u.a. 1991. Diese Arbeit wird ebenso wenig wie die einschlägigen Untersuchungen von Susanne Weber-Will verwendet von Claus Esser, Rechtsstellung und Ansprüche der Ehefrau gegen ihren Mann während der Ehe nach dem „Allgemeinen Landrecht für die Preussischen Staaten" und dem „Bürgerlichen Gesetzbuch", Köln Dissertation 1998, der aber immerhin einzelne Gerichtsentscheidungen und Stimmen aus der zeitgenössischen wissenschaftlichen Literatur über die rein normativen Bestimmungen hinaus heranzieht.

7 Die Handelsfrauen hatten in allen Rechtskreisen eine umfassende Geschäfts- und Prozessfähigkeit gegenüber den sonstigen berufstätigen Frauen, erst recht gegenüber nicht berufstätigen Frauen. Der Bereich der Handelsfrauen wird im Folgenden nicht dargestellt. Vgl. hierzu etwa Eva Tressel-Schuh, Frauen in Frankfurt. Das gesellschaftliche Verständnis der Frau und ihre privatrechtliche Stellung im Normensystem des Frankfurter Partikularrechts von der Spätaufklärung bis zum Bürgerlichen Gesetzbuch, Frankfurt a. M. u.a. 1997, 129–137; Barbara Dölemeyer, Frau und Familie im Privatrecht des 19. Jahrhunderts, in: Gerhard, Frauen, wie Anm. 1, 657f; dies., Privatrechtliche Handlungsspielräume von Frauen. Die Frankfurter Gesetzgebung, in: Gisela Engel u.a. Hg., Frauen in der Stadt. Frankfurt im 18. Jahrhundert, Königstein/Taunus 2002, 97–99.

8 Vgl. Tressel-Schuh, Frauen, wie Anm. 7, 112.

9 Vgl. Thilo Ramm, Das Familienrecht des Preußischen Allgemeinen Landrechts und des Code Civil im Vergleich, in: ders., Familienrecht. Verfassung – Geschichte – Reform. Ausgewählte Aufsätze, Tübingen 1996, 143–159, 157; Heinrich Dörner, Industrialisierung und Familienrecht. Die Auswirkungen des sozialen Wandels dargestellt an den Familienmodellen des ALR, BGB und des französischen Code Civil, Berlin 1974, 32, 65.

10 Vgl. Dörner, Industrialisierung, wie Anm. 9, 115–118.

über das nach dem Alter von 24 Jahren durch „eigene Tüchtigkeit" Erworbene konnten auch die noch nicht aus der „väterlichen Gewalt" entlassenen Töchter verfügen.[11] Erst durch einen ausdrücklichen, formalen Gerichtsakt seitens ihres Vaters, den sie nicht gerichtlich erzwingen konnte, wurde eine Tochter aus der väterlichen Gewalt entlassen. Zwar sah das *ALR* eine Gleichstellung der ledigen, nicht mehr unter „väterlicher Gewalt" stehenden Frau mit den Männern vor. Jedoch blieb sie bei besonders schwerwiegenden Rechtsgeschäften an die Mitwirkung eines männlichen Beistandes oder etwa für Bürgschaften an besondere, meist gerichtliche Formvorschriften zu ihrem Schutz gebunden.[12] Einen solchen notwendigen männlichen Beistand musste die ledige Frau insbesondere in der Verlobungszeit für den Abschluss von Eheverträgen bestellen, konnte ihn jedoch frei auswählen.[13] Soweit im Gebiet des lediglich subsidiär geltenden *preußischen ALR* vorrangige Provinzialstatuten zu beachten waren, bestand danach auch für die großjährige Frau noch bis in die Mitte des 19. Jahrhunderts die Geschlechtsvormundschaft fort, das heißt die ledige Frau musste sich rechtsgeschäftlich durch einen männlichen Verwandten vertreten lassen.[14] Nach dem *Cc* waren unverheiratete, volljährige Frauen ebenso geschäfts- und prozessfähig wie Männer.[15] Gleiches galt im Bereich des *sächsischen BGB*, wobei hier die Volljährigkeit für Männer wie Frauen mit dem 21. Geburtstag eintrat. Auch in Frankfurt, als einem Anwendungsfall des gemeinen Rechts, wurde 1811 das Volljährigkeitsalter auf 21 Jahre für Männer wie Frauen herabgesetzt.[16] Im Gebiet des gesamten deutschen Reiches wurde durch das Reichspersonenstandsgesetz von 1875 die Großjährigkeit einheitlich auf 21 Jahre festgelegt, so dass ledige Frauen ab diesem Zeitpunkt voll geschäfts- und prozessfähig waren.[17]

Auch Frauen, die wirksam rechtsgeschäftlich handeln konnten, hatten nicht notwendigerweise korrespondierende Möglichkeiten, ihre Rechte gerichtlich geltend zu machen (Prozessfähigkeit). So bestand etwa noch bis 1869 beziehungsweise 1870 in Schleswig-Holstein oder Hamburg die sogenannte „cura litis" als Rest der ursprünglich umfassenderen „cura sexus" (Geschlechtsvormundschaft) für unverheiratete Frauen fort.[18]

11 Vgl. Susanne Weber-Will, Die rechtliche Stellung der Frau im Privatrecht des Preußischen Allgemeinen Landrechts von 1794, Frankfurt a. M. u.a. 1983, 199f.

12 Vgl. Diemut Majer, Siebente Vorlesung: Die Kodifikationen des bürgerlichen Rechts, in: Der lange Weg zu Freiheit und Gleichheit. 14 Vorlesungen zur Rechtsstellung der Frau in der Geschichte, Wien 1995, 111–113. Zu den sogenannten besonderen weiblichen Rechtswohltaten gehörten insbesondere das römisch-rechtliche „Senatus consultum Velleianum", das auch Eingang in das *ALR* gefunden hatte und es Frauen wegen der „Schwäche ihres Geschlechts" ermöglichte, diese Schwäche als Einrede geltend zu machen falls sie aus einer Bürgschaft in Anspruch genommen werden sollten, die sie etwa Dritten gegenüber übernommen hatten, vgl. Susanne Weber-Will, Geschlechtsvormundschaft und weibliche Rechtswohltaten im Privatrecht des preußischen Allgemeinen Landrechts von 1794, in: Gerhard, Frauen, wie Anm. 1, 452–459; Elisabeth Koch, Abschied vom senatus consultum Velleanum? Das Verschwinden und die Wiederkehr einer Rechtsregel, in: Diethelm Klippel Hg., Colloquia für Dieter Schwab zum 65. Geburtstag, Bielefeld 2000, 27–36.

13 Vgl. Weber-Will, Stellung, wie Anm. 11, 226f.

14 Vgl. Weber-Will, Geschlechtsvormundschaft, wie Anm. 12, 452–459; Holthöfer, Geschlechtsvormundschaft, wie Anm. 1, 432–435.

15 Vgl. Majer, Vorlesung, wie Anm. 12, 117.

16 Vgl. Tressel-Schuh, Frauen, wie Anm. 7, 89.

17 Vgl. Majer, Vorlesung, wie Anm. 12, 112.

18 Vgl. Holthöfer, Geschlechtsvormundschaft, wie Anm. 1, 438–442.

Falls eine unverheiratete Frau schwanger wurde, sah das *ALR* großzügige Unterhaltsansprüche für das Kind gegen seinen Vater bis zum 14. Lebensjahr, sowie Ansprüche der Frau auf Übernahme der Kosten für Entbindung, gegebenenfalls auch eine Entschädigung für entgangenen Dienstlohn, vor. Außerdem konnte eine Frau, die von ihrem Verlobten schwanger geworden, aber nicht geheiratet worden war, gegen diesen auf Erhalt von seinem Namen und Stand klagen, so dass sie rechtlich wie eine schuldlos geschiedene Ehefrau behandelt wurde. Den Hintergrund für diese allgemein als großzügig beurteilten Regelungen bildeten einerseits spätständestaatliche Vorstellungen der preußischen Gesetzgeber, die die Peuplierung des dünn besiedelten Preußen als Ziel betrachteten und etwa auch über Geburtenprämien nachdachten.[19] Im Gebiet des gemeinen Rechts konnte eine Frau, die heimlich mit einem Mann verlobt war, unabhängig davon, ob sie schwanger geworden war, auf Eingehung der Ehe klagen – allerdings nur mit Zustimmung ihrer Familie. Der beklagte Mann konnte in einem Prozess zwischen Ehe und Abfindungszahlung wählen, haftete aber in jedem Fall für den Unterhalt eines Kindes bis zu dessen 14. Lebensjahr.[20] Demgegenüber verfolgte der *Cc* eine äußerst restriktive Politik gegenüber Müttern nichtehelicher Kinder. Der Vater galt als mit seinem nichtehelichen Kind nicht verwandt, so dass dieses keine Erbrechte gegenüber seinem Vater und dessen Familie geltend machen konnte. Das Verbot der Nachforschung nach dem Vater machte es einer Frau praktisch unmöglich, gerichtlich gegen den Kindesvater wegen Zahlung von Unterhalt und Entschädigung vorzugehen.[21] Auch im Gebiet des preußischen Rechts wurden 1854 mit der von Savigny betriebenen Reform des „Nichtehelichenrechts" die Rechte von nichtehelichen Müttern und Kindern gegen den Vater beschnitten, um die als unerträglich empfundene Zahl von nichtehelichen Geburten und die für Männer unerfreulichen Eheprozesse einzudämmen. Insbesondere wurde im Zuge dieser neuen Rechtspolitik eine sogenannte Bescholtenheitseinrede eingeführt, mit der ein beklagter Mann durch die Behauptung, die Frau habe auch mit weiteren Männern Geschlechtsverkehr gehabt, von seinen Unterhaltsverpflichtungen loskommen konnte.[22] Nur in einigen Gebieten hatte die Mutter die volle „elterliche Gewalt" über ihr nichteheliches Kind (Sachsen-Weimar, Nassau), in anderen hatte sie die Stellung eines gesetzlichen Vormundes. Immerhin konnte die Witwe die Personensorge und das Erziehungsrecht teils von Gesetz wegen, teils nur nach einem Prozess vor dem Vormundschaftsgericht im Gebiet des gemeinen und sächsischen Rechts, ausüben, während sie auch hier für die Vermögensangelegenheiten des nichtehelichen Kindes eines gesetz-

19 Vgl. Marc Bors, Bescholtene Frauen vor Gericht. Zur Rechtsprechung des Preußischen Obertribunals und des Zürcher Obergerichts auf dem Gebiet des Nichtehelichenrechts, Frankfurt a. M. 1998, 14f. Zur Peuplierungspolitik im späten Absolutismus allgemein Martin Fuhrmann, Volksvermehrung als Staatsaufgabe? Bevölkerungs- und Ehepolitik in der deutschen politischen und ökonomischen Theorie des 18. und 19. Jahrhunderts, Dissertation Bayreuth, Paderborn u.a. 2002, 89–101.

20 Vgl. Tressel-Schuh, Frauen, wie Anm. 7, 90–98.

21 Vgl. Bors, Frauen, wie Anm. 19, 29.

22 Vgl. Bors, Frauen, wie Anm. 19, 30–39. Andererseits wurde im Gebiet des gemeinen Rechts wie auch nach dem *sächischen BGB* an die behauptete Tatsache des Mehrfachverkehrs der Frau die Rechtsfolge geknüpft, dass alle in Betracht kommenden Väter dem Kind gesamtschuldnerisch auf Unterhalt haften, allerdings nur einmal der Unterhalt gezahlt wurde, vgl. Tressel-Schuh, Frauen, wie Anm. 7, 179f; Dölemeyer, Frau, wie Anm. 7, 653.

lichen Vormundes bedurfte. In allen anderen Rechtskreisen benötigte sie für die Bereiche der „elterlichen Gewalt" einen gesetzlichen Vormund.[23]

Die verheiratete Frau

Heiraten konnte eine Frau bereits mit 16, ein Mann mit 20 Jahren, verloben konnte sich ein Mädchen etwa in Frankfurt bereits mit 12 Jahren.[24] Zur Eheschließung benötigten beide Eheleute im Allgemeinen die Zustimmung ihrer beider Eltern, wobei die Zustimmung des Vaters im Gebiet des gemeinen Rechts diejenige der Mutter ersetzen konnte. Fehlte die elterliche Zustimmung, war die Ehe zwar gültig geschlossen, die Frau verlor jedoch ihren Anspruch auf Aussteuer (in den gemeinrechtlichen Gebieten, in denen das Dotalrecht galt) sowie ihren Erbanspruch gegenüber ihrer Herkunftsfamilie.[25] Mit dem „Reichspersonenstandsgesetz" von 1875 wurde reichsweit festgesetzt, dass Frauen ab dem 24., Männer ab dem 25. Lebensjahr ohne Zustimmung ihrer Familien heiraten durften.[26]

Einmal verheiratet, war die allgemeine Geschäfts- und Prozessfähigkeit der verheirateten Frau gegenüber derjenigen der ledigen Frau in allen Gebieten Deutschlands, am stärksten jedoch in denjenigen in denen der *Cc* in Kraft war, eingeschränkt. Ohne eine in jedem Einzelfall erteilte Ermächtigung konnte die Ehefrau keinerlei Rechtsgeschäfte mit Dritten schließen, geschweige denn erwerbstätig werden, sich als Handelsfrau betätigen oder als Klägerin vor Gericht auftreten.[27] Dagegen konnte eine Ehefrau nach dem *ALR*, wie auch nach dem *sächsischen BGB* Rechtsgeschäfte, die nur rechtlich vorteilhaft waren, auch ohne Zustimmung ihres Mannes abschließen. Ihr Handlungsradius gegenüber Dritten war hier wie auch im Gebiet des sächsischen und gemeinen Rechts durch die sogenannte Schlüsselgewalt erweitert, die ihr erlaubte, Geschäfte, die sich auf ihre Haushaltsführung bezogen, auch ohne ausdrückliche Zustimmung abzuschließen. Mit solchen Rechtsgeschäften konnte sie ihren Mann auch zur Zahlung derart entstandener Verbindlichkeiten verpflichten. In diesen Gebieten benötigte sie jedoch zur Aufnahme einer außerhäuslichen Erwerbstätigkeit eine ausdrückliche Einwilligung ihres Ehemanns, dem sie vorrangig zur Haushaltsführung und Kindererziehung verpflichtet war.[28] Mit der Einführung des *BGB* war zwar keine vorherige Einwilligung des Ehemannes mehr erforderlich; er konnte jedoch aufgrund seines bestehen gebliebenen ehemännlichen Bestimmungsrechts ein von der Frau eingegangenes Arbeitsverhältnis nachträglich kündigen, bedurfte hierzu jedoch einer Ermächtigung durch das Vormundschaftsgericht. Gegen die Kündigung konnte die Frau allerdings geltend machen, sie sei missbräuchlich erfolgt.[29] Wie oft und in welchen Fällen Frauen von der ihnen im *BGB* eröffneten Möglichkeit Gebrauch machten, sich gerichtlich gegen eine missbräuchliche Kündigung durch ihren

23 Vgl. Dölemeyer, Frau, wie Anm. 7, 654.

24 Vgl. Tressel-Schuh, Frauen, wie Anm. 7, 82.

25 Vgl. Tressel-Schuh, Frauen, wie Anm. 7, 89, 123–125 (zur Aussteuer).

26 Vgl. Tressel-Schuh, Frauen, wie Anm. 7, 64.

27 Vgl. Gerhard, Rechtsstellung, wie Anm. 1, 451f; Majer, Vorlesung, wie Anm. 12, 54f, 117–119.

28 Exemplarisch für das gemeine Recht: Dölemeyer, Frau, wie Anm. 7, 87–102, 90–92, 97–99;

29 Vgl. Dölemeyer, Frau , wie Anm. 7, 633–658, 643–645.

Mann zu wehren, wurde in den Studien zur rechtlichen Stellung der Frau kaum untersucht,[30] weil der Akzent der Forschung bislang auf den normativen Regelungen lag. Es bestanden mithin nur eingeschränkte Möglichkeiten für eine Ehefrau, sich eine gewisse finanzielle Unabhängigkeit während der Ehe zu erarbeiten, zumal umstritten blieb, ob ihr so erwirtschafteter Arbeitslohn nicht von vornherein dem Ehemann zustand.[31]

Im unmittelbaren persönlichen Verhältnis der Eheleute untereinander statuierte der *Cc* das strengste Modell einer „puissance maritale", der zufolge die Ehefrau zu unbedingtem Gehorsam ihrem Mann gegenüber verpflichtet war und ihm etwa an seinen Wohnsitz zu folgen hatte. Doch auch in allen anderen Rechtsgebieten Deutschlands übernahm die Frau den Namen und Stand ihres Mannes. Lediglich das *ALR* kannte noch das Institut der morganatischen Ehe (Ehe zur linken Hand), bei der die Frau nicht Namen und Stand des Mannes erhielt und lediglich einen Unterhaltsanspruch gegen den Mann hatte, der ihrem eigenen, meist niedrigeren Stand, und nicht wie bei der Ehe demjenigen des Ehemannes entsprach.[32] Die Ehefrau schuldete ihrem Mann Dienstleistungen in Haushalt und seinem Gewerbe im Austausch gegen Unterhaltsleistungen des Mannes. Diese Ungleichheit in den Rechtsbeziehungen der Eheleute untereinander ließ sich nach der älteren naturrechtlichen Vertragstheorie, die in diese Kodifikationen Eingang gefunden hatte, mit dem in der Eheschließung liegenden „natürlichen Unterwerfungsvertrag" der Ehefrau gegenüber ihrem Ehemann begründen.[33] Die dominierende Position des Ehemannes und Hausvaters fand ihren unmittelbaren Ausdruck in dem sogenannten Stichentscheidsrecht, das mit wechselnden Begründungen (aber in der Sache gleich) auch Eingang in das *BGB* fand – dort dann allerdings nicht mehr mit der natürlichen Überlegenheit des Mannes begründet wurde, sondern mit der pragmatischen Notwendigkeit, eine Einigung bei zwei gegenläufigen Interessen herzustellen. Dieser Vorrang des Ehemannes bezog sich auch auf Konfliktlagen, in denen sich Mann und Frau nicht über die Kindererziehung einigen konnten.

Allerdings war diese Position bei der Verabschiedung des *BGB* längst nicht mehr selbstverständlich und einer der am heißest umstrittensten Punkte im Gesetzgebungsprozess. So wollten die Frauenverbände in ihrem Alternativentwurf zum Stichentscheid in Konfliktlagen statt eines ehemännlichen Rechts die Entscheidung (scheinbar) geschlechtsneutral dahin formulieren, die ausschlaggebende Stimme dem Ehegatten zuzusprechen, der durch sein Einkommen und Vermögen den größeren Teil leiste, um den

30 Vgl. Dieter Medicus, Der Niedergang des ehemännlichen Bestimmungsrechts, in: Richard. Helmholz u.a. Hg., Grundlagen des Rechts. Festschrift für Peter Landau zum 65. Geburtstag, Paderborn u.a. 2000, 1103–1117.

31 Dies hatte auch der *Cc* noch vorgesehen, vgl. Marianne Weber, Ehefrau und Mutter in der Rechtsentwicklung. Eine Einführung, Tübingen 1907, Neudruck Aalen 1971, 329.

32 Vgl. Ramm, Familienrecht, wie Anm. 9, 146–148.

33 Vgl. Ursula Vogel, Gleichheit und Herrschaft in der ehelichen Vertragsgesellschaft – Widersprüche der Aufklärung, in: Gerhard, Frauen, wie Anm. 1, 265–292, 269–277; Dölemeyer, Frau, wie Anm. 7, 642–644; zum Namenrecht neuerlich Elisabeth Berger, Erwerb und Änderung des Familiennamens, Frankfurt a. M. u.a. 2001. Zu den Ansprüchen der Ehefrau auf „standesgemäßen Unterhalt" gegenüber ihrem Mann nach dem *ALR* Esser, Rechtsstellung, wie Anm. 6, 8–35, auf Unterhalt „nach Maßgabe der Lebensumstände" des Ehemannes nach dem *BGB*, ebd., 62–89; im *BGB* wurde vor allem neu ein Unterhalt bei Getrenntleben der Ehegatten, sowie ein Taschengeldanspruch der Ehefrau eingeführt.

ehelichen Aufwand zu finanzieren[34] – ohne zu bedenken, dass dies zur damaligen Zeit wirtschaftlich fast immer der Ehemann gewesen sein dürfte. Auch mehrere Reichstagsabgeordnete (August Bebel, Heinrich Rickert, Karl Freiherr von Stumm-Halberg, Albert Träger) monierten im Gesetzgebungsprozess, dass das neue Familienrecht in diesem Punkt nicht den gesellschaftlichen und wirtschaftlichen Gegebenheiten einer mittlerweile beträchtlichen Frauenerwerbstätigkeit gerecht werden könne.[35] Umstritten war hierbei (zwischen ihnen), ob man als mögliche Konsequenz die Kodifikation von vornherein zukunftsoffen halten und gegebenenfalls an die sich weiter ändernden gesellschaftlichen Verhältnisse anpassen solle.

Der andere große Bereich, in dem sich die schwächere Rechtsstellung der Ehefrau gegenüber ihrem Ehemann manifestierte, war das eheliche Güterrecht. Die regionalen Besonderheiten in Deutschland können hier nur in den Grundtypen skizziert werden, weil bereits eine statistische Erhebung im Rahmen der Vorarbeiten zum *BGB* über 100 mögliche Güterstände in Deutschland festgestellt hatte.[36] Im Gebiet des sächsischen Rechts war der Güterstand der allgemeinen Gütergemeinschaft – auch als Relikt der mittelalterlichen Munt des Ehemannes – am weitesten verbreitet. Hier wurden alle in die Ehe eingebrachten, wie auch die während der Ehe erworbenen Vermögensgegenstände gemeinschaftliches Eigentum, über das der Ehemann die Nutzungs- und Verwaltungsbefugnis hatte. Dies ermöglichte einerseits schnelle wirtschaftliche Dispositionen des Ehemannes und erhöhte seine Kreditwürdigkeit,[37] barg aber für die Ehefrau erhebliche Risiken, weil sie nur schlecht gegen die Verschleuderung ihres Vermögens geschützt war.[38] Nach dem *ALR* war die Ehefrau gegen derartige Vermögensverfügungen durch

34 Vgl. Rechtsschutzverein für Frauen in Dresden Hg., Das deutsche Recht und die deutschen Frauen. Kritische Beleuchtung des Entwurfes eines bürgerlichen Gesetzbuches für das deutsche Reich (2. Lesung, Buch IV. Familienrecht), Frankenberg 1895, 6. Auch die Rechtsprechung des Reichsgerichts scheint dann vor dem Hintergrund der neuen Weimarer Reichsverfassung, die „Gleichberechtigung der Geschlechter" als Anspruch formuliert hatte, immer weniger auf den zunehmend als „Ärgernis" empfundenen §1354 abgestellt zu haben, sondern zur Stützung der ausschlaggebenden Stimme des Ehemannes auf den „neutraleren" §1353, vgl. Medicus, Niedergang, wie Anm. 30, 1115–1117.

35 Vgl. Benno Mugdan Hg., Die gesammten Materialien zum Bürgerlichen Gesetzbuch für das Deutsche Reich, IV., Familienrecht, Berlin 1899, 1304–1315; Bebel (1840–1913), war von 1867–1881 und von 1883–1913 Mitglied des Reichstages für die Sozialdemokratische Partei Deutschlands; Rickert (1833–1902) war seit 1874 Abgeordneter des Reichstages, zuletzt für die Freisinnige Partei; Karl Freiherr von Stumm-Halbert (1836–1901) vertrat von 1889–1901 die Freikonservative Partei im Reichstag; Träger (1830–1912) war seit 1874 Mitglied des Reichstages, u.a. für die Fortschrittliche Volkspartei, seit 1896 auch Justizrat. Emma Oekinghaus, Die gesellschaftliche und rechtliche Stellung der deutschen Frau, Jena 1925, 136f. weist für das Jahr 1907 nach, dass 26,4% aller Ehefrauen berufstätig gewesen seien, während nach dem Ersten Weltkrieg ein noch größerer Prozentsatz von Frauen berufstätig geworden sei. Oekinghaus plädierte bereits dafür, den nicht bezifferbaren Beitrag der Ehefrau durch Führung des Haushaltes als gleichwertigen Beitrag zum Tragen der ehelichen Lasten zu berücksichtigen. Zum Gesetzgebungsprozess differenziert nach den Kritikpunkten der bürgerlichen und proletarischen Frauenbewegung vgl. Sabine Klemm, Frauenbewegung und Familienrecht 1848 bis 1938: eine Betrachtung anhand von Quellen, Dissertation Tübingen 1999, 144–107, 157–177, 187–195.

36 Vgl. Malsbenden, Stellung, wie Anm. 6, 15.

37 Vgl. Malsbenden, Stellung, wie Anm. 6, 43.

38 Zu den Grundtypen der Güterrechtssysteme vgl. Dölemeyer, Frau, wie Anm. 7, 646–649; Gerhard,

ihren Mann besser geschützt, weil sie Pfandrechte am Vermögen ihres Mannes hatte und auch im Konkurs des Mannes besser gestellt war als sonstige Gläubiger ihres Mannes. Zudem war für Verfügungen des Mannes jedenfalls über die von der Frau eingebrachten Immobilien die Zustimmung der Frau erforderlich. Durch Eheverträge bei Eheschließung konnte von dem grundsätzlichen Güterstand der Verwaltungsgemeinschaft abgewichen und das von der Frau eingebrachte Vermögen als Sondergut definiert und dadurch vom Eigentum des Mannes getrennt werden, wobei auch in diesem Fall der Mann das Verwaltungs- und Nutzungsrecht über dieses Sondergut behielt. Nach der Heirat konnte durch Eheverträge nur noch Gütergemeinschaft, nicht jedoch Gütertrennung vereinbart werden.[39] Nach dem *Cc* waren verschiedene Güterstände möglich, zwischen denen die Eheleute sich bei der Eheschließung vertraglich entscheiden mussten. Jedoch konnte der Ehemann nicht ehevertraglich auf seine Verwaltungsbefugnis verzichten.[40] Das Thema der Eheverträge, auch aus der anwaltlichen oder notariellen Praxis, ist jedoch, soweit ersichtlich, in der Forschungsliteratur kaum behandelt.[41] Dies ist umso erstaunlicher, als die Betonung der Vertragsfreiheit jedenfalls im Ehegüterrecht charakteristisch für das fortschrittliche Selbstverständnis des 19. Jahrhunderts ist, sich aber umgekehrt auf diesem Gebiet auch exemplarisch die Probleme der Vertragsfreiheit bei wirtschaftlich ungleichen Vertragspartnern studieren lassen könnten.[42] In Frankfurt wurde zunehmend auch ohne speziellen Ehevertrag das von der Frau in die Ehe eingebrachte Vermögen von vornherein als Sondervermögen betrachtet, so dass hier der Güterstand der Errungenschaftsgemeinschaft vorherrschend war, durch die lediglich das in der Ehe Erworbene zum gemeinschaftlichen Eigentum wurde, allerdings unter dem Verwaltungsrecht des Ehemannes stand.[43] Eine strikte Gütertrennung für alle Vermögensgegenstände von Mann und Frau, unabhängig davon, wann sie erworben wurden, war nur in den Gebieten Deutschlands üblich, in denen das strenge, römisch-rechtliche Dotalsystem galt. Hier war allerdings der wirtschaftliche Nachteil für die Frau, dass sie nicht an der Errungenschaft in der Ehe beteiligt war. Da dieses System nur in einem geographisch kleinen Teil Deutschlands galt (etwa in Württemberg) und als „fremd" empfunden wurde, hatte dieses Güterrechtssystem keine Durchsetzungschance im Gesetzgebungsprozess des *BGB*, obwohl es von der Frauenbewegung

---

Rechtsstellung , wie Anm. 1, 450f, die besonders den Aspekt der schnellen Vermögensdispositionen in hansischen Kaufmannsstädten hervorhebt; Majer, Vorlesung, wie Anm. 12, 114–116 (Situation unter dem *ALR*). Zur Ausgangslage der verschiedenen Güterrechtssysteme vgl. auch Klaus Schmid, Die Entstehung der güterrechtlichen Vorschriften im Bürgerlichen Gesetzbuch unter besonderer Berücksichtigung der sozialen Stellung der Frau, Dissertation Regensburg, Berlin 1990, 32–39.

39 Vgl. Malsbenden, Stellung, wie Anm. 6, 32. Im Ehevertrag mit Marianne Weber hatte sich Max Weber dagegen sogar noch umfassendere Rechte am Vermögen seiner Frau einräumen lassen, als es das ALR vorsah, vgl. Buchholz, Ehegüterrecht, wie Anm. 5, 58–70.

40 Vgl. Majer, Vorlesung, wie Anm. 12, 118f.

41 Eine Übersicht über die Bandbreite der vertraglich aushandelbaren Ehegüterrechtsstände bietet Coing, Privatrecht, wie Anm. 2, 312–314.

42 Das Problem ungleicher Verhandlungsmacht – allerdings nicht aus ökonomischer Sicht – sondern dem des gegebenenfalls verletzten Stolzes des Ehemannes wurde immerhin schon angesprochen von Oekinghaus, Stellung, wie Anm. 35, 138, 144–147 (Probleme des Gerichtsweges für Frauen, die erst klagen werden, wenn die Scheidung der Ehe ohnehin bevorsteht) sowie Weber, Ehefrau, wie Anm. 31, 464–475.

43 Vgl. Tressel-Schuh, Frauen, wie Anm. 7, 116–121; Dölemeyer, Frau, wie Anm. 7, 93–95.

gefordert worden war.[44] Darüber hinaus wurden im *BGB* Schutzmöglichkeiten für die Ehefrau durch Eintragung ihres Vermögens in ein Güterrechtsregister gegenüber dem *ALR* abgebaut. Das *BGB* erleichterte somit Dritten die Möglichkeit, gutgläubig vom unberechtigt über das Vermögen seiner Frau verfügenden Ehemann Eigentum zu erwerben. Zum Ausgleich sah das *BGB* vereinfachte Möglichkeiten für die Frau vor, durch das Vormundschaftsgericht die Verwaltung und Nutznießung des Ehemannes im Fall des Missbrauchs beenden zu lassen. Allerdings wurde von Frauen der Klageweg meist erst beschritten, wenn die Ehe ohnehin vor dem Scheitern stand.[45] Erst mit Einführung der Zugewinngemeinschaft am 1. 7. 1958 wurde im *BGB* das Prinzip der grundsätzlichen Gütertrennung verwirklicht, bei der nach Beendigung des Güterstandes durch Tod oder Scheidung das während der Ehe gemeinsam Erwirtschaftete in Geld ausgeglichen wird.

Die Witwe und die geschiedene Frau

Selbst in den Gebieten Deutschlands, die noch eine Geschlechtsvormundschaft über ledige Frauen kannten, fiel die minderjährige Witwe nicht unter männliche Vormundschaft zurück. Somit war eine Witwe überall unbeschränkt geschäfts- und prozessfähig. Wirtschaftlich wurde ihre Situation vor allem dadurch geprägt, ob sie aufgrund eines Testaments ihres Mannes oder im Wege der gesetzlichen Erbfolge (intestat) Erbin am Vermögen ihres Mannes geworden war. Im Gebiet des rheinisch-französischen Rechts wurde die Ehefrau gegenüber sonstigen erbberechtigten Verwandten zurückgesetzt.[46] Die erbrechtliche Stellung der Ehegatten wurde im Lauf des 19. Jahrhunderts jedoch gestärkt.[47] Soweit gemeinsame Kinder vorhanden war, wurde der Witwe oft nur ein lebenslanges Nutznießungsrecht gewährt, ohne dass sie wie eine Eigentümerin über das in der Ehe Erworbene verfügen konnte.

Im Gebiet des gemeinen Rechts kamen fast ausschließlich römisch-rechtliche Regelungen zur Anwendung, die ein umfangreiches Erbrecht für den überlebenden Ehegatten kannten. Da hier auch das Dotalrecht galt, erhielt die Witwe zunächst ihre Aussteuer (dos) zurück. Darüber hinaus erhielt sie, soweit keine Kinder vorhanden waren, vom Sondergut ihres Mannes alle Immobilien und ein lebenslanges Nutzungsrecht an den Mobilien, sowie die gesamte Errungenschaftsmasse. Neben gemeinsamen ehelichen Kindern erhielt sie jeweils nur die Hälfte an der Fahrnis des Sondergutes ihres Mannes und die Hälfte der Errungenschaftsmasse, behielt aber an den übrigen Teilen ein lebenslanges Nutzungsrecht.[48] Das *ALR* sah für die überlebende Ehefrau ein gesetzliches Erbrecht von einem

44 Vgl. Stephan Buchholz, Das Bürgerliche Gesetzbuch und die Frauen: zur Kritik des Ehegüterrechts, in: Gerhard, Frauen, wie Anm. 1, 670–682, 678ff; Dölemeyer, Frau, wie Anm. 7, 649; Rechtsschutzverein, Recht, wie Anm. 34, 9–13.

45 Vgl. Malsbenden, Stellung, wie Anm. 6, 113–117, 260–268, 319f. Die Debatten im Verlauf des Gesetzgebungsprozesses des BGB im Bereich des ehelichen Güterrechts zeichnet nach Schmid, Entstehung, wie Anm. 38, 39–145.

46 Vgl. Dölemeyer, Frau , wie Anm. 7, 649.

47 Vgl. Diethelm Klippel, Familie versus Eigentum. Die naturrechtlich-rechtsphilosophische Begründungen von Testierfreiheit und Familienerbrecht im 18. und 19. Jahrhundert, in: Zeitschrift der Savignystiftung für Rechtsgeschichte, Germanistische Abteilung, 101 (1984), 117–168, 162.

48 Vgl. Tressel-Schuh, Frauen, wie Anm. 7, 140–144.

Viertel des Vermögens ihres Mannes vor, wenn bis zu drei gemeinsamen Kindern als weitere Erben vorhanden waren. Falls mehr als drei Kinder vorhanden waren, war das Erbteil der Frau ebenso groß wie das eines Kindes. Falls keine Kinder vorhanden waren, erbte die Frau neben den weiteren Verwandten des Mannes ein Drittel. Darüber hinaus stand ihr der sogenannte Voraus zu, ein Nutzungsrecht am Hausrat und an „Tisch und Bettzeug".[49] Eine entsprechende Regelung wurde ins *BGB* aufgenommen. Allerdings wurde im Interesse der Frauen gefordert, der Witwe ebenso wie einer unschuldig geschiedenen Ehefrau die Hälfte des Errungenschaftsvermögens zuzusprechen.[50]

Regional sehr verschieden war die Stellung der Witwe gegenüber ihren minderjährigen Kindern. Die umfassende Personen- und Vermögenssorge für Kinder, die charakteristischerweise als „väterliche Gewalt" bezeichnet wurde, stand der verwitweten Mutter nach dem *ALR* nicht automatisch kraft Gesetzes zu, konnte ihr aber durch das Vormundschaftsgericht verliehen werden. Soweit dies nicht geschah und ein Dritter Vormund wurde, verwaltete dieser das Vermögen der Kinder, vertrat sie und konnte die Erziehung seitens der Mutter kontrollieren.[51] Im Gebiet des gemeinen Rechts erstarkte das mütterliche Erziehungsrecht nach dem Tod des Mannes automatisch zum vollen Recht.[52] Nach dem *Cc* wurde die Befugnis, die „elterliche Gewalt" auszuüben, automatisch auf die verwitwete Mutter übertragen, es sei denn der Vater hatte testamentarisch einen zusätzlichen Vormundschaftsbeistand eingesetzt.[53] Dies war auch die Rechtslage, wie sie das *BGB* am Ende des Jahrhunderts statuierte. Sobald eine Witwe allerdings wieder heiratete, durfte sie diese „elterliche Gewalt" nur mit Zustimmung ihres neuen Ehemanns auch weiterhin ausüben – soweit nicht einer der Großväter der Kinder stattdessen als Vormund in Betracht kam.[54] Im Gegensatz zum Witwer, der sich erneut verheiratete, unterstellte man der Witwe, durch die zweite Ehe in nicht auflösbare Interessenkonflikte zu geraten, die sie im Zweifel zulasten ihrer Kinder auflösen würde.[55]

Eine Ehescheidung war nach dem *ALR* zunächst in vergleichsweise vielen Fällen möglich. Insbesondere war in gewissen Fällen eine Scheidung auch ohne Verschulden einer Seite möglich, so bei „heftigem Widerwillen" oder bei einer kinderlos gebliebenen Ehe im gegenseitigen Einvernehmen. Die unschuldig geschiedene Ehefrau konnte teilweise bis an ihr Lebensende Unterhalt von ihrem früheren Mann verlangen. Daneben bestand auch die Möglichkeit der „Trennung von Tisch und Bett", bei der die Frau einen Unterhaltsanspruch gegen ihren Mann behielt.[56] Von der Erleichterung der Scheidung hatte sich der preußische Gesetzgeber neue Heiraten und so einen Anstieg der Geburtenzahlen erhofft. Zu Beginn des 19. Jahrhunderts hatten die Scheidungszahlen in Preußen ungeahnte

49 Vgl. Gunter Wesener, Pflichtteilsrecht und Unterhaltsanspruch des überlebenden Ehegatten in historischer Sicht, in: Richard Novak u.a. Hg., Reformen des Rechts. Festschrift zur 200 Jahr Feier der Rechtswissenschaftlichen Fakultät Graz, Graz 1979, 95–120, 110f.

50 Vgl. Weber, Ehefrau, wie Anm. 31, 488f.

51 Vgl. Majer, Vorlesung, wie Anm. 12, 116f.

52 Vgl. Tressel-Schuh, Frauen, wie Anm. 7, 176f.

53 Vgl. Majer, Vorlesung, wie Anm. 12, 119.

54 Vgl. Majer, Vorlesung, wie Anm. 12, 126f. Diese Regelung wurde mit der preußischen Vormundschaftsverordnung von 1875 auch in Frankfurt getroffen, vgl. Tressel-Schuh, Frauen, wie Anm. 7, 190

55 Vgl. Oekinghaus, Stellung, wie Anm. 35, 153f.

56 Vgl. Esser, Rechtsstellung, wie Anm. 6, 29–32.

Höhen erreicht.[57] Eine Reform der Verfahrensordnung von 1844 sollte Scheidungen zunächst teuer und langwierig machen bis dann durch die Reform des Scheidungsrechtes im Jahr 1854 die liberalen, verschuldensunabhängigen Scheidungsgründe weitgehend abgeschafft wurden.[58]

In Frankfurt, als einem Anwendungsfall des gemeinen Rechts, bestand bis zur Einführung des *PStG* neben der Scheidung auch die Möglichkeit der „Trennung von Tisch und Bett", die vor allem dann in Betracht kam, soweit kein Scheidungsgrund vorlag. Eine solche Trennung hatte zur Folge, dass die Frau einen Unterhaltsanspruch gegen ihren Mann behielt, für beide Eheleute jedoch keine neue Heirat möglich war. Die Scheidungsgründe waren formal für beide Ehegatten auf bestimmte Fälle eingegrenzt, setzten jedoch stets ein Verschulden voraus (Ehebruch, bösliches Verlassen, Verweigerung des ehelichen Verkehrs, Nachstellung nach dem Leben des Ehegatten). Insbesondere bei der Interpretation des böslichen beziehungsweise berechtigten Verlassens wurden verschiedene Kriterien an das Verhalten von Ehemann und Ehefrau angelegt. Eine Frau, die schuldig geschieden wurde, verlor – ebenso wie im umgekehrten Fall ihr Mann – ihr gesetzliches Erbrecht am Sondervermögen ihres Mannes (Statutgebühr) sowie einen Teil ihres Anspruchs auf die Errungenschaftsmasse. Im Fall des Ehebruchs verlor sie außerdem ihren Anspruch auf die Aussteuer und ihr Sondervermögen, so dass ihr die wirtschaftliche Existenzgrundlage entzogen war und sie auf wohlwollende Aufnahme durch ihre Herkunftsfamilie angewiesen war – zumal die Aussteuer meist ihren erbrechtlichen Anspruch gegenüber ihrer Herkunftsfamilie abgegolten hatte.[59] Auch im *BGB* wurde das Verschuldensprinzip bei der Ehescheidung bis 1958 beibehalten, obwohl schon die bürgerliche Frauenbewegung bei Verabschiedung des *BGB* für eine Scheidung aufgrund der Zerrüttung der Ehe beziehungsweise bei „unüberwindlicher gegenseitiger Abneigung" eingetreten war. Gegen das Verschuldensprinzip wurde insbesondere eingewandt, dass der Ehemann durch sein Verwaltungsrecht am Vermögen der Frau stets ein Pfand in der Hand behielt, um eine scheidungswillige Ehefrau an der Ehe festzuhalten oder sie zur Einwilligung in eine Ehescheidung aufgrund seines Verschuldens zu veranlassen.[60]

An einen Ehebruch knüpfte der *Cc* geschlechtsspezifisch unterschiedliche Rechtsfolgen: Der Mann konnte beim Ehebruch seiner Frau Scheidungsklage erheben, die Frau beim Ehebruch ihres Mannes nur, wenn dieser seine Geliebte in die Ehewohnung aufnahm.[61] Eine Besonderheit statuierte das *sächsische BGB*: Falls beide Ehegatten einen Ehebruch begangen hatten, führte dies zur einer Art „Aufrechnung" – mit der Folge, dass keine Ehescheidung möglich war.[62] Im *PStG* wurde für das ganze deutsche Reich ein besonderes Ehehindernis gegen eine Ehe mit dem Partner, mit dem der zur Scheidung führende Ehebruch begangen worden war, errichtet, so dass insbesondere eine Frau, die

57 Vgl. Dirk Blasius, Reform gegen die Frau: Das preußische Scheidungsrecht im frühen 19. Jahrhundert, in: Gerhard, Frauen, wie Anm. 1, 659–669, 663f.

58 Vgl. Blasius, Reform, wie Anm. 57, 666–668.

59 Vgl. Tressel-Schuh, Frauen, wie Anm. 7, 164–169; Dölemeyer, Frau, wie Anm. 7, 92f.

60 Vgl. Weber, Ehefrau, wie Anm. 31, 550; Rechtsschutzverein, Recht, wie Anm. 34, 14–16.

61 Vgl. Dölemeyer, Frau, wie Anm. 7, 656f.

62 Vgl. die ausführlichen Regelungen zu den Fallgestaltungen des Ehebruchs (Verzeihung, Aufrechnung etc.) in §§1714–1730.

aufgrund eines Ehebruches schwanger war und deren Ehemann in Folge des Ehebruchs sich hatten scheiden lassen, keine Möglichkeit hatte, das nichtehelich zur Welt kommende Kind durch nachträgliche Ehe mit dem Vater des Kindes zu legitimieren und ihre eigene wirtschaftliche Existenz durch diese Neuheirat zu sichern.[63] Eine unschuldig geschiedene Ehefrau konnte nach dem *ALR* zwischen Zahlung des lebenslänglichen Unterhalts oder einer einmaligen Abfindung in Höhe von einem Viertel oder einem Sechstel des Vermögens des Mannes verlangen.[64]

Falls eine Frau alleinschuldig geschieden worden war, konnte der Ehemann ihr den Ehenamen entziehen, so dass sie wieder ihren ursprünglichen Namen annehmen musste.[65] Nach dem *sächsischen BGB* behielt die Frau in jedem Fall Namen und Stand ihres Ehemannes (§1748). Jedoch verlor sie als schuldig Geschiedene das Recht, die Personensorge und das Vertretungsrecht für minderjährige Kinder auszuüben. Im *sächs. BGB* (§1809) verlor der alleinschuldig geschiedene Ehemann die väterliche Gewalt über seine Kinder, nach dem *ALR* verlor er nur das Erziehungsrecht.[66] In anderen Scheidungsfällen bei denen keine eindeutige Schuld festgestellt wurde, wurden der Mutter grundsätzlich nur Kinder unter sechs Jahren zur Erziehung überlassen, ältere Kinder dem Vater, es sei denn, das Vormundschaftsgericht traf eine abweichende Regelung (§1749). Das *ALR* billigte dagegen dem Vater ein Erziehungsrecht für Kinder ab vier Jahren zu, wie auch die Erziehung von Söhnen – selbst wenn er schuldig geschieden worden war. Die Mutter konnte sich dagegen nur gerichtlich darum bemühen, das Erziehungsrecht für ihre Töchter zu erhalten.[67] Auch das *BGB* sah bei einer Scheidung ohne eindeutige Schuldzuweisung vor, dass Mütter nur die Personensorge für Söhne unter sechs Jahren und für Töchter unabhängig vom Alter erhalten sollten. Nach dem *BGB* behielt dagegen auch der alleinschuldig geschiedene Ehemann weiterhin als Konsequenz der „väterlichen Gewalt" die Vermögenssorge und das Vertretungsrecht für seine Kinder, während der unschuldig geschiedenen Frau lediglich das Erziehungsrecht einschließlich der korrespondierenden, subsidiären Unterhaltspflicht für die Kinder blieb.[68]

Ein Blick zurück in das 19. Jahrhundert ergibt ein uneinheitliches Bild im Hinblick auf die Rechtsstellung der Frau: Während im Geltungsbereich des *Cc* ledige Frauen Männern rechtlich gleichgestellt waren und geschiedene Frauen eine stärkere Position bei der Personensorge für eheliche Kinder als in den anderen Gebieten Deutschlands hatten, war die Rechtsstellung der Frau während der Ehe sowohl ehegüterrechtlich wie personenrechtlich besonders schwach. In den Gebieten des gemeinen Rechts waren die Vermögensinteressen der Ehefrau aufgrund der Gütertrennung am stärksten geschützt, während das *ALR* eher auf Sicherungs- und Pfandrechte gegen unberechtigte Verfügungen des Ehemannes im Rahmen seiner Verwaltungsbefugnis setzte. Gar keine eigenständige

63 Vgl. Tressel-Schuh, Frauen, wie Anm. 7, 110.

64 Vgl. Weber, Ehefrau, wie Anm. 31, 336f.

65 Vgl. Berger, Erwerb, wie Anm. 33, 84–89.

66 Vgl. Weber, Ehefrau, wie Anm. 31, 337.

67 Vgl. Weber, Ehefrau, wie Anm. 31, 337.

68 Vgl. Oekinghaus, Stellung, wie Anm. 35, 154–156. Kritik auch schon durch die Denkschrift des „Rechtsschutzvereins für Frauen", wie Anm. 34, 22–27, die sich für eine grundsätzlich gemeinsame „elterliche Gewalt" beider Ehegatten während der Ehe aussprach.

vermögensrechtliche Position hatte die Ehefrau im *sächsischen Recht*, das andererseits ein auf gleiche Rechtspositionen von Mann und Frau achtendes Scheidungsrecht vorsah. Im Bereich des Stichentscheides und der Verwaltungsbefugnis des Ehemannes am Vermögen seiner Frau gab das *BGB* der Frau neue Instrumente der vormundschaftsgerichtlichen Kontrolle an die Hand, deren Anwendung in der Rechtspraxis jedoch noch zu untersuchen wäre. Trotz der Vorteile, die die Vereinheitlichung der Rechtslage durch das *BGB* auch für Frauen brachte, war das Ehe- und Familienrecht in vielen Einzelregelungen bereits bei seiner Verabschiedung Kritik ausgesetzt[69], die sich vor allem dagegen wandte, rechtliche Bestimmungen nach nur wenig gemilderten, veralteten patriarchalischen Prinzipien fortzuschreiben, die insbesondere die verstärkte Erwerbstätigkeit von Frauen nicht berücksichtigten.

69 Insbesondere hatte sich die bürgerliche Frauenbewegung mit keiner ihrer Reformvorschläge im Gesetzgebungsprozess durchsetzen können, vgl. Klemm, Frauenbewegung, wie Anm. 35, 107.

Married Women and the Law in England since the Eighteenth Century

Tim Stretton

In England the core rules determining married women's rights traditionally came not from Parliament, but from the Common Law, a national system of customary law applied in the courtroom and shaped by the legal decisions and comments of generations of judges. However the overall system was made complicated by the inconsistent application of those rules and by the existence of rival sources of law – in particular equity, ecclesiastical law, local and borough custom and parliamentary statute – whose rules were not always compatible. To make sense of these complexities it is best to consider the most important legal jurisdictions separately, before tracing the path of reform and considering competing theories about change over time.

English Common Law

The Common Law term for a married woman's legal condition was 'coverture', and in the law French favoured by English Common Lawyers, marriage transformed a 'feme sole' into a 'feme covert'[1]. Central to coverture was the doctrine of 'unity of person', the legal fiction that husband and wife shared a single legal identity. Just as the Bible declared husband and wife to be one flesh, so the Common Law regarded them to be one person, with the husband's legal personality covering or eclipsing the wife's for many, although not all, purposes.

The effects of coverture were wide ranging, especially where property was concerned. On marriage a woman's personal or movable property (her money and goods, future inheritances and any wages she might earn) became her husband's. Only if her husband

1 For details see John Hamilton Baker, Introduction to English Legal History, London 2002[4], especially chapter 27; William Searle Holdsworth, A History of English Law, London 1923, volume III; Lee Holcombe, Wives and Property: Reform of the Married Women's Property Law in Nineteenth-Century England, Toronto/Buffalo/London 1983, 18–36; Teresa Michals, 'That sole and despotic dominion': Slaves, wives, and game in Blackstone's Commentaries, in: Eighteenth Century Studies, 27, 2 (1993–1994), 195–216.

failed to sell or alienate this property before his death, and died without writing a will, would any of it return to her.[2] In theory a husband could not even give his wife a gift, for under the fiction of unity of person he would be giving the gift to himself, which was a legal impossibility. Real property (land) remained hers, but control of such property passed to her husband for the duration of the marriage. A husband could not sell or alienate his wife's land without her express permission (confirmed in private before a judge), however his control extended to the ability to lease her land to a stranger for extended periods. In this situation a wife had no power to end such arrangements and recover her land after her husband died, just a right to claim the rents for the remaining term of the lease.[3] The lack of an independent legal identity, and of the ability to own separate property, meant that a wife could not enter into contracts in her own name.[4] She also could not write a will without her husband's approval, and even if he gave this approval he could withdraw it again at any time right up until her will was proved.

With this transfer of privileges and property rights came certain obligations. A husband was held liable for his wife's debts and even for certain of her crimes, if she committed them in his presence.[5] He was also expected to maintain his wife at a level fitting his, and her, social status. The problem here was that the Common Law provided no positive means of enforcing this obligation. A wife could not sue or be sued in a Common Law court without her husband, and this meant she could not sue her husband, making it difficult for her to seek relief if he failed to maintain her. Her only option was to purchase necessaries on credit and he would be liable for the resulting debt.[6] This was a clumsy legal remedy, one that could be difficult to pursue in practice, but one which an increasing number of neglected or estranged wives took advantage of in the eighteenth and nineteenth centuries.[7]

The Common Law identified a husband as 'baron' or lord over his 'feme' and the resulting power imbalance within marriage could be severe.[8] A husband decided where the couple was to live and could use reasonable force to constrain his wife at home. If a wife's friends or relatives helped her flee his custody, he could seek a writ of habeas corpus against them to have her returned.[9] Husbands also possessed the right to use 'moderate' or 'reasonable' force to correct their wives, although the theoretical limits of this

2 If a husband did write a will, his widow had the right to claim paraphernalia, her personal clothes and jewels, regardless of whether he had left these things to her.

3 If a husband tried to sell his wife's lands she had few means of stopping him, just a right to claim them back after his death.

4 If she did sign a contract the law assumed she did so as her husband's agent.

5 A husband was liable for his wife's torts, but not for serious crimes such as murder or treason.

6 See Holcombe, wifes, wie Anm. 1, 27f.

7 See Margot Finn, Consumption and coverture in England, 1760–1860, in: The Historical Journal, 39 (1996), 703–722; Margot Finn, Working-class women and the contest for consumer control in Victorian County courts, in: Past and Present, 161 (1998), 116–154.

8 As an illustration of the lordly authority of husbands, until 1828 a wife convicted of killing her husband was guilty not simply of murder, but of petty treason.

9 See Elizabeth Foyster, At the limits of liberty: married women and confinement in eighteenth-century England, in: Continuity and Change, 17, 1 (2002), 39–62. Courts continued to enforce a husband's right to keep his wife at home against her will right up until 1891.

power were much debated.[10] In theory wives could complain about their violent husbands to a justice of the peace or a judge, who could order the offending husband to be 'bound over to keep the peace'. However, it could be difficult for a woman to make a public complaint against her violent husband when the law expected her to continue living in the family home, and many wives suffered in silence. In an even greater affront to justice, a husband's entitlement to exercise his 'conjugal rights' amounted to a licence to have marital intercourse at will, with or without his wife's consent: only in 1991 did English courts recognize rape in marriage to be a crime.

Against this bleak catalogue of legal disabilities, the only clearly positive right a married woman enjoyed was the right to dower if she outlived her husband. Regardless of whether or not she had brought a dowry or portion to the marriage, a married woman had a right to a life interest in one third of her husband's freehold lands if she survived him. The Common Law position represents a damning expression of the patriarchal values of English society, but coverture managed to persist for so long because it was so flexible. Husbands who felt the need could apply coverture's rules ruthlessly, but most rules were discretionary, and many couples lived their lives without ever expressly invoking them. In fact large numbers of ordinary men and women had an incomplete knowledge of these rules, and were unaware of the fiction of 'unity of person' that underpinned them. Wives provisioned the house, bought and sold goods and felt they owned their personal possessions. Aspects of coverture were also subject to exceptions. Local custom in a number of cities, for example, permitted married women engaged in certain business activities to enjoy the legal status of single women as 'feme sole traders'.[11] The practical as well as the psychological effects of coverture should not be underestimated, but neither should the Common Law be blamed for all of the restrictions married women endured. The right of dower, for example, was considered so generous by the majority of English husbands that most sought to avoid it, usually by creating jointures for their wives, written agreements that guaranteed women a designated income during their widowhood that was considerably less than the income from a third of their real property.[12]

Marriage, Divorce and the Church Courts

Coverture gained much of its restrictive power from the strength of marriage bonds, which were virtually impossible to break. Legal divorce allowing remarriage was unavailable in England until 1857, except by private act of Parliament, a process that was

10 A myth sill circulates that under the 'rule of thumb' a husband could beat his wife with a stick as long as its diameter was no thicker than his thumb, but no such rule was ever an accepted part of the common law: Henry Kelly, Rule of thumb and the folklaw of the husband's stick, in: Journal of Legal Education, 44 (1994), 341–365; and see below note 28.

11 See Amy Louise Erickson, Women and Property in Early Modern England, London/New York 1995, 30.

12 Women who preferred jointures did so for practical reasons, because dower only applied to freehold lands (and most lands in the eighteenth and nineteenth centuries were entailed or otherwise encumbered) and because it could be time consuming to claim.

extremely expensive and effectively open only to men.[13] The church courts had jurisdiction over marriage prior to that date and provided unhappy couples with only two options, seeking an annulment on the grounds that the marriage was invalid for technical reasons, or seeking a separation from bed and board (a mensa et thoro). Acceptable grounds for separation included adultery, cruelty, bigamy, incest or sodomy, and in practice the sexual double standard held sway. Proof of adultery was sufficient for a man to gain a separation, but not for a woman, who had to prove cruelty or other grounds as well. Married women could sue their husbands in the church courts because those courts acknowledged them to be separate persons. However, a separation was not a divorce, and in the eyes of the Common Law separated couples remained legally married. Therefore any monies a separated woman earned or inherited technically belonged to her husband. A greedy or vindictive husband could steal money from his estranged wife, safe in the knowledge that she was unable to enter a complaint against him at Common Law. Alternatively, he could run up debts until his creditors sued him, and then use the resulting court orders to dispossess his wife of her assets (on the grounds that under coverture they belonged to him). The church courts could order a husband to pay maintenance to his separated wife, but once again married women faced difficulty in trying to enforce such an order if their husband refused to comply, and usually they had to rely on third parties to sue on their behalf.

Equity

Operating alongside the Common Law was equity, the alternative brand of law developed in courts such as Chancery that employed civil law, not common law, procedure.[14] Equity courts proved willing to regard married women as separate persons for property matters, and to support legal innovations designed to protect their property interests. The most common of these was the marriage settlement, in which husbands agreed before marriage that specified property would be kept to their wives' 'separate use'.[15] Alternatively, a woman or her relatives could create a trust for her benefit before marriage by transferring property (with her future husband's knowledge) to a third party to hold for her separate use. Trusts operated by separating ownership of property from the enjoyment of property. A wife could give up legal ownership of property by transferring it to trustees, leaving her with nothing that could pass to her husband, but retain an equitable right to receive income from the property. During marriage, if a married woman's relatives or supporters wanted to give her gifts or leave her legacies, they could write terms in deeds or wills ensuring that such property would be retained to her separate use. If a marriage disintegra-

13 An unknown number of couples divorced by the illegal custom of 'wife sale' see E.P. Thompson, Customs in Common: Studies in Traditional Popular Culture, London 1991; Samuel Menfee, Wives for Sale: An Ethnographic Study of British Popular Divorce, Oxford 1981.

14 For details see Holcombe, Wives, wie Anm. 1, 37–47; Susan Staves, Married Women's Separate Property in England, 1660–1833, Cambridge Mass./London 1990.

15 To prevent husbands from pressuring their wives into relinquishing interests, many settlements from the late eighteenth century onwards included a 'restraint on anticipation' clause that made it impossible for married women to sell or alienate their separate property, even if they wanted to.

ted, a couple could agree to separate according to the terms of a contract that guaranteed the husband would pay separate maintenance to his wife.[16] The Lord Chancellor and the other justices in Chancery proved willing to enforce these and other methods for evading the rules of coverture, all of which went against the spirit of the basic principles of the Common Law.

The possibilities equity opened up to married women could be extremely beneficial. Clauses in marriage settlements, for example, could reserve to wives the right to make a will of their separate property or to ensure that their daughters from a former marriage received portions or dowries.[17] Nevertheless, it is misleading to see equity as the saviour of married women in the face of the tyranny of coverture. Many landowners used equitable devices not to extend married women's legal entitlements, but to limit or reduce them in their efforts to preserve control over the patrimony. Under the Common Law rules of inheritance by primogeniture, for example, women should have inherited in around 25 per cent of cases, when marriages produced no sons. However, thanks to equitable devices such as strict settlements, or to the terms in wills, in elite families women inherited the family estate in only eight per cent of cases.[18] Jointures were often enforced in Chancery, and as has already been noted, jointures were usually far less generous than the provisions of dower.[19] Of greater concern is the fact that marriage settlements and trusts had to be created in advance with the assistance of lawyers, and over time they became increasingly expensive, both to draw up and to enforce in court, narrowing the range of women with the resources and the knowledge necessary to benefit from them.

Parliamentary Reform

Over the centuries, Common Lawyers found new ways to justify the restrictions of coverture, relying less and less on biblical and feudal ideas about innate male superiority and more and more on the fiction of 'unity of person' and on the supposed practical need for husbands to be responsible for, and to have control over, their wives.[20] However, while justifications changed considerably, the restrictions they supported changed little. Positive, lasting reform did not come until the nineteenth century, when Parliament began enacting statutes concerned with matters such as child custody, divorce and married women's property rights, that slowly cut away the most significant restrictions of coverture.[21] One of the first of these statutes was the Infant Custody Act of 1839 that allowed Chancery to award mothers temporary custody of their children under age of seven and to have access to children under 16. This was a small gain, but it marked a

16 See Staves, property, wie Anm. 14, 162–195.

17 See Erickson, Women, wie Anm. 11, 104.

18 Eileen Spring, Law, and Family: Aristocratic Inheritance in England 1300–1800, Chapel Hill/London 1993, 9–38.

19 See? Staves, property, wie Anm. 14, 27–37.

20 Maeve E. Doggett, Marriage, Wife-Beating and the Law in Victorian England, Columbia 1993, 146.

21 For details see Holcombe, Wives, wie Anm. 1; Mary Lyndon Shanley, Feminism, Marriage, and the Law in Victorian England, 1850–1895, Princeton 1989.

breach in the total monopoly of power husbands then enjoyed over matters relating to their children.[22]

Reform of marriage began in earnest in 1837 when Parliament encroached on the church's jurisdiction and created mechanisms for civil marriages.[23] Later, the Matrimonial Causes Act of 1857 saw the state assume jurisdiction over marital breakdown and introduced full divorce allowing remarriage. This was a dramatic change, however the law entrenched the distinction of different grounds for divorce for men and women. Husbands needed only to show evidence of adultery, but wives had to prove cruelty, incest, desertion, bigamy, bestiality or sodomy in addition to adultery.[24] Only in 1923, with the passing of a new Matrimonial Causes Act, could wives sue for divorce on the same terms as husbands. A 1937 act permitted divorce for grounds other than adultery and then in 1969 Parliament moved from divorce based on fault to one based on irretrievable breakdown. These and subsequent changes increased the legal equality of husbands and wives, but have failed to alleviate the effects of the economic imbalance that within most marriages operates in men's favour.[25]

The most fundamental reforms concerning married women's rights came in the area of property law. The Married Women's Property Acts of 1870 and 1882 undid the most limiting restrictions of coverture by allowing married women to own and control property separately from their husbands and to write wills. Critically, though, these statutes did not give married women the same rights over property that single women enjoyed, as feminist reformers had requested, but merely recognized married women's rights to a 'separate estate' in property. In other words, Parliament chose a conservative rather than a radical approach by taking the existing concept of 'separate estate' that equity courts had long used to offer autonomy to wealthy women, and extending it to all married women. Nevertheless, allowing married women to own property was an important precursor to their participation in the political process.[26] Full rights for married women to own property as if they were single came in the twentieth century, in the wake of the Law of Property Act of 1925.

In the past, historians viewed these landmarks of statutory reform as marking a slow but straightforward march to equality and enlightenment – a triumph of liberal thought after centuries of unchanging inequality. Optimists believed that early feminists persuaded Parliament to reform property laws, while pessimists believed it was angry shopkeepers demanding that wives be made liable for their own debts, but both sides assumed a ge-

22 Further Acts in 1873 and 1886 extended mother's rights, but still left fathers as sole legal guardians of their natural and step children.

23 In the previous century, Lord Hardwicke's Marriage Act of 1753 sought to clamp down on clandestine or irregular marriages, but it left the church's jurisdiction intact. See Brian Outhwaite, Clandestine Marriage in England 1500–1850, London/Rio Grande 1995, 75–97.

24 The Act also provided deserted wives with the means to protect their property interests.

25 In the move to no-fault divorce, for example, private maintenance or alimony provisions have been removed without adequate thought to their replacement: See Carol Smart, The Ties that Bind: Law, Marriage and the Reproduction of Patriarchal Relations, London 1984, 113–116, 220–240; Dorothy M. Stetson, A Woman's Issue: the Politics of Family Law Reform in England, Westport 1982, 5–10.

26 Propertied married women could vote in municipal elections after 1894 and married women gained the right to vote in Parliamentary elections under the Equal Franchise Act of 1928.

neral long term shift towards egalitarianism. Recent scholarship confirms that this picture of change is too simplistic, for reforms affected different women in different ways, and the path of change was far from even.[27] For example, the limited rights of mothers to the custody of their children were arguably greater in 1600 than in 1700, and better in 1730 than in 1830.[28] Similar fluctuations seem to mark other areas of law, such as the history of 'reasonable' correction and spousal abuse,[29] and a significant minority of historians now argue that married women's rights had been declining, rather than improving or remaining the same, for hundreds of years prior to nineteenth century reform.[30] Similarly, it is no longer possible to claim with authority that single branches of English law have consistently helped or hurt married women. Parliaments have been guilty of diminishing as well as extending wives' rights, altering citizenship laws so that between 1870 and 1948, an English woman who married an alien automatically lost her British nationality.[31] The same was true of common law judges, who can rightly be blamed for perpetuating the disabilities of coverture for generations, but who should also be credited with ending husbands' rights to confine their wives in 1891 and with making marital rape a crime in 1991.

As recently as 1981 a lawyer for a married couple successfully defended his clients against an accusation of conspiracy to commit fraud by arguing that as husband and wife they were one person at law, and one person cannot be guilty of conspiracy. Lord Denning reversed this decision on policy grounds, and announced that coverture no longer had a place in English law.[32] Yet its legacy still haunts current legal thought and practice in England and in other Common Law countries.[33]

27 For an analysis of the complex path of change in the eighteenth century see Staves, property, wie Anm. 14.

28 Prior to the seventeenth century, mothers had an automatic right to the custody of their children upon widowhood. In 1660 Parliament limited this right by allowing husbands to name guardians for their children in their wills. Danaya C. Wright, De Manneville v. De Manneville: Rethinking the birth of custody law under patriarchy, in: Law and History Review, 17,2 (1999), 247–307. And see Sarah Abramowicz, English child custody law, 1660–1839: the origins of judicial intervention in paternal custody, in: Columbia Law Review, 99, 5 (1999), 1344–1391.

29 Doggett, marriage, wie Anm. 20; Foyster, limits, wie Anm. 9; Anna Clark, Humanity or justice? Wifebeating and the law in the eighteenth and nineteenth centuries, in: Carol Smart Hg., Regulation Womanhood: Historical Essays on Marriage, Motherhood and Sexuality, London/New York 1992; James Hammerton, Victorian marriage and the law of matrimonial cruelty, in: Victorian Studies, 33 (1990), 269–292.

30 Spring, law, wie Anm. 18, 182–186; Wright, de Manneville, wie Anm. 28; Eileen Spring, Child custody and the decline of women's rights, in: Law and History Review, 17, 2 (1999), 315–318. Other historians who shy away from simple arguments about improving rights argue that change affected different classes of women in different ways, so some women gained from legal developments while others lost out. See Erickson, women, wie Anm. 11; Staves, property, wie Anm. 14; Hilda Smith, All Men and Both Sexes: Gender, Politics and the False Universal in England, 1640–1832, Pennsylvania 2002.

31 M. Page Baldwin, Subject to Empire: Married women and the British Nationality and Status of Aliens Act, in: Journal of British Studies, 40 (2001), 522–556.

32 Midland Bank Trust Co Ltd v. Green [1981] 3 All England Reports, 744.

33 American commentators have argued that American curts are reviving aspects of coverture. See Joan Williams, Is coverture dead? A new theory of alimony, in: Georgia Law Journal, 82 (1994), 2227, 2229; Amy D. Ronner, Husband and wife are one – him: Bennis v. Michigan as the resurrection of coverture, in: Michigan Journal of Gender and the Law, 4 (1996), 129–169.

Brautpreise und/oder Mitgift in Bulgarien

Tzetvana Bonceva, Anelia Kasabova-Dintcheva

Die Gegenüberstellung von Brautpreis und Mitgift als zentrale Charakteristika verschiedener Familien- und Haushaltsformen ist in einschlägigen Untersuchungen in und über Bulgarien – historisch wie in der Gegenwart – üblich: Der Brautpreis, gezahlt von der Familie des Mannes an die Familie der Frau, wird dabei als Form der Kaufehe gedeutet, in der die Frau als ‚Erwerbung' gilt, und mit einer komplexen patrilinearen und patrilokalen Familien- und Haushaltsstruktur in Verbindung gebracht. Dieses auf gemeinsamem Eigentum basierende *joint family*-System am Balkan firmiert in der historischen Familienforschung unter der Bezeichnung „Zadruga". In ihren Grundlagen näher spezifiziert gilt die Annahme, dass diese als kulturelles Muster auf dem Ahnenkult gründe, wovon auch das kollektive Eigentumsrecht der agnatischen Abstammungsgruppe abgeleitet wird – mit der Folge des Ausschlusses der Ehefrauen und Töchter aus dem Erbrecht. Prinzipiell gilt jedes Fraueneigentum, das über Gegenstände des persönlichen Bedarfs hinausreicht – unabhängig davon, ob es durch Erbe oder eigenen Erwerb zustande gekommen ist – als unvereinbar mit den Strukturprinzipien von patrilinearen *joint families*.

Mitgift gibt es diesem Modell zufolge daher nur dort, wo das Prinzip der Bilinearität herrscht, und Erbansprüche von Ehefrauen und Töchtern anerkannt werden. Da die Mitgift einen Vorgriff auf das Erbe darstellt, wird ihr eine „zerstörerische" Wirkung auf das Balkanfamilien- und Haushaltssystem zugeschrieben. Darüber hinaus wird sie als jüngere Erscheinung, als eine Neuerung des 20. Jahrhunderts nach westlichem Vorbild gesehen.[1]

1 Vgl. Michael Mitterauer, Komplexe Familienformen in sozialhistorischer Sicht, in: ders., Historisch-anthropologische Familienforschung. Fragestellungen und Zugangsweisen, Wien/Köln/Weimar 1990, 87–130, 92ff und 112ff; Karl Kaser, Familie und Verwandtschaft auf dem Balkan. Analyse einer untergehenden Kultur, Wien/Köln/Weimar 1995, 347ff; ders., Macht und Erbe. Männerherrschaft, Besitz und Familie im östlichen Europa 1500–1900, Wien/Köln/Weimar 2000; Georgi Georgiev, Osvobozdenieto i etnokulturnoto razvitie na balgarskija narod [Die Befreiung und ethnokulturelle Entwicklung des bulgarischen Volkes] 1877–1900, Sofia 1979, 55ff; Petko Hristov, „Dourkina niva" and the Exchange of Wedding Gifts, in: Bulgarian Ethnology, 3–4 (1999), 56–76.

Zur Rolle der Familienforschung in Bulgarien

Das skizzierte Interpretationsmuster hat seinen Ausgangspunkt in der Familienforschung des ausgehenden 19. Jahrhunderts. Ihr Beginn ist um die Mitte des 19. Jahrhunderts anzusetzen und war in einen breiteren wissenschaftlichen Kontext eingebunden. Eine wichtige Rolle spielte dabei die historische Rechtswissenschaft. Deren maßgebliche konzeptionell-theoretische Grundlage zu dieser Zeit war der Evolutionismus. Grob verallgemeinernd könnte man sagen, dass sich aus der Sicht der meisten Vertreter des Evolutionismus die Familien- und/oder Haushaltsformen linear von komplexen Familienformen und kollektivem Eigentum hin zu nuklearen Familien und Privateigentum entwickelt haben.

Der Evolutionismus führte einerseits zur Suche nach ‚altertümlichen' Relikten in der eigenen Gesellschaft (insbesondere im deutschsprachigen und slawischen Raum) und bedingte andererseits ein verstärktes Interesse, das nach außen, auf außereuropäische und jene slawischen Völker hin orientiert war, in deren Gesellschaftsstruktur man Überreste ‚altertümlicher' Institutionen sah. Im slawischen Raum bekam der Evolutionismus eine zusätzliche Dimension: Man suchte nach den ältesten Familien- und Rechtsformen und sah – in Verbindung mit Herders Ideen über die gleichberechtigte und eigenständige ‚Volksentwicklung' – in ihnen den Ausdruck eines spezifischen ‚Volksgeistes'. Dieser Zugang brachte es mit sich, dass die vergleichende Methode als die zentrale Herangehensweise eingestuft wurde. Vor dieser Hintergrundfolie sind grundsätzlich auch die Untersuchungen über Brautpreis und Mitgift zu sehen.

Die Mehrdeutigkeit der Begriffe

Als lokale Bezeichnungen für den Brautpreis werden in den gewohnheitsrechtlichen Sammlungen vom ausgehenden 19. Jahrhundert die türkischen Wörter „agarlak", „babahak" und parallel dazu das bulgarische Äquivalent „bastina pravdina", was „Vaterrecht" heißt, sowie „prid" und „vencanina" angeführt. Stefan Bobcev, einer der bedeutendsten bulgarischen Rechtshistoriker der zweiten Hälfte des 19. und Anfang des 20. Jahrhunderts, führt dies folgendermaßen aus:

> Spuren eines solchen Brauches, der dem *agarlak* nahe kommt, existieren unter vielen Völkern, slawischen und nicht slawischen, arischen und nichtarischen; aber nur unter den primitivsten Stämmen ist diese transformierte Form des Brautkaufes in einer klaren Form erhalten geblieben .... Dieser Brauch ist nicht weit entfernt vom irischen *loglonamnais* und dem mittelalterlichen *maritagium*.[2]

2 Stefan Bobcev, Prid (Agarlak) – bolgarskaja kladka [Prid (Agarlak) – das sind die Bezeichnungen für Brautpreis – der bulgarische Beitrag], Sankt Petersburg 1906, 10; ders., Agarlak (prid) i proizhozdenie na prikjata [Agarlak (prid) und die Herkunft des Brautpreises], in: Periodicesko spisanie na Balgarskoto knozovno druzestvo, 64 (1903), 638–732.

In Anlehnung an Zoepfl's „Deutsche Rechtsgeschichte" werden direkte Analogien zum germanischen „mundium" hergestellt und Entwicklungslinien vom Brautraub über die Geldstrafe zu Brautkauf und Brautpreis gezogen.[3]

Die Familienuntersuchungen gegen Ende des 19., Anfang des 20. Jahrhunderts in Bulgarien waren in ihrer Ausrichtung vergangenheitsorientiert, im Zentrum stand das ländlich-dörfliche. Als Quellen wurden vor allem Volkslieder, Sprichwörter und dialektale Sprachformen herangezogen. Deren Bearbeitung diente vornehmlich dazu, in „gewissen Überbleibseln und Bruchstücken oder in der Symbolik und in den Bräuchen" das Fortbestehen der gewohnheitsrechtlichen Form der Eheschließung mit Brautkauf in Bulgarien zu belegen.[4]

Interessant ist, dass die Forscher – Rechtshistoriker und Volkskundler, zugleich auch Juristen und Staatsmänner – dieser Zeit angeben, dass sich der Brautpreis in seiner „ursprünglichen" Form der Kaufehe in der Praxis vor allem unter „Zigeunern" erhalten habe.[5] In den Beispielen aus verschiedenen Regionen Bulgariens, welche die Autoren anführen, wird der Brautpreis zwar als Entgelt für die verlorene Arbeitskraft, aber nicht als Teil eines Vertragsabschlusses, sondern als Relikt einer gegenseitigen Beschenkung der Familien betrachtet. So wird er auch als „pari sa spap", als Geld für Bekleidung, bezeichnet, wobei mit einem Teil dieses Geldes die Kosten der Brautausstattung und der Hochzeit gedeckt wurden.[6]

Der Brautpreis steht immer in Verbindung mit der Mitgift. Die Höhe des Brautpreises hängt – den Materialsammlungen des Gewohnheitsrechtes nach – von der Höhe der Brautausstattung ab. Dabei werden auch Beispiele angeführt, in denen die Familie der Braut einen Teil des Brautpreises an die junge Familie in Geldform zurückgegeben hatte, der dann als Eigentum (peculium) der Ehefrau galt und damit zur Mitgift wurde.

Auch terminologisch gibt es eine Überschneidung: Mit dem Begriff „prid" wird der Brautpreis bezeichnet, zugleich bedeuten „prid", „pridanoe" und „prikja" Mitgift – „Kleider, Geld, Besitz, was der Vater oder die Eltern ihrer Tochter bei der Hochzeit geben".[7] Das selbe gilt für das mittelalterliche Wort „veno", wobei eine Bedeutungsverschiebung von „veno", im Sinne von Brautpreis, zu „veno" im Sinne von Mitgift (re-)konstruiert wurde.[8]

3 Vgl. Bobcev, Prid, wie Anm. 2, 16; Vassil Baldziev, Studija varhu naseto personalno sapruzesko pravo [Studie über unser Familienrecht], in: Sbornik Narodni Umotvorenija, 10 (1894), 236–267, 262, Anm. 63.

4 Vgl. Bobcev, Agarlak, wie Anm. 2; Baldziev, Studija, wie Anm. 3; Peter Odzakov, Istoria na balgarskoto pravo [Geschichte des bulgarischen Rechts], T. 1, B. 1, Sofia 1894.

5 Vgl. Bobcev, Prid, wie Anm. 2, 6ff, 17f; Diana Todorova, Prezivelizi ot obicajnoto pravo vav Varnensko [Gewohnheitsrechtliche Relikte in der Region Varna], in: Izvestija na Narodnija Muzej vav Varna, 24, 39 (1988), 142–151, 144.

6 Vgl. Bobcev, Agarlak, wie Anm. 2, 6f, 17f; Odzakov, Istoria, wie Anm. 4; Todorova, Prezivelizi, wie Anm. 5, 144.

7 Najden Gerov, Recnik na balgarskija ezik [Wörterbuch der bulgarischen Sprache], Begriff „agarlak", 1, Sofia 1975, 5 [Plovdiv 1895]; ebd., Begriff „pridan", 4, Sofia 1977, 269 [Plovdiv 1901].

8 Vgl. Bobcev, Prid, wie Anm. 2, 17.

Die konstruierte Tradition

Beim Versuch, dieser spezifischen Form der Eheschließung mit Brautpreis rückwirkend zu einer gewissen Bedeutung zu verhelfen, spielte die Berufung auf „die Tradition" eine wichtige Rolle. Einerseits ging man von „der Tradition" als Argument, das für das zeitgenössische Beibehalten dieser ‚altertümlichen' Form sprach, aus; zugleich bewies man durch die Existenz von Relikten solcher Eheschließungsformen in der damaligen Gegenwart ihre „Traditionalität". Methodisch – und dies ist ein markantes Beispiel, um diese Vorgehensweise zu veranschaulichen – handelte es sich dabei um das Extrapolieren gegenwärtiger ethnographischer Daten auf frühere geschichtliche Epochen.

Einer der bedeutendsten Rechtshistoriker der 1970er Jahren – Mihail Andreev – zitiert eine Passage aus den sogenannten „Responsa Nikolai I Papae ad Consulta Bulgarirum", einer Rechtsschrift vom Ende des 9. Jahrhunderts, die direkte Hinweise auf Mitgift in Form von „Gold, Silber, Ochsen, Pferden u.a."[9] enthält, und nimmt folgende Interpretation vor:

> Im Text wird über Mitgift der Ehefrauen gesprochen ... Doch handelt es sich dabei nicht vielleicht um eine Verwechslung, die ein Hinweis für die Existenz des Brautpreises, d.h. die Existenz der Kaufehe sein könnte? Ich denke, so eine Deutung des Textes wird von der weiten Verbreitung, die der „agarlak" (baba hak, Brautpreis) in Bulgarien auch in den letzten Jahrzehnten des osmanischen Joches noch hatte, bestätigt.[10]

Bei dieser offensichtlichen Verkehrung stützt sich der Autor auf die bereits zitierten Untersuchungen von Stefan Bobcev über das Gewohnheitsrecht, deren Quellenbasis Ende des 19. Jahrhunderts unter den bereits erwähnten Selektionskriterien gesammelt und gedeutet wurden.

Mittelalterliche (hier vom 7. bis zum 17. Jahrhundert angesetzt) bulgarische Rechtsquellen, wie Schriften und Codices stellen zwar von der Menge her eine dürftige Basis dar, auf Grund derer keine eindeutigen Aussagen gemacht werden können, doch bezeugen sie Eigentumsrechte der Frauen sowohl an der Mitgift als auch als Erbinnen von Grundbesitz. Die so genannte „Slawische Ecloga" – eine Rezeption des byzantinischen Rechtes – enthält keine ausdrücklichen Hinweise für den Ausschluss der Töchter vom Erbe, Erbansprüche von Witwen sind explizit angeführt.[11] Dem Mann stand der Fruchtgenuss, das heißt, das Verwalten des Besitzes und die Nutzung der Erträge als „usufructuar" zu.[12] Die letzte Kompilation (bekannt in verschiedenen Redaktionen aus der Zeit

---

9 Vgl. Otgovori na papa Nikolaj, in: Latinski izvori za balragskata istorija [Latainische Quellen der bulgarischen Geschichte], Bd. II, Sofia 1960, 98.

10 Mihail Arnaudov, Balgarskoto obicajno pravo [Das bulgarische Gewohnheitsrecht], Sofia 1979, 87.

11 Vgl. Stefan Bobcev, Starobalgarski pravni pametnizi [Altbulgarische Rechtsdenkmäler], Plovdiv 1903, 130.

12 Vgl. „Zakon soudniji ljudam" – Codex aus der zweiten Hälfte des 9. Jahrhunderts – Adoption der byzantinischen „Ecloga" von Leo III. Isaurian und Konstantin V. Kopronimus, in: Mihail Andreev u. Dimitar Angelov, Istorija na balgarskata feodalna darzava i pravo [Geschichte des bulgarischen Feudalstaates und -rechts], Sofia 1955, 152; Zakon gradskiji (Kormcija), zit. nach Baldziev, Studija, wie Anm. 3, 264f. Die mittelalterlichen Rechtsquellen werden von den Forschern des ausgehenden 19. Jahrhunderts zitiert; vgl. auch Stefan Bobcev, Balgarskata celjadna zadruga [Die bulgarische Haushalts–Zadruga], in: Sbornik Narodni Umotvorenija, 22–23, (1906–1907), 1–207, 93f.

vom 13. bis zum 15. Jahrhundert) gilt als Grundlage für die Tätigkeit und die Urteile der kirchlichen Gerichte, die während der osmanischen Periode in der Zeit von 14. bis zum 19. Jahrhundert für Familienangelegenheiten zuständig waren.

Nach dem Sheriatsrecht hatten verheiratete wie ledige Frauen das Recht auf die Hälfte des Anteils der Männer. Dass sich die einheimische Bevölkerung an das osmanische Gericht wandte, wird allenfalls als Ausnahme erachtet, denn das Gewohnheitsrecht ist Basis für die Regelung der Besitzverhältnisse geblieben. Dazu ist anzumerken, dass die entsprechenden Gerichtsakten bislang kaum als Quellen herangezogen worden sind – eine diesbezügliche Klärung steht daher noch aus. Wichtige Aufschlüsse in diesen Fragen könnten ebenso die Erbverzeichnisse der Osmanen-Zeit bieten.[13]

Gegen die „Zerrüttung" der Familie durch den *Code Civil*

Auch die unterschiedlichen Sammlungen des Gewohnheitsrechtes vom Ende des 19. und Anfang des 20. Jahrhunderts selbst enthalten viele Beispiele von Besitzerinnen beweglicher wie unbeweglicher Güter und von eigenständiger Verwaltung von Seiten der Frauen, die auch Verkauf und Verpachten von Feldern, Weinbergen, Gebäuden und anderem mehr mit einschloss, wobei der Ertrag daraus ebenfalls ihr Eigentum blieb. Dieses Eigentum konnte die Frau als Erbteil oder Mitgift bekommen haben.[14]

Mehrdeutigkeit und Überschneidungen der Termini lassen keine strikte Trennung zwischen Erbe und Mitgift zu. So wird in den gewohnheitsrechtlichen Sammlungen das türkische Wort „miraz" oder „meraz", wörtlich Erbgut, für Erbland, bebaubares Land, Haus und Hof („bastina") verwendet, aber auch für Mitgift und Privat- beziehungsweise Sondervermögen.[15] Davon abgeleitet sind die Bezeichnungen der Personen, die TrägerInnen solcher Eigentumsrechte sind, und zwar in männlicher und weiblicher Form: „merazcija", der Erbe und „merazcijka", die Erbin, die Frau oder das unverheiratete Mädchen mit einem Erbe.[16] Die türkische Bezeichnung „zestra" für Mitgift umfasst all „das, was die Eltern ihrer Tochter bei der Hochzeit geben"[17] und kann nicht auf Güter des persönlichen Bedarfs beschränkt werden.

---

13 So zeigt eine der wenigen uns bekannten Untersuchungen der Besitzverhältnisse auf Basis eines Registers mit Erblisten aus Sofia aus der zweiten Hälfte des 17. Jahrhunderts orthodoxe Frauen in der Rolle als Verkäuferinnen und Käuferinnen von Häusern; vgl. Olga Todorova, Zenite v Sofia prez 70–te godini na 17. vek (Po danni ot edin registar s nasledstveni opisi) [Die Frauen in Sofia in den 70er Jahren des 17. Jahrhunderts auf Basis der Daten eines Erbregisters], in: Istoriceski pregled, 3 (1996), 3–40.

14 Vgl. Baldziev, Studija, wie Anm. 3, 251ff; Odzakov, Istoria, wie Anm. 4, 32, 40f, 51ff, 63, 68; Bobcev, Balgarskata celjadna, wie Anm. 12, 92, 95; Dimitar Marinov, Balgarsko obicajno pravo [Das bulgarische Gewohnheitsrecht], Sofia 1995, T. 1-2 (T. 1 Russe 1894, T. 2 Sofia 1907), 78, 104, 139; Dimitar Mircev, Prinos za isucavane bita na balgarite v Makedonija [Beitrag zur Untersuchung der Lebensweise der Bulgaren in Makedonien], in: Sbornik Narodni Umotvorenija, 22–23 (1906–1907), 1–42, 17ff.

15 Vgl. Bobcev, Balgarskata celjadna, wie Anm. 12, 93.

16 Vgl. Gerov, Recnik, wie Anm. 7, 3, Sofia 1977, 59 [Plovdiv, 1899]; Bobcev, Balgarskata celjadna, wie Anm. 12, 100f.

17 Gerov, Recnik, wie Anm. 7, 2, Sofia 1976 [Plovdiv 1897], 152.

Dem Mann steht auf Basis des Gewohnheitsrechtes das Recht zu, den „Frauenbesitz" – „zenini imoti" oder „zinino" – zu verwalten, wobei je nach Position der Autoren entweder Beispiele des Missbrauchs seitens des Mannes[18] oder der „Vernünftigkeit" dieser Ordnung angeführt werden – wie das Folgende: „Die Durchsetzung des Prinzips der völligen Gleichheit wäre tödlich für die Institution der Ehe, wenn dieses nicht auf eine vernünftige Grundlage gestellt wird und wenn missachtet wird, dass der Mann das ‚Oberhaupt der Familie ist' und ‚die Frau sich unterwerfen muss'".[19]

Die Wissenschaftler, mit deren Namen die Aufzeichnungen des Gewohnheitsrechts in Familien- und Erbangelegenheiten, in Vertrags-, Straf- und Prozess-Sachen verbunden sind,[20] waren zugleich Anhänger der komplexen Familienform „Zadruga" mit kollektivem, ungeteilten Eigentum.[21] Aus ihrer Sicht stellte die Mitgift der Ehefrau als *peculium* eine der ersten Formen des Privateigentums im Rahmen der „Großfamilie" dar und gefährdete damit die Güter- und Wirtschaftsgemeinschaft der „Zadruga" bis hin zu Abspaltungen.[22]

Für die Einschätzung der Dimensionen ist ferner wichtig, darauf hinzuweisen, dass diese Zadruga-Forscher gleichzeitig zu den führenden Staatsmännern ihrer Zeit gehörten und bemüht waren, die „Zadruga" als Basis der von ihnen angestrebten Gesellschaftsordnung gesetzlich zu verankern. Zu diesem Zweck wurde das Gewohnheitsrecht als Grundlage und Quelle herangezogen, wobei dessen Kodifizierung Resultat der Tätigkeit derselben Zadruga-Forscher war.

Nach der Gründung des bulgarischen Nationalstaates im Jahr 1878 setzte sich das Zivilrecht durch, das auf dem römischen Recht in der damaligen Variante des italienischen *Codice civile* basierte. Im Jahr 1890 wurde ein neues Erbgesetz verabschiedet, das Töchter und Söhne als gleichberechtigte Erben anerkannte; zudem wurde die Scheidung geregelt. Dies und insbesondere das Gesetz über die persönlichen und Eigentumsbeziehungen in der Familie, nach dem der Ehefrau Eigentumsrechte am gemeinsamen Besitz zuerkannt wurden,[23] bewertete Stefan Bobcev als „Schlag gegen die Zadruga, der dieser die Grundlage entreißt".[24] Gegen diese Bestimmungen des *Code Civil* formierte sich in der Folge der Widerstand von Seiten der Erforscher und zugleich Anhänger der „Zadruga". Nur im Kontext ihrer juristischen, gesetzgeberischen und popularisierenden Parallel-Aktivitäten sind die darauf folgenden Abänderungen im Erbgesetz zu erklären. Die

---

18 Vgl. Odzakov, Istoria, wie Anm. 4, 50f, 63.

19 Baldziev, Studija, wie Anm. 3, 256, 265.

20 Außer den bereits zitierten Werken von Stefan Bobcev, Peter Odzakov und Vassil Baldziev sind auch die folgenden Untersuchungen zu erwähnen: Stefan Bobcev, Sbornik na balgarskite juridiceski obicaj [Sammelband zu bulgarischen Rechtsbräuchen], 1, Plovdiv 1896; 2, Sofia 1902; 3, Sofia 1915; ders., Balgarsko obicajno sadebno pravo [Das bulgarische Gewohnheitsrecht bei Gericht], in: Sbornik Narodni Umotvorenija, 33 (1917), 1–147; ders., Balgarsko obicajno nakazatelno pravo [Das bulgarische Gewohnheitsrecht in Strafsachen], in: Sbornik Narodni Umotvorenija, 37 (1927), 1–318.

21 Ausführlicher zu den verschiedenen Beweggründen der Befürwortung der „Zadruga" und den gesellschaftspolitischen, sozialen und wirtschaftlichen Argumentationen der Verfechter vgl. Anelia Kassabova-Dintcheva, Migration und Familie. Familienforschung und Politik, Sofia 2002.

22 Vgl. Bobcev, Balgarskata celjadna, wie Anm. 12, 93f, wobei Angaben darüber bereits für das Mittelalter gemacht werden; Marinov, Balgarsko, wie Anm. 14, 98f.

23 Vgl. Erbgesetz von 1890, in: Darzaven vestnik [Staatszeitung], 20, 25.1.1890.

24 Bobcev, Balgarskata celjadna, wie Anm. 12, 135.

zwei Novellierungen aus den Jahren 1896 und 1906 legten fest,[25] dass die weiblichen Nachkommen nur die Hälfte dessen, was für die männlichen vorgesehen war, erben sollten – diese Regelung bezog sich nur auf „die nicht bedeckten" Immobilien (Äcker, Felder, Wälder) sowie auf die Mobilien, die als dem landwirtschaftlichen Gut zugehörig galten. Die Gebäude selbst standen nicht zur Diskussion. Diese im offiziellen Recht fixierten Normen hatten ein bestimmtes Rechtsbewusstsein in Richtung einer Nichtgleichstellung der Geschlechter in Erbangelegenheiten zur Folge, das bei den Fragestellungen zu Mitgift und Erbe in der ersten Hälfte des 20. Jahrhunderts berücksichtigt werden muss.

Mit diesem Fokus auf den Untersuchungen aus der Zeit um 1900 wollen wir – in Anbetracht ihrer Reichweite – die Notwendigkeit einer kritischen Überprüfung der Sammlungen des Gewohnheitsrechtes unterstreichen, weil diese in aktuellen Forschungsvorhaben oft in Hinblick auf ihren Entstehungskontext unhinterfragt als ‚authentische' Quellen die Basis für Interpretationen bilden.[26] Zugleich möchten wir damit – als Forschungsdesiderat – aufzeigen, dass das Heranziehen von weiteren Quellengattungen wie Gerichtsprotokolle, Scheidungsbeschlüsse und -urteile, Eigentumsverzeichnisse, Vertragsabschlüsse und andere mehr, notwendig ist, um die Fragen von Brautpreis und Mitgift sowie der Eigentumsrechte von Frauen auch mit der nötigen sozialen Differenzierung zu klären. Wie komplex die Beziehung von Brautpreis und Mitgift zu veranschlagen ist, lässt sich am besten am konkreten Beispiel verdeutlichen.

Brautpreis als Form der Mitgift. Vorläufige Resultate einer Mikrountersuchung

Eine Mikrountersuchung unter den bulgarischen Katholiken dreier Dörfer in der Plovdiv-Region – General Nikolaevo, Sekirovo und Parcevic – aus der ersten Hälfte des 20. Jahrhunderts zeigt, dass Brautpreis – gezahlt oder übergeben vom Mann beziehungsweise von seiner Familie an die Familie oder den Vater der Braut – und Mitgift ineinander übergehen.[27] In Sekirovo gab der Vater des Bräutigams dem Vater der Braut eine Art „Entschädigung" in Form von Wein und/oder Schnaps, manchmal auch eine kleinere Geldsumme. Wein und Schnaps wurden auf dem Hochzeitsfest getrunken, das Geld war in einigen Fällen der Ausstattung der Braut zugedacht. In Parcevic bekam der Brautvater bei der Verlobung das so genannte „ergenlik"-Geld, mit dem die Ausstattung der Braut

25 Vgl. Zakon sa dopalnenija v Zakona sa nasledstvoto ot 17. 12. 1889, in: Dorzaven vestnik, 29, 6. 2. 1896; Zakon sa ismenenie I dopalnenie na njakoi clenove ot Zakona sa nasledstvoto, in: Dorzaven vestnik, 29, 7. 2. 1906; ausführlicher dazu vgl. Anelia Kassabova-Dintcheva, Ot obicaj kam zakon? [Vom Brauch zum Gesetz?], in: Balgarska Etnologia, 2 (2002), 39–56.

26 Vgl. Arnaudov, Balgarskoto, wie Anm. 10; Georgiev, Osvobozdenieto, wie Anm. 1; Hristov, Exchange, wie Anm. 1, und andere mehr.

27 Dies ist Teil einer umfassenderen Untersuchung zu Ehe und Familie in den genannten katholischen Gemeinden, an der Tzetana Bonceva mit Methoden der Feldforschung und auch auf Basis der Analyse von Grundsteuerregistern arbeitet.

vorbereitet wurde. In General Nikolaevo wurden keine Praktiken vorgefunden, die in irgendeiner Hinsicht als Indiz für einen Brautpreis interpretiert werden könnten.

Diese Ergebnisse könnte man – wie die zahlreichen analogen empirischen Materialien aus verschiedenen orthodoxen Dörfern Bulgariens der ersten Hälfte des 20. Jahrhunderts[28] – als eine Form der indirekten Mitgift deuten.[29]

Die direkte Mitgift im Sinne eines Erbteils der Frau, die sie bei der Hochzeit bekam, war in den untersuchten katholischen Dörfern keine Ausnahmeerscheinung und wurde bereits vor Beginn des 20. Jahrhunderts praktiziert. Die Mitgift, „miraz" genannt, wurde mitsamt ihrem Ausmaß bei der Hochzeitsfeier öffentlich bekannt gegeben. Wenn die Familie über entsprechende Möglichkeiten verfügte, es aber ablehnte, der Tochter eine Mitgift zu geben, wurde dies von den Dorfbewohnern negativ bewertet. Der „miraz" schließt normalerweise unbewegliche Güter ein – in den meisten Fällen Felder (0,3–0,4 ha, bei reicheren Familien auch mehr). Wohlhabende Familien gaben auch Wiesen, Weinberge und sogar Waldanteile als Mitgift.

Das bewegliche Gut – Vieh und Haushaltsgegenstände – wurde nicht nur als „miraz", sondern auch als „arismo" bezeichnet. Vielfach gab die Mutter „arismo", also bewegliche Güter, der Vater hingegen „miraz", unbewegliche Güter. Auch Mütter konnten – obwohl dies seltener vorkam – unbewegliches Eigentum schenken.[30] Das von Seiten der Mutter vererbte mobile und immobile Gut[31] hat neben „miraz" auch die Bezeichnung „materina" – ein von „Mutter" abgeleitetes Wort.

Töchter, die eine Mitgift bekommen hatten, konnten später keine Ansprüche auf Erbanteile stellen. Der skizzierte Zusammenhang zwischen Mitgift/Hochzeitsgabe und Erbe führt zur These, dass diese Transfers als Prozess der Vermögensteilung beide Geschlechter mit eingeschlossen haben. Somit könnte das Bild einer üblicherweise für hochgradig patriarchal, patrilinear und männerrechtlich strukturiert und organisiert erachteten Gesellschaft differenziert werden. In den meisten Fällen bekam das als Mitgift übertragene unbewegliche Vermögen keine offizielle rechtliche Absicherung in schriftlicher

28 Vgl. Detelina Moskova, Obicajno pravo [Gewohnheitsrecht], in: Vesselin Hadzinikolov u.a. Hg., Pirinski kraj. Etnografski proucvanija na Balgaria, Sofia 1980, 47–63; Maria Halaceva, Semejni obicaj ot selo Parcevic [Familienbräuche aus dem Dorf Parcevic], in: Naucen arhiv na etnografskija musej, Plovdiv, N 4; Elja Zaneva, Svatbeni obredi i obicaj [Hochzeitsrituale und -bräuche], in: Racko Popov. Slavka Grebenarova Hg., Rodopi. Etnografski proucvanija na Blagaria [Das Rhodopen-Gebirge. Ethnographische Untersuchungen Bulgariens], Sofia 1994, 146–190.

29 Für theoretische Interpretationsmodelle vgl. Jack Goody, From Brideprice to Dowry. Appendix 2, in: ders., Development of the Family and the Marriage in Europe, Cambridge u.a. 1984, 240–261; Michel Howard u. Patrick McKim, Contemporary Cultural Anthropology, Boston/Toronto 1983, 216; Emmanuel Le Roy Ladurie, Family Structures and Inheritance Customs in Sixteenth-Century France, in: Jack Goody u.a. Hg., Family and Inheritance, Cambridge u.a. 1978.

30 So hatte A. P., als sie im Jahr 1924 heiratete, als Mitgift 0,2 ha Feld von ihrer Mutter bekommen, welches die Mutter ihrerseits als „arismo"-Schenkung von ihrem Schwiegervater bei ihrer Hochzeit um die Jahrhundertwende erhalten hatte. Das erhobene Material lässt den Schluss zu, dass Geschenke in Form von unbeweglichen Gütern vom Schwiegervater an die Schwiegertochter eher die Ausnahme waren.

31 Die Informationen darüber, ob das Erbe von Seiten der Mutter nur an die Töchter ging oder unter allen Kindern geteilt wurde, sind widersprüchlich. Vereinzelt wird auch die Meinung vertreten, dass nur die Söhne ein Recht darauf hatten.

Form und wurde auch nicht unmittelbar nach dem Erhalt in das Grundsteuerregister unter dem Namen der Tochter eingetragen. Es galt das bei der Übergabe der Güter gegebene Wort. Diese Praxis schlägt sich im verhältnismäßig hohen Durchschnittsalter der Frauen nieder, die als Eigentumsbesitzerinnen im Grundsteuerregister von 1929 angeführt sind:[32] Frauen traten normalerweise erst nach dem Tod ihres Vaters oder Ehemannes offiziell in Erscheinung, seltener nach einer Teilung des väterlichen beziehungsweise mütterlichen Besitzes zu Lebzeiten. Zu erwähnen ist auch, dass 12 von den 100 Frauen des Samples das Eigentum durch Erbe erhalten und dass umgekehrt Männer registriert sind, die über kein Eigentum verfügten oder nur durch Kauf in den Besitz von Feldern gekommen waren. Frauen erhielten zwar nicht gleich große Erbanteile wie Männer, waren aber keineswegs prinzipiell vom Erbe ausgeschlossen.[33] Solche konkreten Befunde erlauben keine Rückschlüsse auf das 19. oder 18. Jahrhundert, sie können vielmehr einen Anstoß für entsprechende historische Studien geben.

Dieser Überblick hat versucht, die Verquickung von familien- beziehungsweise gesellschaftspolitischen und Forschungs-Interessen sowie die damit einher gehenden geschlechtsspezifischen Abgrenzungen und Zuschreibungen der Interaktionen im Kontext von Brautpreis, Mitgift und Erbe aufzuzeigen und auf deren weitreichende Implikationen zu verweisen. Virulent war die Situation insbesondere Ende des 19. Jahrhunderts mit der Einführung des *Code Civil* geworden, der auch in Bulgarien massive Gegenreaktionen auslöste.

Die Vielfalt an Formen, die sich in der Praxis gezeigt haben, wirft aber auch zahlreiche, noch offene, Forschungsfragen auf, die es durch gezielte Untersuchungen auf breiter Materialbasis zu beantworten gilt. Insofern konnte kein abgerundetes oder vollständiges Bild gezeichnet, keine eindeutigen Muster oder Trends zu Brautpreis und Mitgift in Bulgarien präsentiert, sondern mehr ein wissenschaftsgeschichtlicher Problemaufriss skizziert werden.

32 Vgl. Bezirksamt der Stadt Rakovski, Grundsteuerregister, Dorf Kalacli von 1929, 1–6. Dafür wurden die Altersangaben von 100 der insgesamt 213 Frauen, die über Eigentum verfügten, ausgewertet.

33 Zu christlichen Gemeinden vgl. Moskova, Obicajno pravo, wie Anm. 28, 53f.

Aktuelles und Kommentare

Forschungsdiskussionen zur Geschichte der Ehe

Stationen einer Ehe

Forschungsüberblick

Ellinor Forster, Margareth Lanzinger

„Unter der Herrschaft der Bourgeoisie erlebte die Ehe ihr goldenes Zeitalter. Heute entfaltet sie sich nicht mehr in einem großen, für das gesellschaftliche Leben offenen Haus, sondern ist zur Schwelle eines kärglichen Heiligtums geworden, in welchem die Familie sich einzuschließen vorgibt.“[1]

Jede Zeit hat bestimmte Vorstellungen von der Ehe – entsprechend bunt und weitläufig ist die Forschungslandschaft zum Thema, getragen von unterschiedlichen theoretisch-methodischen und (teil-)disziplinären Zugängen sowie von verschiedensten Quellenmaterialien. Wichtige Anregungen sind zunächst von der Sozial- und Familiengeschichte, im Weiteren von der Geschlechtergeschichte und zunehmend auch von der Rechtsgeschichte ausgegangen. Sie haben in dieser Verknüpfung neue Blickwinkel eröffnet und neue Fragestellungen in die Debatte eingeführt, eheliche Geschlechterverhältnisse mit konkreten rechtlichen, ökonomischen und sozio-kulturellen Faktoren in Beziehung gesetzt.

Eheschließung und Ehe waren über Jahrhunderte und sind zum Teil immer noch – nach politisch-historischen Phasen und Konjunkturen je unterschiedlich gewichtet beziehungsweise in wechselnden Konkurrenzverhältnissen – relativ zentral im Blickfeld von Kirche und Staat. Dass sich in der Wahrnehmung der Ehe in jüngerer Vergangenheit einiges geändert hat, deutet das Eingangszitat von Marie O. Métral an. Gleichzeitig – in Terminologie und Konzept – repräsentiert es eine Sichtweise ihrer Zeit, die sich heute, 25

1 Marie O. Métral, Die Ehe. Analyse einer Institution, Frankfurt a. M. 1981, 23 (Orig. 1977).

Jahre später, tendenziell, etwa in Hinblick auf den kritischen *impact,* wohl schon wieder etwas verlagert hat.

Die Chronologie des Ablaufs setzt mit Eheanbahnung ein. PartnerInnenwahl und Brautwerbung sind ebenso in spezifische soziale Kontexte und verschiedene Beziehungsnetze eingebunden wie vertragliche Abmachungen zwischen Braut und Bräutigam beziehungsweise deren Familien. Einen zentralen Aspekt konstituiert die Heirat selbst, die zwar einen punktuellen Akt darstellt, mit all den sozialen, ökonomischen, rechtlichen und individuellen Implikationen jedoch zur „totalen Tatsache" einer Gesellschaft avancieren kann. Fragen nach Heiratsmustern auf der Grundlage von demographischen Variabeln wie Heiratsalter und Heiratshäufigkeit führen weiter zu komplexen Faktorenbündeln, wenn etwa der so genannte „European Marriage Pattern"[2] zur Debatte steht. Daran schließen Fragen an, wer überhaupt und wer wen heiraten kann, die zu den kirchlichen und staatlichen Eheverboten überleiten – definiert über Verwandtschaft und Schwägerschaft beziehungsweise über das Besitzkriterium. Kirche und Staat spielen des Weiteren auch eine tragende Rolle auf der Ebene von ehe-relevanten Konzepten und Diskursen, die über Predigten, Schriften und dergleichen,[3] vor allem aber auch über Kirchenrecht, Familienrecht und -politik breite Wirkungsmacht erlangt und die Grundlagen der Geschlechterverhältnisse maßgeblich konfiguriert haben.[4] Ehekritik wurde insbesondere ab dem ausgehenden 18. Jahrhundert von verschiedener Seite formuliert, von Romantikern und Protagonistinnen der ersten Frauenbewegung, von VertreterInnen der sozialistischen Idee und der Sexualreform. Entzündet hat sie sich nicht zuletzt am Missverhältnis von Ehe als einer auf Dauer angelegten, vielfach von ökonomischen und familienstrategischen Überlegungen bestimmten Institution und der steigenden Bedeutung, die der Liebe als emotionaler Grundlage der Ehe,[5] aber auch Vorstellungen von Freiheit und emanzipatorischen Ansprüchen ab dem ausgehenden 18. Jahrhundert beigemessen wurde.

---

2 Begründet wurde dieses folgenreiche Konzept von John Hajnal, European Marriage Patterns in Perspective, in: D.V. Glass u. D.E.C. Eversley Hg., Population in History. Essays in Historical Demography, London 1965, 101–143. Darauf bauen im Prinzip auch die Haushaltstypologien auf, die von der *Cambridge Group for the History of Population and Social Structure*, allen voran Peter Laslett, in den 1970er Jahren entwickelt und für den deutschsprachigen Raum maßgeblich von Michael Mitterauer zum Gegenstand zahlreicher Studien wurden. Als Auftakt dieser Richtung vgl. Pater Laslett u. Richard Wall Hg., Household and Family in Past Time, Cambridge 1972. Unterschieden wird auch zwischen dem ost- und westalpinen Heiratsmuster; vgl. Pier Paolo Viazzo, Upland Communities. Environment, Population and Social Structure in the Alps Since the Sixteenth Century, Cambridge 1989; Norbert Ortmayr, Späte Heirat, Ursachen und Folgen des alpinen Heiratsmusters, in: Zeitgeschichte, 16 (1988/89), 119–134.

3 Um eine differenzierte Betrachtung der Bilder und Diskurse in verschiedenen klerikalen Schriften geht es Rüdiger Schnell, Frauendiskurs, Männerdiskurs, Ehediskurs. Textsorten und Geschlechterkonzepte in Mittelalter und Früher Neuzeit, Frankfurt a. M./New York 1998.

4 Einen guten Überblick bietet hier der Band von Ute Gerhard Hg., Frauen in der Geschichte des Rechts. Von der Frühen Neuzeit bis zur Gegenwart, München 1997, insbes. die Beiträge von Barbara Dölemeyer, Frau und Familie im Privatrecht des 19. Jahrhunderts, in: ebd., 633–658; Ursula Floßmann, Die beschränkte Grundrechtssubjektivität der Frau. Ein Beitrag zum österreichischen Gleichheitsdiskurs, in: ebd., 293–324 und Heide Wunder, Herrschaft und öffentliches Handeln von Frauen in der Gesellschaft der Frühen Neuzeit, in: ebd., 27–54.

5 Breit und viel diskutiert wurde in diesem Zusammenhang das Buch von Lawrence Stone, The Family, Sex and Marriage in England, 1500–1800, New York 1977. Vgl dazu auch Niklas Luhmann, Liebe als Passion. Zur Codierung von Intimität, Frankfurt a. M. 1982.

Scheidungen und Trennungen markieren schließlich Bruchstellen. Auch hier sind wiederum verschiedene Rechtsräume und unterschiedliche Phasen der Gesetzeslagen sowie konfessionelle Prägungen zentrale Ausgangspunkte für die Untersuchung von Möglichkeiten, Abläufen und Konsequenzen für Frauen und Männer in der Praxis. Das Leben bleibt über die Schlusspunkte einer Ehe – durch Trennung oder Tod – hinaus maßgeblich von den ehelichen Verhältnissen bestimmt. Die Einbeziehung der materiell-ökonomischen Ebene bei der Frage nach Formen der Geschlechterbeziehungen ist daher unverzichtbar. Sie schließt einen Bogen vom Heiratsgut und der Morgengabe am Beginn der Ehe zu nachehelichen Unterhaltszahlungen oder Fragen von Fruchtgenuss und Eigentumsrechten.

Diese knappe Einstiegsskizze macht die Bandbreite des Themas deutlich. In Anbetracht dieser Vielzahl konzentriert sich der Forschungsüberblick vor allem auf jene Bereiche, die zur Zeit breiter in Diskussion stehen.[6] Ein Anspruch auf Vollständigkeit wäre nicht einzulösen.

Eheverträge – Heiratskontrakte[7]

Die Arbeit mit Heiratskontrakten oder Eheverträgen ist am Schnittpunkt von besitzrechtlichen Fragestellungen und einer geschlechtergeschichtlichen Perspektive zu verorten. Der in diesen Quellen angelegte Zeitrahmen macht sie zusätzlich interessant: Vermögenstransfers zum Zeitpunkt der Eheschließung werden später in Verlassenschaftsabhandlungen wieder aufgegriffen, Regelungen über die Art und Weise der Vermögensverwaltung während der Ehe und schließlich Vorkehrungen für den Fall des einen oder anderen Teils früheren Tod konstituieren in der Regel die Inhalte. Im deutschsprachigen Raum hat dieses Material noch wenig Beachtung gefunden. Mehrere Gründe dürften dazu beitragen: So ist der zivilrechtliche Bereich insgesamt bislang auf vergleichsweise geringes Interesse gestoßen; weiter ist die Quellenlage regional und/oder nach sozialen Gruppierungen – abhängig von spezifischen Rechtskulturen und Vorschriften[8] – recht unterschiedlich, zum Teil auch dürftig. Schließlich bedarf es einer breiten, das heißt zeit-

6 Der international ausgerichtete Sammelband von Christophe Duhamelle und Jürgen Schlumbohm, der sich zur Zeit als Titel der Reihe „Veröffentlichungen des Max Planck-Instituts für Geschichte" in Vorbereitung befindet, greift zahlreiche der hier angesprochenen Aspekte und Themen auf; Christophe Duhamelle u. Jürgen Schlumbohm Hg. in Zusammenarbeit mit Pat Hudson, Eheschließungen im Europa des 18. und 19. Jahrhunderts. Muster und Strategien, Göttingen, Druck in Vorbereitung. Die Beiträge gehen auf eine internationale Tagung am Max-Planck-Institut für Geschichte in Göttingen vom September 2001 zurück, die unter dem Titel „Die sozialen und kulturellen Bedeutungen der Eheschließung: Das europäische Heiratsmuster aus der Mikroperspektive" stattfand. Hingewiesen sei an dieser Stelle auch auf die 9. Herbsttagung des Arbeitskreises „Historische Demographie" im November 2002 zum Thema „Determinanten und Muster des Heiratsverhaltens"; die Beiträge sollen als HSR-Beiheft erscheinen. Facetten des Ehe-Themas werden auch in einzelnen Beiträgen des in der *L'Homme-Schriften*-Reihe geplanten Tagungsbandes „Liebe und Widerstand. Ambivalenzen historischer Geschlechterbeziehungen", herausgegeben von Ingrid Bauer, Christa Hämmerle und Gabriella Hauch, zur Sprache kommen. Ute Gerhard und Karin Hausen setzen sich darin mit der Marktförmigkeit der Institution „Ehe" auseinander.

7 Die Terminologie ist zwar juristisch relativ klar definiert, sie ändert sich jedoch im Laufe der Zeit und unterscheidet sich zudem in der Rechtspraxis.

8 Zu klären wären in diesem Zusammenhang verschiedene Traditionen der Verschriftlichung und entsprechender räumlich und zeitlich wie sozial differenzierter Rechtskulturen.

aufwendigen sozio-ökonomischen Kontextualisierung und biografischer Rekonstruktionen, um zu Ergebnissen zu gelangen, die über einen ersten Blick auf transferierte Summen und für regelungsbedüftig erachtete Belange hinausgehen.

Aus dem adelig-fürstlichen Umfeld hat Beatrix Bastl Eheverträge im Rahmen ihrer Studie „Tugend, Liebe, Ehre" ausgewertet.[9] Darauf, dass die breitere gesellschaftliche Bedeutung von Eheverträgen gerne übersehen wird[10] sowie auf die Usance mündlicher Absprachen und daraus resultierende Schwierigkeiten für historische Aufarbeitung, verweist Gunda Barth-Scalmani in ihrem Aufsatz zu Salzburger Eheverträgen aus dem 18. Jahrhundert.[11] Einen Bogen von Eheversprechen, jüdischen Eheverträgen über Ehe-Erfahrungen zur Verwitwung spannt Claudia Ulbrich in ihrem Buch „Shulamit und Margarete", indem sie einzelne Situationen in individuelle Lebensverläufe und generationale Beziehungen eingebunden rekonstruiert.[12] Von rechtshistorischer Seite haben sich Wilhelm Brauneder und Werner Ogris für Österreich mit dieser Thematik auseinandergesetzt. Wilhelm Brauneder setzt das Ehegüterrecht und das Heiratsgabensystem in Gesetzgebung und Rechtspraxis für die Zeit vor und nach den großen Kodifikationen in Beziehung.[13] Werner Ogris handelt am Beispiel des Ehepaares Wolfgang Amadeus Mozart und Constanze Weber den rechtlichen Rahmen von Verlöbnis, Heirat und Witwenschaft ab und geht auf den Niederschlag neuer Gesetzesbestimmungen der Josephinischen Ära ein – so etwa auch auf das Verlöbnisrecht und den Heiratskontrakt.[14]

Kirchliche Endogamieverbote

Kirchlichen Ehehindernissen gilt ein breites Forschungsinteresse:[15] der Praxis der Dispensansuchen und -vergabe sowie Strategien der Umgehung zum einen, der ge-

9 Vgl. Beatrix Bastl, Tugend, Liebe, Ehre. Die adelige Frau in der Frühen Neuzeit, Wien/Köln/Weimar 2000, 34ff. Verwiesen sei auch auf die von Martina Schattkowsky organisierte Tagung „Fürstliche und adelige Witwen in der Frühen Neuzeit. Zwischen Fremd- und Selbstbestimmung" im Juni 2001 in Rochlitz.

10 Vgl. dazu auch den Aufsatz von Amy Louise Erickson, Common Law Versus Common Practice: the Use of Marriage Settlements in Early Modern England, in: Economic History Review, 43, 1 (1990), 21–39 sowie dies., Women and Property in Early Modern England, London 1995.

11 Vgl. Gunda Barth-Scalmani, Eighteenth-Century Marriage Contracts: Linking Legal and Gender History, in: Ann Jacobson Schutte u. Thomas Kuhn Hg., Time, Space and Women's Lives in Early Modern Europe, Kirksville, MO 2001, 265–281 (ital.: Contratti matrimoniali nel XVIII secolo: un'analisi tra la storia del diritto e quella del ‚genere', in: Silvana Seidel Menchi u.a. Hg., Tempi e spazi di vita femminile tra medioevo ed età moderna, Bologna 1999, 525–553.)

12 Vgl. Claudia Ulbrich, Shulamit und Margarete. Macht, Geschlecht und Religion in einer ländlichen Gesellschaft des 18. Jahrhunderts, Wien/Köln/Weimar 1999.

13 Vgl. Wilhelm Brauneder, Normenautorität und Grundherrschaftliche Vertragspraxis, in: ders., Studien II: Entwicklung des Privatrechts, Frankfurt a. M. u.a. 1994, 109–120; ders., Rechtseinheit durch elastisches Vertragsrecht. Das Ehegüterrecht der österreichischen Privatrechtskodifikation, in: Franz Matscher u. Ignaz Seidl-Hohenveldern Hg., Europa im Aufbruch. Festschrift Franz Schwind, Wien 1993, 135–146.

14 Vgl. Werner Ogris, Mozart im Familien- und Erbrecht seiner Zeit. Verlöbnis, Heirat, Verlassenschaft, Wien/Köln/Weimar 1999.

15 An dieser Stelle sei auch auf das kontrovers diskutierte Buch von Jack Goody verwiesen, der die Entstehung der kirchlichen Heiratsverbote vor allem mit kirchlichen Bestrebungen der Besitzakkumulation in

schlechtsspezifisch unterschiedlichen Handhabung kanonischer Gründe und Einschätzungen der Paarkonstellationen zum anderen. Diskurse über Inzest entlang divergierender Definitionen sind als ein weiteres wichtiges Diskussionsfeld damit verknüpft.[16] Dieser Endogamie-Komplex hat dem gestiegenen Interesse am Thema „Verwandtschaft" von Seiten der HistorikerInnen einen wichtigen Impuls zu verdanken[17] und hier vor allem der Erkenntnis, dass Verwandtschaft als alltagsrelevantes Beziehungsgeflecht – und damit als forschungsrelevante Kategorie – nicht, wie vielfach angenommen, seit dem Mittelalter linear an Bedeutung verloren hat, sondern gerade in Zeiten massiver gesellschaftlicher Transformationen unter anderem auch auf dem Heiratsmarkt neue Bedeutung erlangen konnte.[18] Den signifikanten Anstieg von Eheschließungen zwischen Blutsverwandten von der Mitte des 18. Jahrhunderts zur Mitte des 19. Jahrhunderts in dem von ihm untersuchten Ort Neckarhausen erklärt David Sabean in Zusammenhang mit der Realteilung,[19] und zwar in dem Sinn, dass sich Verbände formierten, die den Fluss von Besitz und Ressourcen lenkten.[20] Gérard Delille hat das Ansteigen der Zahl von Eheschließungen zwischen Verwandten im 19. Jahrhundert unter anderem als Reaktion auf die Einführung

Verbindung gesetzt hat: Jack Goody, Die Entwicklung von Ehe und Familie in Europa, Berlin 1989, insbes. Kap. 4 und 8. Vgl. dazu auch die kritischen Auseinandersetzungen und Bezugnahmen von Jochen Martin, Zur Anthropologie von Heiratsregeln und Besitzübertragung. 10 Jahre nach den Goody-Thesen, in: Historische Anthropologie, 1 (1993), 149–162 und Michael Mitterauer, Christentum und Endogamie, in: ders., Historisch-Anthropologische Familienforschung. Fragestellungen und Zugangsweisen, Wien/Köln 1990, 41–85.

16 Zu unterscheiden gilt es dabei vor allem zwischen sexuellem Missbrauch einerseits und einvernehmlichen, von beiden Seiten gewünschten Beziehungen, die sich aber mit kirchlich und gesetzlich festgelegten Verboten konfrontiert sahen, andererseits. Vgl. dazu Patrizia Guarnieri, Inzest als „öffentliches Ärgernis". Gesetzeslage und Moralvorstellungen im vereinten Italien, in: L' Homme Z.F.G., 13, 1 (2002), 68–94. Vgl. auch die anderen Beiträge dieses von Karin Hausen und Regina Schulte herausgegeben Themenheftes von L' Homme Z.F.G. unter dem Titel „Liebe der Geschwister": David Sabean, Inzestdiskurse vom Barock bis zur Romantik, in: ebd., 7–28; Leonore Davidoff, „Eins sein zu zweit": Geschwisterinzest in der englischen Mittelschicht des späten 18. und frühen 19. Jahrhunderts, in: ebd., 29–49 und Christopher Johnson, Das „Geschwister Archipel": Bruder-Schwester-Liebe und Klassenformation im Frankreich des 19. Jahrhunderts, in: ebd., 50–67; vgl. auch Polly Morris, Incest or Survival Strategy? Plebeian Marriage Within the Prohibited Degrees in Somerset, 1730–1835, in: John C. Fout Hg., Forbidden History. The State, Society, and the Regulation of Sexuality in Modern Europe, Chicago 1992, 139–169. In Vorbereitung ist ein Tagungsband, den Jutta Eming, Claudia Jarzebowski und Claudia Ulbrich unter dem Titel „Historische Inzestdiskurse. Interdisziplinäre Zugänge" herausgeben und der voraussichtlich 2003 erscheinen wird.

17 Unter diesem Zeichen stand auch die von Jon Mathieu, David W. Sabean und Simon Teuscher organisierte internationale Tagung „Kinship in Europe: The Long Run (1300–1900)" am Monte Verità in Ascona im September 2002. Ein Tagungsband ist geplant.

18 Einen Überblick zu Trends in Spanien, Frankreich und Italien gibt Jean-Marie Gouesse, Marriages de proches parents (XVIe-XXe siècle). Esquisse d'une conjoncture, in: Le modèle familial Européen. Normes, déviances, contôle du pouvoir. Actes des séminaires organisés par l'École française de Rome et l'Universtità di Roma, Rom 1986, 31–61. Für Italien vgl. auch Raul Merzario, Land, Kinship, and Consanguineous Marriage in Italy from the Seventeenth to the Nineteenth Centuries, in: Journal of Family History, 15 (1990), 529–546 sowie seine Mikrostudie zu dem Thema: ders., Il paese stretto. Strategie matrimoniali nella diocesi di Como (secoli XVI–XVIII), Torino 1981.

19 Vgl. David Warren Sabean, Kinship in Neckarhausen, 1700–1870, Cambridge 1998.

20 Vgl. Sabean, Kinship, wie Anm. 19, 414.

von Gesetzen, die gleiche Erbanteile für alle Kinder vorsahen, interpretiert.[21] Er vertritt daneben die These, dass sich ab der Mitte des 17. Jahrhunderts eine spezifische, auf frühchristliche Traditionen zurückgehende, Form des Austausches von Frauen zwischen großen Familienverbänden radikal verändert hat. Dessen Charakteristikum war das Vermeiden von Eheschließungen innerhalb der verbotenen Verwandtschaftsgrade durch den Rückgriff auf verschwägerte Seitenlinien oder den ersten, nicht mehr von den kanonischen Verboten betroffenen, Verwandtschaftsgrad.[22]

Mit zunehmender Häufigkeit consanguiner und affiner Ehen ändern sich auch die Konstellationen, die von immer größerer Nähe gekennzeichnet sind: Ehen zwischen Cousine und Cousin ersten Grades, mit der Schwester der ersten Frau oder mit dem Bruder des ersten Mannes, die zuvor selten bis gar nicht vorkamen, nehmen im 19. Jahrhundert deutlich zu. Dasselbe gilt für generationenübergreifende Verbindungen wie Onkel und Nichte sowie für Stiefvater und Stieftochter beziehungsweise Stiefmutter und Stiefsohn. Die geschlechtsspezifisch unterschiedliche Wahrnehmung solcher Ehevorhaben und die entsprechende Vergabepraxis von Dispensen in diesen Paarkonstellationen hat Edith Saurer unter anderem in ihrem Artikel „Stiefmütter und Stiefsöhne" ausgearbeitet.[23] Darin wird auch die potenzielle Ergiebigkeit des Materials ersichtlich, wenn es ein breiteres biografisches Rückbinden erlaubt.[24] Einen Überblick für die Schweizer Forschungen zum Thema hat jüngst Jon Mathieu in seinem Beitrag „Verwandtschaft als historischer Faktor" zusammengestellt.[25]

Obrigkeitliche Heiratsverbote

Obrigkeitliche Heiratsverbote – sei es in der Frühen Neuzeit, sei es im 19. Jahrhundert – hatten vornehmlich die Existenzsicherung der zu gründenden Familie im Visier und definierten sich daher über Besitz oder Einkommen. Untersuchungen dazu konzentrierten sich zeitlich auf das 19. Jahrhundert und räumlich auf Süddeutschland,[26] Gebiete der

21 Vgl. Gérard Delille, Famille et propriété dans le Royaume de Naples (XVe–XIXe siècle), Rome/Paris 1985, 369f; vgl. auch ders., Strategie di alleanza e demografia del matrimonio, in: Storia del matrimonio, Roma/Bari 1996, 283–303; ders., Échanges matrimoniaux entre lignées alternées et système européen de l'alliance. Une première approche, in: En substances. Textes pour Françoise Héritier, Paris 2000, 219–252.

22 Vgl. Delille, Échanges, wie Anm. 21.

23 Vgl. Edith Saurer, Stiefmütter und Stiefsöhne. Endogamieverbote zwischen kanonischem und zivilem Recht am Beispiel Österreichs (1790–1850), in: Gerhard, Frauen, wie Anm. 4, 345–366.

24 André Burguière klagt beispielsweise über weitgehend stereotypisierte und vordeterminierte Dispensgründe in seinem Material; vgl André Burguière, „Cher Cousin": Les usages matrimoniaux de la parenté proche dans la France du 18e siècle, in: Annales Histoire, Sciences Sociales, 52, 6 (1997), 1339–1360, 1346f.

25 Vgl. Jon Mathieu, Verwandtschaft als historischer Faktor. Schweizer Fallstudien und Trends, 1500–1900, in: Historische Anthropologie, 10, 2 (2002), 225–244, 238ff.

26 Vgl. Klaus-Jürgen Matz, Pauperismus und Bevölkerung. Die gesetzlichen Ehebeschränkungen in den süddeutschen Staaten während des 19. Jahrhunderts, Stuttgart 1980.

Habsburgermonarchie und die Schweiz,[27] zuletzt auch auf die drei norddeutschen Städte Bremen, Lübeck und Hamburg. Unterschiedliche regional- und kommunalpolitische Interessen in verschiedenen Phasen waren entscheidend für die Art der Aneignung und den Grad der Durchsetzung solcher Restriktionen. Entsprechend unterschiedlich fielen auch die Konsequenzen aus: Einer rigiden Handhabe des so genannten politischen Ehekonsenses stand andernorts eine rein formale Abwicklung gegenüber.[28] Diese Erfahrungen und Haltungen mündeten so auch in der Abschaffung des politischen Ehekonsenses im Jahr 1868[29] – mit Ausnahme von Salzburg, Tirol und Vorarlberg. Karin Gröwer, die in ihrer Studie von „wilden Ehen" ausgeht, kann zeigen, dass es sich dabei vielfach um stabil gedachte und im Prinzip am ‚bürgerlichen' Ehemodell orientierte Lebensgemeinschaften handelte, deren Legitimierung eben an finanziellen Hürden scheiterte.[30]

Geschäfts- und Handlungsfähigkeit von Ehefrauen

Während die Geschlechtsvormundschaft für ledige Frauen bis zum 18. Jahrhundert in den meisten europäischen Territorien abgeschafft wurde, behaupteten sich eheliche Vormundschaft und „Kriegsvogtschaft" – Vormundschaft gegenüber verheirateten Frauen in Form eines Rechtsbeistandes vor Gericht und bei Abschluss von Verträgen – in unterschiedlichen Ausprägungen teilweise bis ins 20. Jahrhundert. Auf die theoretische Fundierung und Entwicklung der (ungleichen) ehelichen Gesellschaft gehen zum Beispiel Ursula Vogel mit Betonung des aufklärerischen Diskurses[31] oder Ursula Floßmann mit Schwerpunkt auf der rechtlichen Entwicklung des österreichischen Eherechts[32] ein.

Einen umfassenden Überblick über das Vorkommen und die Entwicklung der Geschlechtsvormundschaft in Europa gibt Ernst Holthöfer.[33] Daneben beschäftigen sich einige Untersuchungen mit verschiedenen Teilrechten oder Kodifikationen und gehen vor

27 Vgl. Anne-Lise Head-König, Forced Marriages and Forbidden Marriages in Switzerland: State Control of the Formation of Marriages in Catholic and Protestant Cantons in the Eighteenth and Nineteenth Centuries, in: Continuity and Change, 8 (1993), 441–465.

28 Auf dessen geringe Bedeutung wies bereits Josef Ehmer hin; vgl. Josef Ehmer, Heiratsverhalten, Sozialstruktur, ökonomischer Wandel. England und Mitteleuropa in der Formationsperiode des Kapitalismus, Göttingen 1991, 61; vgl. auch Edith Saurer, Reglementierte Liebe. Staatliche Ehehindernisse in der vormärzlichen Habsburgermonarchie, in: Sozialwissenschaftliche Information, 24 (1995), 245–252.

29 Zu den Debatten in den einzelnen Landtagen vgl. Christa Pelikan, Aspekte der Geschichte des Eherechts in Österreich, Dissertation Wien 1981, 93–172.

30 Vgl. Karin Gröwer, Wilde Ehen im 19. Jahrhundert. Die Unterschichten zwischen städtischer Bevölkerungspolitik und polizeilicher Repression, Hamburg – Bremen – Lübeck, Berlin/Hamburg 1999.

31 Vgl. Ursula Vogel, Gleichheit und Herrschaft in der ehelichen Vertragsgesellschaft – Widersprüche der Aufklärung, in: Gerhard, Frauen, wie Anm. 4, 265–292.

32 Vgl. Ursula Floßmann, Geschlechterdifferenz und persönliche Ehewirkungen in historischer Perspektive, in: dies. u.a. Hg., Wahnsinnsweiber? Weiberwahnsinn? Wer braucht Feminismus? Erweiterte Dokumentation des 6. Linzer AbsolventInnentages, Linz 2000, 147–196. Vgl. dazu auch die Tagung „Geschlechterdifferenz im europäischen Recht" des Forschungsnetzwerks „Geschlechterdifferenz in europäischen Rechtskreisen" (23. bis 25. Februar 2000) in Frankfurt a. M.

33 Vgl. Ernst Holthöfer, Die Geschlechtsvormundschaft. Ein Überblick von der Antike bis ins 19. Jahrhundert, in: Gerhard, Frauen, wie Anm. 4, 390–451.

allem auf das Institut der weiblichen „Rechtswohltaten" ein. Der leitende Grundgedanke war hierbei der Schutz der Frauen vor Vermögensnachteilen beim Abschluss von Geschäften – mit den tradierten Argumenten der Schwäche und Unfähigkeit von Frauen im wirtschaftlichen Leben. Vor allem die Ehefrau sollte durch Zuziehen eines Rechtsbeistandes eine nachteilige Vertretung auch von Seiten des Ehemannes vermeiden können. Susanne Jenisch stellt die Diskussion über die Geschlechtsvormundschaft im 17. und 18. Jahrhundert mit Schwerpunkt auf dem württembergischen Landrecht dar[34], während Susanne Weber-Will den Rechtsdiskurs über Abschaffung oder Beibehaltung der „Kriegsvogtschaft" für die Vorarbeiten zum preußischen Allgemeinen Landrecht (ALR) 1794 untersuchte.[35] David Warren Sabean behandelt die Zeit vom ALR bis ins 19. Jahrhundert. Argument für eine Abschaffung der Kriegsvogtschaft war stets, dass Frauen die zu ihrem Schutz berufenen Männer ausnutzen und sich der Möglichkeit, von ihnen abgeschlossene Verträge in Zweifel zu ziehen, bedienen würden. In der wirtschaftlichen Praxis hatte die Komplexität der Geschlechtsvormundschaft zu einer großen Zahl von Gerichtsverfahren geführt. Somit kam es schließlich im Lauf des 19. Jahrhunderts zur Abschaffung der „Kriegsvogtschaft", die für Ehefrauen jedoch eine verstärkte Abhängigkeit von ihrem Ehegatten bewirkte, weil damit keineswegs auch eine Aufhebung der ehelichen Vormundschaft mit der ausgedehnten Verwaltungsbefugnis des Mannes über das gemeinsame Vermögen einher ging.[36]

In den meisten Schweizer Kantonen hielt sich neben der ehelichen Vormundschaft auch jene über ledige Frauen bis ins 19. Jahrhundert. Vielleicht erklärt dies die hohe Dichte an Studien – vor allem für Basel. Gabriela Signori untersuchte anhand von rund 800 „Geschäften" von Basler Bürgerinnen im 15. Jahrhundert die sozialen Beziehungen zwischen den Vögten und ihren Vogtfrauen und kommt zum Ergebnis, dass schichtspezifische Unterschiede und die soziale Komplexität einer spätmittelalterlichen Stadtgesellschaft eine Reihe von Handlungsspielräumen für Frauen offen ließen.[37] Regina Wecker zeigt anhand der Normenänderungen vom kantonalen Gesetz bis zum Schweizer Zivilgesetzbuch (ZGB) 1912, wie sich die Situation für die Ehefrau verschlechterte.[38] Für den Kanton Bern mit dem 1815 hinzugekommenen Kantonteil Jura untersuchte Regula Gerber Jenni die Auswirkungen des bernischen Emanzipationsgesetzes von 1847 auf die Lage von Frauen bis zu den gesamtschweizerischen Vereinheitlichungsbestrebungen im Privatrecht nach 1850. Die Abschaffung der Geschlechtsbeistandschaft für alle unver-

34 Vgl. Susanne Jenisch, „Die berüchtigte Materie von der weiblichen Geschlechts-Curatel." Die Abschaffung der ‚Geschlechtsvormundschaft' in der aufklärerischen Diskussion, in: Ursula Weckel u.a. Hg., Ordnung, Politik und Geselligkeit der Geschlechter im 18. Jahrhundert, Göttingen 1998, 285–301.

35 Vgl. Susanne Weber-Will, Geschlechtsvormundschaft und weibliche Rechtswohltaten im Privatrecht des preußischen Allgemeinen Landrechts von 1794, in: Gerhard, Frauen, wie Anm. 4, 452–459.

36 Vgl. David Warren Sabean, Allianzen und Listen: Die Geschlechtsvormundschaft im 18. und 19. Jahrhundert, in: Gerhard, Frauen, wie Anm. 4, 460–479.

37 Vgl. Gabriela Signori, Geschlechtsvormundschaft und Gesellschaft. Die Baseler ‚Fertigungen' (1450–1500), in: Zeitschrift der Savigny-Stiftung für Rechtsgeschichte, Germanistische Abteilung, 116 (1999), 119–151.

38 Vgl. Regina Wecker, Geschlechtsvormundschaft im Kanton Basel-Stadt. Zum Rechtsalltag von Frauen – nicht nur im 19. Jahrhundert, in: Rudolf Jaun u. Brigitte Studer Hg., weiblich – männlich. Geschlechterverhältnisse in der Schweiz: Rechtsprechung, Diskurs, Praktiken, Zürich 1995, 87–101.

heirateten Frauen 1847 hatte auch Auswirkungen auf die Ehefrauen, indem für einige Geschäftsakte die Beistandspflicht aufgehoben wurde, was in der Praxis jedoch Nachteile für die Ehefrauen mit sich brachte, da es parallel zu einer Zunahme der Formvorschriften kam. Gerade hier hätten Ehefrauen oft einen Beistand für die richtige Ausstellung von Dokumenten gebraucht: Formfehler lieferten den Gerichten Grund zur Abweisung ihrer Klagen.[39]

Eheliches Güterrecht

Eng verknüpft mit der Frage der ehelichen Vormundschaft für Frauen ist das Ehegüterrecht. Wenn für die Verwaltung des Vermögens – etwa durch Heiratsverträge – keine entsprechenden Maßnahmen getroffen wurden, kam der gesetzliche Güterstand zur Anwendung. Nun bildeten sich in der Praxis vielfältige Güterrechtsformen, die es in den Gesetzeskodifikationen des 18. und 19. Jahrhundert in den einzelnen Territorien zu vereinheitlichen galt. Dementsprechend liegen die Forschungsschwerpunkte einerseits in der Darstellung einzelner Güterrechtssysteme verschiedener Territorien – meist mit den sozialen Auswirkungen für die betroffenen Frauen und Männer – und andererseits in der Problematik der Kodifizierung, hier meist mit Betonung der rechtlichen Implikationen.

Einem Streifzug zum Thema „Ehe und Vermögen" durch Europa – vor allem Deutschland, Österreich und Italien – vom Mittelalter bis ins 20. Jahrhundert widmete sich die Tagung „Il costo delle nozze" im Oktober 2002 in Trient.[40]

Für das österreichische Ehegüterrecht hat Wilhelm Brauneder mit seiner Habilitationsschrift ein nach wie vor wesentliches Grundlagenwerk vorgelegt. In detaillierter Aufschlüsselung der einzelnen Güterrechtssysteme handelt er die rechtliche Ausgestaltung der Heiratsgaben wie auch die verschiedenen Formen von Gütergemeinschaften und vertragslosem Güterrecht vom Spätmittelalter bis zum „Allgemeinen Bürgerlichen Gesetzbuch" (ABGB) 1811 ab.[41] Innerhalb der breiten Streuung von Partikularrechten im Spätmittelalter und in der Frühen Neuzeit geben Heide Wunder und Hans-Rudolf Hagemann einen kleinen Einblick anhand von Basler Quellen. Durch die Ehevogtei standen dem Mann Verwaltung und Nutzung des gesamten Ehevermögens zu, lediglich zur Ver-

39 Vgl. Regula Gerber Jenni, Rechtshistorische Aspekte des bernischen Emanzipationsgesetzes von 1847, in: Gerhard, Frauen, wie Anm. 4, 480–493.

40 Tagung „Il Costo delle Nozze. Der Preis des Heiratens. Trasferimenti patrimoniali connessi al matrimonio. Europa XIII–XX secolo" des Forschungsnetzwerks „Geschlechterdifferenz in europäischen Rechtskreisen", (3. bis 5. Oktober 2002) in Trient – ein Tagungsband wird 2003 folgen. Am „Istituto Italo-Germanico", das diese Tagung veranstaltet hat, besteht bereits seit 1996 eine interdisziplinär und international zusammengesetzte Arbeitsgruppe um Silvana Seidel Menchi und Diego Quaglioni, die sich mit kirchlichen Eheprozessen beschäftigt. Zwei Bände dazu sind bereits erschienen, die im Rezensionsteil dieses Heftes besprochen werden: Silvana Seidel Menchi u. Diego Quaglioni Hg., Coniugi nemici. La separazione in Italia dal XII al XVIII secolo, Bologna 2000; dies. Hg., Matrimonio in dubbio. Unioni controverse e nozze clandestine in Italia dal XIV al XVIII secolo, Bologna 2001. Vgl. auch die Rezensionen in diesem Heft.

41 Vgl. Wilhelm Brauneder, Die Entwicklung des Ehegüterrechts in Österreich. Ein Beitrag zur Dogmengeschichte des Spätmittelalters und der Neuzeit, Salzburg/München 1973.

äußerung zugebrachter Liegenschaften der Frau und gemeinschaftlichen liegenden Gutes brauchte er ihre Zustimmung. Die Darstellung von ausgewählten Quellen in all ihren Aspekten zeigt die enge Vernetzung von Eheberedungen, Geschäftsfähigkeit der Frauen, Ehegüterrecht und Ehegattenerbrecht mit ihren sozialen Implikationen.[42]

Im Umfeld der Kodifizierungsbestrebungen setzen einige Untersuchungen mit je unterschiedlichen Schwerpunkten an. Wilhelm Brauneder bettet die Problematik des Ehegüterrechts in der Habsburgermonarchie des ausgehenden 18. Jahrhunderts in den Gesamtkontext des absolutistisch-zentralistischen Staats mit seinem Streben nach Rechtseinheit, die – nach Wunsch der Verfasser – orts- und zeitlos sein sollte, ein. Auch kommt hier die soziale Herkunft der Kodifikatoren ins Bild, wenn es um Präferenzen in der Ausgestaltung geht.[43] An den Beratungen zur Kodifikation des „deutschen Bürgerlichen Gesetzbuches" (BGB) am Ende des 19. Jahrhunderts zeigt Stephan Buchholz die Erfolglosigkeit der Forderungen des Allgemeinen Deutschen Frauenvereins, der eine reine Gütertrennung forderte, aber kaum Gehör fand.[44]

Ehescheidung

Die schon im kanonischen Recht verankerte Möglichkeit einer „Separatio a thoro et mensa" – übersetzt mit Trennung oder Scheidung von Tisch und Bett – hob zwar den gemeinsamen Wohnort der Ehegatten auf, jedoch nicht das Band der Ehe.[45] Das Verständnis der Ehe als Sakrament brachte für Katholiken die Unauflöslichkeit mit sich und ermöglichte eine Wiederverheiratung erst nach dem Tod eines der Ehegatten. Als Martin Luther der Ehe den Sakramentcharakter absprach, stand einer möglichen Auflösbarkeit von protestantischen Ehen grundsätzlich – wenn auch nicht ohne schwerwiegende Gründe bewilligt – nichts mehr im Wege und so entwickelte die Gesetzgebung für protestantische Territorien beziehungsweise Untertanen in bestimmten Fällen (vor allem Ehebruch) die Möglichkeit der Trennung einer Ehe „dem Bande nach".

Dirk Blasius gibt mit seinem Werk über die Ehescheidung in Deutschland einen guten Vergleich der Entwicklung sowohl protestantischer Gebiete wie Preußen als auch katholischer wie etwa dem Rheinland. Dabei verbindet er die Rechtsentwicklung mit den sozialgeschichtlichen Dimensionen der Scheidungsfrage beginnend mit dem ALR 1794 bis

42 Vgl. Hans-Rudolf Hagemann u. Heide Wunder, Heiraten und Erben: Das Basler Ehegüterrecht und Ehegattenerbrecht, in: Heide Wunder Hg., Eine Stadt der Frauen: Studien und Quellen zur Geschichte der Baslerinnen im späten Mittelalter und zu Beginn der Neuzeit (13. bis 17. Jahrhundert), Basel 1995, 150–166.

43 Vgl. Brauneder, Normenautorität, wie Anm. 13.

44 Vgl. Stephan Buchholz, Das Bürgerliche Gesetzbuch und die Frauen: zur Kritik des Ehegüterrechts, in: Gerhard, Frauen, wie Anm. 4, 670–682. Vgl. eine ähnliche Untersuchung für Österreich: Waltraud Heindl, Frau und Bürgerliches Recht. Bemerkungen zu den Reformvorschlägen österreichischer Frauenvereine vor dem Ersten Weltkrieg, in: Isabella Ackerl u.a. Hg., Politik und Gesellschaft im alten und neuen Österreich. Festschrift für Rudolf Neck zum 60. Geburtstag, 1, Wien 1981, 133–149.

45 Die Begriffe Scheidung und Trennung unterliegen einem zeitlichen und örtlichen Bedeutungswandel. Hier wird durch die Zusätze „... von Tisch und Bett" beziehungsweise „... dem Bande nach" die Aussage verdeutlicht.

zur Zeit des Nationalsozialismus.[46] In weiteren Artikeln geht er gezielter auf die Frage des Scheidungsrechtes und der Scheidungswirklichkeit für Frauen ein.[47]

Eine solche Verknüpfung von Rechtsgeschichte und Sozialgeschichte findet in der Ehescheidungsproblematik in der historischen Disziplin zunehmend statt – wenn auch nicht immer: Rainer Beck zum Beispiel, der 1992 in einer ausführlichen Studie das Thema Scheidung im 17. und 18. Jahrhundert aufrollt, streift die rechtlichen Hintergründe kaum, stellt jedoch die von den betroffenen Personen angeführten Argumente, Hintergründe und Motive von Gewalt, Arbeit, Essen, Ehebett und Liebe in sehr gelungener Weise in einen möglichen Zusammenhang mit Werthaltungen und Idealen der ländlichen Bevölkerung.[48] Demgegenüber bettet Barbara Egger in ihrer Diplomarbeit Scheidungsgründe und das Heiratsverhalten im Erzstift Salzburg in eine breite Abhandlung über die Entwicklung des Ehescheidungsrechts bis ins 18. Jahrhundert ein und versucht, die Situation für die betroffenen Frauen nach der Trennung von Tisch und Bett weiterzuverfolgen.[49] Eine äquivalente Arbeit schreibt Ute Terzer im Moment für das Hochstift Brixen.[50] Diesen Studien in katholischen Territorien stellt Stephan Buchholz ein Beispiel aus dem protestantischen Ansbach zur Seite. Aus einem Einzelfall einer Bürgerstochter des 17. Jahrhundert entwickelt er Möglichkeiten und Auswirkungen einer Ehescheidung „dem Bande nach".[51] Susanna Burghartz setzt die Scheidungsgründe vor dem Ehegericht des frühneuzeitlichen Basel in enge Verbindung mit der Neubewertung der menschlichen Natur durch die reformierte Ehelehre.[52] Ehescheidungen in der Schweiz um 1900 untersuchte Caroline Arni.[53] Mit dem revolutionären Scheidungsrecht, das in den linksrheinischen Territorien im Zuge der Französischen Revolution bis zur Einführung des „Code Civil" 1804 galt, beschreibt Elmar Wadle einen räumlich und zeitlich kleinen Ausschnitt. Da die Ehe als bürgerlicher Vertrag verstanden wurde, erfolgte die Ehescheidung nach wiederholten Versöhnungsversuchen durch eine Versammlung von Verwandten oder Freunden konsequenterweise nur vor einem Beamten, der den ein- oder beiderseitigen Wunsch nach Aufhebung der Ehe in einer Urkunde vermerkte.[54]

46 Vgl. Dirk Blasius, Ehescheidung in Deutschland im 19. und 20. Jahrhundert, Frankfurt a. M. 1992.

47 Vgl. Dirk Blasius, Die Last der Ehe. Zur Sozialgeschichte der Frau im Vormärz, in: Neuere Frauengeschichte, hg. von der Fakultät für Deutsche Geschichte, Forschungszentrum für Geschichte der Universität Tel Aviv, Gerlingen 1992, 1–19; ders., Reform gegen die Frau: Das preußische Scheidungsrecht im frühen 19. Jahrhundert, in: Gerhard, Frauen, wie Anm. 4, 659–669.

48 Vgl. Rainer Beck, Frauen in Krise. Eheleben und Ehescheidung in der ländlichen Gesellschaft Bayerns während des Ancien Régime, in: Richard van Dülmen Hg., Dynamik der Tradition, Frankfurt a. M. 1992, 137–212.

49 Vgl. Barbara Egger, „Bis daß der Tod euch scheidet ..." Die katholische Ehescheidungsvariante der Trennung von Tisch und Bett im Spiegel von Salzburger Ehegerichtsakten 1770–1817, Diplomarbeit, Salzburg 1994. Vgl. Stephan Buchholz, Ehescheidungsrecht im späten 17. Jahrhundert: Marie Elisabeth Stoffelin und der Husar, in: Gerhard, Frauen, wie Anm. 4, 105–114.

50 Vgl. Ute Terzer, Trennung von Tisch und Bett in Tirol von 1750 bis 1800, Diplomarbeitsprojekt Innsbruck.

51 Vgl. Buchholz, Ehescheidungsrecht, wie Anm. 49, 105–114.

52 Vgl. Susanna Burghartz, Zeiten der Reinheit – Orte der Unzucht. Ehe und Sexualität in Basel während der frühen Neuzeit, Paderborn 1999, 195–233.

53 Vgl. Caroline Arni, Ehe, Paare. Krisen der Geschlechterbeziehung um 1900, Dissertation, Bern 2002.

54 Vgl. Elmar Wadle, Ehescheidung vor dem Standesbeamten. Das revolutionäre Scheidungsrecht und seine Praxis in Saarbrücken, in: Wolfgang Haubrichs u.a. Hg., Zwischen Saar und Mosel. Festschrift für

Wenn sich also Georg May in seinem Artikel über die Aufhebung der ehelichen Lebensgemeinschaft in der Erzdiözese Mainz im 18. Jahrhundert auf die Fahnen heftet, er wäre einer der wenigen, der die Überführung der rechtlichen Einrichtung der Ehetrennung von Tisch und Bett in die Lebenswirklichkeit[55] darstellen würde, dann bezieht er sich wohl auf die rechtshistorische Forschung. Diese konzentrierte sich in der Tat lange Zeit vor allem auf die Entwicklung des Eherechts und seiner einzelnen Bestimmungen.[56] Aber auch innerhalb der juristischen Forschung geht das Interesse zunehmend in Richtung einer Einbeziehung der Rechtswirklichkeit. Christof Horn analysiert zum Beispiel die Rechtssprechung des deutschen Reichsgerichts in Ehescheidungssachen 1900 bis 1905 im Hinblick darauf, wie sich die gesetzlichen Veränderungen durch die Einführung des BGB auf die Rechtssprechung des Reichsgerichts auswirkten. Dazu erhebt er unter anderem zu jeder Gruppe von Ehescheidungsgründen die soziale Herkunft der betroffenen Personen.[57]

Ein Schwerpunkt liegt also zum einen auf den Motiven für eine Ehescheidung, die auf die dahinterliegende soziale Wirklichkeit von Ehen in der Neuzeit befragt werden, während sich andererseits die rechtshistorische Herangehensweise mehr am Zusammenhang zwischen Ehescheidungsrecht und gesellschaftlichem sowie juristischem Diskurs orientiert.

Witwen[58] – Witwer

Heiratskontrakte und Eheverträge enthalten vielfach Regelungen im Fall der Witwen- und Witwerschaft. Qualitativ auswertbare Quellen bestimmen auch die aktuelle Auseinandersetzung mit dieser Lebensphase, nachdem sich zuvor historisch-demographische Unter-

---

Hans-Walter Herrmann zum 65. Geburtstag, Saarbrücken 1995, 291–302. Zwar ist die verwendete Quellenbasis aus Saarbrücken sehr dünn, gibt aber doch einen Eindruck von einer noch kaum ins Bild geratenen säkularisierten Rechtspraxis der Ehescheidung.

55 Vgl. Georg May, Die Aufhebung der ehelichen Lebensgemeinschaft in der Erzdiözese Mainz während des 18. Jahrhunderts nach den Protokollen des Generalvikariats, in: Zeitschrift der Savigny-Stiftung für Rechtsgeschichte, Kanonische Abteilung, 115 (1998), 470–549, 472. Er bringt zwar eine ausführliche Auflistung aller Scheidungsgründe, auch einen Ausblick auf die ‚Zeit nach der Scheidung von Tisch und Bett', jedoch vermeidet er es, die Ergebnisse in einen Kontext einzubetten, so dass sie lose nebeneinander stehen. Auch schwingt eine bedenkliche Identifikation mit der Institution des Generalvikariats Mainz mit.

56 Vgl. zum Beispiel Martin Peter Schauer, Das Recht der Ehescheidung im 19. und 20. Jahrhundert. Vom Verschuldensprinzip zum Zerrüttungsprinzip, Diplomarbeit, Linz 1998. Im Mittelpunkt stehen die möglichen rechtlichen Scheidungsgründe, deren Entwicklung er vom Naturrecht bis zu den Neuerungen der 70er Jahre des 20. Jahrhunderts nachzeichnet. Eingebunden ist die Arbeit in den jeweiligen juristischen Diskurs, ein Seitenblick wird auf die Petition des „Bundes österreichischer Frauenvereine" 1905 im Rahmen der großen Reform des ABGB geworfen. Jedoch findet weder die Judikatur – etwa in Form von Entscheidungen des Obersten Gerichtshofs – Beachtung, noch klingt die Frage nach den sozialen Auswirkungen und Hintergründen des Verschuldens- oder Zerrüttungsprinzips an.

57 Vgl. Christof Horn, Die Rechtssprechung des Reichsgerichts in Ehescheidungssachen der Jahre 1900 bis 1905, Frankfurt a. M. 1997.

58 Vgl. auch die kommentierte Bibliographie von Ida Blom, The History of Widowhood: A Bibliographical Overview, in: Journal of Family History, 16, 2 (1991), 191–210.

suchungen in erster Linie auf Wiederverheiratungsraten von Frauen und Männern in Abhängigkeit von Variablen wie Alter, Anzahl der Kinder oder Verfügbarkeit von potenziellen PartnerInnen von Ort konzentriert haben. Dabei haben sich markante geschlechtsspezifische Unterschiede in Hinblick auf Häufigkeit und Zeitpunkt von Wiederverehelichungen gezeigt. Doch führten solche Betrachtungsweisen nicht selten zu schematischen Perspektiven auf die Situation der Witwen – Witwer sind bislang außerhalb von statistischen Auswertungen kaum in den Blick genommen worden.[59] Zur Revision mechanistischer Vorstellungen regt etwa der Aufsatz von Barbara J. Todd an, der die Frage der Wiederverheiratung als komplexe Entscheidung verstanden wissen will, die aus sorgfältigem Abwägen und dem Zusammenspiel von Gelegenheit, Notwendigkeit und Präferenz resultiert.[60]

Breitere Aufmerksamkeit galt und gilt auch Witwen im Kontext von Haushalt und Familie;[61] Witwen werden immer wieder auch gemeinsam mit ledigen Frauen thematisiert.[62] Zu berücksichtigen sind dabei jeweils spezifische Situationen in den verschiedenen Lebens-, Arbeits- und Wirtschaftsbereichen: bäuerliche Witwen, Witwen im Handwerk[63] und in der Hausindustrie, Lohnarbeiterinnen oder unternehmerische Witwen.

Gegen stereotype Bilder der alten und primär zu versorgenden Witwe wendet sich Sylvia Hahn aus der Perspektive des 19. Jahrhunderts.[64] Die Bedeutung der Versorgungsfrage dürfte sich für frühneuzeitliche Gesellschaften anders gestellt haben. Erste Witwenkassen wurden bereits Mitte des 18. Jahrhunderts gegründet, doch war ihnen aufgrund unzureichender versicherungsmathematischer Grundlagen zumeist keine allzu lange Existenz beschieden. Auf die paradoxe Situation, dass nur Ehemänner in eine sol-

59 Eine Ausnahme bildet in dieser Hinsicht der von Sandra Cavallo und Lyndan Warner herausgegebene Band. Die vorzügliche Einleitung der beiden Herausgeberinnen steckt aktuelle Positionen und Desiderate ab. Sandra Cavallo u. Lyndan Warner Hg., Widowhood in Medieval and Early Modern Europe, Halow 1999.

60 Vgl. Barbara J. Todd, Demographic Determinism and Female Agency: the Remarrying Widow Reconsidered ... Again, in: Continuity and Change, 9 (1994), 421–450, 422 und 426ff.

61 Vgl. zum Beispiel Antoinette Fauve-Chamoux, Widows and Their Living Arrangements in Preindustrial France, in: The History of Family, 7 (2002), 101–116. Dieses Heft der Vierteljahresschrift „The History of the Family" ist insgesamt dem Schwerpunktthema „Witwen" gewidmet.

62 Vgl. Richard Wall, Woman Alone in English Society, in: Annales de Démographie historique 1981, 303–317; Maura Palazzi, Female Solitude and Patrilineage: Unmarried Women and Widows During the Eighteenth and Nineteenth Centuries, in: Journal of Family History, 15 (1990), 443–459; dies., Solitudini femminili e patrilignaggio. Nubili e vedove fra Sette e Ottocento, in: Marzio Barbagli u. David Kertzer Hg., Storia della famiglia italiana 1750–1950, Bologna 1992, 129–158; Olwen Hufton, Women without Men. Widows and Spinsters in Britain and France in the Eighteenth Century, in: Jan Bremmer u. Lourens van den Bosch Hg., Between Poverty and the Pyre. Moments in the History of Widowhood, London/New York 1995, 122–151. Dies verdeckt jedoch den Umstand, dass sich diese beiden Frauengruppen – trotzdem sie im Alltag mit ähnlichen Problemlagen konfrontiert waren – hinsichtlich ihrer rechtlichen Position doch stark voneinander unterschieden haben.

63 Vgl. dazu anhand von ausgewählten Handwerken der Stadt Augsburg ein sehr ins Detail gehendes Witwenkapitel bei Christine Werkstetter, Frauen im Augsburger Zunfthandwerk. Arbeit, Arbeitsbeziehungen und Geschlechterverhältnisse im 18. Jahrhundert, Augsburg 2001, Kap. II, 2.

64 Vgl. Silvia Hahn, Frauen im Alter – alte Frauen?, in: Josef Ehmer u. Peter Gutschner Hg., Das Alter im Spiel der Generationen, Wien/Kön/Weimar 2000, 157–189.

che Kasse einzahlen durften, macht Eve Rosenhaft in einem Beitrag aufmerksam.[65] Dass Schenkungen Kreditbeziehungen mit Versorgungsfunktion gerade auch für Witwen begründen können, hat Angiolina Arru in minutiöser Rekonstruktion entdeckt.[66]

Bernhard Jussen rollt theologisch-moralische Diskurse und alltägliche Sinnproduktionen über das „rechte" Benehmen der Witwe von der christlichen Tradition her auf.[67] Welche konkreten Schwierigkeiten sich aus solcherlei Fragen der Witwenehre – etwa im Fall von nachehelichen Schwangerschaften – ergeben konnten, hat Claudia Ulbrich anhand biografischer Wechselfälle aufgezeigt.[68] Die verschiedenen Rechtsräume konstituieren in Hinblick auf die weiteren Perspektiven von Witwen ebenso wie konfessionelle Kontexte eine wichtige Grundlage.[69] Darunter fällt etwa auch die ablehnende Haltung der katholischen Kirche im Unterschied zur protestantischen gegenüber Wiederverheiratung von Witwen.[70]

Zuletzt erschienen ist die Studie von Scarlett Beauvalet-Boutouyrie über Witwen in der Frühen Neuzeit.[71] Die Autorin zeichnet darin literarische und andere Bilder sowie Stereotype – die „gefährliche" und die „fromme" Witwe – nach, beleuchtet die demographische und rechtliche Situation, um dann im dritten und letzten Abschnitt zu Strategien von Witwen überzugehen. Dabei thematisiert sie zunächst Heiratsverträge und Mitgift, dann Möglichkeitsräume – als Vormund der Kinder oder aber im Kontext von Unternehmen und Arbeit – sowie schließlich Institutionen der Unterstützung und deckt damit insgesamt ein breites Spektrum ab. Das ebenfalls vor kurzem erschienene Buch von Ursula Machtemes „Zwischen Trauer und Pathos" ist zeitlich im 19. Jahrhundert angesiedelt. Im Zentrum stehen Witwen von – zum Teil berühmten – Gelehrten und bürgerlichen Honoratioren. Die Autorin spürt deren Trauerarbeit nach, die vornehmlich auf die Betreuung der Nachlässe der Verstorbenen ausgerichtet ist. Diese werden – bisweilen eifersüchtig – gehütet, geordnet oder auch ediert.

---

65 Vgl. Eve Rosenhaft, „… mich als eine Extraordinarium". Die Witwe als widerstrebendes Subjekt in der Frühgeschichte der Lebensversicherung, in: Udo Arnold u.a. Hg., Situationen einer Hochschullaufbahn. Festschrift für Annette Kuhn zum 65. Geburtstag, Dortmund 1999, 292–309. Zu Witwenkassen im Handwerk vgl. Annemarie Steidl, „Trost für die Zukunft der Zurückgelassenen …". Witwenpensionen im Wiener Handwerk im 18. und 19. Jahrhundert, in: Josef Ehmer u. Peter Gutschner Hg., Das Alter im Spiel der Generationen. Historische und sozialwissenschaftliche Beiträge, Wien/ Köln/Weimar 2000, 320–347.

66 Vgl. Angiolina Arru, „Schenken heißt nicht verlieren". Kredite, Schenkungen und die Vorteile der Gegenseitigkeit in Rom im 18. und 19. Jahrhundert, in: L' Homme Z.F.G, 9, 2 (1998), 232–251.

67 Vgl. Bernhard Jussen, Der Name der Witwe. Erkundungen zur Semantik der mittelalterlichen Bußkultur, Göttingen 2000.

68 Vgl. Ulbrich, Shulamit, wie Anm. 12, 82ff, 220ff.

69 Im Sammelband von Bremmer/van den Bosch, Poverty, wie Anm. 62, gehen einzelne Beiträge auf den Witwenstatus in unterschiedlichen Religionen ein – bekanntestes Beispiel: die indische Witwenverbrennung. Dazu sind die Bände von Jörg Fisch, Tödliche Rituale. Die indische Witwenverbrennung und andere Formen der Totenfolge. Frankfurt a. M. 1998 und Catherine Weinberger-Thomas, Cendres d'immortalité. La crémation des veuves en Inde, Paris 1996 zu nennen.

70 Vgl. Olwen Hufton, Frauenleben. Eine europäische Geschichte 1500–1800, Frankfurt a. M. 1998, Kap. 6: Witwenstand.

71 Vgl. Scarlett Beauvalet-Boutouyrie, Être veuve sous l'Ancien Régime, Paris 2001.

Das Herauslösen des Ehepaares aus dem Familienverband und mehr noch der getrennte Blick auf Männer und Frauen sowie auf die Interaktionen zwischen den Geschlechtern entlang neuralgischer Punkte des Lebensverlaufs – wie Heirat, Trennung, Verwitwung – hat nicht nur das Wissen über die genannten Abläufe selbst vermehrt, sondern auch für eine Reihe von Themenkomplexen im näheren Umfeld Anregungen und Resultate gebracht. Ein besonders virulentes Forschungsfeld dürfte nach wie Frauen und Besitz konstituieren, wobei Fragestelllungen aktualisiert wurden und sich weitere Differenzierungen im Verhältnis zwischen Recht und Praxis als notwendig erwiesen haben.[72] Damit einher geht auch in anderen der hier skizzierten Bereiche eine Dynamisierung unter geschlechtergeschichtlicher Perspektive: Manche für substanziell gehaltenen geschlechtsspezifischen Unterschiede haben sich im Blick auf die im Aktenmaterial dokumentierte Praxis relativiert. Gleichzeitig weitet sich das Interesse an den Beziehungen zwischen den Geschlechtern aus: So richtet sich das Augenmerk auch auf unterhaltspflichtige oder in Kreditbeziehungen eingebundene Männer oder auch Witwer. Die verstärkte Einbeziehung juristischer Aspekte, der Austausch und Annäherungen zwischen (Teil-)Disziplinen der Geschichte und der Rechtsgeschichte führten insgesamt zu einer Differenzierung der Ergebnisse und zu einer Erweiterung des Blickwinkels.

72 Vgl. Ida Fazio, Le ricchezze delle donne: Verso una ri-problematizzazione, in: Quaderni Storici, 101 (1999), 539–550. Sie geht darin auf zwei im thematischen Kontext ebenfalls interessante Bände ein: Giulia Calvi u. Isabel Chabot Hg., Le ricchezze delle donne. Diritti patrimoniali e poteri familiari in Italia (XIII–XIX), Torino 1998 und das Themenheft „Femmes, dots et patrimoines" der Zeitschrift Clio. Histoire, Femmes et Sociétés, 7 (1998).

Frauen zwischen gesetztem Recht und Rechtswirklichkeit

Eine geschlechtsspezifische Sozialgeschichte der Rechtsentwicklung im 19. Jahrhundert am Beispiel Tirols und Vorarlbergs

Ein Forschungsbericht

Ellinor Forster, Ursula Stanek

Diese interdisziplinär angelegte Untersuchung verbindet Forschungsansätze der Rechts-, Sozial- und Wirtschaftsgeschichte sowie Frauen- und Geschlechterforschung. Zum einen steht die Rolle der Frauen innerhalb des Privatrechts im Vordergrund, zum anderen geht es um die Möglichkeiten der Frauen nach dem Gewerberecht. Innerhalb dieser thematischen Schwerpunkte erfolgte in der Vorgehensweise jeweils eine Zweiteilung, indem mittels Gesetzestexten und -kommentaren, Zeitschriften und zeitgenössischer Literatur zunächst ausführlich die normative Ebene, deren Entwicklung und die öffentliche Diskussion untersucht wurden, um anschließend mit Archivalien aus Tirol und Vorarlberg[2] die Frage nach der Anpassung von Frauen an die vorgeschriebenen Rechtsnormen zu stellen; die Frage nach Konformität beziehungsweise Nonkonformität weiblichen Verhaltens innerhalb konkreter Lebenswirklichkeiten.

Dieser kontinuierliche Vergleich der juristischen und gesellschaftlichen Sichtweise mit der Rechtspraxis über ein Jahrhundert hinweg ermöglichte das Aufzeigen von Entwicklungen und Brüchen, gab Hinweise auf Beständigkeit und Veränderung von Idealbildern in ihrer Interdependenz zur Rechtswirklichkeit und lieferte Aufschluss über gelebte Eheentwürfe und Erwerbsmöglichkeiten in den unterschiedlichen sozialen Schichten.

1 Das Projekt wird durch den „Fonds für wissenschaftliche Förderung“ gefördert und von Frau Univ.-Prof. Dr. Brigitte Mazohl-Wallnig geleitet, Juli 2000 bis Juli 2003.

2 Zivil(prozess)akten zu Ehescheidungen, Heiratsverträgen, Testamenten, Vormundschaften und Verlassenschaften 1815–1914, in I. Instanz: Stadt- und Landrecht beziehungsweise Land(es)gerichte Innsbruck, Bozen und Bregenz, in II. Instanz: Appellationsgericht für Tirol und Vorarlberg. Archivalien für den gewerberechtlichen Teil: in I. Instanz die Gewerbeakten der Stadtmagistrate, in II. Instanz jene des Guberniums beziehungsweise der Statthalterei für Tirol und Vorarlberg; ab 1860 Gewerbebücher, Akten, Gutachten und Verzeichnisse der Polizeidirektionen sowie der Handels- und Gewerbekammern.

Handlungsspielräume von Frauen innerhalb des Privatrechts – 1815 bis 1914

Die Wahl des Zeitraums erklärt sich aus der Einführung des „Allgemeinen Bürgerlichen Gesetzbuchs" (ABGB) in Tirol und Vorarlberg 1815 und dem Erscheinen der ersten Teilnovelle des *ABGB*, die vor allem die familienrechtlichen Bereiche behandelte.

Es erfolgte eine Auswahl einzelner Teile des *ABGB*, die geeignet schienen, Handlungsspielräume in Norm und Rechtswirklichkeit darzustellen: persönliche Rechtswirkungen der Ehe, Ehegüterrecht, Ehegattenerbrecht und Vormundschaftsrecht.

Innerhalb der juristischen und gesellschaftlichen Diskussion liegt der Schwerpunkt auf den entworfenen Bildern weiblicher Handlungsspielräume und auf den Argumenten, mit denen diese legitimiert beziehungsweise kritisiert wurden. Dem wurde vergleichend die Seite der Rechtswirklichkeit gegenüber gestellt und die Frage aufgeworfen, wie diese beiden Seiten ineinander greifen und sich gegenseitig beeinflussen.

Persönliche Rechtswirkungen der Ehe

Die Aufgaben und Pflichten der Ehegatten wurden mit den bekannten Argumenten der zugeschriebenen unterschiedlichen Geschlechtercharaktere untermauert: Der Mann sei der Frau an physischer Kraft und an geistigen Eigenschaften überlegen und habe deshalb als „Haupt der Familie" für den Unterhalt der Frau zu sorgen. Daran wurde von juristischer Seite während des gesamten 19. Jahrhunderts kaum Anstoß genommen. 1848 und verstärkt in der zweiten Jahrhunderthälfte forderten immer mehr Stimmen eine Änderung dieser Bestimmung. Argumentiert wurde damit, dass es bereits zu viele Familien gebe, in denen der Mann gar nicht mehr fähig sei, allein für den Unterhalt zu sorgen, Frauen also ebenso erwerbstätig sein müssten und es deshalb nicht mehr passend sei, dass der Mann nach wie vor als „Haupt der Familie" gelte.

Die Rechtspraxis der persönlichen Rechtswirkungen der Ehe zeigt sich etwa in Scheidungsakten, die neben konkreten Vermögensstreitigkeiten vor allem auch über Werthaltungen innerhalb der Ehe Aufschluss geben: Sollzustand der Ehe, verteilte Rechte und Pflichten, Toleranzgrenzen. Frauen waren während des 19. Jahrhunderts sehr stark in den Arbeitsprozess – etwa im Gewerbe des Mannes – eingebunden. Häufig führten sie die Bücher und forderten Mitbestimmung ein – oft mit dem Druckmittel, nicht mehr aus dem Elternhaus, in das sie sich vor den Schlägen des Ehemannes geflüchtet hatten, zurückzukehren. Jedoch ermöglichen Scheidungsakten nur den Blick auf die unteren sozialen Schichten: Wenn Vermögen da war, hoben die Eheleute bei Schwierigkeiten meist eigenmächtig den gemeinsamen Wohnort auf und trafen außergerichtliche Vereinbarungen zur Unterhaltszahlung. Diese Form wurde, obwohl nicht gesetzlich erlaubt, von den Gerichten zunehmend toleriert, wie die große Anzahl an Entscheidungen des Obersten Gerichtshofes belegt.

Ehegüterrecht

Die Vermögensregelungen während einer bestehenden Ehe waren im Wesentlichen in den „Ehepakten" geregelt. Wenn nichts anderes vereinbart wurde, galt die Gütertrennung als gesetzlicher Güterstand. Erhob die Frau jedoch keinen Einspruch, dann verwaltete der Mann das Vermögen und konnte den Nutzgenuss daraus nach seinem Ermessen verwenden. Dies galt den Juristen als sehr vorteilhaft, da für die Frau die prinzipielle Widerrufungsmöglichkeit ja bestand. Die Auswertung der Heiratsverträge zeigt jedoch, dass es für Frauen schwer war, gegen die Tradition, ihren Männern die Verwaltung des Vermögens zu überlassen, anzukommen. So waren es vor allem Witwen mit einigem Vermögen, die darauf bestanden, dieses selbst zu verwalten.

Für das während der Ehe erworbene Vermögen galt im Zweifelsfall die Vermutung, dass der Erwerb vom Mann herrührte. Argumentiert wurde dies auf dem Hintergrund des bürgerlichen Ideal-Familienbildes: Die Frau sei nicht erwerbstätig, sondern nur verpflichtet, ihrem Mann bei seinen Geschäften zu helfen. Dieses Bild änderte sich erst gegen Ende des 19. Jahrhunderts, als sowohl in Frauenzeitschriften wie auch in juristischen Publikationen die Änderung dieser Regelung eingefordert wurde, da die Praxis im Erwerbsleben anders aussah.

In Heiratsverträgen lassen sich vor allem Adel und Großbürgertum greifen. Untere und mittlere soziale Schichten treten in der Vielzahl von wechselseitigen Testamenten und Einzeltestamenten entgegen. Dabei erstaunt die hohe Zahl an weiblichen Testamenten, die mehr als zwei Drittel der Gesamttestamente ausmachen. Es scheint so zu sein, dass Männer mit den Bestimmungen in den Heiratsverträgen für den Todesfall beziehungsweise in den unteren Schichten in den wechselseitigen Testamenten ihr Auslangen fanden, während Frauen bis ins letzte Detail über ihren Besitz verfügten. Diese Quellengattungen sind besonders aussagekräftig, weil sie auf die Ehe zurückschauen lassen – wie beispielsweise auf die tatsächliche Rollenverteilung innerhalb der Güterverwaltung. In vielen Fällen ist es jedoch schwierig zu entscheiden, wie aktiv oder passiv sich die Rolle der Frauen bei der Transaktion, der Vielzahl auf ihren Namen lautenden Obligationen oder Zessionen gestaltete.

Ehegattenerbrecht

Das gesetzliche Erbrecht trat ein, wenn weder Testament noch Heiratsvertrag errichtet worden waren. Je nach Anzahl der übrigen Erben – Kinder oder andere nahe Verwandte – erbte der überlebende Ehegatte in unterschiedlichem Ausmaß. Problematischer Bestandteil des Ehegattenerbrechts war vor allem, dass dem überlebenden Ehegatten, abgesehen vom „anständigen Unterhalt", kein Pflichtteil zustand, falls er in einem Testament nicht bedacht oder dezidiert ausgeschlossen wurde. So waren die Ehegatten gezwungen, sich durch „angemessenes" Verhalten die Gunst des anderen zu erhalten, damit sie im Testament bedacht wurden. Auf dem Hintergrund des bürgerlichen Familienmodells mit dem Mann in der Rolle des Ernährers zeigt sich hier eindeutig die Ausformulierung der unterwürfig gewünschten Rolle der Frau.

Von Seiten der Frauen findet sich zum Ehegattenerbrecht kaum Kritik – dass das bestehende Recht hier nicht so stark als Belastung empfunden wurde, scheint sich durch die Rechtswirklichkeit zu bestätigen: Heiratsverträge und die große Anzahl an wechselseitigen Testamenten und Einzeltestamenten zeigen, dass es üblich war, im Falle des Ablebens stets für den überlebenden Teil vorzusorgen. Eher selten wurden Ehegatten enterbt oder mit einem verhältnismäßig geringen Anteil abgespeist. Jedoch ermöglichen in diesen Fällen die oft detailliert angegebenen Gründe – um einer Anfechtung des Testaments vorzubeugen – Rückschlüsse auf die Beziehung der Ehegatten während der Ehe.

Vormundschaftsrecht

Dem Argument, Frauen könnten Kinder nicht als Vormund vertreten, weil es ihnen an den notwendigen Kenntnissen fehle, wurde schon sehr früh entgegen gesetzt, dass auch viele Männer zu ihren Vormundschaftsgeschäften einen Rechtsbeistand beiziehen müssten. Trotzdem wurde während des gesamten 19. Jahrhunderts an der grundsätzlichen Untauglichkeit von Frauen als Vormund festgehalten – mit Ausnahme von Mutter und väterlicher Großmutter, denen jedoch ein Mitvormund zur Seite gestellt werden musste.

Die Vormundschaftsregelungen in der Teilnovelle von 1914 waren einige der wenigen Paragrafen, die zugunsten der Frauen abgeändert wurden – mit der Begründung, dass sich die Verhältnisse geändert hätten, kaum noch taugliche Vormünder greifbar wären und man schließlich auch den Forderungen der Frauenbewegung entgegenkommen wollte. Es handelte sich hier um einen Bereich, in dem man problemlos Zugeständnisse machen konnte, da man hier niemandem – wie etwa im Eherecht der Kirche – zu nahe trat.

In der Rechtswirklichkeit wird diese Frage teilweise in den Vormundschaftsakten in der Regelung der jeweiligen Vormundschaften, viel stärker aber in den Rechtsgeschäften, die Frauen als Vormund ihrer Kinder erledigten, greifbar. Die aus Gerichtsprotokollen ablesbare Rollenverteilung von Mutter und Mitvormund bei Rechtsgeschäften für ihre Mündel widerlegt in vielen Fällen die Behauptung, dass Männer bessere Kenntnis von den Geschäftsvorgängen besäßen und deshalb geeigneter für das Vormundschaftsgeschäft seien. Auch zeigt sich, dass Frauen durchaus auch ohne Mitvormund für ihre Kinder tätig wurden und dies von gerichtlicher Seite zum Teil toleriert wurde.

Selbständig erwerbstätige Frauen im Gewerbe von 1816 bis 1914

Analog zum privatrechtlichen Teil des Projekts wurde hier untersucht, wie sich die normative Ebene des Gewerberechts wandelte, welche Positionen in der juristischen und gesellschaftlichen Diskussion eingenommen wurden und wie die Gewerbebehörden die Normen in der Praxis umsetzten. Hinsichtlich der Rechtswirklichkeit wurden mit dem Zugang zum Gewerbe, der Ausbildung beziehungsweise Lehre und der Einstellung der Behörden und Gewerbekollegen Schwerpunkte gesetzt.

Die Situation von 1816 bis 1860

Im Jahr 1816 erhob man in Tirol mit dem Gewerbepatent den rechtliche Status quo nach der bayerischen Regierungszeit; an den sehr knapp gehaltenen Grundsätzen sollten sich die Tiroler Behörden orientieren. Während auf höchster Ebene die Arbeiten an einer, für das gesamte Habsburgerreich gültigen, Gewerbeordnung mehr oder weniger schleppend vorangingen, griffen einzelne Dekrete, die sich vor allem auf Gewerbe treibende Frauen stark auswirkten, regulierend in das Gewerbewesen ein: Nach einem Hofkanzleidekret von 1823 sollten an Frauen nur mehr Gewerbebefugnisse für „weibliche Beschäftigungen" verliehen werden. In der Praxis wurde dies wurde vom Innsbrucker Stadtmagistrat strenger als nötig umgesetzt und Frauen so der Zugang zu den Polizeigewerben insgesamt verwehrt.

Ein Dekret des Handelsministeriums von 1848 schrieb vor, dass verstärkt auf die Unbescholtenheit der Personen zu achten sei. Dies war besonders leicht gegen Frauen auszulegen, da bereits Andeutungen über einen unsittlichen Lebenswandel ausreichten, um ihnen die Gewerbeausübung zu verwehren. Trotz Aufhebung dieses Dekrets 1853 blieb der Stadtmagistrat doch bei seiner strengen Kontrolle des Lebenswandels.

Von Juristen wurden fast ausschließlich Fragen nach der Gewerbefreiheit, den Zünften und der zukünftigen Stellung der Realgewerbe diskutiert. Für sie war klar, dass Frauen keine zünftige Lehre absolvieren konnten, aber für manche Gewerbe aufgrund ihrer „natürlichen" Geschicklichkeit über eine bessere Eignung verfügten.

In der Praxis ist festzustellen, dass Frauen vor allem im Schankgewerbe zu finden waren (nach 1823 als Werkführerinnen oder Pächterinnen), sowie im Kleinhandel (vor allem Viktualien- und Obsthandel) und der Pfaidlerei (Verkauf von Galanteriewaren wie Schürzen, Tücher, Strümpfe etc.) – Versuche von Frauen, in zünftigen Gewerben Fuß zu fassen, gab es zwar, wurden jedoch von vornherein vom Stadtmagistrat abgewiesen. In anderen Fällen führten Hartnäckigkeit (zum Beispiel der Rekurs an die Landesstelle) und Eigeninitiative (zum Beispiel Vorlage zahlreicher Zeugnisse) oft zum Erfolg.

Die Situation von 1860 bis 1883

Nach der Gewerbeordnung von 1859 spielte das Geschlecht bei der Zulassung zu Gewerben keine Rolle mehr, zugleich fanden Frauen aber auch kaum mehr Erwähnung; vielmehr ist meist von „Lehrjungen", dem „Gewerbsmann" und „Jedermann" die Rede.

Von juristischer Seite bestand weiterhin die Meinung, dass Frauen für manche Berufe besonders geeignet seien, das Baugewerbe wurde immer als krasses Beispiel für jene Berufe herangezogen, für die Frauen sicherlich nicht geeignet wären. Die frühe Frauenbewegung widmete sich zunächst vor allem der Situation unselbständig erwerbstätiger Frauen.

In den Akten spiegelt sich in den ersten Jahren nach 1860 ein wahrer Ansturm auf das Gast- und Schankgewerbe wider – auch von Männern, aber besonders von Frauen. Die vorher typischen Frauenberufe der Pfaidlerei, des Kleinhandels, der Spezerei und Krämerei gewannen aber schnell wieder an Bedeutung. Nach dieser ersten Phase nach der

Einführung der Gewerbeordnung fand man Frauen im weiten Spektrum der freien Gewerbe; bei den konzessionierten Gewerben traten Frauen fast ausschließlich als Wirtinnen auf, Ausnahmen waren Witwen, die mit einem Geschäftsführer das Gewerbe des verstorbenen Ehemannes fortführten. Frauen fehlten gänzlich in den ehemals zünftigen Gewerben, denn trotz offizieller Aufhebung der Zünfte änderte sich bei der Ausbildung der Lehrlinge kaum etwas und die Handwerksmeister wehrten sich standhaft gegen weibliche Lehrlinge.

Die Situation von 1883 bis 1907

In der Reform der Gewerbeordnung von 1883 kam es zur Einführung der handwerksmäßigen Gewerbe, für die man einen Befähigungsnachweis in Form eines Lehr- und Arbeitszeugnisses benötigte. Für jene handwerksmäßigen Gewerbe, die „gemeiniglich von Frauen" betrieben wurden, war es jedoch möglich, die Befähigung auf andere Weise nachzuweisen – welche Gewerbe hierzu gezählt wurden und wie die Ersatznachweise erbracht werden sollten, blieb der freien Würdigung der Gewerbebehörde überlassen.

In juristischen Kommentaren und allgemeiner Literatur wurde diese Sonderregelung durchwegs positiv bewertet, dabei ignorierend oder übersehend, dass diese Befähigungsnachweise deswegen für Frauen so schwer auf „normalem" Wege (durch eine Lehre) zu erwerben waren, weil immer noch nicht explizit geregelt war, dass auch Frauen eine solche absolvieren konnten. Von Seiten der Frauenbewegung wurde über diese Novelle noch nicht allzu viel berichtet, aber in ihren Publikationsorganen versuchten die Frauen durch exemplarisch vorgestellte Erfolgsstories, in denen Frauen sich ihr Recht auf eine Lehre erkämpft hatten, Mut zu machen.

Das bisherige Verhältnis der Frauen in den verschiedenen Berufen blieb auch nach der Reform annähernd gleich: Das Kleidermachergewerbe, die Weißnäherei, Pfaidlerei und der Kleinhandel wurden weiterhin bevorzugt von Frauen ergriffen; auffallend ist die Zunahme von Dienstvermittlungsbüros in weiblicher Hand.

Die Situation von 1907 bis 1914

1907 brachte eine Novelle nochmals eine weitere Einschränkung der ohnehin schon schwierigen Situation von selbständigen Frauen im Gewerbe: Der Befähigungsnachweis für die handwerksmäßigen Gewerbe konnte nun zwar auch durch ein Zeugnis einer entsprechenden Gewerbeschule erbracht werden, diese waren in der Regel jedoch Frauen nicht zugänglich. Zudem kam es zu einer Einschränkung der Zahl der „gemeiniglich von Frauen betriebenen" Gewerbe, für die noch Ausnahmeregelungen möglich waren.

Während die Juristen immer noch durchwegs die Ansicht vertraten, dass die Sonderregelung einen Vorteil für Frauen bedeutete, fürchtete die Frauenbewegung eine weitgehende Verdrängung der selbständig erwerbstätigen Frauen; hier wurde vor allem das völlig unzulängliche Gewerbeschulwesen für Frauen kritisiert.

Es scheint sich abzuzeichnen, dass Frauen nach dieser Reform vor allem im Gast- und Schankgewerbe, im Kleinhandel und als Frauen- und Kinderkleidermacherinnen tätig waren – hinsichtlich des Spektrums der von Frauen ergriffenen Berufe kam es zu einer deutlichen Einschränkung.

Zusammenfassung

Die bisherigen Ergebnisse dokumentieren, dass Frauen sehr stark von ihren rechtlichen Möglichkeiten Gebrauch machten – sei es mittels Klagen oder Errichtung von Heiratsverträgen und Testamenten. Das Bild der stets von ihrem Mann vertretenen Frau im Gesetzbuch steht im Widerspruch zur Rechtswirklichkeit. Der Blick in die Akten zeigt, dass sich das Idealbild der bürgerlichen Ehe, das im Gesetz vorausgesetzt beziehungsweise mitkonstruiert wurde, in der ersten Hälfte des 19. Jahrhunderts im größten Teil der Bevölkerung noch nicht spiegelt – sehr viele Frauen waren erwerbstätig.

Für selbständig erwerbstätige Frauen führten die restriktiven rechtlichen Zugangsbeschränkungen zum Gewerbe bis 1860 dazu, dass sie vor allem in bestimmten Berufssparten zu finden waren. Nach Inkrafttreten der Gewerbeordnung 1860 fiel diese Benachteiligung, aber die Rechtswirklichkeit zeigt, dass die Traditionen stark weiterwirkten und die rechtliche Situation sich mit der schrittweisen Einschränkung der rechtlichen Gleichstellung schlechter darstellte als vor 1860.

Katholische Predigten des 19. Jahrhunderts über die Ehe

Ein Forschungsaufriss über klerikales Reden und Schreiben anhand ausgewählter Texte

Maria Heidegger

Einleitung

Ausgangspunkt meiner Überlegungen ist die Frage nach den normativen Vorgaben und Geschlechterprojektionen, die Kirchgängerinnen und Kirchgänger des 19. Jahrhunderts von Seiten der katholischen Kirche vermittelt bekamen sowie die Frage nach den praktischen Ratschlägen der Seelsorger für eine möglichst konfliktfreie Gestaltung ihrer ehelichen Beziehung. An diese Ausgangsfrage sind allerdings eine Reihe weiterer Fragen geknüpft, die im Rahmen eines knappen Forschungsaufrisses nicht umfassend zu beantworten sind: Wie, zu welchem Adressatenkreis und zu welchen Anlässen im Kirchenjahr wurde von der Kanzel herab über die Ehe gesprochen?[1] Wie wurden Geschlechterrollen abseits des wissenschaftlich-theoretischen Diskurses mündlich und schriftlich dargestellt und reflektiert?[2] Durch welche rhetorischen Strategien versuchte der Seelsorger eine glaubhafte Vermittlung von Geschlechterrollen? Welche Entwürfe oder Programme wur-

1 In Österreich existieren mit Ausnahme vereinzelter Beicht- und Kommunion-Register keine Statistiken über die kirchliche Praxis im 19. Jahrhundert. Es gibt allerdings Anzeichen dafür, dass Frauen, was die Häufigkeit des Kirchenbesuches betrifft, numerisch dominierten. Vgl. Edith Saurer, Frauen und Priester. Beichtgespräche im frühen 19. Jahrhundert, in: Richard van Dülmen Hg., Arbeit, Frömmigkeit und Eigensinn. Studien zur historischen Kulturforschung, II, Frankfurt a. M. 1990, 141–170, 146f; Hugh McLeod, Weibliche Frömmigkeit – männlicher Unglaube. Religion und Kirchen im bürgerlichen 19. Jahrhundert, in: Ute Frevert Hg., Bürgerinnen und Bürger. Geschlechterverhältnisse im 19. Jahrhundert, Göttingen 1988, 134–156.

2 Zur wechselseitigen Abhängigkeit von Redesituation und Inhalten, von Textfunktion und Textaussage in Hinblick auf die Erforschung zeitspezifischer Geschlechterkonzeptionen vgl. die Ausgangsfrage bei Rüdiger Schnell, Frauendiskurs, Männerdiskurs, Ehediskurs. Textsorten und Geschlechterkonzepte in Mittelalter und Früher Neuzeit, Frankfurt a. M./New York 1998, 11–21.

den in der relativ alltagsnahen Kommunikationssituation einer Predigt für Eheleute konzipiert – angesichts von sich rasch und grundlegend verändernden sozialpolitischen Bedingungen? Wie beeinflusste diese Realität das katholische Reden und Schreiben über die Ehe? Und umgekehrt: Welche kommunikativen Strukturen sorgten unter anderem dafür, dass sich die Realitäten eines Ehelebens, geschlechterspezifische Arbeitsverteilung, moralische Vorschriften und Urteile, Identität und Selbstverständnis als Ehemann/Ehefrau, derart ausgestalteten, wie sie sich noch für die Generation meiner Großeltern in dem weitgehend konservativ-klerikal geprägten sozialen Umfeld Tirols darstellten?[3]

Anders als für die Frühe Neuzeit fand die äußerst umfangreiche Predigtliteratur des 19. Jahrhunderts für derartige Fragestellungen bisher noch wenig Beachtung.[4] Für einen knappen Forschungsaufriss empfiehlt sich eine kleine Auswahl deutschsprachiger publizierter Predigten.[5] Diese Skizze bezieht sich ausschließlich auf einschlägige Publikationen von vier katholischen Seelsorgern und Theologen des 19. Jahrhunderts mit mehr oder weniger vergleichbaren Produktions- und Rezeptionsbedingungen. Obwohl die Biographien der vier Männer historisch und sozial unterschiedlich verortet sind – Aegidius Jais gehörte einer früheren Generation an als seine drei Kollegen, Wilhelm Emmanuel von Ketteler bekleidete als Bischof ein hohes kirchliches Amt, der Jesuit Franz Xaver Weninger wirkte unter anderem als Dogmatikprofessor an Hochschulen und Anton Westermayer als professioneller Prediger in Regensburg und München – weisen die ausgewählten Schriften vergleichbare Züge auf. Bei allen Beispieltexten handelt es sich um keine gelehrten theologischen Debatten über die Ehe. Vielmehr wählten die vier Autoren einen einfach-direkten sprachlichen Stil, der sie als pädagogische beziehungsweise als moralisierende Volksschriftsteller ausweist. Die kommunikativen Faktoren und „diskursiven Orte", Intention, Adressatenkreis und Gebrauchsfunktion ihrer Aussagen über die Ehe werden allerdings zu gegebener Zeit differenzierter und textkritisch genauer zu bestimmen sein.

1. Pädagogische Predigten, die alle verstehen

Das Leben des Benediktinerpaters, Seelsorgers und Schriftstellers Aegidius Jais (1750–1822), des ältesten der hier vorzustellenden Autoren, reicht weit in das 18. Jahrhundert zurück. Doch seine stark auf die seelsorgliche Praxis und katechetische Unterweisung

3 Diese Fragestellung orientiert sich an Rüdiger Schnell, Text und Geschlecht. Eine Einleitung, in: ders. Hg., Text und Geschlecht. Mann und Frau in Eheschriften der frühen Neuzeit, Frankfurt a. M. 1997, 9. Vgl. zur Rolle der Kirche für die „Daseinsorientierung" der „kleinen Leute" Werner K. Blessing, Umwelt und Mentalität im ländlichen Bayern. Eine Skizze zum Alltagswandel im 19. Jahrhundert, in: Archiv für Sozialgeschichte, XIX (1979), 1–42.

4 Für Mittelalter und Frühe Neuzeit vgl. insbesondere die Arbeiten von Rüdiger Schnell: ders., Geschlechtergeschichte und Textwissenschaft. Eine Fallstudie zu mittelalterlichen und frühneuzeitlichen Ehepredigten, in: ders., Text, wie Anm. 3, 145–175; ders., Frauendiskurs, wie Anm. 2; ders., Sexualität und Emotionalität in der vormodernen Ehe, Köln/Weimar/Wien 2002.

5 Einen ausgezeichneten Überblick über die Predigtliteratur der ersten Hälfte des 19. Jahrhunderts bietet Werner Welzig Hg., Katalog gedruckter deutschsprachiger katholischer Predigtsammlungen, II: Ignaz Wurz „Anleitung zur geistlichen Beredsamkeit" (1770) bis Ernest Kronenberger/Anton Westermayer „Die heilige Mission in meiner Pfarrei" (1848), Wien 1987.

ausgerichteten Werke, die teilweise als offizielle Schulbücher Verwendung fanden, trugen besonders im süddeutsch-österreichischen Raum viel zur religiösen Bildung und Vertiefung des Volkes zu Beginn des 19. Jahrhunderts bei.[6] Aegidius Jais widmete seine in mehreren Auflagen erschienen „Predigten, die Alle verstehen, und die Meisten brauchen können" ehemaligen Schülern sowie allen gutgesinnten Christen zur erbaulichen Lesung.[7] Die Widmung bezeichnet Adressatenkreis und Gebrauchsfunktion dieser bis weit in das 19. Jahrhundert hinein einflussreichen Predigtsammlung, die sowohl für die Vorbereitung der Sonntagspredigt als auch als Indivuallektüre benützt werden konnte. In seiner Zeit als Dorfseelsorger in der Jachenau war Jais den Wünschen der Gläubigen „in erstaunlichem Maße" entgegengekommen – insbesondere auch, was die Länge der Predigten betrifft.[8] Die Predigt „Von dem Ehestande"[9] ist für eine Hochzeit, für eine goldene Hochzeit oder auch für den zweiten Sonntag nach der Erscheinung des Herrn konzipiert. Sie belehrt kurz, ohne jegliche Umschweife in einfachen Worten, wie der „heilige Ehestand" zu halten sei. Jais, bekannt vor allem als pädagogischer Schriftsteller in der Auseinandersetzung mit den Schriften der Aufklärung, gilt auch als erster deutscher Kleriker, der eine Sexualpädagogik aus theologischer Sicht entworfen hat. In diesem Zusammenhang interessieren seine Ausführungen zur ehelichen Liebe. Diese könnte nur auf Tugend und gute Eigenschaften gründen, alle anderen weltlichen Reize (die auch für Jais die weiblichen Reize sind) würden vergehen. Wer nur auf Geld und Vermögen achte, würde mit einer stolzen Ehefrau ein „Kettenhund und kein glücklicher Ehemann werden". Wahre Liebe sei keusch und züchtig. Tugendhafte Eheleute liebten einander desto mehr, je länger sie mit einander leben, weil sie dann einander immer mehr kennen lernen würden. Das Geschlechterverhältnis beruht für Jais in der Gegenseitigkeit. „Das Weib soll zwar dem Manne unterthänig seyn; aber der Mann darf seine Gewalt nicht missbrauchen. Das Weib, saget der Apostel, gehört dem Manne, der Mann dem Weibe, und, wohlgemerkt! Beyde, sagte er, beyde gehören Christo zu." Daran anschließend wird direkt die Ehefrau angesprochen: „Wenn sich dein Gewissen rührt, wenn du einen gottvergessenen Mann

6 Jais wurde 1750 im oberbayerischen Mittenwald als Sohn einer Geigenbauerfamilie geboren und auf den Namen Joseph getauft. 1769 trat er in die oberbayerische Benediktinerabtei Benediktbeuern ein und erhielt den Namen Aegidius. Im Münchner Jesuitengymnasium war er Mitschüler des späteren Bischofs Johann Michael Sailer (1751–1832), zu dessen Kreis Jais gezählt wird. 1777 bis 1788 war er als Beichtvater und Gymnasiallehrer in Maria Plain beziehungsweise Salzburg tätig, von 1788 bis 1792 als Dorfpfarrer in der Gemeinde Jachenau. 1792 wurde er zum Novizenmeister der Bayerischen Benediktinerkongregation berufen. 1803 zum Doktor der Theologie promoviert, wirkte er bis 1806 als Professor für Moral und Pastoral an der Benediktiner-Universität Salzburg (1805 Rektor). 1806–1814 wurde Jais in Würzburg und Florenz Erzieher der Kinder des Kurfürsten Ferdinand von Toskana. 1814 zog er sich nach Benediktbeuern zurück, wo er bis zu seinem Tod 1822 pastoral und schriftstellerisch tätig blieb. Zu Leben und Werk vgl. Biographisch-Bibliographisches Kirchenlexikon (BBKL), II (1990), Spalte 1449–1451 (Autor: Stephan Haering). Im Internet abrufbar unter http://www.bautz.de/bbkl; Weltzig Hg., Katalog, wie Anm. 5, 671–672; Heinrich Fries u. Georg Schwaiger Hg., Katholische Theologen Deutschlands im 19. Jahrhundert, 1, München 1975, 114–128; Erich Müller, Aegidius Jais (1750–1822). Sein Leben und sein Beitrag zur Katechetik, Freiburg i. Br./Wien 1979.

7 Aegidius Jais, Predigten, die Alle verstehen, und die Meisten brauchen können seinen ehemaligen Schülern zur freundschaftlichen Erinnerung sowie allen gutgesinnten Christen zur erbaulichen Lesung, 4 Bde., 4. Auflage, Salzburg 1845 (1821/1822/1823/1828).

8 Vgl. hierzu den Beitrag von Erich Müller, in: Fries/Schwaiger, Theologen, wie Anm. 6, 117.

9 Vgl. Jais, Predigten, wie Anm. 7, 2, 40–51.

hast, es steht geschrieben: Man soll Gott mehr gehorchen als den Menschen." Es darf spekuliert werden, ob Jais als Beichtvater und Dorfseelsorger über praktische Erfahrungen mit frommen Frauen einerseits und „harten und grausamen, von liederlichen oder dem Trunke ergebenen, von muthwilligen, ausgelassenen und gottesvergessenen Ehemännern" andererseits verfügte. Das negative weibliche Pendant wären sorglose, leichtsinnige, eigensinnige, feindselige und zänkische Eheweiber. Im Wesentlichen besteht eine gute Ehe in Jais Darstellung aus Eintracht und gegenseitiger Hilfe: die Frau als Gehilfin des Mannes, der Mann als Stütze der Frau. Beide hätten miteinander das Hauswesen zu führen, miteinander die Kinder zu erziehen und einander gegenseitig zu ermuntern. In dieser Darstellung widerspiegelt sich – sehr verkürzt formuliert – eine vorbürgerliche, vormoderne Konzeption des Ehepaares als Arbeitspaar, das in gemeinsamer Verantwortung für den Haushalt wirtschaftet.[10] Der Haushalt gibt den primären Handlungsraum des Ehepaares ab. Einen häufigen Grund für unglückliche und unzufriedene Ehen sieht Jais denn auch nicht bei den Eheleuten selbst, sondern in ihrem sozialen Umfeld, insbesondere im Generationenverhältnis: harte und feindselige Schwiegereltern oder Schwiegertöchter, „allerley Schwätereyen und Ohrenbläsereyen im Hause". Ein weiterer Grund sei die Leichtsinnigkeit, in der viele Ehen „voreilig und blindlings" geschlossen würden. Hier sind insbesondere die christlichen Jungfrauen angesprochen. An sie ergeht die Warnung: „Lieber, tausendmal lieber gar keinen Mann, als einen schlechten Mann." Mit solchen Worten entwirft Aegidius Jais ein Ehe-Konzept, das nicht vorrangig aus einer theoretischen Perspektive heraus zu verstehen ist. In seinem gesamten Wirken orientiert er sich in erster Linie an der seelsorglichen Praxis. Ihn bedrängte vor allem das Problem, wie den Eheleuten bei der Bewältigung ihrer Lebensaufgabe – Erlangen von Tugend und Seligkeit – zu helfen sei.[11] Einer anderen Seelsorger-Generation gehörte Franz Xaver Weninger an. Stärker als Jais setzte Weninger in seinen Predigten auf moralisierende Elemente.

2. Gezielte Standespredigten

In den letzten Jahrzehnten des 19. Jahrhunderts versuchte Franz Xaver Weninger ein katholisches Ehe-Konzept durch seine „originellen kurz gefassten praktischen Standespredigten" an die Eheleute zu vermitteln.[12] Der Jesuit Weninger, geboren 1805 in der Steiermark, gestorben 1888 in Cincinnati/Ohio, wirkte als geistlicher Schriftsteller und Volksmissionar.[13] Sein Gesamtwerk umfasst über 60 Schriften, die meisten in Deutsch,

10 Zu dieser Konzeption vgl. insbes. Heide Wunder, „Er ist die Sonn', sie ist der Mond." Frauen in der Frühen Neuzeit, München 1992.

11 Vgl. die kritische Gesamtwürdigung des Gesamtwerkes von Aegidius Jais durch Müller in Fries/Schweiger, Theologen, wie Anm. 6, 123–125.

12 Franz Xaver Weninger, Originelle kurz gefasste praktische Standes-Predigten für Ehemänner, Ehefrauen, Jünglinge und Jungfrauen. Für jeden dieser Stände 36 monatliche Conferenzen, mithin drei Jahrgänge, 4 Bde., Mainz 1881/84 (engl. 1881/84; frz. 1882/87).

13 Franz Xaver Weninger wurde nach dem Empfang der Priesterweihe 1828 Studienpräfekt am bischöflichen Seminar in Wien und Hofkaplan beim päpstlichen Nuntius, dann Dogmatikprofessor an der Universität Graz. Er trat 1832 in die Gesellschaft Jesu ein. Nach weiteren Studien in Galizien lehrte Wenin-

etliche auch in Englisch und Französisch. Weninger konzipierte seine Standespredigten als Hausbuch für den Seelsorger: „Diese Conferenzen geben dem Pfarrer die Gelegenheit, seine Gemeinde so vollständig als möglich zu unterrichten."[14] Die Standespredigt ist durch eine spezielle Kommunikationssituation gekennzeichnet. In direkter Konfrontation entweder mit Männern oder mit Frauen konnte offenbar eine deutlichere Sprache gesprochen werden. Es sei, so Weninger, unmöglich, „so ausführlich und gemüthlich ... an die Mitglieder eines Standes im Beisein der anderen Stände zu reden. Der Stand, den er besonders anredet, fühlt sich der Kritik der anderen Stände ausgesetzt und liebt das nicht."[15] Außerdem seien an Sonn- und Festtagen Hausfrauen und weibliches Dienstpersonal vormittags häufig verhindert, während Standespredigten am Nachmittag nach der Vesper oder am Abend stattfinden und auch diesen Adressatenkreis erreichen würden. Da könne sich „Jeder, der eines guten Willens ist, leichter die Gelegenheit verschaffen, einer solchen Conferenz einmal im Monat beizuwohnen".[16] Die Standespredigten vermitteln in belehrendem Ton die katholischen Ehe-Normen speziell für Männer und Frauen sowie Verhaltensanforderungen, die für beide Ehepartner gelten. Ausdrücklich an die Adresse der Ehemänner gerichtet spricht Weninger in der Predigt „Von der Unzucht"[17], von den unzähligen Möglichkeiten, sich auch noch im Ehestand gegen die standesgemäße Keuschheit schwer zu versündigen: Erstens indem man ehelichen Umgang miteinander pflegt und dabei die Empfängnis eines Kindes zu verhindern sucht und zweitens, wenn Eheleute durch die eheliche Beiwohnung den Hausleuten oder gar den eigenen Kindern „Ärgernis" geben. Daneben wird drittens auf eine Reihe von lässlichen Sünden verwiesen, deren es ohne Zahl gebe. Gemeint sind „die Sünden in Blicken, Worten und sonst im Umgang". Zu den verheerendsten Sünden zählt jedoch der Ehebruch, der unter anderem den Verlust der ehelichen Rechte gegenüber der Ehefrau mit sich bringe. Von den speziellen Pflichten des Ehemannes und das alltägliche Miteinander handelt die XI. Conferenz:[18] Der Ehemann solle gut von seiner Frau denken: „lege ihr Alles besser aus, weil sie dein Eheweib ist" und: „Hüte dich vor aller Eifersucht", „rede freundlich mit ihr und nie in der Aufregung, sondern immer mit einem gewissen Ausdruck von Hochachtung und Liebe." Weninger predigt den Ehemännern: „Halte sie so gut du kannst nach deinem Stande" und: „Trage mit ihr das Hauskreuz und die Mühen des Lebens." Von der erotischen Liebe ist in weitgehend tristen Metaphern allerdings nicht die

ger in Linz und seit 1841 im theologischen Hausstudium der Jesuiten in Innsbruck. Die 1848er Revolution (Ausweisung des Ordens) verschlug ihn als Volksmissionar nach Amerika. Seine Missionsberichte im „Archiv der österreichischen Ordensprovinz" geben wertvolle Einblicke in die kulturelle und religiöse Situation der Zeit. Weninger predigte je nach Hörerschaft in Englisch, Deutsch oder Französisch – im Jahre 1854 soll er an die 1000 Predigten gehalten haben. Zu Leben und Werk vgl. Biographisch-Bibliographisches Kirchenlexikon (BBKL), XIII (1998), Spalte 761–762 (Autor: Norbert M. Borengässer). Im Internet abrufbar unter http://www.bautz.de/bbkl.

14 Vgl. hierzu das Vorwort in Weninger, Standes-Predigten, wie Anm. 12, VII.

15 Weninger, Standes-Predigten, wie Anm. 12, IV.

16 Weninger, Standes-Predigten, wie Anm. 12, III.

17 Weninger, Standes-Predigten, wie Anm. 12, V. Conferenz: Von der Unzucht, 28-35.

18 Weninger, Standes-Predigten, wie Anm. 12, XI. Conferenz: Von den Pflichten des Ehemannes als Ehegatte, 71–76.

Rede. Ganz im Gegenteil: Im Hinblick auf die persönliche Glückserfüllung und -erwartung ergeht in einer XII. Conferenz[19] folgende Warnung an die (angehenden) Ehemänner: „Wer bloß heirathet, damit er Jemanden in Hause habe, der für das Hauswesen sorgt, und damit er die Rechte erlange, als Ehemann mit einem Weibe zu leben, für dessen Glück selbst in zeitlicher Beziehung bangt mir." Zum direkten Vergleich können die Standespredigten für Ehefrauen herangezogen werden. Ihnen wird die biblische Susanna als Beispiel empfohlen, wie diese hätten sie für die eheliche Keuschheit besondere Sorge zu tragen.[20] Kein Pardon wird Ehefrauen gegeben, die eine Empfängnis zu verhindern versuchen. Auch die Gesundheit gilt nicht als Entschuldigung für die Verhinderung einer Schwangerschaft. „Stirbst du aus Erfüllung deiner ehelichen Pflicht, so bist du auch gleichsam eine Martyrin und kommst früher und höher in den Himmel." Darüber hinausgehend hat Weninger Ehefrauen gegenüber relativ wenige geschlechtsspezifische Regeln zu verdeutlichen. Kurz: „Das ganze Benehmen des Eheweibes sollte dem Manne Ehrfurcht einflößen." Die Ehefrau sei nachgiebig, sanftmütig, liebevoll und niemals eifersüchtig. Weninger rät generell zur Häuslichkeit, konkret: keine „unnützen" Besuche, zerstreuenden Unterhaltungen, Bälle, Theater, lärmenden Zusammenkünfte und speziell an die Adresse der jungfräulichen Braut: sich möglichst nicht an den in dieser Zeit beliebten bürgerlichen Freizeitvergnügen beteiligen wie „Parthies, Picnics in die Nacht hinein" oder „Mondlicht-Excursionen".[21] Solche Aussagen sind vor dem Hintergrund von den zu Weningers Lebzeiten bereits ausformulierten und durch die bürgerlichen „Meisterdenker" des 19. Jahrhunderts starr konstruierten Geschlechterrollen zu verstehen. Anders als noch bei Aegidius Jais, der in seiner Zeit als Dorfpfarrer zahlreiche Einblicke in das alltägliche, oft konfliktreiche Miteinander von Eheleuten bäuerlicher und unterbäuerlicher Schichten erhielt, verwirklichen in der Vorstellung Weningers Ehemänner und Ehefrauen ihr Eheleben in ungleich stärker voneinander getrennten Sozialräumen: Diese bürgerliche Vorstellung einer gesellschaftsstabilisierenden Geschlechterordnung findet eine treffliche Entsprechung in der separaten Unterweisung von Frauen und Männern durch Weningers Standespredigten. Die Bedeutung von Ehe und Familie als Garant staatlicher und sozialer Ordnung spielt auch in den Publikationen Wilhelm Emmanuel von Ketteler eine herausragende Rolle. In vergleichender Perspektive fällt Ketteler in mancherlei Hinsicht aus dem Rahmen dieses Forschungsaufrisses. Adressaten seiner Schriften sind nicht vorrangig Seelsorger, die Eheleute mit Rat und belehrenden Worten begleiten (Jais) oder mit erhobenem Zeigefinger unterweisen (Weninger). Eine große Anzahl seiner Schriften richtet sich vielmehr an eine breitere katholische „Öffentlichkeit" in Deutschland, die zur Zeit des Ersten Vatikanischen Konzils höchst politisiert und polarisiert war.

19 Weninger, Standes-Predigten, wie Anm. 12, XII, Conferenz: Pflichten des Ehemannes gegen das Eheweib, 77–82.

20 Weninger, Standes-Predigten, wie Anm. 12, XXXII, Conferenz: Susanna, 663–668.

21 Weninger, Standes-Predigten, wie Anm. 12, XI, Conferenz: Maria, die verlobte Braut des hl. Joseph, 755–760.

3. Ehe als katholisches und sozialpolitisches Anliegen

Der Mainzer Bischof Wilhelm Emmanuel von Ketteler (1811–1877) wurde als sozialer Bischof eine Leitfigur innerhalb des deutschen Katholizismus.[22] Er wies der Kirche bei der Lösung der sozialen Not eine entscheidende Rolle zu. Das Thema Ehe bereitete er einerseits in speziellen Trauungsanreden sowie andererseits innerhalb der Predigten zu den sozialen Fragen der Zeit[23] argumentativ auf, wobei er des öfteren aus der Heiligen Schrift zitierte. Kettelers Schriften und mündlichen Kanzelvorträge, die er teilweise selbst durch die Presse veröffentlichen ließ, stehen in engem Zusammenhang mit kirchenpolitischen Auseinandersetzungen der zweiten Hälfte des 19. Jahrhunderts. Die Ehe ist für Ketteler nicht nur ein Sakrament, sondern auch ein sozial- und kirchenpolitisches Thema. Als Hauptreferenz der Trauungsanreden anlässlich adeliger Verbindungen dient zumeist Paulus' Brief an die Epheser.[24] Vorbild für die Verbindung zwischen Mann und Frau ist das geheimnisvolle Bündnis zwischen Christus und der Kirche, wobei der „Mann das Haupt der Frau, wie auch Christus das Haupt der Kirche ist".[25] Die Verschmelzung zwischen

22 Ketteler entstammte dem westfälischen Adel, studierte an den Universitäten Göttingen und Berlin Rechte und Staatswissenschaft und trat 1835 in den Staatsdienst ein. Als persönliche Konsequenz verließ er diesen wieder unter dem Eindruck der Verhaftung des Kölner Erzbischofs Clemens August von Droste zu Vischering (1773–1845) im November 1837. Die Verhaftung und Fortführung des Erzbischofs Droste-Vischering, der später von der ultramontanen katholischen Publizistik zum Helden und Märtyrer hochstilisiert wurde, veranlasste viele deutsche Katholiken, sich der Auffassung einer historisch geprägten und konfessionell verfassten Kirche zuzuwenden. Die als „Kölner Ereignisse" oder „Kölner Wirren" bekannt gewordenen Auseinandersetzungen zwischen der katholischen Kirche und dem preußischen Staat machten es Ketteler persönlich unmöglich, weiter im Dienst eines Staates zu bleiben, der das Selbstbestimmungsrecht der Kirche (besonders in Bezug auf kirchliche Lehrautorität in den Schulen) nicht anerkannte. Nach einer dreijährigen „Nachdenkpause" entschied er sich für das Priesteramt, 1841–1843 folgte das Studium der Theologie in München. Im November 1846 übernahm er die verwahrloste Gemeinde Hopsten, hier war die Not mit Händen zu greifen. Die mehrmonatige Zugehörigkeit zum Frankfurter Parlament vom Juni 1848 bis zum Januar 1849 machte Ketteler auch im übrigen Deutschland bekannt. Als Bischof von Mainz seit 1849 entfaltete er eine überaus reiche Seelsorgetätigkeit und brachte die Mainzer Diözese zur neuen Blüte. Er reformierte die Priesterausbildung, bewog zahlreiche Orden zur Wiederaufnahme ihrer Arbeit und baute das Schul- und Krankenhauswesen aus. Sein weitverbreitetes Buch „Die Arbeiterfrage und das Christentum" erschien 1864. In seiner Schrift „Freiheit, Autorität und Kirche" äußerte er sich 1862 zu aktuellen Fragen seiner Zeit. Sein Kampf für das Selbstbestimmungsrecht der Kirche verhinderte mehrfach seine Berufung auf bedeutende Bischofssitze. Als Abgeordneter des Reichstags versuchte er den „Kulturkampf" zu verhindern, ein Vorhaben, bei dem er und die Zentrumsfraktion unterlagen. Zu Leben und Werk vgl. u.a. Bernd Kettern, in: Biographisch-Bibliographisches Kirchenlexikon (BBKL), III (1992), Spalte 1429–1431 sowie http://www.bautz.de; Adolf M. Birke, Bischof Ketteler und der deutsche Liberalismus. Eine Untersuchung über das Verhältnis des liberalen Katholizismus zum bürgerlichen Liberalismus in der Reichsgründerzeit, Mainz 1971; Joseph Höffner, Wilhelm Emmannuel v. Ketteler und die katholische Sozialbewegung im 19. Jahrhundert, Wiesbaden 1962.

23 Vgl. Johann Michael Raich Hg., Predigten des hochwürdigen Herrn Wilhelm Emmanuel Freiherrn v. Ketteler, Bischof von Mainz, 2 Bde., Mainz 1878.

24 Konkret der Brief an die Epheser 5, 21–33, vgl. Raich, Predigten, wie Anm. 23, 2, erste Abteilung: Predigten für besondere Gelegenheiten.

25 Vgl. die aus dem Zusammenhang gerissene Bibelstelle im Wortlaut (zitiert nach der Einheitsübersetzung): „Einer ordne sich dem anderen unter in der gemeinsamen Ehrfurcht vor Christus. Ihr Frauen ordnet euch euren Männern unter wie dem Herrn (Christus), denn der Mann ist das Haupt der Frau wie auch Christus

den Eheleuten bedeute Aussöhnung zwischen Autorität und Gehorsam/Unterwerfung. Das Gott und der Kirche gefällige Ziel ist Autorität ohne Zwang, Gehorsam ohne Knechtschaft, Autorität in Liebe sowie Gehorsam in Liebe. Darin sei die Ehe Schule und Vorbild für alle anderen staatlichen und bürgerlichen Vereine und Gesellschaften: „so soll überall Autorität und Gehorsam in der Liebe versöhnt sein".[26] Anlässlich der Vermählung des Erzherzogs Karl Ludwig von Österreich mit Maria Theresia von Braganza, Infantin von Portugal, am 23. Juli 1873 referierte Ketteler über die wahrhaft christliche Ehe im Unterschied zur unchristlichen, „weichlichen", „vom Zeitgeist erfüllten Ehe". Fast alle Übel der Zeit würden aus der „Entheiligung" der Ehe entspringen.[27] Ketteler, Abgeordneter zum Reichsrat, gebrauchte auch in Bezug auf die Ehe den Begriff „Verfassung". Gott selbst habe der Ehe eine Verfassung verliehen, welche sich auf die drei Pfeiler Einheit, Unauflösbarkeit und Treue gründe. Diese Verfassung wolle man gegenwärtig zerstören. „Das ist der Kampf der Gegenwart: die Verfassung der Kirche zerstören und die Verfassung der Ehe zerstören."[28] Auch in den Predigten zu den „großen, socialen Fragen der Gegenwart"[29] nimmt Ketteler wiederholt Bezug auf den als negativ dargestellten Zeitgeist, auf das, was „täglich in Zeitungen und Kammerverhandlungen" zu sehen sei. Keine Einrichtung Gottes würde durch die Bosheit der Menschen so missbraucht wie die Ehe. Ketteler verurteilt in diesem Zusammenhang gemischte Ehen, Zivilehen und Ehescheidungen, letztere unter anderem im Namen der Kinder. Diese „furchtbarste Grausamkeit" opfere „den schlechtesten Leidenschaften der Eltern die heiligsten und höchsten Interessen der Kinder".[30] Bischof Kettelers Predigten stehen im Kontext kirchenpolitischer Wortgefechte und sind reich an derartigen Verdikten und kämpferischen Ansagen. Im Vergleich dazu bemühen sich die sogenannten „Bauernpredigten" des Anton Westermayer um besondere Volksnähe. Tendenziell werden sozial- und kirchenpolitische Anliegen nicht argumentiert, sondern durch Metaphern und Bibelgeschichten an die Eheleute übermittelt.

---

das Haupt der Kirche ist. Er hat sie gerettet, denn sie ist sein Leib. Wie aber die Kirche sich Christus unterordnet, sollen sich die Frauen in allem den Männern unterordnen. Ihr Männer liebt eure Frauen wie Christus die Kirche geliebt hat und sich für sie hingegeben hat, um sie im Wasser und durch das Wort rein und heilig zu machen. So will er die Kirche herrlich vor sich erscheinen lassen, ohne Flecken, Falten oder andere Fehler; heilig soll sie sein und makellos. Darum sind die Männer verpflichtet, ihre Frauen so zu lieben wie ihren eigenen Leib. Wer seine Frau liebt, liebt sich selbst. Keiner hat je seinen eigenen Leib gehasst, sondern ernährt und pflegt ihn, wie auch Christus die Kirche. Denn wir sind Glieder seines Leibes. Darum wird der Mann Vater und Mutter verlassen und sich an seine Frau binden, und die zwei werden ein Fleisch sein. Dies ist ein tiefes Geheimnis; ich beziehe es auf Christus und die Kirche. Was euch angeht, so liebe jeder von euch seine Frau wie sich selbst, die Frau aber ehre den Mann", zit. nach Ephesos 5, 21–33.

26 Vgl. hierzu Erste Anrede anlässlich der Vermählung des Fürsten Löwenstein-Wertheim-Rosenberg mit der Prinzessin Adelheid zu Isenburg-Birstein (Offenbach, 18. Oktober 1859), in: Raich, Predigten, 2, wie Anm. 23, 62–66.

27 Vgl. Raich, Predigten, 2, wie Anm. 23, Dritte Anrede, 70–74.

28 Vgl. beispielsweise Raich, Predigten, 2, wie Anm. 23, vierte Anrede, 75–79.

29 Vgl. insbesondere die Predigten „Die christliche Idee von der Ehe und der Familie" (Dienstag vor Weihnachten im Dom zu Mainz, 19. Dezember 1848) und „Die christliche Ehe und ihre göttliche Bestimmung für die Erziehung der Jugend" (Mainz, Palmsonntag, 25. März 1877) in: Raich, Predigten, 2, wie Anm. 23, 189–204 sowie 432–450.

30 Raich, Predigten, 2, wie Anm. 23, 437.

4. Der Kanzelprediger über die Bitterkeiten des Ehestandes

Mit einem kurzen Blick auf die Bauernpredigten[31] des Pfarrers Anton Westermayers (1816–1894)[32] möchte ich diesen Werkstattbericht vorläufig abschließen. Die Predigt über die sechs steinernen Wasserkrüge des Ehestandes anlässlich des zweiten Sonntags nach der Erscheinung des Herrn („Es waren aber daselbst sechs steinerne Wasserkrüge" Johannes 2, 6) handelt von den Bitterkeiten des Ehestandes.[33] Auf der Hochzeit von Kanaa verwandelte Jesus „eine ziemliche Portion Wasser in Wein". Nach den Flitterwochen stünden dann aber alle Eheleute ohne Wein da, sie hätten nur noch steinerne Wasserkrüge. Die Ehe wird überwiegend als jammervolle Aufgabe geschildert. Im ersten Wasserkrug befinden sich die geschlechtsspezifisch unterschiedlichen Fehler und Schwächen: „Der Mann ist oft rau und feindselig, das Weib zänkisch und rechthaberisch; der Mann oft verschwenderisch, das Weib aber ungemein häuslich und sparsam; der Mann leichtsinnig, das Weib finster und ernst; der Mann hitzig, das Weib boshaft ..." Der zweite steinerne Wasserkrug enthalte die Krankheiten, Trübsale und Heimsuchungen des einen oder des anderen der beiden Ehepartner. Auch hier könne nur Jesus helfen: „und wenn ihr alle Doktoren und Bader in der ganzen Welt abgehet, und wenn ihr alle Apotheken austrinket und alle Hausmittel versuchet". Ein drittes Bitterwasser des Ehestandes sei die schmerzliche Trennung im Tode. Zweitehen, die nicht aus Notwendigkeit geschlossen werden, seien prinzipiell zu verurteilen. Im vierten Wasserkrug befände sich das Unglück der Kinderlosigkeit, möglicherweise eine herbe Strafe für die Ausschweifungen der Jugend. Der fünfte Wasserkrug ist im Gegenteil der zu große Kindersegen von Eheleuten, müssen diese doch fürchten, ihre zahlreiche Nachkommenschaft nicht ernähren zu können „zumal in diesen harten Zeiten" mit ihren hohen Getreidepreisen. Das bitterste Wasser befinde sich Westermayer zufolge jedoch im sechsten Wasserkruge: „Gar keine Kinder haben, ist hart, viele Kinder haben, ist noch härter, aber ungerathene Kinder haben, ist das schlimmste Leiden des Ehestandes, in diesem letzten Kruge ist Galle mit Myrrhe vermischt." Das einzige, was Westermayer seinen Schäfchen in diesem Fall mitgeben kann, ist die Hoffnung auf ein Wunder.

31 Vgl. Anton Westermayer, Bauernpredigten, die auch manche Stadtleute brauchen können, auf alle Sonn- und Festtage des Kirchenjahres, zugleich ein Hausbuch für's katholische Landvolk, 1, 2 Bde., Regensburg 1847/1848 sowie ders., 2, 2 Bde., Regensburg 1849.

32 „Einer der Zeloten unter unseren Kirchlichpolitischen" urteilt der Thesaurus Librorum Rei Catholicae. Handbuch der Bücherkunde der gesamten Literatur des Katholizismus und zunächst der katholischen Theologie, Würzburg 1848–1850, zit. nach Welzig, Katalog, wie Anm. 5, 805. Westermayer, geboren 1816 in Deggendorf, gestorben 1894 in München, war Domprediger in Regensburg, Landpfarrer und Stadtpfarrer in München. Zu Leben und Werk vgl. Allgemeine Deutsche Biographie, hg. durch die Historische Commission bei der Königlichen Akademie der Wissenschaften, Leipzig 1875–1912, 52/186–187; Max Spindler Hg., Handbuch der bayerischen Geschichte, IV: Das neue Bayern 1800–1970, München², 1974/1979, 1101.

33 Vgl. Westermayer, Bauernpredigten, 1, wie Anm. 31, 179–192.

5. Zusammenfassung und Ausblick

Ausgehend von der These der Offenheit und Verflochtenheit dieser Art von Texten – entgegen der Vorstellung der Geschlossenheit und Eigenständigkeit – sind die Predigten von Jais, Weninger, Ketteler und Westermayer vor allem durch ihre „offenen Ränder“ zu größeren Argumentationszusammenhängen charakterisiert.[34] Zusammengenommen widerspiegeln sie trotz unterschiedlicher argumentativer und inhaltlicher Akzentsetzungen zentrale Aspekte des zeitgenössischen katholischen Diskurses über die Ehe im 19. Jahrhundert. Zusammenfassend möchte ich vorläufig einige zentrale Gesichtspunkte herausheben. In Aegidius Jais Predigttexten über die Ehe drückt sich die neue Rolle und ein neu umrissenes Selbstverständnis des Seelsorgers aus. Dieser möchte den Eheleuten als väterlicher Freund, nicht als Polizeidiener entgegentreten.[35] Der Ton ist ermahnend und belehrend mit starker Betonung auf Gegenseitigkeit in der Ehe. Der Volksmissionar Weninger wiederum gibt sich mit Äußerlichkeiten des Ehelebens nicht zufrieden. Eheleute benötigen auf dem Weg zur christlichen Vollkommenheit, dem eigentlichen Ziel, eingehender und gezielter Unterrichtung durch den Seelsorger. Für Bischof Ketteler und die katholische Sozialbewegung im 19. Jahrhundert wird die Ehe nicht nur im Himmel geschlossen, sie ist auch eine politisch-soziale Verbindung, ja, die beste Verbindung überhaupt. Westermayer verdanken wir etliche sozialgeschichtlich aufschlussreiche Zeugnisse, insbesondere die vielleicht lebhaftesten und eindringlichsten Schilderungen und naiv-anschaulichen Deutungen von ehelichen Katastrophen und Konfliktpotentialen. Moralisierend weist er auf die Tücken und Fallen des Ehelebens für ein katholisch einwandfreies Leben hin. Auch in den missionarischen Standespredigten Weningers erscheint die Ehe als steiniger Weg voller Fallstricke und Gefahren für das Seelenheil. Stark diesseits bezogene Elemente finden sich hingegen in den sozialpolitischen Argumentationen Bischof Kettelers. Bei Jais rückt das tugendhafte Miteinanderleben im Alltag stark in den Vordergrund. Als Seelsorger verfügten die hier besprochenen, gar nicht weltfernen Theologen, über mehr oder weniger reichliche Praxis als Beichtväter. Einige Textpassagen nehmen deutlich Bezug auf alltägliche Problemlagen von Eheleuten, wie sie die Betroffenen möglicherweise selbst dem Prediger im Beichtstuhl geschildert hatten. Letztlich stellt sich aber die Frage nach einem Lösungsansatz, den der Seelsorger für die als „böse“ diagnostizierten Ehen anzubieten hat. Danach komme – Westermayer zufolge – die Einsicht „wie unverantwortlich sie gegen sich selbst handeln, wie sehr sie sich gegen einander, gegen Gott, ihre Kinder, ihre Nebenmenschen, ja gegen das Vaterland versündigen“, dann folge die Umkehr: „werde ein anderer Mensch“ und zuletzt die kindlich-vertrauensvolle Hoffnung: „bist nun du anders, dann wird auch die Ehe anders werden“.[36] Ob diese drei empfohlenen Schritte der Einkehr, Reue und Umkehr konkrete Hilfen für die wohl häufig als Misere empfundene Zweisamkeit von Eheleuten bis zum Tod darstellte, sei jedoch dahingestellt.

---

34 Vgl. Schnell, Text, wie Anm. 3, 29.

35 Vgl. insbesondere auch Aegidius Jais, Bemerkungen über die Seelsorge, besonders auf dem Lande, Salzburg 1817 (neu hg. von Franz König, 1938).

36 Westermayer, Bauernpredigten, wie Anm. 31, 4: Vom Ehestande. Auf den zweiten Sonntag nach Epiphanie, 149–160, 158–159.

Ein umfangreicher Vergleich der Predigttexte mit gebührender Berücksichtigung der kirchengeschichtlich und regional besonderen Kontexte war im Rahmen dieses Beitrags mit Sicherheit nicht zu leisten. Im Leben und Werk der vier besprochenen Publizisten spiegeln sich einige der grundlegenden Veränderungen und Umbrüche des 19. Jahrhunderts wider. Für eine weitergehende vergleichende Analyse der Texte im Hinblick auf die darin enthaltenen Geschlechterkonzeptionen wäre es daher wichtig, die historischen Rahmenbedingungen präziser zu umschreiben. Beispielsweise waren für die Verortung, Identität und Erfahrung der katholischen Publizisten in der von ihnen mitgestalteten Kirche am Beginn des Jahrhunderts die umfassende Säkularisation und der Untergang der Reichskirche, das Ende vieler Bildungseinrichtungen deutscher Katholiken, Krisen und Neuformulierungen der zeitgenössischen Theologie in Auseinandersetzung mit den Schriften der Aufklärung, der deutschen idealistischen Philosophie und den historischen Wissenschaften von zentraler Bedeutung. In der zweiten Hälfte des Jahrhunderts stehen die katholischen (Ehe-)Diskurse – betreffend die Aufgabe der Kirche in der Welt im Vorfeld und Umkreis des Ersten Vatikanischen Konzils – im Schatten heftiger Auseinandersetzungen zwischen den Anhängern grundsätzlich verschiedener Auffassungen. In der Predigtliteratur dieser Zeit widerspiegeln sich stürmische Konfrontationen des populären Katholizismus mit der staatlichen Infragestellung kirchlicher Autoritäten sowie das Bemühen um christliche Sozialreformen. Im Rahmen gesellschafts- und kirchenpolitisch ausgerichteter Predigten wurde vielfach sowohl gegen ein als beengend empfundenes Staatskirchentum und die Übermacht des Protestantismus in Deutschland als auch gegen jegliche Verwässerung der katholischen Lehre angeschrieben. All diese Aspekte konnten in diesem Rahmen nur unzureichend Beachtung finden.[37]

Eines der zentralen Anliegen des vorliegenden Forschungsaufrisses besteht jedoch darin, die Predigtliteratur des 19. Jahrhunderts für geschlechtergeschichtliche Fragestellungen, wie sie in der Einleitung formuliert wurden, zu erschließen. Vorrangig geht es darum, Predigtschriften zunächst ganz allgemein nach den darin implizit und explizit thematisierten Geschlechterprojektionen zu befragen, um in weiterer Folge mögliche Zielrichtungen aufzuzeigen und einige Wegweiser zu setzen. Auffallend ist meines Erachtens, dass sich alle vier Publizisten in den ausgewählten Texten mehr in ihrer Rolle als seelsorgende Praktiker, denn als Theoretiker verstehen. Ihre Ratschläge zielen mindestens ebenso auf das Eheleben im Diesseits mit all seinen materiellen und emotionellen Facetten wie auf die Vervollkommnung eines wahrhaft katholischen (Ehe)Lebens im Jenseits. Auch wenn einige der eingangs aufgestellten Fragen mit einer ersten Annäherung fast zwangsläufig nur unzureichend zu beantworten sind, bleibt aus geschlechterhistorischer Perspektive als Fazit festzuhalten: Mit der Predigtliteratur des 19. Jahrhunderts verfügen wir über eine Vielzahl durchaus origineller Zeugnisse über zeitgenössische Ehe-Vorstel-

37 Vgl. zu den hier skizzierten Aspekten u.a. Werner K. Blessing, Staat und Kirche in der Gesellschaft. Institutionelle Autorität und mentaler Wandel während des 19. Jahrhunderts, Göttingen 1982; David Blakkbourn, Class, religion and local politics in Wilhemine Germany: the Centre Party in Württemberg, Wiesbaden 1980; Jonathan Sperber, Popular catholicism, in 19th century Germany, Princeton 1984; vgl. auch die Beiträge in: Olaf Blaschke u. Frank-Michael Kuhlemann Hg., Religion im Kaiserreich. Milieus – Mentalitäten – Krisen, Gütersloh 1996 sowie zu Tirol: Laurence Cole, „Für Gott, Kaiser und Vaterland". Nationale Identität der deutschsprachigen Bevölkerung Tirols 1860–1914, Frankfurt a. M. 2000.

lungen und katholische Definitionen von Geschlechterrollen. Zu vermuten ist außerdem, dass diese Entwürfe aufgrund der speziellen Kommunikationssituation der Predigt näher an die betroffenen Frauen und Männer herangetragen werden und daher möglicherweise größere Wirkung entfalten konnten, als die stärker theoretisch ausgerichtete Literatur der vorwiegend männlichen „Legendenbegründer"[38], die seit dem 18. Jahrhundert die rechte und natürliche Ordnung der Geschlechter entwarfen.

38 Vgl. ausführlich zu diesen bürgerlichen „Meisterdenkern" Claudia Honegger, Die Ordnung der Geschlechter. Die Wissenschaften vom Menschen und das Weib 1750–1850, Frankfurt a. M./New York 1991.

Frauen vor den höchsten Gerichten des Alten Reiches

Bericht über den Workshop in Jena, 15./16. November 2002

Hendrikje Carius, Nicole Grochowina

Der in der Rechts- und Sozialgeschichte hoch aktuelle Problemzusammenhang von Ehe(recht) und Vermögen(-stransfer) wird seit einigen Jahren auch von der Frauen- und Geschlechtergeschichte diskutiert, sofern sie sich mit dem Themenfeld „Recht und Geschlecht" beschäftigt. Neben der zunehmenden Hinwendung zu privatrechtlichen Quellenbeständen gerät in diesem Zusammenhang auch das bislang von den rechts- und geschlechtergeschichtlichen Forschungen gegenüber der Strafgerichtsbarkeit vernachlässigte Feld der Zivilgerichtsbarkeit immer mehr ins Blickfeld. Hier gilt es nun bei der Frage nach der Rechts-, Geschäfts- und Handlungsfähigkeit von Frauen in der Frühen Neuzeit den Blick weniger auf die Rechtsnormen, sondern verstärkt auf die Rechtspraxis zu richten. In diesem Kontext ist die Nachwuchsgruppe „Eigentums- und Besitzrechte von Frauen in der Rechtspraxis des Alten Reiches (1648–1806)" angesiedelt, die seit Frühjahr 2002 an der Universität Jena forscht und den Workshop „Frauen vor den höchsten Gerichten des Alten Reiches" ausgerichtet hat.

Stehen sowohl das Reichskammergericht als auch der Reichshofrat gegenwärtig im Fokus frühneuzeitlichen Forschungsinteresses, befindet sich der entsprechende frauen- und geschlechtergeschichtliche Zugriff erst in den Anfängen. Der Jenaer Workshop bündelte nun mit seinen insgesamt zehn Beiträgen erste Befunde über die Inanspruchnahme der höchsten Gerichte durch Frauen und ihre Stellung in zivilrechtlichen Verfahren. Im Mittelpunkt stand dabei die Frage nach der Rolle des Geschlechts in der Rechtspraxis der höchsten Reichsgerichte.

Die beiden übergreifenden Beiträge der ersten Sektion der Jenaer Tagung widmeten sich verschiedenen Konfliktprofilen vor dem Reichskammergericht und dem Reichshofrat. Siegrid Westphals (Jena) quantitative Analyse der „Inanspruchnahme des Reichshofrats durch Frauen (1648–1806)" zeigte u.a., dass Frauen aller Stände als Klägerinnen beziehungsweise Beklagte die höchste Gerichtsbarkeit trotz ihres eingeschränkten Rechtsstatus' in beachtlicher Zahl in Anspruch nahmen und wies auf dieser Grundlage die Vorstellung von einer allumfassenden Geschlechtsvormundschaft auch in der Rechtspraxis der Höchstgerichtsbarkeit zurück. Zu einem ähnlichen Befund kam Irene Jung (Wetzlar) für das Reichskammergericht. Sie führte in ihrem Beitrag „Wetzlarer Frauen vor dem Reichskammergericht (1689–1806)" einen Sonderfall der Inanspruchnahme des Gerichts vor, das für die Wetzlarerinnen als territoriales Gericht fungierte. Dabei wurden die Frauen, von denen ca. 60% Witwen waren, nur anwaltlich, nicht jedoch von einem Geschlechtsvormund vertreten. Die Klagen der Wetzlarer Bürgerinnen reichten von Nachbarschaftsstreitigkeiten, Familienangelegenheiten wie Erb- und Vormundschaftssachen sowie Ehescheidungen, über wirtschaftliche Angelegenheiten wie Schuldfragen oder die Bezahlung von Dienstleistungen bis hin zum Recht der Berufsausübung.

In der zweiten Sektion nahmen Einzelfallanalysen den Instanzenzug und damit auch die Vorinstanzen der höchsten Reichsgerichte in den Blick. Ralf-Peter Fuchs' (München) Fallstudie aus dem 16. Jahrhundert „Der lange Kampf der Catharina von Dahlhausen um ihre Ehre" analysierte das über Jahrzehnte in verschiedenen Instanzen anhängige Verfahren aus der Perspektive der „Justiznutzung". Dabei zeigten die von den Prozessparteien verwendeten Strategien zur Durchsetzung der eigenen Interessen ein ausgeprägtes Bewusstsein für die Rechtsprechung des jeweiligen Gerichts. Zu ähnlichen Ergebnissen kamen auch Hendrikje Carius und Nicole Grochowina (Jena) in ihrem Beitrag „Vom thüringischen Adels- zum Reichskammergericht: ‚Des Weißiger Schmieds Witwe Marie Susanne Büchner gegen den Gerichtsherrn Johann Wilhelm Cramer zu Zeulsdorf (1774–1788)'". Im Mittelpunkt der Analyse stand die Frage nach den von den Prozessparteien verwendeten Argumentationsmustern. Dabei nahmen geschlechtsspezifische Argumente in dem Maße ab, je weiter ein Fall im Instanzenzug getragen wurde. Darüber hinaus fanden bei den mit Gutachten beauftragten universitären Spruchkollegien geschlechtsspezifische Argumentationen keine Berücksichtigung. Hier wurde anhand der Rechtsgrundlagen geschlechtsneutral geurteilt.

Zwei weitere Beiträge behandelten Fragen des Ehe- und Familienrechts: Dagmar Freists (Osnabrück) Untersuchung zum „Streit um Kinder aus konfessionell gemischten Ehen vor den Reichsgerichten" am Beispiel der Familie des Kammergerichts-Assessors von Albini verwies insbesondere angesichts widersprüchlicher, territorial verschiedener Rechtsgrundlagen auf die Komplexität von Konflikten um die konfessionelle Erziehung der Kinder. Die Prozessparteien nutzten die daraus resultierende Rechtsunsicherheit strategisch, wobei dem Geschlecht im Gegensatz zur Kategorie Konfession eine nachrangige Bedeutung zukam. Des Weiteren zeigten Inge Kaltwassers (Frankfurt a.M.) Ausführungen zu den „Eheverträgen und Ehescheidungen im Frankfurter Bestand des Reichskammergerichtes" einmal mehr die prozessbestimmende Bedeutung territorialer Rechte und Gegebenheiten. Dass Appellationen in Ehescheidungsfällen vor die Reichsgerichte kamen, obgleich die Scheidung der kirchlichen beziehungsweise in Problemfällen der territorialen Rechtsprechung unterstand, war darüber hinaus eine interessante Einzelbeobachtung, die weiterer Recherchen bedarf.

Zum Themenbereich „Klagen auf Unterhaltssicherung von Frauen vor dem Reichskammergericht" stellte Anette Baumann (Wetzlar) den Fall „Caroline Sophie von Massenbach gegen die Prinzessin von Nassau-Weilburg" vor. Die Klägerin, eine ehemalige Gouvernante, erstritt für sich erfolgreich die im Gouvernantenwesen übliche Pensionszahlung bis ans Lebensende, die ihr nach der Heirat verwehrt worden war. Auch hier beeinflusste weniger das Geschlecht als der adlige Stand der Prozessparteien die Urteilsfindung.

Anja Amend (Frankfurt/Main) zeigte in ihrem Beitrag „Frauen in der handelsrechtlichen Jurisdiktion des Reichskammergerichts. Über die Frage, ob Weibs=Persohnen mit Wechsel contrahiren können" aus der juristischen Perspektive das Beispiel einer Frankfurter Schuldnerin, die sich erfolgreich auch unter dem Einsatz geschlechtsspezifischer Topoi verteidigte. Die Beklagte rekurrierte auf ihren rechtlichen Sonderstatus als schutzbedürftige Witwe. Gleichzeitig wies sie den von der Frankfurter Handelsgesetzgebung festgelegten Status als Handelsfrau für die Betreibung von Wechselgeschäften sowie die Kenntnis des Wechselrechts und damit die aus ihren Wechselgeschäften stammenden Geldforderungen zurück.

In der letzten Sektion „Jüdische Frauen vor den höchsten Gerichten" referierte Birgit Klein (Duisburg/Düsseldorf) insbesondere über die Grundlagen des jüdischen Eherechts, das wesentliche Unterschiede zum römischen Recht aufweist. Aus der besonderen Rechtslage, nach der jüdische Frauen den Nachlass des Mannes übernehmen und unabhängig von Vormündern darüber verfügen konnten, ergaben sich bei der Behandlung innerjüdischer Erbschaftsangelegenheiten vor weltlichen Gerichten Rechtsunsicherheiten – eine Situation, die oftmals zur Benachteiligung jüdischer Erbinnen führte. Barbara Staudinger (Wien) nahm demgegenüber die Tätigkeiten jüdischer Geschäftsfrauen in den Blick. Die „Prozesse jüdischer Geldleiherinnen am Reichshofrat" hatten hauptsächlich Erbsachen und Geldgeschäfte zum Gegenstand. Während Frauen auch als selbständige Geldleiherinnen auftraten, blieb autonome Handelstätigkeit eine Ausnahmeerscheinung. Im Unterschied zu christlichen Handelsfrauen griffen jüdische Geldleiherinnen vor Gericht häufig religiös konnotierte Argumentationsmuster auf. Zu geschlechtsspezifischen Argumenten kam es zwar dann, wenn die „weiblichen Freiheiten" strategisch ins Feld geführt wurden, doch blieb auch hier das Geschlecht gegenüber der Religion insgesamt nachrangig für die Urteilsfindung.

Die hier vorgestellten Fälle haben dabei im Unterschied zu den Ergebnissen der Kriminalitätsforschung ergeben, dass das Geschlecht in den zivilrechtlichen Verfahren von eher nachrangiger Bedeutung war. Zunächst wurde vor Gericht – der ständisch strukturierten frühneuzeitlichen Gesellschaft entsprechend – nach dem Stand und dann erst nach dem Geschlecht differenziert. Zwar agierten die Prozessparteien oft auch strategisch mit geschlechtsspezifisch konnotierten Argumenten, doch diese griff die Rechtsprechung kaum auf. Zur Beschreibung dieser Beobachtung wurde in Bezug auf die Zivilgerichtsbarkeit der Begriff der „Geschlechtsneutralität" eingeführt, dessen Tragfähigkeit in zukünftigen Einzelfallanalysen zu untersuchen ist.

Dies gilt auch für die niedere Gerichtsbarkeit, wo das Geschlecht als entscheidendes Argumentationsmuster fungierte. Hier ergab sich zudem das Phänomen der Abnahme geschlechtsspezifischer Argumentationsmuster sowohl auf der Seite der Rechtsuchenden als auch auf der der Rechtsprechung je weiter ein Fall im Instanzenzug getragen wurde. Ob die von Gerichtsinstanz zu Gerichtsinstanz zunehmende Professionalisierung sowie die damit verbundene räumliche und persönliche Distanz, das heißt die Frage nach der räumlichen Mittel- beziehungsweise Unmittelbarkeit, ausschlaggebende Faktoren dafür waren, ist eine wichtige Perspektive für weitere Forschungen.

Zu einem zentralen Punkt in den Vorträgen und Diskussionsbeiträgen des Workshops avancierten Auseinandersetzungen um die Verfügungsgewalt über das Vermögen. Anja Amend und Anette Baumann illustrierten in ihren Beiträgen, wie eigenständig Frauen mit Vermögen umzugehen vermochten – und darüber hinaus auch ihren dezidierten Anspruch darauf formulierten. Entscheidend waren also nicht allein die juristischen Argumentationsmuster, die – von Anwälten entwickelt – der jeweiligen Rechtssituation angepasst wurden. Ebenfalls bedeutungsvoll war der Akt der Entscheidung von Frauen, einen Streit anstrengen zu wollen, um das Recht zu erhalten, das ihnen nach eigener Auffassung zustand. Insbesondere im Beitrag von Amend wurde dieses eigenständige Rechtsbewusstsein deutlich, während bei Baumann mit der existentiellen Not ein weiterer Aspekt hinzutrat, der die Frauen für ihren Lebensunterhalt kämpfen ließ. Die einzelnen Motive der Frauen, einen Rechtsstreit zu beginnen, müssen zukünftig deutlicher herausgestrichen werden. Als zu untersuchende Streitgegenstände bieten sich hierbei vermögensrechtliche Fragen an, weil diese einen facettenreichen Blick auf die Lebenszusammenhänge der Frauen eröffnen.

Nach einem ersten Eindruck war diese Eigenständigkeit im Umgang mit Vermögen und der daraus abgeleitete Anspruch darauf wohl eher bei Witwen und ledigen Frauen zu finden: Witwen argumentierten in Frankfurt mit dem Wechselrecht, um einen wirtschaftlichen Vorteil zu erlangen. Eine Witwe war es auch, die darauf bestand, das Vorkaufsrecht an einer Schmiede zu besitzen, um einen eigenen Käufer zu präsentieren (Carius/Grochowina), eine ledige Mutter rang um Alimentationszahlungen für ihr uneheliches Kind (Fuchs) und ledige Frauen verdingten sich als Gouvernanten, um etwa die Mitgift zu erwirtschaften oder die restliche Familie zu versorgen (Baumann). Auch die übergreifenden Untersuchungen stellten in erster Linie Witwen und ledige Frauen in den Mittelpunkt (Jung).

Doch der Workshop ging über diese wichtige Bestandsaufnahme hinaus und eröffnete neue Forschungsperspektiven, in dem er die Dichotomie zwischen der Rechtsstellung der ledigen Frauen sowie Witwen und den sehr viel eingeschränkter agierenden Ehefrauen hinterfragte: So verwies Amend auf die Handelsfrauen Frankfurts. Zwar waren ähnlich wie in anderen Territorien (entsprechende Untersuchungen sind für Sachsen bekannt) auch nach der Frankfurter Wechselordnung von 1739 explizit nur ledige handeltreibende Frauen von der Geschlechtsvormundschaft befreit, jedoch zeigten sich insbesondere in Handelszentren Handlungsmöglichkeiten für Ehefrauen: Ihnen konnte durchaus das Recht auf die eigene Handelstätigkeit eingeräumt werden. Doch gegenwärtig erscheint die selbständige verheiratete Handelsfrau noch als Ausnahme. Weitere Untersuchungen von Handelszentren, die auch die Interessen der Kaufleute an der Funktionsfähigkeit der Stadtwirtschaft in den Blick nehmen und in Bezug auf handeltreibende Frauen bewerten, müssen folgen.

Ähnlich anregend ist die Betrachtung des religiösen Standes: Birgit Klein und Barbara Staudinger brachten die jüdische Perspektive und damit auch einen unterschiedlichen Rechtsstatus von Frauen ein. Die Untersuchung von Auseinandersetzungen, die insbesondere Klagen vor christlichen und gleichzeitig auch vor jüdischen Gerichten thematisiert, liefert einen neuen Blick auf Handlungsmöglichkeiten von Frauen in Bezug auf Vermögen und Vermögenstransfer. Hier ist auch das Interzessionsverbot neu zu bewerten, das in der keinesfalls homogenen jüdischen Oberschicht vor dem Hintergrund debattiert wurde, ob Frauen als Ehefrauen oder Geschäftspartnerinnen zu begreifen waren.

Die Beiträge der Jenaer Tagung legen nahe, dass die Grauzone zwischen ledigen und freier agierenden Frauen auf der einen und in ihren Rechten durch die Ehe beschränkten Frauen auf der anderen Seite zukünftig deutlicher aufgeschlüsselt werden muss. Kategorien wie Stand und Religion, aber auch Traditionen im Umgang mit dem Recht, die Rechtsgrundlagen selbst und aus der Rechtspraxis resultierende Lebensformen müssen hierzu verstärkt in den Blick genommen werden. Diese Erweiterung, die sich inhaltlich an Fragen nach Eherecht und Vermögensverwaltung festmachen lässt, rückt damit außerdem die zivile Gerichtsbarkeit deutlich ins Zentrum.

Aller Anfang … – Geburt – Birth – Naissance

Wiener Gespräche zur Sozialgeschichte der Medizin, 2. bis 5. Oktober 2002

Tagungsbericht

Christina Benninghaus

Die Klinikentbindung hat in den letzten Jahren viel von ihrer Selbstverständlichkeit verloren. Kreißsäle sind durch Geburtszimmer ersetzt worden, Hausentbindungen erfreuen sich wachsender Beliebtheit, und die Bedeutung freier Hebammen für Entbindung und Nachsorge ist in den letzten Jahren wieder gewachsen. Vermutlich angestoßen durch solche aktuellen Veränderungen wie auch begünstigt durch das wachsende Interesse an der Körpergeschichte ist die Kultur des Gebärens in den letzten Jahren vermehrt zum Gegenstand historischer und volkskundlicher Untersuchungen geworden.[1] Aus Anlass des „Internationalen Hebammenkongresses“ in Wien im April 2002 veranstaltete das „Österreichische Museum für Volkskunde“ eine Ausstellung zum Thema „Aller Anfang. Birth geburt naissance parto“.[2] Zum Abschluss der Ausstellung organisierte der „Verein für Sozialgeschichte der Medizin“[3] Anfang Oktober 2002 eine überaus interessante und inspirierende interdisziplinäre Tagung zum Thema „Geburt“ in historischer und aktueller Perspektive. Das Programm bestand in einer ausgewogenen Mischung aus breit angelegten Überblicksdarstellungen (Margot Schindler, Wien) und spezielleren Beiträgen, die

1 Vgl. Eva Labouvie, Andere Umstände. Eine Kulturgeschichte der Geburt, Köln 1998; Jürgen Schlumbohm u. Barbara Duden Hg., Rituale der Geburt. Eine Kulturgeschichte, München 1998; Hans-Christoph Seidel, Eine neue „Kultur des Gebärens“. Die Medikalisierung von Geburt im 18. und 19. Jahrhundert in Deutschland, Stuttgart 1998; Marita Metz-Becker, Der verwaltete Körper. Die Medikalisierung schwangerer Frauen in den Gebärhäusern des frühen 19. Jahrhunderts, Frankfurt a. M. 1997.

2 Vgl. Dorothea Rüb u. Margot Schindler, Aller Anfang. Begleitbuch und Katalog zur Ausstellung im Österreichischen Museum für Volkskunde, Wien 2002.

3 Weitere Kooperationspartner bei der Gestaltung der Tagung waren das Institut für Wirtschafts- und Sozialgeschichte der Universität Wien, die Hebammenakademie Wien an der Ignaz-Semmelweis-Frauenklinik, das Institut für Geschichte der Medizin der Universität Wien und der Verein für Volkskunde in Wien.

sich einzelnen Quellen (beispielsweise dem mittelalterlichen Trotulla-Text), einzelnen Institutionen und Organisationen (wie dem Findelhaus in Wien oder der deutschen Hebammenbewegung im Kaiserreich) oder bestimmten Forschungsansätzen (etwa der Psychohistorie) widmeten. Thematisch war die Tagung dabei weitaus vielfältiger als ihr Titel vermuten ließ. Die überwiegend auf Deutschland und Österreich bezogenen Vorträge lassen sich vier Themenschwerpunkten zuordnen.

Eine Reihe von Beiträgen setzte sich mit volkskulturellen und religiösen Ritualen rund um Schwangerschaft, Geburt und Wochenbett auseinander, die vor allem in vormodernen Gesellschaften dazu dienten, Mütter und Kinder in einer besonders sensiblen Lebensphase vor dem Einfluss böser Mächte zu bewahren. Dazu wurden, wie Martha Keil (St. Pölten) gestützt auf die Auswertung mittelalterlicher Minhagimbücher zeigte, in jüdischen Familien beispielsweise Amulette, Schutzkreise, Beschwörungen und Gebetszettel verwendet. Volkskulturelle Praktiken konnten aber, so Beate Rossié (Berlin) in ihrem Vortrag über italienische Madonnendarstellungen des 14. und 15. Jahrhunderts, auch Werke der Hochkultur einbeziehen. Manche der zur Bewältigung von Ängsten, von Schmerz und Verlust dienenden Rituale – etwa die unter anderem in Kroatien geübte Praxis des Stiftens von Wachsvotiven – lassen sich, so Zeljko Dugac (Zagreb), bis in die Gegenwart beobachten. Andere können, wie die frühneuzeitliche Nachgeburtsbestattung, nur anhand archäologischer Funde rekonstruiert werden (Kurt Sartorius, Bönningheim).

Der zweite Themenschwerpunkt widmete sich der Medikalisierung der Geburt und der Geschichte des Hebammenberufs im 18., 19. und 20. Jahrhundert. In diesem Zeitraum kam es zu einer sukzessiven Verdrängung der Hausgeburt durch die Klinikentbindung. Wie Jürgen Schlumbohm (Göttingen) in seinem Einführungsvortrag darlegte, handelte es sich bei dem Prozess der Medikalisierung und Hospitalisierung jedoch weder um eine geradlinige noch um eine gleichförmige Entwicklung. Trotz vieler Klinikgründungen erfassten diese Institutionen im 18. und 19. Jahrhundert nur einen kleinen Teil der Gebärenden. Auch sei die Frage des Erfolgs der Medikalisierung der Geburt differenziert zu beantworten: So führte die Gründung der Kliniken zwar nicht zu der geplanten Reduzierung der Müttersterblichkeit – diese lag bei Hausgeburten deutlich niedriger –, doch spielten die Kliniken eine wichtige Rolle für die durchaus erfolgreiche Standespolitik der ärztlichen Geburtshelfer.

Begleitet war der Prozess der Medikalisierung der Geburt von Kompetenzstreitigkeiten zwischen männlichen Geburtshelfern und weiblichen Hebammen. Staatliche Interventionen zugunsten der Ärzteschaft scheiterten etwa in Ungarn weniger am Widerstand der Bevölkerung als an praktischen Schwierigkeiten (Lilla Krász, Budapest). Auch in Deutschland war die Situation noch um 1870 durch ein Nebeneinander von traditionell und modern ausgebildeten Hebammen gekennzeichnet (Nora Szász, Wien). Die sich Mitte der 1880er Jahre formierende Hebammenbewegung zielte darauf ab, die materielle Versorgung der Hebammen durch die Einrichtung von Sterbe- und Krankenkassen abzusichern und zugleich den Ausbildungsstand und damit auch das Ansehen der Hebammen durch Fortbildungsmaßnahmen zu heben. Im Nationalsozialismus sollte die Hebamme erbbiologische Vorstellungen popularisieren und zugleich als Spitzel dienen, indem sie etwaige Erbkrankheiten und vermutete Abtreibungen meldete. Wie Kirsten Tiedemann (Hannover) ausführte, begrüßten Führungspersönlichkeiten aus der Hebammenbewegung, vor allem die Reichs-Hebammenführerin Nanna Conti, diese Indienstnahme der Hebammen durch den Nationalsozialismus und nutzten die ideologische Aufwertung ihres Berufes für eine erfolgreiche Professionalisierungspolitik. Das Hebammengesetz von 1938 verpflichtete Ärzte und Schwangere, bei einer Entbindung Hebammen hinzuzuziehen. Obwohl es auch in der Nachkriegszeit in Kraft blieb, kam es in den 1950er und 1960er Jahren zu einem raschen Niedergang des Berufs der freien Hebamme. Deren Zahl verringerte sich aufgrund lächerlich niedriger Gebührensätze in Westdeutschland zwischen 1952 und 1975 von 10.000 auf 2.500 (Marion Schumann, Hannover). Genauer zu untersuchen bleibt, wie und warum sich der Trend zur Klinikentbindung immer stärker durchsetzte, so dass sich Mitte der 50er Jahre Klinik- und Hausentbindung die Waage hielten. Trotz NS-Propaganda für die Hausgeburt und trotz der in den Kliniken immer noch deutlich höheren Säuglingssterblichkeit entwickelte sich das Krankenhaus bereits ab den 1930er Jahren immer mehr zum normalen Entbindungsort auch für verheiratete Frauen mit unauffälligem Schwangerschaftsverlauf (Astrid Ley, Erlangen).

Die historische Entwicklung des Verhältnisses zwischen Hebamme und männlichem Geburtshelfer verlief international unterschiedlich (Christine Loytved, Lübeck). Während die Hebammenausbildung in Deutschland seit dem Ende des 18. Jahrhunderts durch männliche Geburtshelfer erfolgte, und während in England „men-midwives" auch bei Hausgeburten in direkte Konkurrenz zu weiblichen Hebammen traten, lag die Leitung der Entbindungskliniken in Frankreich in den Händen von Hebammen. Interessanterweise gibt es, wie der internationale Vergleich zeigt, dabei keinen prinzipiellen Zusammenhang zwischen der Marginalisierung der Hebammen und dem Ausmaß der Technisierung und Hospitalisierung der Geburt. Trotz der weiblichen Dominanz ist die französische Geburtshilfe heute vergleichsweise stark technisiert, während die starke Position der Hebammen in den Niederlanden mit einer sehr hohen Hausgeburtsrate einhergeht.

Einen dritten Tagungsschwerpunkt bildeten Vorträge zur Säuglingsfürsorge. Wie Verena Pawlowsky (Wien) in ihrem Vortrag ausführte, gab es in Österreich zwar anders als in Italien oder Frankreich im 18. und 19. Jahrhundert keine Findelhäuser mit Drehladen, in die Kinder gelegt werden konnten, ledige Frauen hatten aber die Möglichkeit, in den österreichischen Gebärhäusern anonym zu entbinden und ihre Kinder anschließend im Findelhaus unterzubringen. Als Gegenleistung mussten sich die Frauen allerdings bereit erklären, als Anschauungsmaterial für die medizinische Ausbildung zu dienen. Erst in der zweiten Hälfte des 19. Jahrhunderts setzte sich der Gedanke durch, dass Kinder möglichst bei ihrer Mutter verbleiben sollten. Doch erst im 20. Jahrhundert wurde die Möglichkeit, ein Kind anonym zur Welt zu bringen, abgeschafft.

Für den Anfang des 20. Jahrhunderts lässt sich von einem Boom der Säuglingsfürsorge sprechen wie Michael Hubenstorf (Wien) am Beispiel der Stadt Wien zeigte. Diese „Modeerscheinung" stellte dabei zum einen eine Reaktion auf den als nationale Bedrohung wahrgenommenen Bevölkerungsrückgang dar. Sie diente aber auch der Profilierung der neuentstandenen Kinderheilkunde und einer ganzen Reihe neuer Berufe wie dem der Säuglingsschwester, und sie reflektierte eine veränderte Vorstellung von Mutterschaft, wie sie unter anderem von der Frauenbewegung propagiert wurde (Silke Fehlemann, Düsseldorf).

Auch in Palästina beziehungsweise Israel wurden neue, von Expertenwissen diktierte Normen, für mütterliches Verhalten entworfen. Wie Sachlav Stoler-Liss (Beer-Sheva) ausführte, sollten die solchermaßen nach wissenschaftlichen Prinzipien aufgezogenen Kinder die Basis für den Fortbestand der israelischen Nation und des Staates Israel darstellen. Dabei wurden auch eugenische Vorstellungen propagiert, die die Fortpflanzung von „Erbkranken" verhindern sollten und in krassem Gegensatz zur im Judentum traditionell besonders großen Wertschätzung der familienförmigen Existenz standen.

Den vierten thematischen Schwerpunkt bildeten die Phänomene gewollter und ungewollter Kinderlosigkeit sowie die ethischen Probleme der Reproduktionsmedizin. Wie Lisbeth Trallori (Wien) in ihrem einleitenden Vortrag darstellte, verweist der Terminus „Kinderwunsch" im heutigen Sprachgebrauch auf Erwartungen und Motive, die historisch neu sind und nur vor dem Hintergrund moderner Vorstellungen von Lebensplanung und individuellem Glück sowie im Kontext der Möglichkeiten der Reproduktionsmedizin verstanden werden können. Das bedeutet jedoch nicht, dass es in vergangenen Gesellschaften kein Leiden an Kinderlosigkeit gegeben hätte. Vielmehr verweisen das Alte Testament und mittelalterliche Quellen auf die große Bedeutung, die etwa das Judentum der Fruchtbarkeit beimaß (Marianne Grohmann, Wien und Martha Keil, St. Pölten). Und auch die medizinische Behandlung von Unfruchtbarkeit ist keine Erfindung der Moderne, wie Karin Maringgele (Wien) am Beispiel des mittelalterlichen „Trotula-Textes" zeigte. Historisch neu sind indes die Norm der „geplanten Elternschaft" (Yve Stöbel-Richter, Leipzig) und die ethischen Probleme der Reproduktionsmedizin (Barbara Maier, Wien).

Wie dieser Überblick dokumentiert, umfasste die Tagung ein weites Spektrum von Themen im Kontext von Schwangerschaft, Geburt und Wochenbett. Auffällig wenig behandelt wurde dabei die Perspektive der Gebärenden. Diese erschienen weitestgehend als Objekte der Geburtshilfe und der Politik. Die von Frauen je konkret getroffenen Entscheidungen, die sich etwa in der Reduzierung der Kinderzahl in den Industrieländern oder im Trend zur Klinikentbindung spiegeln, blieben hinter den aggregierten Daten weitestgehend verborgen. Kaum behandelt wurden die Aushandlungsprozesse zwischen Hebammen und Schwangeren, zwischen Fürsorgerinnen und Wöchnerinnen, zwischen Ärzten und den Kundinnen der Reproduktionsmedizin, ohne die die allgemeineren Entwicklungen nicht vollständig erklärt werden können. Nur selten erfolgte die Frage nach der Prägung der Erfahrung des Gebärens durch Diskurse und kulturelle Praktiken in einer bestimmten historischen Situation. In diesem Punkt blieb die Tagung deutlich hinter der parallel stattfindenden Ausstellung zurück, die unter anderem Geburtspraktiken und der künstlerischen Darstellung von weiblichen Erfahrungen mit Schwangerschaft, Geburt und Wochenbett große Aufmerksamkeit widmete.

Besonders angesichts der Interdisziplinarität des Symposions war es bedauerlich, dass die Tagungsorganisation kaum Zeit für Diskussionen ließ. So war es nahezu unmöglich, Bezüge zwischen den Papieren herzustellen und allgemeinere Fragestellungen, etwa die paradoxe Bedeutung von Geburt und Mutterschaft für das Geschlechterverhältnis zu erörtern. Wie die verschiedenen Tagungsbeiträge zeigten, erscheint die Gebährfähigkeit der Frauen je nach Perspektive einerseits als Quelle weiblicher Macht und Basis einer spezifisch weiblichen Kultur, andererseits als Anlass und Einfallstor für die Unterdrückung und Kontrolle von Frauen. Bei der Tagung blieben beide Perspektiven unvermittelt nebeneinander stehen. Hier verschenkten die in anderer Hinsicht überaus umsichtigen Organisatorinnen etwas vom Potential dieser ansonsten so anregenden Tagung.

„Wie viele Frauen sehen Sie?"

Zur Frage der Chancengleichheit im neuen österreichischen Universitätsgesetz 2002

Sylwia Bukowska

Im Hochsommer des Jahres 2002, am 11. Juli, wurde im Nationalrat das „Bundesgesetz über die Organisation der Universitäten und ihre Studien" (Universitätsgesetz 2002) beschlossen.[1] Dem Beschluss ging ein Jahr heftiger und intensiver Diskussionen, Stellungnahmen und Kommentare voraus. Eingeleitet wurde er durch den Gestaltungsvorschlag für die Regelung der Autonomie von Seiten der Regierung im August 2001. Vieles wurde seitdem gefordert, über den Weg und das Ziel der Veränderung gingen und gehen die Meinungen jedoch beträchtlich auseinander.

Die Umstellung der österreichischen Universitätsstrukturen auf die „Vollrechtsfähigkeit", eine gänzliche Neuordnung des organisatorischen Aufbaus der Universitäten mit dem erklärten Ziel einer Modernisierung, wurde als ein Pilotprojekt im Sinne des „Gender Mainstreaming"[2] deklariert. Dies war ein viel versprechender Ansatz, denn das Prinzip des Gender Mainstreaming beinhaltet – wie mittlerweile hinlänglich bekannt – für alle im politisch-administrativ tätigen Bereich arbeitenden Akteurinnen und Akteure die Verpflichtung, alle Maßnahmen, Gesetzesinitiativen und Reformen daraufhin zu prüfen, ob sie ein Geschlecht direkt oder indirekt benachteiligen.[3] Das Universitätsgesetz 2002 hätte somit in seiner Entstehung neben den Leitideen einer neuen, effizienteren, autonomen und wettbewerbsfähigeren Universitätsorganisation auch von dem Gedanken getragen werden müssen, die Auswirkungen der Reform auf beide Geschlechter zu bedenken und bei eventuell auftretenden negativen Folgen für eines der Geschlechter die entsprechenden Gegenmaßnahmen zu integrieren. Feministische Wissenschafterinnen betonen Folgen-

1 Vgl. http://www.bmbwk.gv.at/start.asp?bereich=1&OID=7088 (20.2.2003).

2 Vgl. Barbara Neuwirth u.a., „Gender Mainstreaming und Vollrechtsfähigkeit". Kurzbericht über die Arbeitsgruppe des BMBWK, in: Universität Wien Hg., Quo vadis Universität?, Innsbruck 2002, 253–262.

3 In Österreich geht die Verpflichtung zur Umsetzung dieses Prinzips unter anderem auf den Ministerratsbeschluss vom 11. Juli 2000 zurück.

des zu recht: dass die Geschlechterverhältnisse durch soziale und politische Strukturen, also auch durch Gesetze, hergestellt und aufrechterhalten werden und dass von keiner Geschlechterneutralität der Gesetze im Generellen ausgegangen werden kann, ist nicht erst seit dem relativ jungen Begriff des „Gender Mainstreaming" bekannt.

Die explizite Koppelung gerade der Universitätsreform (bei einem Frauenanteil unter den ordentlichen Professorinnen und Professoren von lediglich 7%, wobei der Frauenanteil der Absolventinnen und Absolventen mehr als 60% beträgt!)[4] an den Gender Mainstreaming-Ansatz erschien aber als Grund zur Hoffnung, dass trotz der Deregulierungsabsicht, von der die Universitätsreform getragen war, der Bereich der Geschlechtergleichstellung verstärkt beachtet wurde und die bisher im Bereich der Gleichbehandlung erreichten Standards im neuen Universitätsgesetz 2002 erhöht würden.

Zu dem Zeitpunkt, als das Universitätsgesetz 2002 beschlossen wurde, blickten wir auf ein Jahrzehnt der Tätigkeit der Gleichbehandlungsinstitutionen an den Universitäten – nämlich der Arbeitskreise für Gleichbehandlungsfragen – zurück. Die Mitglieder dieser Gremien können von vielen Widerständen bei der Ausübung ihrer Rechte im Rahmen der Personalauswahlverfahren berichten, die, wenn weniger formaler, so doch emotionaler Art waren. Es war außerdem nicht immer selbstverständlich, dass Frauen, deren Qualifikation nicht entsprechend anerkannt wurde, das Engagement des Arbeitskreises für ihre Interessen begrüßten, wohl meist aus Angst davor, nicht mehr als Wissenschafterin, sondern in erster Linie als Frau wahrgenommen zu werden. Es steht aber außer Zweifel, dass die Tätigkeit der Arbeitskreise, die darauf zielt, eine für die Frauen ihren Qualifikationen entsprechende und berechtigte Position zu erkämpfen, neben der Unterstützung für Frauen in konkreten (Personalentscheidungs-) Fällen auch einen Beitrag zum Erkennen der Problemlage an den Universitäten leistete und leistet.

Es stellt sich die Frage, inwieweit dieses Problembewusstsein auch Eingang in das Universitätsgesetz 2002 gefunden hat.

In den Erläuterungen zum Frauenfördergebot an der neuen, autonomen Universität (§41) finden wir folgenden Passus:

> Angesichts des europaweit rückläufigen Interesses junger Menschen an einer wissenschaftlichen bzw. künstlerischen Universitätslaufbahn werden es sich die vollrechtsfähigen Universitäten in Zukunft nicht leisten können, auf das wissenschaftliche und künstlerische Potential der Frauen zu verzichten.[5]

Dieses Argument wird wohl von der Absicht getragen, die nach wie vor bestehenden prinzipiellen Widerstände gegen Frauenfördermaßnahmen mit einem Hinweis auf die ökonomischen Verluste für die Organisation bei struktureller Diskriminierung von Frauen zu durchbrechen. Dass es für notwendig befunden wurde, diese Art der Argumentation zu bemühen, ist schlicht schockierend. Hinzu kommt, dass der oben zitierte Absatz als ein-

4 Zum Datenmaterial vgl. Gabriele Moser u.a., Universität im Blickpunkt. Zahlen und Fakten: Frauen an der Universität Wien, Wien 2002.

5 Martha Sebök, „Universitätsgesetz 2002", Wien 2002, 138. Alle Paragrafenangaben in diesem Text beziehen sich auf das Universitätsgesetz 2002, außer anders angegeben.

ziger den Grund der Notwendigkeit der Frauenförderung begründet[6]. Oder klingt hier etwas anderes an – geht der Gesetzgeber vielleicht davon aus, dass die Universität als Arbeitsplatz für Männer soviel an Attraktivität einbüsst, dass Frauen die freiwerdenden Stellen füllen werden?[7] Weder das eine noch das andere hat mit dem Bemühen um die Herstellung echter Chancengleichheit etwas zu tun.

Der Aspekt der Gleichbehandlung wurde in dem neuen Universitätsgesetz 2002 zumindest auf den ersten Blick nicht gänzlich ignoriert. Die „Gleichstellung von Frauen und Männern und Frauenförderung" gelten sogar als einer der leitenden Grundsätze sowie als eine der Aufgaben der Universität (§2 Z 9, §3 Z 9). Die Erhöhung des Frauenanteils in leitenden Funktionen der Universität wird als eine „gesellschaftliche Zielsetzung" festgehalten (§13 Abs. 2 lit. d). Weiters hat die zukünftige Satzung der autonomen Universität unter anderem die Zusammensetzung des Arbeitskreises für Gleichbehandlungsfragen, die Erlassung eines Frauenförderungsplans sowie die Einrichtung einer Organisationseinheit zur Koordination der Aufgaben der Gleichstellung, der Frauenförderung sowie der Geschlechterforschung zu normieren (§19 Abs. 2 Z 5-7).[8]

Die grundlegenden Regelungen bezüglich Frauenförderung und Gleichbehandlung an den autonomen Universitäten finden sich im dritten Abschnitt des ersten Teils des Universitätsgesetzes 2002. Hier wird einerseits das Gebot zur Frauenförderung ausformuliert und andererseits die rechtliche Basis für die Tätigkeit der Arbeitskreise für Gleichbehandlungsfragen und der Schiedskommission (eines vom Universitätsgesetz 2002 neu geschaffenen Gremiums im Bereich der Gleichbehandlung) geregelt sowie die entsprechende Anwendung des Bundes-Gleichbehandlungsgesetzes normiert.[9]

Wie hoch ist aber das Potenzial der oben genannten Bestimmungen, zur Verbesserung der Situation von Frauen im Wissenschaftsbetrieb beizutragen? Wurde mit dem Universitätsgesetz 2002 die Beibehaltung oder gar eine Erhöhung der bisherigen Standards der Gleichbehandlung erreicht? Was hat die ausdrückliche Ankündigung der Berücksichtigung des Gender Mainstreaming Prinzips – nur so kann die Bezeichnung als „Gender Mainstreaming-Pilotprojekt" aufgefasst werden – im Ergebnis Positives gebracht? Antworten auf all diese Fragen fallen negativ aus.

Zunächst ein Blick auf die Zukunft der Gleichstellungsarbeit: Der neue Arbeitskreis für Gleichbehandlungsfragen[10] wird in seinen Rechten und Möglichkeiten radikal eingeschränkt. Von einem im Laufe von mehr als zehn Jahren seines Bestehens kontinuierlich

6 Die Erläuterungen zum Frauenfördergebot bieten sonst nur die Erwähnung der rechtlichen Normen zur Gleichbehandlung sowie der Tatsache der Unterrepräsentation der Frauen im Wissenschaftsbetrieb, Sebök, Universitätsgesetz, wie Anm. 5, 137f.

7 Vgl. Elisabeth Holzleithner, Recht. Macht. Geschlecht, Wien 2002, 101.

8 Die gesetzliche Normierung der Einrichtung einer solchen themenspezifischen Organisationseinheit verdient angesichts der Tatsache, dass den Universitäten hinsichtlich ihrer inneren Organisation (etwa bei der Gliederung in Fakultäten oder Ähnlichem) ein sehr großer Spielraum eingeräumt wird und seitens des Gesetzgebers „nur" die Ebene der Universitätsleitung geregelt wird, sehr wohl Aufmerksamkeit.

9 Vgl. §§41 bis 44. Das Bundes-Gleichbehandlungsgesetz gilt demnach für alle Angehörigen der Universität sowie für die Bewerberinnen und Bewerber um Aufnahme in ein Arbeitsverhältnis zur Universität oder um Aufnahme als Studierende.

10 Der Arbeitskreis für Gleichbehandlungsfragen ist auch an den autonomen Universitäten jene Einrichtung, welche Diskriminierungen durch Universitätsorgane aufgrund des Geschlechts entgegen wirkt und wel-

mit immer mehr rechtlichen Kompetenzen ausgestatteten Universitätsgremium[11] wird der Arbeitskreis nun zu einer der Schiedskommission „zuarbeitenden" Einrichtung mit vergleichsweise äußerst geringen Handlungsmöglichkeiten. Die Schiedskommission ist das im Universitätsgesetz 2002 neu geschaffene Gremium, dem nunmehr die Feststellung obliegt, ob eine Entscheidung eines Universitätsorgans eine Diskriminierung aufgrund des Geschlechts darstellt (wird eine solche Diskriminierung bejaht, ist eine neue Personalentscheidung zu treffen, §43 Abs.6).

In diesem Zusammenhang muss allen voran auf die Abschaffung des Prinzips der Selbstrekrutierung der Mitglieder des Arbeitskreises hingewiesen werden: Bisher wurden diese auf Vorschlag des Arbeitskreises ernannt. Nunmehr sind die im Senat vertretenen Gruppen (die Universitätsprofessorinnen und -professoren müssen laut Gesetz im Senat die absolute Mehrheit haben und die Studierenden ein Viertel der Senatsmitglieder stellen – womit für den Mittelbau und die allgemeinen Bediensteten zusammen weniger als ein Viertel bleibt) berechtigt, Mitglieder in den Arbeitskreis zu entsenden. Ein Vorschlagsrecht des Arbeitskreises selbst sucht man/frau im Universitätsgesetz 2002 vergeblich. Weiters muss auf die nunmehr fehlende verpflichtende Einbeziehung des Arbeitskreises in die Prozesse der Entscheidungsfindung in Personalverfahren, sowie auf die völlig realitätsfremden Fristen zur Anrufung der Schiedskommission hingewiesen werden. Denn der Arbeitskreis hat nunmehr lediglich zwei Wochen Zeit, die Schiedskommission anzurufen, wenn Grund zur Annahme besteht, dass eine Entscheidung eines Universitätsorgans eine Diskriminierung aufgrund des Geschlechtes darstellt. Ab der Anrufung durch den Arbeitskreis haben dann die (universitätsexternen!) Schiedskommissionsmitglieder innerhalb von nur vier Wochen auf eine Einigung zwischen den Beteiligten hinzuwirken; scheitert dieses Bemühen, muss von der Kommission ein entsprechender Bescheid erlassen werden. Die diesbezüglichen Erläuterungen im Gesetz sprechen von der Absicht, eine rasche Beendigung der Verfahren zu ermöglichen. Es drängt sich hier jedoch die Frage auf, ob in einem solchen Zeitraum ein sinnvolles Verfahren überhaupt Platz findet. Von einer Beibehaltung der bisher erreichten Standards kann hier mit Sicherheit nicht gesprochen werden. Vielmehr drängt sich der Eindruck auf, dass das neue Gesetz eher ein Erschweren als ein Erleichtern der Tätigkeit im Bereich der Gleichbehandlung beabsichtigt. Der Verwirklichung des Gender Mainstreaming-Ansatzes entspricht dies sicherlich nicht.

Zur Beantwortung der im Titel angesprochenen Frage nach den Möglichkeiten für die Realisierung der Chancengleichheit an den autonomen Universitäten reicht es aber bei weitem nicht aus, bei der Betrachtung der bisher hier kommentierten Bestimmungen stehen zu bleiben. Denn die wenigen Paragrafen, die den Bereich der Frauenförderung sowie die Gleichstellungsarbeit regeln, machen nur einen kleinen Teil der rechtlichen Gesamtstruktur der zukünftigen Universitäten aus. In wie weit die Summe aller Regelungen des Universitätsgesetzes 2002 dem Gedanken des Gender Mainstreaming tatsächlich folgt, soll im Folgenden noch kurz dargelegt werden. Es ist ohne jeden Zweifel ein tristes Bild.

che Angehörige und Organe der Universität in Fragen der Gleichstellung von Frauen und Männern sowie der Frauenförderung berät und unterstützt.

11 Vgl. Elisabeth Holzleithner u. Roswith Roth, Sitten und Sprache als Spiegel der Gleichbehandlungskultur an den Universitäten: 10 Jahre Arbeitskreise für Gleichbehandlungsfragen, in: Barbara Hey u. Ada

Im Sinne des Gender Mainstreaming soll das Erkennen der diskriminierenden Wirkung struktureller Gegebenheiten die Basis für Veränderungen schaffen.[12] Zu eben diesen strukturellen Bedingungen lässt sich im Hinblick auf das Universitätsgesetz 2002 wenig Optimistisches sagen. So ist zum Beispiel bei den obersten Entscheidungsorganen weder für den Gründungskonvent, noch für den Universitätsrat, den Senat oder das Rektorat das Prinzip der Geschlechterparität vorgeschrieben. Für die Besetzung der Schiedskommission gilt das Prinzip der Geschlechterparität jedoch sehr wohl – offensichtlich ist es dem Gesetzgeber also bewusst, dass es nicht unerheblich ist, welchen Geschlechts die Mitglieder eines Entscheidungsgremiums sind (§43 Abs. 9). Warum dies nur für ein Gremium im Bereich der Gleichbehandlung (Schiedskommission) gelten soll, ist nicht einzusehen. Die konkreten Auswirkungen der fehlenden Geschlechterparität in den höchsten Gremien werden bereits am Beispiel der Universitätsräte deutlich: Bei der Ernennung der Ratsmitglieder durch die Universitäten (eine zweite Ernennung erfolgt durch das „Bundesministerium für Bildung, Wissenschaft und Kultur") war gerade einmal ein knappes Sechstel aller gewählten Räte weiblich (49 Männer, 10 Frauen). Nach der Nominierung der Mitglieder durch die Bundesministerin hat sich das Verhältnis zugunsten von Frauen verschoben (78 Männer, 40 Frauen), aus einem knappen Sechstel wurde ein Drittel.[13] Die Bestellung der Mitglieder dieses für die neuen Universitätsstrukturen so wichtigen Gremiums (der Universitätsrat hat, vergleichbar mit einem Aufsichtsrat, in diversen wesentlichen Bereichen ein Entscheidungs- oder Stellungnahmerecht) war ein erster Prüfstein für das Werteverständnis, welches die Universitäten sowie das Bildungsministerium an den neuen Universitäten gefördert sehen wollen. Die Zeichen, die hier gesetzt wurden, haben die Öffentlichkeit nicht nur in Bezug auf die Geschlechterdemokratie, sonder auch aus einem weiteren Grund empört: Das Dokumentationsarchiv des Österreichischen Widerstandes hat bei einigen der von der Regierung bestellten Universitätsräte einen „burschenschaftlichen bzw. rechtsextremen Hintergrund"[14] geortet, so bei Friedrich Stefan (Universitätsrat der Universität Wien), Gerhard Pendl (Universitätsrat der künftigen Medizinischen Universität Wien), Udo Losert (Universitätsrat der Veterinärmedizinischen Universität Wien) oder Peter Weiß (Universitätsrat der Kunstuniversität Linz). Die Nominierung dieser Personen gibt ein schockierendes Bild des Demokratieverständnisses der aktuellen Bundesregierung wider.

Bezüglich der eingangs erwähnten „gesellschaftlichen Zielsetzung", den Frauenanteil in leitenden Funktionen zu erhöhen (§13 Abs. 2 lit. d), findet sich im neuen Universitätsgesetz in weiterer Folge eher das Gegenteil: Das Gesetz beschränkt die Besetzung der Leitung einer Organisationseinheit auf die ordentlichen Professorinnen und Professoren (§20 Abs. 5). Ein Blick in die Statistiken zeigt, dass die Chancen für Frauen solche Posten zu erhalten minimal sind, denn österreichweit beläuft sich der Professorinnen-Anteil lediglich

---

Pellert Hg., Frauenförderung = Hochschulreform. Dokumentation der gleichnamigen Tagung vom 28. 2. bis 2. 3. 2001, Graz 2001, 25–45.

12 Vgl. Barbara Stiegler, Wie Gender in den Mainstream kommt: Konzepte, Argumente und Praxisbeispiele zur EU-Strategie des Gender Mainstreaming, [Electronic ed.], Bonn 2000 sowie unter www.fes.de/ fulltext/asfo/00802toc.htm.

13 Die Zahlenangaben beziehen sich auf die Nominierungen vor der Wahl des gemeinsamen Uniratmitglieds durch die Universitäten und das Wissenschaftsministerium.

14 Vgl. http://science.orf.at/science/news/68145 (12. 3. 2003).

auf 7%.[15] Auch wenn der Gesetzgeber – an diesem Punkt heftig kritisiert – nun auch den Universitätsdozentinnen und -dozenten die Übernahme einer solchen Leitungsfunktion ermöglicht (§122 Abs. 5), bleibt das diesbezügliche Vorschlagsrecht nach wie vor bei den Professorinnen und Professoren. Schließlich ist auch und gerade bezüglich propagierter Chancengleichheit, noch der Aspekt der Mitbestimmung an den neuen Universitäten anzusprechen. Die durchwegs gesetzlich vorgesehene Entscheidungsübermacht der Professorinnen und Professoren in den Universitätsgremien (verbunden mit monokratischen Führungsstrukturen), bedeutet die Abschaffung des Prinzips der Mitgestaltungsmöglichkeit *aller* Universitätsangehörigen also auch des Mittelbaus der immerhin einen Frauenanteil von einem Drittel hat.[16] Damit wird das bereits oben angesprochene Problem der Repräsentation von Frauen in den Entscheidungsgremien neuerlich aufgeworfen.

Abschließend kann festgehalten werden, dass ein Gesetz immer nur den zulässigen Rahmen für menschliches Handeln festlegt. Womit und in welcher Weise die rechtlichen Rahmenbedingungen ausgefüllt werden, so zum Beispiel in der zukünftigen Satzung einer Universität, hängt vom Willen der einzelnen Akteurinnen und Akteure ab.

Die hier besprochenen Rahmenbedingungen und Strukturen, die vom neuen Universitätsgesetz 2002 geschaffen werden, können jedenfalls nicht als frauenfördernd bewertet werden. Dies veranlasst zu der Feststellung, dass das Universitätsgesetz 2002 als „Gender Mainstreaming-Pilotprojekt" gescheitert ist. Anstelle der erwarteten gesetzlichen Vorgaben zur Beibehaltung oder gar Erhöhung der Standards im Gleichstellungsbereich, bleibt nun höchstens die Hoffnung auf „good will" der zukünftigen Entscheidungsträgerinnen und Entscheidungsträger. Wird diese Hoffnung enttäuscht, so wird man/frau auf die Titelfrage „Wie viele Frauen sehen Sie?" sicherlich lange Zeit mit „wenige, sehr wenige" oder gar „keine" antworten müssen, oder wie Sieglinde Rosenberger dies ausdrückt: „Dem Gesetz ist die Maskulinität der Universität eingeschrieben."[17]

15 Zum Datenmaterial vgl. Moser, Universität, wie Anm. 4.

16 Vgl. Moser, Universität, wie Anm. 4.

17 Sieglinde Rosenberger, „Eine autoritäre Spiegelung: UG 02", BUKO-Info 3/4/2002, 21.

Rezensionen

Silvana Seidel Menchi u. Diego Quaglioni Hg., **Coniugi nemici. La separazione in Italia dal XII al XVIII secolo** (= I processi matrimoniali degli archivi ecclesiastici italiani; 1). Bologna: Società editrice il Mulino 2000, 570 S., EUR 33,05, ISBN 8-81507-590-9.

Silvana Seidel Menchi u. Diego Quaglioni Hg., **Matrimoni in dubbio. Unioni controverse e nozze clandestine in Italia dal XIV al XVIII secolo** (= I processi matrimoniali degli archivi ecclesiastici italiani; 2). Bologna: Società editrice il Mulino 2001, 581 S., CD-ROM, EUR 37,00, ISBN 8-81508-643-9.

Die Bände „Verfeindete Eheleute" und „Umstrittene Heirat" eröffnen die Reihe „Eheprozesse aus den kirchlichen Archiven Italiens". Sie haben eine am „Istituto Storico Italogermanico" in Trient angesiedelte Vorgeschichte, die mit einem ersten Treffen im Jahr 1996 begann. Daraus gingen eine interdisziplinär und international zusammengesetzte Arbeitsgruppe und eine Seminarserie mit dem Fokus auf kirchlichen Ehe-Prozessen hervor. Weitere Bände aus diesem Diskussions- und Forschungszusammenhang sind in Planung: zu ehelichen Transgressionen und zur Geschichte der Ehe in Europa als Nord-Süd-Vergleich.

Der erste der hier besprochenen Bände über Trennungen von Tisch und Bett in Italien zwischen dem 12. und 18. Jahrhundert gliedert sich in vier Abschnitte. Den Anfang machen zwei einführende Texte der beiden HerausgeberInnen. Silvana Seidel Menchi setzt sich ausführlich mit Ehe-Prozessen als Quellengattung auseinander, mit Problemen der Zugänglichkeit ebenso wie mit daran geknüpften neuen Forschungsinteressen und möglichen Themenfeldern. Diese ortet sie in den Bereichen Heirat, Ehe und Familie, Struktur und Funktionieren der Kirchengerichte, Beziehungen zwischen Kirche und Gläubigen sowie in der Rolle solcher Gerichte als Weg der Konfliktlösung (15ff). Im Weiteren gibt sie einen Ausblick auf Fragestellungen und Schwerpunkte, indem sie zunächst den internationalen Forschungsstand beleuchtet (30ff) und dabei den auf das Innenleben konzentrierten Blick, die besondere Bedeutung der Quelle für Frauen- und Geschlechtergeschichte sowie das Herstellen einer Verbindung zwischen Ehekonflikten und sexuellen Transgressionen hervorhebt (42ff). Im Anschluss geht sie auf italienische Studien ein (45ff). Anhand von drei Fällen exemplifiziert Silvana Seidel Menchi abschließend heuristisch-methodische Fragen und Problemfelder, die sich im Umgang mit Ehe-Prozessen als Quelle stellen (59ff).

Diego Quaglioni widmet sich – ausgehend vom Sakramentcharakter der katholischen Ehe (98f) und der damit verbunden Unauflöslichkeit – der Unterscheidung zwischen einer

„Trennung von Tisch und Bett" und einer Annullierung der Ehe (104ff). Interessant ist, dass das gemeine Recht im Widerspruch zum kanonischen Recht einvernehmlichen Trennungen durchaus positiv gegenüberstand und solche vor und nach dem Konzil von Trient, das 1563 endete, und parallel zur restriktiveren kirchlichen Gerichtsbarkeit ermöglichte (116ff).

In Abschnitt zwei folgen vier detailliert rekonstruierte Prozesse mit transkribierten Quellendokumenten jeweils im Anhang. Christine Meek untersucht einen Fall aus dem Jahr 1424 in Lucca: Die Ehefrau sprach den Trennungswunsch aus, nachdem der Mann infolge eines Aufenthaltes in Tunesien zum Islam übergetreten war und darüber hinaus eine islamische Frau italienischer Herkunft geheiratet hatte (125). Der Fall, den Joanne Ferraro in ihrem Beitrag behandelt, spielte sich 1634 in Venedig ab: Orsetta hatte nach sechs Monaten Ehe das Haus ihres Mannes Annibale verlassen. Sie verdächtigte ihn, sie vergiften zu wollen, um an ihre Mitgift zu kommen (141). Faktum oder Strategie? – Der Frage, wie Argumente aufgebaut und glaubhaft gemacht werden, spürt die Autorin entlang dieses Prozesses nach, in dessen Verlauf sich die Bedeutung von familialen und sozialen Netzen – bis hin zum Dienstmädchen – für Frauen in einer solchen Situation schön zeigen lassen (149f). Luca Faoro rollt zunächst die Vorgeschichte des Ehepaares Mathias Stelzhamer, der aus Bayern stammte, und Giulia Linarolo ausführlich auf: von dessen Niederlassung in Trient bis zum Trennungsprozess der Jahre 1664 bis 1666, den die Frau infolge seines jahrelangen Verschwindens, nachdem er sich hoch verschuldet hatte, anlässlich seiner Rückkehr in Gang brachte (195ff). Daniela Lombardi zeichnet einen Trennungsfall nach, der sich in Florenz der 1770er Jahre über lange Zeit hinzog, unter anderem, weil die Kirche aufgrund ihrer Mediations-Pflicht auf einem neuerlichen Zusammenleben bestanden hatte (339). Misshandlungen und unüberwindlicher Hass – letzteres ein ansonsten von Richterseite kaum aufgegriffenes Argument (342f) – waren die Hauptpunkte von Seiten der Frau, wobei verweigerte Unterhaltszahlungen per definitionem auch eine Misshandlung konstituierten (339). Abschließend diskutiert die Autorin die Anstalt für die „Malmaritate", für Frauen, die es mit der Heirat ‚schlecht' getroffen hatten, sowie die Zuständigkeit des Staates für die Kinder im Trennungsfall, die sie in Richtung steigender Kompetenzen interpretiert in einer Zeit sich ändernder Beziehungen zwischen Kirche und Staat (348ff).

Abschnitt drei setzt mit Prozess-Rekonstruktionen fort: Stanley Chojnacki vergleicht drei Fälle von Trennung, die vor dem Patriarchat in Venedig in der zweiten Hälfte des 15. Jahrhunderts verhandelt wurden – einer nur war erfolgreich. Bei patrizischen Familien zogen Trennungsfragen vor dem Hintergrund größerer Vermögenstransfers im Kontext der Eheschließung einerseits und zerbrechender Allianzen zwischen Familien als Folge andererseits größere Probleme nach sich (371ff). Die Patriarchen waren sich – so der Autor – möglicher sozialer, ökonomischer und letztlich auch politischer Auswirkungen einer gescheiterten Ehe im Patriziat sehr wohl bewusst und agierten entsprechend (413). Die Erklärung des Erfolges der Trennungsklage von Cataruzza im Unterschied zu den anderen sieht er in der gelungenen enormen Mobilisierung der männlichen Verwandtschaft – sowohl der blutsverwandten als auch der verschwägerten – im Zuge des Prozessgeschehens (414ff.) Auch Irene Fosi bewegt sich im Feld von Politik, Macht und wirtschaftlichen Implikationen, dem juristische Instanzen relativ machtlos gegenüber standen. Den breiteren Kontext der Trennung zwischen Benedetta Pinelli und Girolamo Grimaldi, der aus dem ältesten Genueser Adel stammte, liefern Fragen von politischem Druck und Mediation, Patronage und Klientelbeziehungen sowie von Unklarheiten in Hinblick auf die Zuständigkeit der Gerichte zwischen Genua, Neapel und Rom, die mit diesem Fall in verschiedenen Phasen in den Jahrzehnten zwischen 1609 und 1653 (!) befasst waren. Im Kontext von Trennungen richteten sich ungezählte Suppliken und Bittbriefe an die päpstliche Verwandtschaft, beispielsweise an die Barberini (419ff) – hier zwischen 1615 und 1643 zur Darlegung der Sicht von Seiten der Familie der Braut (435ff). Oscar di Simplicio reflektiert in seinem Beitrag über mögliche Gründe einer atypischen Paarkonstellation – eine Witwe im Alter zwischen Mitte und Ende 50 und ein junger Mann von 34 Jahren –, in der die Frau bald nach der Heirat, die 1629 in Siena erfolgt war, das Haus verließ (457ff).

Drei kürzere Beiträge ergänzen den Band im vierten Abschnitt thematisch: Giovanni Minnucci diskutiert eine vertrackte Rechtsfrage: Die Frau verlässt aufgrund von Misshandlungen den ehelichen Haushalt. Der Mann verpflichtet sich daraufhin, eine bestimmte Summe als Strafe zu zahlen, falls er sie nochmals schlagen sollte. Wie ist das nun zu handhaben, wenn sich nach ihrer Rückkehr nichts ändert? Der Knackpunkt der Geschichte liegt im Widerspruch zwischen einem solchen Vertrag über Strafzahlungen und der Rechtsauffassung, dass an eine Ehe keinerlei Bedingungen geknüpft sein dürfen (495). Anna Esposito konzentriert sich auf das Problemfeld außerehelicher Beziehungen in Rom in der Frührenaissance, und zwar in Form von Konkubinaten, für die sich unter den Notariatsakten auch „Zusammenlebens-Kontrakte" finden, die bisweilen Vorkehrungen für eine mögliche Trennung enthalten (502). Angelo Rigo hat das Agieren des staatlichen Gerichtes in Venezien in Tridentinischer Zeit – in den 1550er und 1560er Jahren – unter die Lupe genommen. Dessen Richter entschieden auch über Ehekonflikte, sprachen in diesem Zusammenhang die Erlaubnis zur Trennung von Ehen aus und befassten sich schließlich mit der Sicherung der Mitgift (520ff). Die kirchlichen Autoritäten schwiegen zu diesen Aktivitäten, in denen der Autor pragmatisches Vorgehen sieht (533f). Eine Bibliographie und Register der Namen sowie der Orte und Institutionen beschließen den Band.

Unter dem Themendach „verfeindete Eheleute" sind damit eine Reihe interessanter Fallstudien verschiedener sozialer Milieus und historischer Zeiten versammelt, die in detaillierten Rekonstruktionen erarbeitet wurden. Dem Quellenmaterial kommt dabei eine prominente Rolle zu, schon insofern als die kirchlichen Ehe-Prozesse den gemeinsamen Ausgangspunkt und das verbindende Element zwischen den Beiträgen konstituieren. Die einzelnen Untersuchungen dokumentieren ein weiteres Mal den Reichtum italienischer Archive. Diese Materialfülle bringt neben Erkenntnismöglichkeiten auch die Gefahr einer allzu starken Quellen-Verhaftung mit sich. Wenn auch die meisten AutorInnen den Blick darüber hinauslenken und ihre Fallgeschichten in breitere Kontexte und Interpretationsrahmen einordnen, stellt sich das Problem der Dominanz des Materials doch vereinzelt. Sehr unterschiedlich ist etwa die Länge des Quellenanhanges zu den einzelnen Texten im zweiten Abschnitt – einmal über hundert Seiten. Der Sammelband öffnet ein breites Spektrum an gerichtlichen Abläufen und Zuständigkeiten, an formalen Anpassungen und situativen Aneignungen, an unterschiedlichen Implikationen von Ehe-Trennungen, an Möglichkeitsräumen für Frauen und Männer und deren Grenzen, er legt im vierten Abschnitt auch Spuren, die über das engere Themenfeld hinausführen – und weckt damit Neugier auf die Fortsetzung einschlägiger Forschungsarbeiten.

Umstrittene Heiraten in der vortridentinischen Zeit und „heimliche", das heißt, der kirchlichen Kontrolle entzogene Eheschließungen, in der nachtridentinischen Zeit liefern ebenfalls vielfältige Archivmaterialien und damit ein reiches Repertoire an Lebensgeschichten für den zweiten Band der Reihe zu kirchlichen Eheprozessen. Dessen Design unterscheidet sich dahingehend, dass die Quellendokumentation auf die beiliegende CD-ROM gebannt ist und auf den ersten Abschnitt mit wiederum zwei einleitenden Texten der Abschnitt „kommentierte Prozesse" folgt, der alle weiteren Beiträge versammelt. Silvana Seidel Menchi verdeutlicht gleich am Beginn, dass hinter den vielfältigen und variablen Formen einer Heirat und deren Szenarien wie sie vor dem „Konzil von Trient" möglich waren, gleichzeitig stark normierte Abläufe stecken, deren Einhaltung für die Gültigkeit – um deren Klärung es in den zum Teil verwickelten Geschichten der Einzelstudien dann geht – ausschlaggebend waren (18ff). Grundlage einer gültigen Ehe war der Konsens, die beiderseitige Einwilligung aus freier Entscheidung (22ff). Dieser zentraler Punkt ließ sich in theoretischen Abhandlungen zwar relativ eindeutig definieren, in der Gerichtspraxis eröffnete er allerdings einigen Interpretationsspielraum nicht zuletzt auch für strategische Operationen. Die Logik der durch eine Heirat wiederhergestellten Ehre der Familie – wenn etwa ein Paar „in flagranti" erwischt worden war – und das Pochen von Seiten der Kirche auf beiderseitigem Einverständnis ohne äußeren Druck ließen sich mitunter schwerlich vereinbaren (32ff) – aber auch als Taktik nutzen. Auch die Altersgrenze der Heiratsfähigkeit – für Mädchen lag sie bei zwölf Jahren – sorgte vielfach für Verwicklungen, da ein vorher gegebenes Heiratsversprechen nochmals erneuert werden musste, um gültig zu sein. Dies leitet zu einer diffizilen grammatikalischen Frage über, in der die Zeugen sattelfest sein mussten; und zwar, ob die Heiratsabsicht mittels „verba de praesenti" oder „de futuro" ausgedrückt worden war, also auf die Gegenwart bezogen, im Sinne von: „Ich nehme dich zur Frau" und damit als ehestiftend galt, oder aber auf die Zukunft bezogen: „Ich werde dich zur Frau nehmen", was nur ein Eheversprechen, also ein Verlöbnis konstituierte (35ff). Der Einzug der Frau in das Haus des Mannes stellte den symbolisch aufgeladenen Hauptakt in der mehrstufigen Heiratsabfolge dar, der keinen Zweifel an der Faktizität der Situation mehr zuließ (38f). Die ersten Jahrzehnte nach dem „Konzil von Trient" lassen sich als Phase des Übergangs charakterisieren, für die es ebenfalls mehrdeutige Quellen und ebensolche Geschichten gibt (54ff). Den unterschiedlichen Formen der vor- und nachtridentinischen Heirat geht Diego Quaglioni im Detail und entlang eines historischen Aufrisses nach (61ff).

Das Feld, auf dem sich die AutorInnen der einzelnen Beiträge bewegen, teilt sich in drei Ebenen: kanonische Doktrin, Gerichtspraxis und soziale Praxis, die sich an jeweils unterschiedlichen Werteskalen und Bedeutungszuschreibungen orientieren. List und Schwindel, oft ökonomisch begründet, sind dabei an der Tagesordnung.

Den Hauptteil eröffnet Giuliano Marchetto mit einem Blick auf den Veroneser Juristen Baldo degli Ubaldi, der vom kirchlichen Gericht als Berater beigezogen wurde. Er hatte zu klären, ob der Mann ein Recht auf die Mitgift der inzwischen verstorbenen Frau hatte, die zum Zeitpunkt des Eheversprechens noch nicht zwölf Jahre alt gewesen war (83ff).

Christine Meek untersucht einen – für das ausgehende 14. Jahrhundert exemplarischen – Fall aus Lucca, in dem der Konsens von Seiten der Frau in Frage gestellt wurde. Hier lag der Verdacht nahe, dass sich der Auserwählte im Zuge der Mitgift-Verhandlungen als weniger ‚gute Partie' herausstellte und man ihn auf diese Weise wieder loswerden wollte (107ff). Zwei völlig verschiedene Versionen der Geschichte von Giorgio und Maddalena aus Padua, die sich in den 1550er Jahren ereignet hat, rollt Cecilia Cristellon auf. Der Prozess kam infolge des Klostereintrittes der Braut und möglicherweise Ehefrau in Gang (123ff). Paola Benussi verdichtet diesen speziellen Fall, indem sie auf der Grundlage weiterer Quellen die Familiensituation und das soziale Umfeld genauer rekonstruiert und ähnliche Fälle zum Vergleich heranzieht (149ff). Eine Nachlese zum selben Fall bietet schließlich Giovanni Minnucci in seinem Kommentar auf Basis einer historisch-juristischen Lektüre. Als zentrale Aspekte debattiert er die Fragen der Legitimität und Zuständigkeit des Richters (175ff) sowie das Ausüben von Druck auf die Gerichtsbarkeit durch die Prozessparteien (191ff). Stanley Chojnacki beschäftigt sich – wie auch schon im ersten Band – mit dem venezianischen Patriziat und stellt die Frage, ob dieses die Autorität der Kirche, konkret des 1451 institutionalisierten Patriarchen von Venedig, in Eheangelegenheiten akzeptiert hat. Die Antwort sucht er anhand von zwei Fällen, in denen Frauen die Rechtmäßigkeit der Eheschließung bestätigt sehen möchten, was nur im zweiten Fall gelingt (202ff). Er filtert dabei Argumentationsmuster und -strategien heraus und setzt sie mit politischen Ideologien und patrizischen Idealen und Werten der Zeit in Verbindung. In einem weiteren Beitrag über einen Rechtsgelehrten, Bartolomeo Cipolla, thematisiert Giovanni Marchetti den Konsens als essenzielles Element der christlichen Ehe. Einen Gegenpart stellt das Konzept des „matrimonium meticulosum" dar, der aus Furcht oder aus einer Gefährdung heraus geschlossenen und damit ungültigen Ehe (247ff). Die Fallgeschichte zum Rechtsgutachten Cipollas, das den Ausgang des Prozesses allerdings nicht bestimmen konnte, präsentiert Cecilia Cristellon (279ff). Inwieweit bei der Klärung der Gültigkeit einer Ehe lokale Hochzeitsbräuche, deren kollektive Anerkennung sowie die lokale Öffentlichkeit insgesamt eine Rolle spielten, dem gehen Maria Lazzeri und Silvana Seidel Menchi in Zusammenhang mit der Eheklage einer schwangeren Frau im Valsugana nach (305ff). Der Bedeutung der Familie spürt Lucia Ferrante in unmittelbar vortridentinischer Zeit in Bologna nach, und zwar vor dem Hintergrund einer verwickelten Konstellation von vier Personen, die durch drei Eheversprechen miteinander verbunden waren (329ff). Die eingeschlagenen Lösungswege lassen auf Tendenzen in Richtung einer zunehmend partilinearen Gesellschaft schließen (360). Sara Luperini behandelt einen Fall aus Pisa im Jahr 1584, einer Zeit, in der auf die Phase einer gewissen nachtridentinischen Toleranz die Kriminalisierung früherer Formen folgt, die im Kontext der Gegenreformation zu sehen ist (369f). Der Bedacht auf rigoroses Einhalten der von der Kirche vorgeschriebenen Normen und die harte Vorgangsweise gegenüber irregulär geschlossenen Ehen führt bis hin zu Gefängnisstrafen, Zwangsarbeit und Verbannung. Daniela Hacke zeigt an einem exemplarischen Fall die Durchsetzung der nunmehr punktuell an der kirchlichen Zeremonie festgemachten Eheschließung gegenüber dem früheren mehrstufigen Modell. Sie ortet darin eine verstärkte Asymmetrie zwischen den Geschlechtern und – gemessen an Ruf und Ehre – ein erhöhtes Risiko auf Seiten der Frauen (404). Dea Moscarda stellt in ihrem Beitrag die „Sacra Romana Rota", das Gericht im Kirchenstaat, und einen prominenten Richter, den Kardinal Giovan Battista de Luca vor, der in seinem mehrbändigen Werk „Theatrum veritatis" auch Ehe-Prozesse abgehandelt hat (415ff). Der geschilderte Fall einer versuchten, aber abgewiesenen Annullierung einer Ehe zwischen einem sozial hochstehenden Mann und einer „armen" Frau war als Vorlage für spätere Urteilsfindungen folgenreich (423ff). Luca Faoro konzentriert sich auf einen Prozess, in dem es um Verführung und ein gegebenes, aber nicht gehaltenes Eheversprechen geht (432ff). Der Autor setzt sich im Weiteren ausführlich und unter Einbeziehung diverser juristischer Positionen mit der Frage des Nachweises einer sexuellen Beziehung auseinander (443ff). Chiara La Rocca gibt im letzten Beitrag des Bandes einige Lesarten zu einem Prozess des Jahres 1772 in Livorno, bei dem es um ein von der Frau nicht eingelöstes Eheversprechen ging, das der Mann einklagte. Das Urteil lautete auf ungültig, was die Autorin als Respektierung der Position der Tochter gegenüber Zielen und Zwecken, die ihr Vater mit dieser Ehe verfolgt hatte, interpretiert (549).

In diesem zweiten Band der Reihe zu Ehe-Prozessen sind die verschiedenen Problemhorizonte, Streitpunkte und Konstellationen umstrittener Heiraten und Eheversprechen in vor- und nachtridentinischer Zeit herausgearbeitet und in konzentrierter Form erschlossen. Die Arbeitsgruppe und Diskussionszusammenhänge werden durch personelle Kontinuitäten in den beiden Bänden, durch Bezugnahmen der Beiträge aufeinander und vor allem auch durch die Beleuchtung einzelner Fälle aus der Perspektive mehrerer AutorInnen mit unterschiedlichen Schwerpunkten sichtbar – insofern ist das Unternehmen nicht nur von seiner thematisch-inhaltlichen Seite sehr interessant zu bewerten, sondern auch von seiner Organisationsstruktur her.

Margareth Lanzinger, Wien

Monika Obermeier, **„Ancilla". Beiträge zur Geschichte der unfreien Frauen im Frühmittelalter** (Frauen in Geschichte und Gesellschaft; 32). Pfaffenweiler: Centaurus-Verlag 1996, 283 S., EUR 34,77, ISBN 3-812550-048-9.

Die Entwicklung der *Genderforschung*, insbesondere die Theoriedebatte, erfolgt in rasantem Tempo. Daher wird man von einem Buch, das 1994 als Promotionsschrift an der Münchener Universität vorgelegt wurde und 1996 erschien, nicht erwarten, dass es sich im Diskussionsmilieu der aktuellen Konstruktivismus-Diskurse bewegt. Und auch die thematischen Interessen haben sich innerhalb der letzten Jahre von einer eher sozialgeschichtlich orientierten Forschung zu Fragen kulturwissenschaftlicher Art verlagert. Dennoch behält manche Arbeit auch nach einigen Jahren noch Wert und Aussagekraft, ja man liest sie heute mit anderen Augen und mit neuem Gewinn. Das trifft für das vorliegende Werk von Monika Obermeier zu, dessen Ergebnisse im Detail so spannend und wichtig sind, die Urteile insgesamt so differenziert und abgewogen, der Sprachfluß so lebendig, dass die Lektüre Spaß macht und nur zu empfehlen ist.

Die Aktualität des Buches liegt an der besonderen Zähflüssigkeit der Diskussion um die angebliche Stagnation und Undurchlässigkeit der Ständegesellschaft des Mittelalters und der Position der Frau darin. Alte Vorurteile werden durch neue Schauermärchen aus populärwissenschaftlichen Publikationen und medialen Darstellungen immer wieder neu genährt. Obwohl der Abbau dieser Negativsicht mittlerweile sogar explizit als Forderung in einigen der Richtlinien für den Schulunterricht in deutschen Bundesländern steht, geht die gedankliche Arbeit nicht recht voran; geradezu ein wissenssoziologisches Paradebeispiel dafür, wie langsam längst überholte Vorstellungen aus den Köpfen verschwinden: Offenbar besteht gerade in Krisenzeiten ein mentales Bedürfnis nach einem klaren Feindbild in vergangenen Zeiten, um die (relative) Fortschrittlichkeit der eigenen Gegenwart positiv dagegen abgrenzen und weitergehende Forderungen neutralisieren zu können.

Die düstere Sicht auf das Mittelalter basiert auf dem einprägsamen Bild der sogenannten „Ständepyramide", die sich in allen älteren Schulbüchern findet und zum Standardrepertoire des Geschichtsunterrichtes gehörte. Diese Darstellung teilt die Gesellschaft des Mittelalters in drei Stände auf: An der Spitze steht der König, darunter folgen die adligen geistlichen und weltlichen Herrschenden, und am breiten untersten Ende gibt es ein oft eingedunkeltes Feld, in dem, meist in geduckter Haltung, die „Bauern" dargestellt werden, jene in abhängigen Beschäftigungsverhältnissen auf dem Lande tätigen Bevölkerungsgruppen. Pfeile, die die Machtstruktur erläutern sollen, laufen ausschließlich von oben nach unten, um die Rechtlosigkeit der Leibeigenen zu kennzeichnen, die angeblich unter der Knute der beiden anderen Stände und in dumpfer Unwissenheit vor sich hin vegetierten. Sie alleine, so legt es dieses Bild nahe, „arbeiteten", um die gesamte Gesellschaft zu ernähren.

Die dreigeteilte Lehenspyramide kann sich zwar auf eine Quelle berufen, die um 1225 entstand, doch versteht sie diese, darauf wurde wiederholt hingewiesen, falsch.[1] Eike von Repgow, der Autor des „Sachsenspiegels", wollte beschreiben, wer von wem Lehen empfangen konnte; er charakterisierte eine „Heerschildordnung", die in sechs Stufen die Hierarchie der Rechtsbeziehungen unter den Freien und Adligen wiedergeben sollte. Die Abbildung, die sich auf ihn beruft, phantasiert die unterste Stufe also dazu und erhebt einen völlig anderen Anspruch als er: nämlich den, die Gesellschaftsstruktur des gesamten Mittelalters zu charakterisieren. Ganze Bevölkerungsgruppen werden freilich in der Darstellung ignoriert: weder Dorfpfarrer, städtische Handwerker, noch Intellektuelle sind erfasst; Abhängigkeiten und Machtverhältnisse werden einseitig und starr verstanden. Was zum Beispiel ist mit der sozial aufsteigenden Gruppe der Ministerialen, die unfrei, aber einflussreich waren?

Frauen sind – wenn sie überhaupt auftauchen – generell nur im untersten Feld angesiedelt. Die *Genderforschung* hat sich nun in den letzten Jahren erfolgreich damit beschäftigt, die weibliche Präsenz innerhalb der oberen Ränge zu erforschen: So wurde die aktive Rolle von Frauen bei der geistlichen und weltlichen Herrschaftsausübung herausgearbeitet, ihr „Freiraum" innerhalb von Kirche und Kloster präzisiert, weibliche Forderungen innerhalb der religiösen Bewegungen betont und die Vielfalt der Tätigkeiten in der Stadt beschrieben. Die Aufgabenverteilung innerhalb der Familie wurde aufgegriffen, die

1 Vgl. dazu die kritische Stellungnahme von Hartmut Bookmann, Über einen Topos in den Mittelalter-Darstellungen der Schulbücher. Die Lehnspyramide, in: Geschichtsunterricht heute. Grundlagen – Probleme – Möglichkeiten. Sammelband: GWU-Beiträge der neunziger Jahre, Seelze-Velber 1999, 111–122.

Vorstellung, die Frau sei innerhalb der Großfamilie eine Gebärmaschine gewesen, als Mythos entlarvt und eine differenziertere Sicht von Liebe und Ehe entwickelt.

Doch bis auf die Fallstudien von Ludolf Kuchenbuch und Hedwig Röckelein[2] über die Arbeit von Frauen auf dem Lande wurde bisher wenig über das Leben der Mehrheit der weiblichen Bevölkerung im frühen Mittelalter geschrieben. Diese Forschungslücke greift Monika Obermeier auf: „Ancilla", wörtlich übersetzt die „Dienerin", „Magd", auch „Sklavin" beziehungsweise die unfreie Frau innerhalb der Grundherrschaft, steht zunächst einmal, so ihr Ausgangspunkt, im Stand persönlicher Unfreiheit und damit einer grundsätzlichen Rechtlosigkeit. Wie aber sah deren konkrete Lebenswelt aus? Welche Arbeiten musste sie ausführen, welche Funktion erfüllte sie in Haus und Familie? Auf welche Weise gestaltete sich ihre Abhängigkeit vom Grundherrn? Oft werden Forschungsdefizite auf diesem Gebiet mit mangelnder Quellengrundlage legitimiert. Obermeier wendet sich gegen dieses Vorurteil. Sie hat publizierte Quellensammlungen verschiedener Art, rechtliche und ökonomische Werke, Briefe sowie Heiligenviten, durchgesehen und fördert eine Vielzahl von quellenmäßigen Erwähnungen der „ancilla" zutage, die durch den Kontext und gerade auch im Vergleich aussagekräftig sind.

Zunächst zeigt sie, dass die unfreie Frau sich in gänzlich unterschiedlichen Formen der Abhängigkeit befand. Freiheit bedeutet im Mittelalter etwas anderes als in der Zeit nach der Konstituierung der Menschenrechte – keine neue Erkenntnis zwar – doch wird sie hier einmal wieder überzeugend exemplifiziert. Es gab Halbfreie, Freigelassene und solche, die sich freiwillig in Abhängigkeit begaben, weil sie den Schutz eines Herrn suchten. Abhängigkeit bedeutete keineswegs willkürliche Auslieferung. Das verbreitete Vorurteil, abhängige Frauen seien entsprechend dem berüchtigten „Ius primae noctis", dem „Recht auf die erste Nacht", sexuelles Freiwild für ihren Grundherrn gewesen, ist in den letzten Jahren mehrfach zurückgewiesen worden. Auch Obermeier gibt zu bedenken, dass hier voreilig verallgemeinert wurde. Sie zeigt an zahlreichen Beispielen die Vielfältigkeit der Lebensmöglichkeiten der „ancilla" mit einem Partner, als Ehefrau, Geliebte, Konkubine. Selbst wenn der Grundherr ihr eine Eheschließung verbieten konnte, gibt es doch zahlreiche Beispiele für dauerhaft verheiratete Frauen, die mit ihrem Mann ein eigenes Haus bewohnten und bewirtschafteten. Mit der zunehmenden Hufenbildung der „servi casati", der behausten Knechte, wuchs die Notwendigkeit für diese, Ehefrauen und auch eigene Kinder als Arbeitskräfte einzusetzen. Damit nahmen auch Einfluss und Ansehen der verheirateten „ancilla" zu. Zwar schränkt Obermeier die von Suzanne Wemple vertretene These ein, die behauptete, Frauen in den abhängigen Schichten hätten sich ihre Partner gänzlich frei aussuchen können; doch zeigt sie, dass innerhalb der bäuerlichen Welt Ehe und Familie „zur normalen Lebensform" (116) wurden. Dabei überschritt die Partnerwahl zunehmend die Stufen der Unfreiheit; Mägde konnten auch zur legitimen Gattin ihres Grundherrn werden. Sie wurden zuvor offiziell freigelassen. Quellenbelege dafür, dass

2 Vgl. Ludolf Kuchenbuch, Opus Feminile. Das Geschlechterverhältnis im Spiegel von Frauenarbeiten im früheren Mittelalter, in: Hans-Werner Goetz Hg., Weibliche Lebensgestaltung im frühen Mittelalter, Köln u.a. 1991, 139–175 sowie weitere Arbeiten des Autors; Hedwig Röckelein, Frauen auf dem Land im frühen und hohen Mittelalter im Spiegel der Grundherrschaften Werden an der Ruhr und Essen. Eine Fallstudie, in: Bea Lundt Hg., Vergessene Frauen an der Ruhr. Von Herrscherinnen und Hörigen, Hausfrauen und Hexen 800–1800, Köln u.a. 1992, 17–50.

ehemals abhängige Frauen als Zensualin auftauchten, also zinspflichtig wurden, deutet Obermeier als Nachweis, dass sie vermögend sein konnten und eigene Gewinne erzielten, über die sie verfügen konnten.

Auch ohne Ehemann hatte die „ancilla" eine relativ stabile Position: Als Witwe konnte sie allein die Hufe weiterführen. Und auch die alleinstehende abhängige Frau konnte eine Hofstelle übernehmen. Wurde sie als unverheiratete Frau Mutter, so hatte sie in der bäuerlichen Gesellschaft des frühen Mittelalters keine einschneidenden Diskriminierungen zu erwarten. In den Fällen extremer Notzeiten mit drohender Verarmung wurden gesetzliche Regelungen getroffen, die den Grundherrn in die Pflicht nahmen. Die Behauptung Obermeiers, erst mit der kirchlichen Sakramentalisierung der Ehe sei die uneheliche Geburt negativ bewertet worden, bedarf sicher noch weiterer Überprüfung.

Ein umfangreiches Kapitel ist der Darstellung der Tätigkeiten gewidmet, die weibliche Abhängige ausübten. Gerade über Frauenarbeit kursieren in der Forschung, so die Kritik Obermeiers, typische Rückprojektionen aus der Moderne. Sowohl auf dem Fronhof als auch auf der Hufe war aber die „ancilla" nicht Hausfrau im modernen Sinne – weder Küche noch Garten waren ausschließlich ihre Domäne, selbst wenn sie häufig einen hohen Anteil der Arbeit an der Nahrungsmittelproduktion trug. Eine grundsätzliche geschlechtsspezifische Arbeitsteilung, so fasst sie in Bestätigung einer These Hedwig Röckeleins zusammen, ist quellenmäßig nicht zu belegen. Eindeutig freilich ist die zentrale Rolle von „ancillae" bei der Herstellung von Kleidung. Tatsächlich war die Textilarbeit „der umfangreichste und bedeutendste Bereich innerhalb der Wirtschaftstätigkeit der unfreien Frauen" (219). Doch war auch die entsprechende Werkstatt, das „Genetium", kein rein weiblicher Ort, vielmehr halfen und dienten dort auch Knaben.

Bei ihrer zusammenfassenden Beantwortung der Frage nach dem gesellschaftlichen Ansehen der abhängigen Frau in der frühmittelalterlichen Gesellschaft zeichnet Obermeier somit ein ambivalentes Bild. Zwar ist die Unfreie zunächst einmal eine Sache, doch als solche zugleich auch „eine kostbare res" (235), die zudem die Möglichkeit zu sozialem Aufstieg hatte. Angesichts dieser Bilanz warnt Obermeier allerdings selbstkritisch davor, das Bild nicht zu „idealisieren". Zweifellos bedarf es weiterer Detailforschungen, die stärker als dieses Buch zeitlich und regional differenzieren.

Nach heutigem Diskussionsstand hat Obermeier einen naiven Realitätsbegriff, sie glaubt an ein „objektives Bild", das sie zu konstruieren sucht, indem sie unterschiedliche Quellengattungen vergleichend auswertet. Dabei unterscheidet sie dichotomisch zwischen „objektiven" und „normativen" Quellen, ohne auf die gerade für das frühe Mittelalter typischen vermischten Formen einzugehen, die auf ganz unterschiedliche Art gesellschaftliche Erfahrungen brechen, mitteilen und verarbeiten. Dafür, dass sie ein neopositivistisches Geschichtsbild vertritt, hätte es nicht erst des Zitates von Karl Popper bedurft, mit dem sie ihr Buch beschließt.

Bea Lundt, Flensburg

Rita Huber-Sperl Hg., **Organisiert und engagiert. Vereinskultur bürgerlicher Frauen im 19. Jahrhundert in Westeuropa und den USA.** Königstein/Taunus: Ulrike Helmer Verlag 2002, 346 S., EUR 21,90, ISBN 3-89741-088-5.

Wer immer sich mit der Vereinsgeschichte einer Stadt des 19. Jahrhunderts befasst hat, weiß, wie mühevoll die Recherche sein kann, wie dürr zunächst der Ertrag an Jahresberichten, Jubiläumsschriften und Zeitungsartikeln anmutet, und wie aufschlussreich schließlich die Ergebnisse sind, nicht nur hinsichtlich Organisation und Netzwerkbildung von Frauen, sondern vor allem, was ihren Einfluss auf die Gestaltung des städtischen Lebens anbelangt.

Diskussionen um Sozialstaat und „civil society" haben zudem eine Möglichkeit eröffnet, diese Erkenntnisse in einen größeren konzeptuellen Zusammenhang einzubinden.

Im Rahmen ihres Habilitationsprojektes zur „Vereinskultur und Organisation bürgerlicher Frauen" organisierte die Münchner Historikerin Rita Huber-Sperl 2001 eine Tagung zum Frauenvereinswesen, deren Beiträge nun in einem Sammelband vorliegen. Im ersten Teil dieses Bandes ist ein Ländervergleich angestrebt. Die Entwicklungen des bürgerlichen Frauenvereinswesens in Deutschland im „langen" 19. Jahrhundert und die Entstehung der jüdischen Frauenvereine in Deutschland werden untersucht (Rita Huber-Sperl, Maria B. Baader), Formen der Armenfürsorge durch katholische Frauen in Frankreich dargestellt (Hazel Mills), ein Überblick über amerikanische Frauenvereine in den USA im 19. Jahrhundert wird gegeben (Anne Firor Scott), die Bedeutung der Kategorien Religionszugehörigkeit und „race" für die frühen bürgerlichen Frauenvereine in New York und Boston herausgearbeitet (Anne M. Boylan) sowie weibliche Reformassoziationen in Großbritannien auf ihre Positionierung zwischen dem Ideal der Familienmutter und weiblicher Subjektwerdung hin befragt (Jutta Schwarzkopf). Ein interessantes Ergebnis ist dabei, dass die ersten Vereine in deutschen Ländern Fürsorgevereine waren, während sich in den Vereinigten Staaten zu dieser Zeit schon „Selbsthilfegruppen" organisierten, in den Wirkungsstätten dieser Frauenvereine aufgrund des früher möglichen Frauenstudiums schon bald Absolventinnen der Frauenhochschulen arbeiteten, und es in Großbritannien keine geschlechtsspezifische Diskriminierung im Vereinsrecht gab.

Der zweite Teil ist Detailstudien zu einzelnen Vereinen (Badischer Frauenverein, Kerstin Lutzer; Salzburger Kinderspitalverein, Gunda Barth-Scalmani), einzelnen Städten (Leipzig, Beate Klemm; Hamburg, Kirsten Heinsohn; Rostock, Marianna Beese) und einer Persönlichkeit (Marie Goegg-Pouchoulin) in Deutschland, Österreich und der Schweiz gewidmet. Den Schluss bildet eine kurze Darstellung zeitgenössischer Benimmanforderungen an Frauen für ihr Verhalten in der Öffentlichkeit. Auch wenn es im vorliegenden Band nicht zu systematischen Vergleichen gekommen ist, so können doch LeserInnen für sich Vergleiche herstellen. Missverständlich sind die geographischen Angaben im Titel, denn weder Rostock, noch Leipzig, Chemnitz, München oder Salzburg können zu Westeuropa gerechnet werden.

Die zeitlichen Schwerpunkte liegen meist in der ersten Hälfte des 19. Jahrhunderts. Das heißt aber auch, dass inhaltlich nicht die demokratischen Frauenvereine oder die Stimmrechtsbewegung fokussiert werden, sondern die mannigfaltigen, sich interregional beziehungsweise international dann doch wieder sehr ähnlichen Tätigkeiten zu kurz- oder mittelfristigen Verbesserungen der Situation von Frauen beziehungsweise des sozialen Lebens in einer Gemeinde. Dabei finden die konfessionell ausgerichteten Frauenvereine ihren angemessenen Platz. Das Wirken von Angehörigen weiblicher Kongregationen im sozialen Bereich machte in katholischen Gebieten ein ganz wesentliches Element aus. Es stellt sich aber die Frage, ob diese Thematik im Rahmen einer Vereinsgeschichte behandelt werden sollte.

Rita Huber-Sperl legt in ihrer Einleitung Wert auf die Feststellung, dass jegliche gemeinsame Arbeit in einem Frauenverein den Frauen ihre Einflussmöglichkeiten und ihre Durchsetzungskraft erfahrbar machte. Sie arbeitet charakteristische Merkmale von Frauenvereinen, die Funktionen von „kollektivem Frauenwirken" für die agierenden Frauen, ihre Klientel und für die Öffentlichkeit heraus und verweist darauf, dass es keine lineare Entwicklung von Wohltätigkeitsvereinen hin zu Frauenvereinen, die gesellschaftliche Veränderungen im Sinne der Gleichberechtigung zum Ziel hatten, gegeben habe. Für die Einordnung der Vereine stellt sie ein imaginäres Spielfeld mit vier Zielvorgaben als Eckpfeilern dar: das Ziel, kollektiv und aktiv einen Beitrag zum gesellschaftlichen Wohl zu leisten, selbst direkt Einfluss auf Moral, Kultur und Politik zu nehmen, die Lebensbedingungen und den Status von Frauen verbessern zu wollen, Gleichberechtigung als mittel- oder langfristiges Ziel zu haben. Thematisiert aber undiskutiert bleibt die Frage, ob jegliche Organisation von Frauen in Vereinen schon als frauenbewegter emanzipatorischer Prozess zu sehen sei. Durch das Fehlen einer Begrifflichkeit mit der nötigen Trennschärfe ergibt sich eine Unklarheit, die das ganze Buch durchzieht: Geht es um die Frauenvereinslandschaft einer Stadt oder um die bürgerlichen Frauenvereine? Sollen zu bürgerlichen Frauenvereinen alle diejenigen gezählt werden, die ihre Mitglieder aus der bürgerlichen Schicht rekrutieren (wo bleiben dann die adeligen Damen der katholischen Wohltätigkeitsorganisationen?) oder nur die, welche sich nach dem bürgerlich-liberalen Vereinsmodell organisieren? Ich persönlich würde die katholischen Frauenvereine nie zu den bürgerlichen rechnen, da ich keinen Verein gefunden habe, der seine ganze Organisationsform und damit auch die Entscheidungsstrukturen nicht hierarchisch aufgebaut hätte – mit einem (Geistlichen) als Präses an der Spitze – auch wenn Frauen dieser Vereine in der Öffentlichkeit agierten und, systemintern aber auch systemstabilisierend, einige Verbesserungen für ihre Position erreichten. Die Rolle eines Zusammenschlusses katholischer Frauen Mitte des 18. Jahrhunderts, der den traditionellen Bruderschaften wohl näher stand als den Vereinen der zweiten Hälfte des 19. Jahrhunderts, müsste gesondert diskutiert werden – oder sehen sich die katholischen Frauenvereine gerade in der Tradition solcher „Liebesversammlungen" und verbinden deren Anliegen mit dem neuen effizienteren Modell des Vereins? Wenn der Vereinskultur bürgerlicher Frauen katholische Frauenkongregationen subsumiert werden, hier am Beispiel des wohltätigen Wirkens der „Soeurs de Charité" in Frankreich, ist zu fragen, wie weit eigentlich der Vereinsbegriff gefasst wurde. Auch wenn diese Organisationen (ihre Pendants im katholischen deutschsprachigen Raum sind die „Barmherzigen Schwestern", „Vinzentinerinnen" usw.) Statuten haben, sind sie keine Vereine, sondern katholische Kongregationen, die nicht nur in ihrer religiösen Lebenshaltung, sondern auch in ihrer Organisation fest in die Institution Kirche eingebunden sind. Die Verortung in die größeren politischen Zusammenhänge ist in manchen Beiträgen sehr gut, in manchen weniger zufriedenstellend gelöst. So erscheint es zum Beispiel gleich weniger erstaunlich, dass eine Frau 1873 über das Thema „Frau und Recht“ referiert, wenn man weiß, dass zu dieser Zeit der Anstoß für die Ausarbeitung eines „Bürgerlichen Gesetzbuches“ für das Deutsche Kaiserreich gegeben wurde. Im Zusammenhang mit dem „Allgemeinen Deutschen Frauenverein“ sollte man vielleicht für 1865 nicht von einer „nationalen Frauenbewegung“ sprechen, sondern eher von überregionaler Vernetzung.

Damit sind viele Fragen gestellt, die noch weiter zu diskutieren sind. Rita Huber-Sperl gebührt das Verdienst, mit ihrer eigenen Forschungsarbeit das Frauenvereinswesen in vier deutschen Großstädten systematisch untersucht, verglichen und mit diesem Sammelband einen Anstoß zu interregionalen und internationalen Vergleichen gegeben zu haben.

Margret Friedrich, Innsbruck

Birgit Bublies-Godau Hg., **„Dass die Frauen die besseren Democraten, geborene Democraten seyen …“. Henriette Obermüller-Venedey, Tagebücher und Lebenserinnerungen (1817–1871)** (Forschungen und Quellen zur Stadtgeschichte. Schriftenreihe des Stadtarchivs Karlsruhe; 7). Karlsruhe: Badenia 1999, 278 S., 23 Abb., EUR 16,40, ISBN 3-76170-370-8.

Mit diesem Buch ist ein weiterer Baustein zur Geschichte der Frauen in den 1848-Revolutionen freigelegt worden. Durch die genaue Edition der Lebenserinnerungen und Tagebücher der Henriette Obermüller (1817–1893) werden der äußere Handlungsrahmen und die innere Bewusstseinsebene einer Badenser Bürgerstochter während der Revolutionsmonate genauer bekannt. Abgesehen vom Erkenntniszuwachs für die badische Revolutionsgeschichte ist für die „allgemeine (Frauen-)Geschichte“ der allmähliche Übergang aus den Sphären weiblicher Revolutionsbegeisterung (Gastgeberin liberaler Oppositionskräfte vor 1848, bewusste Provokation ihrer Kaffeekränzchenteilnehmerinnen) zur partizipierenden Teilnehmerin (Zuhörerin von Landtagssitzungen vor 1848, Teilnahme an öffentlichen Versammlungen und Vereinssitzungen während 1848/49) spannend.

Darüber hinaus sind aber auch die privaten Aspekte dieser autobiographischen Schriften jenseits des Individuellen interessant: Wie geht eine Frau mit Gefühlskrisen um, mit der sich nicht einstellenden Mutterschaft während der ersten Ehe, den Fehlgeburten während der zweiten Ehe? Wie organisiert sie das Leben, als klar ist, dass ihr zweiter Ehemann, der gescheiterte 1848er Jakob Venedey, bestenfalls Gelehrter, aber niemals Ernährer der Familie sein wird?

Noch in der Rückschau wird die innere und äußere Dramatik dieses Frauenlebens spürbar. Auch ohne lokalgeschichtliche Motivation vermögen diese Erinnerungen zu fesseln. Dies hängt auch mit den umsichtigen und ausführlichen Anmerkungen der Herausgeberin zusammen, die das private Umfeld rekonstruieren. Das offene Ansprechen der materiell engen Lebensverhältnisse am Beginn ihrer zweiten Ehe, ihre psychische und physische Belastung lassen Henriette Obermüller-Venedy an vielen Stellen der Aufzeichnungen als starke Persönlichkeit greifbar werden. So schreibt sie etwa in ihren Lebenserinnerungen: „Mein Streben ging nun dahin, irgend etwas zu verdienen. *Was* und *Wie* das war die Frage. – Wäre ich nicht die Frau des J(acob., erg.) V(enedey. erg.) so hätte ich irgend ein offenes Geschäft in einer Stadt angefangen, aber die Rücksichten, welche ich auf ihn zu nehmen hatten, lähmten meinen Eifer ..." (161). Im Tagebuch aus dieser Zeit (Juli 1857), das sie beginnt, nachdem sie mit 39 Jahren zum ersten Mal Mutter wurde, wird die materielle Not vom privaten Glück überlagert: „Ich bin seit Wochen gar nicht wohl und schlafe so fest (ohne mich dadurch gestärkt zu fühlen), daß ich Dich nie höre. Dein lieber Vater hat die Sorge um Dich des Nachts übernommen, er giebt Dir das Fläschchen, legt Dich besser etc., als ob ich es selbst sei ..." (26).

Sie wurde in eine Beamtenfamilie geboren, erhielt auf Wunsch des Vaters – ebenso wie die Brüder – Unterricht in naturwissenschaftlichen und altphilologischen Fächern. (99) Trotz Kinderfrau und Dienstmagd mussten Mutter und Töchter für das reibungslose Funktionieren des Haushaltes und der Vorratswirtschaft viel arbeiten.[1] Halb aus Trotz, halb aus Familienrücksichten heiratet Henriette nach einer wegen Standesunterschieden unglücklichen Liebe mit zwanzig Jahren ihren Vetter und zieht mit ihm nach Le Havre, wo er als Agent eines Schifffahrtseigners die Überfahrt deutscher Auswanderer nach Amerika erfolgreich organisiert. Von Anfang an ist die Ehe jedoch eine *ménage à trois*, zuerst mit der Chefin ihres Mannes, später mit den Dienstmädchen im Haus. Die private Situation, das Gefühl trotz materieller Ebenbürtigkeit bei der wohlanständigen Gesellschaft Le Havres als Ausländerin nicht richtig akzeptiert zu werden, der enge und stets wechselnde Kreis der auf die Überfahrt wartenden Landleute und vor allem die sich nicht einstellende Mutterschaft führen bei Henriette Obermüller zu einer lebensbedrohenden Nervenkrankheit. Geheilt zieht sie mit ihrem Mann nach Durlach ins Badische zurück, ein erfolgreicher Weingroßhandel wird aufgebaut. Die vorrevolutionäre Stimmung und erst recht die Ereignisse von 1848/49 überlagern die privaten Probleme. Durch die genaue Quellenedition der Herausgeberin ist nun auch die Rolle Henriette Obermüllers bei der Revolution klar geworden. Die offene Unterstützung der Revolution endet für sie mit Untersuchungshaft[2] und Hausarrest, für ihren Mann mit Festungshaft, aus der er todkrank entlassen wird. Mit 36 Jahren ist sie Witwe und trotz preußischer Konfiskation keine ganz arme Frau. Sie fühlt sich als reife blühende Frau und sondiert mithilfe einer Freundin Heiratskandidaten, die auch ihre politische Überzeugung respektieren würden. Der ehemalige Paulskirchenabgeordnete Jakob Venedey, mit 50 Jahren am Ende seiner politischen Illusionen, hört davon. Rasch folgt die Verehelichung, für Henriette die jahrzehntelang ersehnte Schwangerschaft, dann der Schock nach 19stündigem Wehenkampf ihr Leben nur durch den Tod des Kindes zu retten. Die zweite Schwangerschaft führt zur Geburt des ersten Soh-

1 Die Abschnitte über die Arbeiten in Haus und Garten lesen sich nach der Kenntnis von Rebekka Habermas, Frauen und Männer des Bürgertums. Eine Familiengeschichte (1750-1850), Göttingen 2000 wie eine Ergänzung.

2 Viele preußische Soldaten zeigen den inhaftierten Revolutionären verstohlen Sympathien, sie sehen oft weg und erlauben gegen Geld vieles; für H. Obermüller sind es Monate intensiven Erlebens, weil sie gebraucht wird: „... ich war aber so glücklich hier, wo ich jede Minute Gutes thun konnte mit so wenig Mitteln, hier ein freundliches Licht, dort ein bißchen Licht, hier ein Papier mit Bleistift, dort eine Cigarre, hier ein Apfel ... So wurde mir das Leben im Gefängnis immer lieber, ich war selten glücklicher" (138).

nes 1856, danach wieder eine Fehlgeburt, 1860 kommt der zweite Sohn zur Welt. Um ihre Familie zu erhalten, erwirbt sie in Oberweiler im Schwarzwald ein Bauernhaus und baut es sukzessive zu einer „Pension wie in der Schweiz" auf. Bis zu ihrem Tod 1893 arbeitet sie erfolgreich als Wirtin. So kann ihr Mann weiterhin Privatgelehrter spielen, ihren Söhnen finanziert sie Ausbildung und Studium.

Die Publikation ihrer Schriften ist, wie so oft, einem Zufall zu verdanken. Gebe es doch mehr solcher Überraschungsfunde und akribische Bearbeiterinnen! Übrigens: Das Venedeysche Rasthaus in Oberweiler bei Badenweiler fiel in den 1970er Jahren der Spitzhacke zum Opfer, die Erinnerungen der ehemaligen Revolutionärin und Wirtin sind allemal eine mit vergnüglichem Gewinn zu lesende Lektüre auf jeder Reise.

Gunda Barth-Scalmani, Innsbruck

Barbara Duden, Karen Hagemann, Regina Schulte u. Ulrike Weckel Hg., **Geschichte in Geschichten. Ein historisches Lesebuch.** Campus-Verlag: Frankfurt a. M./New York 2003, 368 S., EUR 19,90, ISBN 3-59337-252-5.

Während die männlichen Doyens der Geschichtswissenschaft nicht selten mit bedeutungs- und ziegelsteinschweren Festschriften in den Ruhestand verabschiedet werden, haben sich Mitarbeiterinnen, Kollegen und Kolleginnen von Karin Hausen dazu entschlossen, ihr ein elegantes „historisches Lesebuch" zum 65. Geburtstag zu überreichen, dessen Cover von der lesenden Frau Pieter Elinga Janssens' geziert wird.

Die darin enthaltenen 49 Beiträge sind nicht nur lehrreich, sondern auch vergnüglich zu lesen. Die meisten greifen Motive und Themen aus den Arbeiten Karin Hausens auf, entwickeln sie weiter, entdecken oder erfinden Neues und machen sich nicht selten auf verschmitzte Weise über den Wissenschaftsbetrieb lustig. So wird in der Gebrauchsanleitung für den Weg zur Professur von Gabriele Kämper und Carola Sachse endlich vieles verifiziert, was man schon immer ahnte. „Warum empören sich gerade Historiker und Historikerinnen über das neue Hochschulrahmengesetz?" – „Weil sie die einzigen sind, die einen Zeitraum von mehr als zwölf Jahren überblicken können." Marie Marcks illustriert in einer Karikatur die Thesen Karin Hausens zur Personalpolitik der Universitäten, Werner Dahlheim denkt über die Macht poetischer Bilder nach, die Kunsthistorikerin Kathrin Hoffmann-Curtius stellt den monumentanen Bild-Witz einer Denkmal-Montage von Hannah Höch in den Mittelpunkt ihres Beitrages. Die „Polarisierung der Geschlechtscharaktere" bringt Gertrud Krell in didaktisch vorbildhafter Weise in einprägsame Tabellenform, Susanne zur Nieden setzt die „Geschlechtscharaktere" in Beziehung zum „kessen Vater" und Ulrike Weckel geht nochmals gründlich der von Hausen 1988 vorgestellten Metapher von der „Ulme für das schwankende Efeu" für die Geschlechterverhältnisse im 19. Jahrhundert nach. Pläne für eine Frauenuniversität im 18. Jahrhundert (Reinhard Rürup) und die Entstehung eines Volksliedes (Ute Daniel) werden ebenso wie die Lage der Ehefrauen und Witwen der Kriegsinvaliden des Ersten Weltkrieges (Doris Kaufmann) und Werbestrategien des 20. Jahrhunderts (Christiane Lamberty) erörtert. Des

Weiteren sind viele biografische Abrisse zu bedeutenden und weniger bedeutenden Frauen der Weltgeschichte in diesem Buch zu finden.

Welch Wirkungsmächtigkeit geschichtliche Darstellungen entwickeln, wenn die richtigen Quellen ge- beziehungsweise erfunden und aufregende Hypothesen zunächst nicht durch nüchterne Beweisführungen eingeengt werden, machen Johanna Bleker am Beispiel der bedeutungsvollen Lautverschiebungen von Hosen zu Hausen und Wolfgang Benz an einem Editionsproblem deutlich, das die geographischen und medizingeschichtlichen Kenntnisse des Herausgebers auf eine harte Probe stellte. Wer schon immer von Knopfbaumlandschaften träumte und nicht wusste, was sie bedeuten, findet diese skizziert und eindringlich erläutert im Beitrag von Edith Saurer über „Knöpfe, Knöpfungen und die rechte Hand". Detailfragen, für den Fachmann wie den Laien schwer zu klären, werden hier in scharf umrissenen Miniaturen einleuchtend und unvergesslich ein für allemal geklärt. Ulrike Gleixner und Dietlind Hüchtker können die Entstehung der europäischen Frauenbewegung verschwörungstheoretisch belegen, das komplizierte Verhältnis von Mutter- zu Vatertag wird von Susanne Rouette erläutert und Christine von Oertzen teilt der geneigten Leserschaft mit, wann und warum die Anrede „Fräulein" aus der Mode gekommen ist.

Nicht nur zu Menschen, auch zu Tieren pflegt Karin Hausen intensive Kontakte. Dass Hühner eine besondere Rolle in ihrem Leben spielen, fiel auch ferner Stehenden spätestens an ihrem 60. Geburtstag auf. Diesem Teil von Hausens Leben hat Ludolf Kuchenbuch einen Beitrag gewidmet, in dem er die Geschichte des Huhns aus unterschiedlichen Perspektiven beleuchtet und die Grundzüge der Hühnergeschichte souverän in die Weltgeschichte einordnet. Bahnt sich hier etwa ein neuer Paradigmenwechsel an? Auch die Leserinnen und Leser, die nicht erleben konnten, wie dieser Text von Barbara Duden auf der Geburtstagsfeier zu Ehren Karin Hausens vorgetragen und gleichzeitig vom Autor musikalisch untermalt wurde, werden von diesem fulminanten Schlussakkord beeindruckt sein.

Angelika Schaser, Hamburg

Johanna Dorer u. Brigitte Geiger Hg., **Feministische Kommunikations- und Medienwissenschaft. Ansätze, Befunde und Perspektiven der aktuellen Entwicklung.** Wiesbaden: Westdeutscher Verlag 2002, 378 S., EUR 28,90, ISBN 3-53113-702-6.

Der ein wenig universalisierende Titel – samt unspektakulärem Cover – verbirgt, was sich gerade in seiner Partikularität offensiver darstellen und analysieren könnte: einen ambitionierten Sammelband ganz spezifisch zu feministischem Lehren und Forschen am Wiener Institut für Publizistik und Kommunikationswissenschaft.

Der Aufbau des Bandes präsentiert, nach einem einführenden Schwerpunkt zu „Ansätze und Perspektiven", Wiener beziehungsweise Wien-verbundene Beiträge zu den inhaltlichen Feldern „Öffentlichkeit und Journalismus", „Rezeptions- und Fernsehforschung", „Filmforschung" sowie „Neue Technologien".

Nach einer kurzen Diskussion der verschiedenen Institutionalisierungsphasen feministischer Ansätze in den österreichischen Kommunikationswissenschaften in einleitenden Beiträgen der Herausgeberinnen stellt Waltraud Ernst eine aktuelle „Gretchenfrage“: Können feministische „Media Studies“ ein Denken in vielfältiger Geschlechtlichkeit in Forschungspraxis umsetzen, und wenn ja, wie? Sie formuliert einige spannende Pros und Kontras zu möglichen methodologischen Sprengungen binärer Geschlechterdefinitionen.

Feministische Medienforschung zugänglicher zu machen für Problemstellungen wie Globalisierung und Ökonomie, ist ein Anliegen Johanna Dorers. Sie schlägt unter anderem vor, hier Laclau/Mouffes Hegemonietheorie aufzugreifen und zu integrieren.

Was eigentlich können feministische „Frauenmedien“, zum Beispiel feministische Zeitschriften, noch sein angesichts der Demontage der Kategorie Frau (und Frauenbewegung?) fragt Brigitte Geiger in einem ihrer Beiträge zum Themenfeld Öffentlichkeit und Journalismus. Die anschließenden Aufsätze analysieren in einem thematisch breiten Bogen unter anderem die Presseberichterstattung zum österreichischen FrauenVolks-Begehren von 1997 (Brigitte Geiger), Strategien medialer Darstellung sexueller Gewalt gegen Kinder (Sabine Funk) oder das – allen theoretischen Dekonstruktionen und praktischen Politikansätzen zum Trotz weiterhin männerdominierte – Arbeitsterrain österreichischer Journalistinnen (Johanna Dorer).

Auf den thematischen Feldern Fernsehforschung, Film- und Kinotheorie rekonstruiert beispielsweise Monika Bernold historische Ausprägungen von Fernsehfamilien in Österreich, und zwar anhand der markanten Serie „Familie Leitner“ (1960er Jahre), des Familienquizspektakels „Wünsch dir was“ um 1970 und des bereits wieder Geschichte gewordenen österreichischen Reality-Formats „Taxi Orange“ (2000/2001).

Verschiedene Möglichkeiten, sich dem „frühen“ Kino, also dem „Kino der Attraktionen“ und den Anfängen des Erzählkinos der Jahre um 1900 theoretisch zu nähern, fasst Eva Warth zusammen. Den Abschnitt zur Filmtheorie beschließt dann eine kleine, aber verdienstvolle Auswahlbibliographie zur feministischen Filmwissenschaft in Österreich, zusammengestellt von Andrea Braidt, Gabriele Jutz und Johanna Schaffer.

Zum großen Thema Neue Technologien präsentiert zuletzt Irmtraud Voglmayr Überlegungen und Daten zu Nutzungsweisen des Internets insbesondere durch „ältere“ Frauen (in Großstädten des europäischen globalen Nordens).

Diese und viele weitere aufgeworfenen Themen sind nicht zuletzt für HistorikerInnen ergiebig und jedenfalls des Nachlesens wert. Resümierend finde ich es gleichwohl schade, dass die Möglichkeit, kritisch zu diskutieren, was in diesem „Wiener“ Universitätsdiskurs an Themen und Zugängen repräsentiert ist und was nicht, von den Herausgeberinnen beziehungsweise Autorinnen nicht direkt genutzt wurde. Die rapide Etablierung einer schon ganz selbstverständlichen Demontage von Zweigeschlechtlichkeit und Heteronormativität scheint für niemanden mehr erstaunlich, aber vielleicht wäre es gerade deshalb von Bedeutung, diesen Paradigmenwechsel historisch detaillierter zu analysieren. Und: Wer spricht heute, wer nicht? Was bedeutet es, dass alle Beiträgerinnen dieses Bandes, somit offenbar auch alle (?) feministischen Theoriebildnerinnen am Publizistikinstitut der Uni Wien Weiß und deutsche *native speakers* zu sein scheinen? Was bedeutet es, dass diese Forscherinnen zugleich gewiss sehr korrekt viele wichtige Hegemoniekritik in einen Fokus ihrer Arbeiten rücken – dennoch aber so gut wie ausschließlich deutschsprachige und US-amerikanische Publikationen beachten? Solche Fragen aufzuwerfen, bleibt der Rezensentin, sie zu diskutieren, schließlich der Leserin anheim gestellt.

Hanna Hacker, Wien

Susanne Moser, **Freiheit und Anerkennung bei Simone de Beauvoir.**
Tübingen: Edition Diskord 2002, 255 S., EUR 16,00, ISBN 3-89295-727-4.

Ein einfacher Blick in die Beauvoir-Bibliographie[1] genügt, um festzustellen, dass „Freiheit und Anerkennung bei Simone de Beauvoir" von Susanne Moser das erste Buch in der deutschsprachigen Fachliteratur ist, das ein Gesamtbild des philosophischen Werks Simone de Beauvoirs bietet. In den letzten Jahrzehnten wurden selten Bücher über Beauvoir in deutscher Sprache verfasst und wenn dies endlich geschah, so beschäftigten sich die AutorInnen hauptsächlich mit ihrer Lebensgeschichte, mit ihrem literarischen Werk oder mit ihren feministischen Ansätzen, ohne jedoch auf das philosophische Fundament, auf das sie aufgebaut sind, näher einzugehen. Wie wichtig die Philosophie für das Verständnis sowohl für die Geschlechterproblematik bei Beauvoir, als auch für die sogenannte *littérature d'idées*, zu der ihre Romane gezählt werden, ist, wird gerade an den Schlüsselbegriffen „Freiheit" und „Anerkennung" sichtbar. Wie bei Sartre, so auch bei Beauvoir, ist „Freiheit" das Hauptkonzept, das allen Philosophiebereichen zugrunde liegt, angefangen von der Ontologie über das existentialistische Menschenverständnis, die Erkenntnistheorie und die Moral bis hin zur sozialen und politischen Philosophie. Freiheit ist das, was uns als „menschliche Realität" ausmacht, das, was uns dazu veranlasst nach unserem wahren „Ich" zu suchen, uns ständig „machen", „bewähren" und „rechtfertigen" zu müssen, ohne je eine absolute, festgegebene Identität erlangen zu können. Freiheit ist der Anfang und das Ziel jeder Moral und das Maß jeder sozialen und politischen Ordnung. Freiheit ist aber auch Verantwortung: ein sich-stellen-müssen der eigenen Situation und den eigenen Handlungen, egal in welcher Position man sich auch befindet, und in diesem Sinne ist sie auch der Schlüssel zur Authentizität – ein Thema, das das ganze literarische Werk Beauvoirs von „Sie kam und blieb" bis zu „Alles in allem" durchdringt.

Auf Grund der hermeneutischen Auslegung des Konzeptes von Freiheit, das zum Thema der Anerkennung führt, zeigt Susanne Moser die Verbindung zwischen Philosophie und feministischer Theorie: Wenn Frauen aus verschiedenen Aktivitätsbereichen ausgegrenzt und ihrer Freiheit beraubt werden, so geschieht dies, weil man ihnen nicht den gleichen Status an Transzendenz zuerkennt. Deshalb ist das phänomenologische Konzept der Transzendenz als Existenz, als allgemeinmenschliche ontologische Struktur, die auch die Frauen als Da-sein kennzeichnet, das Hauptglied der Argumentationskette des beauvoirschen Emanzipationsdiskurses und wird von der Autorin zum ersten Mal extensiv behandelt.

1 Vgl. Yvanka B. Raynova, „Simone de Beauvoir: Eine ausgewählte Bibliographie mit Internethinweisen", in: dies./Susanne Moser Hg., Simone de Beauvoir: 50 Jahre nach dem Anderen Geschlecht, Wien: Institut für Axiologische Forschungen, 1999, 241–251.

Obwohl „Freiheit“ und „Anerkennung“ zentrale Begriffe für das Verständnis von Beauvoirs Werk sind, gibt es bis jetzt kaum ein Buch, das dieses Thema ausführlich durch das ganze Werk Beauvoirs bis zum „Anderen Geschlecht“ hin philosophisch behandelt[2], und zwar nicht nur in der deutschsprachigen Literatur, sondern auch in der internationalen Beauvoirforschung. Ich möchte mich nun letzterer zuwenden und kurz aufzeigen, welche neuen methodologischen Zugänge und Thesen das Buch von Susanne Moser in Hinsicht auf die aktuelle Beauvoirdebatte einbringt. Unter „aktueller Beauvoirdebatte“ sind hier jene Untersuchungen gemeint, die nach Beauvoirs Tod 1986 zum Umdenken und zu einer Neuentdeckung von Beauvoirs Werk beigetragen haben. Wenn man diese Debatte vereinfacht darstellen will, so kann man sie ganz grob in drei Interpretationslinien aufteilen. Die erste Linie zeichnet sich durch das Umdenken des philosophischen Bezugs zwischen Beauvoir und Sartre aus. Lange Zeit als seine Schülerin angesehen und ironisch als „notre Dame de Sartre“ bezeichnet, wird Beauvoir nunmehr als eigenständige Denkerin oder gar als *eigentliche* Begründerin der Existenzphilosophie dargestellt, die lange vor Sartre die Hauptthemen und das Hauptgerüst des Existentialismus ausgearbeitet habe.[3] Mit dieser Interpretationslinie ist eine zweite verbunden, die versucht, Beauvoirs Werk nicht nur in Bezug zu Sartre, sondern auch zu anderen Philosophen, wie Descartes, Kant, Hegel, Kierkegaard, Husserl, Heidegger, Kojève usw. neu zu interpretieren.[4] Zu diesen beiden, mehr oder weniger „historischen“ Linien, kommt eine dritte, „zukunftsorientierte“ Interpretationsweise hinzu, die Beauvoirs Werk mit späteren Theorien und Fragestellungen in Verbindung setzt und somit ihre Aktualität neu bewerten lässt.[5] Das Buch von Susanne Moser kann keiner dieser Interpretationslinien allein zugeordnet werden, es verbindet vielmehr alle drei auf eine einzigartige Weise. Wenn dabei

2 Eine der wenigen Philosophinnen, die sich speziell mit der Freiheitsproblematik bei Beauvoir befasst ist Kristana Arp. Ihr Buch The Bonds of Freedom. Simone de Beauvoir's Existential Ethics, Chicago/La Salle 2001, geht jedoch nur auf Beauvoirs „Moral der Doppelsinnigkeit“ ein.

3 Hier wären insbesondere die Werke von Margaret Simons, Kate und Edward Fullbrook u.a. zu nennen. Vgl. Kate Fullbrook u. Edward Fullbrook, Simone de Beauvoir and Jean-Paul Sartre: The Remaking of a Twentieth-Century Legend, New York 1994; ders., Simone de Beauvoir: A Critical Introduction. Cambridge 1998; Margaret A. Simons, Beauvoir and The Second Sex: Feminism, Race, and the Origins of Existentialism, Laham u.a. 1999.

4 Dazu gehören die Arbeiten von Michèle LeDoeuff, Debra Bergoffen, Eva Lundgren-Gothlin, Eleanor Holveck, Kristana Arp, Nancy Bauer u. a. Vgl. Michèle Le Doeuff, L'Etude et le rouet, Paris 1989 [Engl. Hipparchia's Choice, An Essay Concerning Women, translated by Trista Selous, Philosophy, Etc. Oxford 1991]; Debra Bergoffen, The Philosophy of Simone de Beauvoir: Gendered Phenomenologies, Erotic Generosities, Albany 1996; Eva Lundgren-Gothlin, Sex und Existence. Simone de Beauvoir's ‚The Second Sex', London 1996; Eleanore Holveck, Simone de Beauvoir's Philosophy of Lived Experience, Laham u.a. 2002; Arp, bonds, wie Anm. 2; Nancy Bauer, Simone de Beauvoir. Philosophy and Feminism, New York 2001.

5 Zu dieser Linie, die weniger stark ausgearbeitet ist, zählen einige Arbeiten von Judith Butler, Sonia Kruks, Karen Vintges, Yvanka Raynova u.a. Vgl. Judith Butler, Das Unbehagen der Geschlechter, Frankfurt a. M. 1991; dies., Variationen zum Thema Sex und Geschlecht. Beauvoir, Wittig und Foucault, in: Gertrud Nummer-Winkler Hg., Weibliche Moral, Frankfurt a. M. 1995, 56–76; Sonia Kruks, „Panopticism and Shame: Reading Foucault through Beauvoir“, in: Raynova/Moser, Simone de Beauvoir, wie Anm. 1, 123–140; Karen Vintges, „‚Must we burn Foucault?' Ethics as art of living: Simone de Beauvoir and Michel Foucault", Continental Philosophy Review, 34, (2001), 165–181; Yvanka B. Raynova, Das „Andere

gewisse Interpretationsexzesse, die in allen drei Linien vorzufinden sind, vermieden werden, so ist es, weil die Autorin gezielt zur Anwendung der phänomenologisch-hermeneutischen Methode greift. Sie versucht einerseits, Beauvoirs Philosophie gänzlich hermeneutisch zu rekonstruieren und erst durch den Gesamtkontext, anstatt durch Verweis auf Einzeltexte Schlussfolgerungen zu ziehen; andererseits beginnt sie die Untersuchung mit einer phänomenologischen, das heißt mit einer voraussetzungslosen, nicht voreingenommenen Grundeinstellung. Somit wird von Anfang an auf den Schockeffekt verzichtet, auf den manche AutorInnen setzen, wenn sie, wie die Fullbrooks behaupten, Sartre hätte die Grundideen der Existenzphilosophie von Beauvoir übernommen[6], oder wenn man, wie Michelle Le Doeuff, erklärt, Beauvoir schulde Sartre eigentlich nichts, weil sie grundsätzlich von Hegel her inspiriert wurde und mit ihm argumentiere.[7] Für Susanne Moser geht es hingegen nicht darum, eine effektvolle These aufzustellen und sie um jeden Preis zu beweisen, sondern geduldig, durch die Schleifen der Interpretation gleich einem Puzzlespiel den Weg der „Wahrheit des Ganzen“ zu ebnen. So macht sie sich die Mühe, Philosophen wie Hegel und Sartre genauer unter die Lupe zu nehmen, um erst dann zu zeigen worin Beauvoir mit ihnen übereinstimmt und wo sie über diese hinausgeht. Methodologisch gesehen ist eben dieser explizit hermeneutisch-phänomenologische Zugang das wirklich Neue, was das Buch von Susanne Moser gegenüber anderen Untersuchungen, die aus unklaren philosophischen und/oder feministischen Positionen Beauvoirs Werk zu erforschen versuchen und die Kritik an Sartre oft nicht einmal textuell belegen, unterscheidet.

Worin besteht nun Mosers hermeneutisch phänomenologischer Zugang konkreter? Das ganze Unterfangen wird in eine Richtung geführt, die sich, meines Erachtens, in die Nähe von Paul Ricœurs hermeneutischer Phänomenologie begibt. Die Gesamtinterpretation, die Susanne Moser anstrebt, wird geliefert indem einerseits eine Klärung von Schlüsselbegriffen unternommen wird, die mit der Entwicklung der Hauptthemen Beauvoirs in Zusammenhang gebracht werden, andererseits durch Konzeptzerlegung beziehungsweise durch die Auslegung eines Schlüsselbegriffs auf mehreren Interpretationsstufen. Das Letzte wird besonders sichtbar beim Subjektbegriff, der auf dem Niveau der Existenz, dann auf dem der Moral und zuletzt auf dem der Herrschaft interpretiert wird, um anschließend als hermeneutisches Ganzes rekonstruiert zu werden (132–143). Ähnlich wird durch Auslegungen der Situation, des Körpers, der Identität und der Existenz die Frage nach der Frau ausgearbeitet (188–227).

Durch diesen methodologischen Zugang, den Ricœur „hermeneutischen Umweg“ nennt, weist Susanne Moser die Spannungen und Ambiguitäten in Beauvoirs Werk auf, die dieses nicht so eindeutig klassifizieren lassen, wie das bisher oft getan wurde. Es wäre also genauso falsch zu behaupten, Beauvoir hielte sich nur an die Phänomenologie und Existenzphilosophie, wie nur an Hegel und die Moderne. Genauso so falsch wäre es, sie

Geschlecht“ im postmodernen Kontext, in: L'Homme Z.F.G., 10, 1 (1999), 79–90; dies., Vers une éthique postmoderne de la justice: Simone de Beauvoir et Jean-François Lyotard, in: Raynova/Moser, Simone de Beauvoir, wie Anm. 1, 141–152.

6 Vgl. Fullbrook/Fullbrook, Simone de Beauvoir, wie Anm. 3.

7 Vgl. Michèle Le Doeuff, „Simone de Beauvoir, Falling into (Ambigous) Line“, in : Margaret A. Simons Hg., Feminist Interpretations of Simone de Beauvoir, Pennsylvania 1995, 63f.

einfach als Gleichheitsfeministin oder, umgekehrt, als Differenzfeministin darzustellen oder ihre Alternative durch die gängigen Oppositionen „Essentialismus – Konstruktivismus", „Biologismus – Kulturalismus" usw. bestimmen zu wollen. Beauvoir geht sowohl in ihrem Existenzdenken, als auch in der Geschlechtertheorie von verschiedenen Ansätzen, wie Phänomenologie und Dialektik aus, die, wie Susanne Moser zeigt, nicht immer konsequent und konfliktlos zu verbinden sind. Dies führt die Autorin anschließend zur Hauptthese, dass Beauvoirs Werk als Drehpunkt zwischen Moderne und Postmoderne verstanden werden kann und dass man deren innewohnende Konflikte nicht aufheben, sondern in Hinsicht auf aktuelle Probleme und Sichtweisen weiterdenken soll. Das Buch von Susanne Moser führt den/die LeserIn somit nicht zu einer Endstation. Es lässt vielmehr einen Zwischenraum offen, der noch mehr Frei-Raum für Fragestellungen aus der Gegenwart und Zukunft bietet. Es enthüllt sich als eine geschlossene, jedoch nicht abgeschlossene Untersuchung, die an Beauvoirs Ambiguitätsdenken anknüpft und sowohl ihre Spannungen, als auch ihr philosophisches und demokratiepolitisches Potential aufzeigt, um uns danach *frei* nach neuen Wegen und Lösungsansätzen suchen zu lassen.

Yvanka B. Raynova, Wien/Sofia

Abstracts

Benedetta Borello, "Remade" marriage. Separation of "bed and board" (Rome 17th Century)

Analysis of the trail records of two separation lawsuits "a thoro et a mensa", heard before the Roman Tribunal of the "Sactred Rota" in the 17th century, showed how marriages in the 17th century, often made without the consent of the couple or without satisfying the economic or political demands of the two families involved, could be "remade" either by husband and wife or by their two families, especially in the case of aristocratic families.

In the two cases studied the conflict was provoked normally by the wives, not when living together became unbearable, but when the women had help and support leading them to believe that the outcome of the trial would be in their favour. Women took the initiative when they had rights to reaffirm and when they thought that with a court trial or by running away from home they could change their married life. Reaffirm a right, restore a damaged one, insist in better treatment for herself and her children meant a good knowledge of legal instruments.

The article concerns two conflicts between two couples of quite different social extraction. The addresses of the lawyers of the aristocratic couple and the trial records of the separation between a servant and a hostess nevertheless show how conjugal relations in court worked around two key intertwining elements: alimony and honour. Alimony redefined the family roles and served to rebuild identities, above all of the men. The honour referred to in these trials was founded on the fame that men and women were able to gain in their surroundings. For women, honour also meant sexual integrity.

Elisabeth Frysak, Legal Fights. The Petitions of the Austrian middle-class women's movement for changing the marriage- and family-law at the turn of the 19th century

In my exposition the questions concerning the meaning and efficiency of the right to petition for the bourgeouis women's movement are highlighted. Exemplified by three petitions these questions should be answered:. 1094 the "Allgemeine Österreichischer Frauenverein" as well as 1905 and 1907 the "Bund Österreichischer Frauenvereine" submitted petitions to parliament. Cause for this action was the "Kommission zur Revision des Allgemeinen Bürgerlichen Gesetzbuches" which had been in the process of formation since 1904. Basically, demands of all three petitions were aspects like acknowledgement of rights for illegitimate children, the possibility of maintenance against the child's father, the child's father obligation to support unmarried mothers, the embodiment pf parental instead of fatherly authority and control or the right to appoint women as guardians.

The demands were drawn up by women in the institutions of legal protection from where they were submitted to parliament via close members. For my exposition the consideration of if and how these demands attained validity are central.

Vilana Pilinkaite-Sotirovic, Family and Individual Strategies of Husband and Wife in Rural Lithuania, 1864-1904

This article deals with the specific family and individual member strategies in a household in the second half of nineteenth century Lithuania and shows that husband and wife marital relationships should be conceived not only as the result of ideology, but as a potential indicator of cultural, economic, and social factors. In examining marital relationships the focus of most historians' attention has remained on the issues of how patriarchal order worked and whether love and devotion softened and modified men's patriarchal authority over women in the nineteenth century. An analysis of the daily practices among peasants in Lithuania through the second half of the nineteenth century shows that spouses' relationships were hierarchically structured on the one hand, but complementary, on the other. Though the dominant culture legitimized inequality and subordination in husband-wife bonds and prescribed reciprocal behaviour in terms of exchanging obedience in return for protection and welfare, there was some space for women to evade or counter patriarchal dominance. Women could hardly escape the repressive control of a husband by choosing any other way than placing themselves under the control of other men, typically their fathers or brothers. This women's strategy might negatively effect their husband's authority. The article suggests a high degree of complexity in the relationships between husband and wife, in which they were both partners and rivals when negotiating their rights and duties, and expressing their expectations and sentiments.

Heinrich Richard Schmidt, Authority of men and the state. Early modern age marriage conflicts in front of court in contemporary regional historical perspective

Research into early modern marriage and gender emphasizes that the authorities bolstered husbands' patriarchal powers over their wives. In a manner of speaking, husbands appear as the 'state within the house', with a monopoly of violence and the right to punish all members of their households. This contradicts the widely-held view that the state monopolized all forms of legitimate violence in the early modern period, as argued by Weber, Elias and Foucault.

However, case studies of Lutheran, Reformed and Catholic marriage courts reveal that domestic violence was often denounced as 'tyranny'. Men should 'not behave like tyrants over their wives'. Quantitative analysis shows that it was usually wives who cited their husbands: 60 per cent of accusations were made by women. The authorities hardly appear as instigators, neither do neighbours. Violence was the predominant concern of female plaintiffs and a powerful argument: on the whole, women achieved a high rate of success.

Marriage conflicts demonstrate the extent of state interference in domestic relations. Households were no 'peculiars', but placed under state control. The state monopoly over legitimate violence gradually eroded the powers of masters of households. State and Church courts emerge as highly useful resources for early modern women. 'Monopolization of legitimate violence by the state' should thus not be seen as a process imposed on society, but emerging from within.

Anschriften der AutorInnen

Gunda Barth-Scalmani, Institut für Geschichte, Universität Innsbruck, Abteilung für Österreichische Geschichte, Christoph-Probst-Platz, A-6020 Innsbruck – gunda.barth-scalmani@uibk.ac.at

Anna Bellavitis, 8, Cite Riverii, F-75010 Paris – bellavitis@nood.fr

Christina Benninghaus, Fakultät für Geschichtswissenschaft und Philosophie, Universität Bielefeld, Postfach 10031, D-33501 Bielefeld – cbenning@Geschichte.uni-bielefeld.de

Tsvetana Boncheva, „Ljulin" 4, Bl. 441, Ap. 15, Bulgarien-Sofia 1359 – boncheva_tsv@hotmail.com

Benedetta Borello, Associazione Italiana di storia urbana, c/o Croma, Piazza Campitelli 3, I -00186 Roma – bebore@tin.it

Sylwia Bukowska, Projektzentrum Frauenförderung, Universität Wien, Maria-Theresien-Straße 3/17, A-1090 Wien – sylwia.bukowska@univie.ac.at

Hendrikje Carius, Nachwuchsgruppe „Eigentums- und Besitzrechte von Frauen in der Rechtspraxis des - Alten Reichs", Friedrich Schiller Universität Jena, Historisches Seminar, Fürstengraben 13, D-07743 Jena – H_Carius@gmx.net

Ellinor Forster, Institut für Geschichte, Universität Innsbruck, Abteilung für Österreichische Geschichte, A-6020 Innsbruck – Ellinor.Forster@uibk.ac.at

Margret Friedrich, Institut für Geschichte, Universität Innsbruck, Abteilung für Österreichische Geschichte, Innrain 52, A-6020 Innsbruck – margret.friedrich@uibk.ac.at

Elisabeth Frysak, L'Homme Redaktion, Institut für Geschichte, Universität Wien, Dr. Karl Lueger-Ring 1, A-1010 Wien – lhomme.geschichte@univie.ac.at

Nicole Grochowina, Nachwuchsgruppe „Eigentums- und Besitzrechte von Frauen in der Rechtspraxis des Alten Reichs", Friedrich Schiller Universität Jena, Historisches Seminar, Fürstengraben 13, D-07743 Jena – DocGrocho@web.de

Hanna Hacker, Institut für Soziologe, Universität Wien, Rooseveltplatz 2, A-1090 Wien – hanna.hacker@univie.ac.at

Maria Heidegger, Fronhausen 436, A-6414 Mieming – maria.heidegger@uibk.ac.at

Anelia Kasabova-Dintcheva, Ethnografski institut s mujez – BAW, Moskovska 6A, Bulgarien-Sofia 1000 – kasabova@bol.bg

Margareth Lanzinger, Institut für Geschichte, Universität Wien, Dr. Karl Lueger- Ring 1, A-1010 Wien – margareth.lanzinger@univie.ac.at

Susanne Lepsius, Max-Planck-Institut für europäische Rechtsgeschichte, Hausener Weg 120, D-60489 Frankfurt a. M. – lepsius@mpier.uni-frankfurt.de

Bea Lundt, Institut für Geschichte und ihre Didaktik, Universität Flensburg, Auf dem Campus 1, D-24943 Flensburg – lundt@uni-flensburg.de

Manuela Martini, Université Paris 7 Denis Diderot, Lettres et Sciences Humaines – Sciences – Santé, 2 place Jussieu, F-75251 Paris, Cedex 05 – manuela.martini@paris7.jussieu.fr

Brigitte Mazohl-Wallnig, Institut für Geschichte, Universität Innsbruck, Abteilung für Österreichische Geschichte, Christoph-Probst-Platz, A-6020 Innsbruck – brigitte.mazohl-wallnig@uibk.ac.at

Vilana Pilinkaite-Sotirovic, Gerosios Vilties 24-48, Lt-Vilnius 2009 – vpilinkaite@yahoo.com

Yvanka B. Raynova, Institut für Axiologische Forschungen, Doktorberg 23 E-2, A-2391 Kaltenleutgeben – yvanka.raynova@univie.ac.at

Heinrich Richard Schmidt, Historisches Institut, Universität Bern, Länggassstr. 49, CH-3009 Bern – heinrich-richard.schmidt@hist.unibe.ch

Edith Saurer, Institut für Geschichte, Universität Wien, Dr. Karl Lueger-Ring 1, A-1010 Wien – edith.saurer@univie.ac.at

Angelika Schaser, Arbeitsstelle Frauenförerung, Universität Hamburg, Fachbereich Philosophie und Geschichtswissenschaft, Moorweidenstr. 18, D-20148 Hamburg – angelika.schaser@uni-hamburg.de

Ursula Stanek, Institut für Geschichte, Universität Innsbruck, Abteilung für Österreichische Geschichte, A-6020 Innsbruck – Ursula.Stanek@uibk.ac.at

Tim Stretton, Saint Mary's University, Halifax, Canada B3L 3C3 – tim.stretton@smu.ca